中国社会科学院创新工程学术出版资助项目

西藏哲学社会科学学人丛书

白玛朗杰文集

白玛朗杰 ◎ 著

中国社会科学出版社

图书在版编目(CIP)数据

白玛朗杰文集 / 白玛朗杰著. —北京：中国社会科学出版社, 2018.8
ISBN 978-7-5203-2008-5

Ⅰ.①白…　Ⅱ.①白…　Ⅲ.①政治理论-中国-文集　Ⅳ.①D60-53

中国版本图书馆 CIP 数据核字（2018）第 015510 号

出 版 人	赵剑英
责任编辑	任　明
责任校对	闫　萃
责任印制	李寡寡

出　　版	中国社会科学出版社
社　　址	北京鼓楼西大街甲 158 号
邮　　编	100720
网　　址	http://www.csspw.cn
发 行 部	010-84083685
门 市 部	010-84029450
经　　销	新华书店及其他书店

印刷装订	北京君升印刷有限公司
版　　次	2018 年 8 月第 1 版
印　　次	2018 年 8 月第 1 次印刷

开　　本	710×1000　1/16
印　　张	27.75
插　　页	2
字　　数	455 千字
定　　价	108.00 元

凡购买中国社会科学出版社图书，如有质量问题请与本社营销中心联系调换
电话：010-84083683
版权所有　侵权必究

序

热　地

白玛朗杰同志是一位有较深理论功底的藏族领导干部。他长期在西藏自治区党委部门从事社会实践和理论研究工作，后来又在林芝地区担任领导职务，带领当地人民积极投身林芝的跨越式发展、长治久安和全面建设小康社会的宏伟事业，在改革发展稳定中做了大量卓有成效的工作。他善于在工作实践中进行经验总结和理性思考，撰写了大量有创见的理论文章、讲稿。《白玛朗杰文集》该书收录了白玛朗杰同志的53[①]篇文章，是他多年来工作思考和实践的思想结晶。

理论的生命来源于实践，其价值在于指导实践。马克思主义理论必须同党带领人民进行的伟大实践相结合，在学习中不断加强，在实践中不断深化，才能真正发挥理论对实践的指导作用，彰显理论的生命力。理论研究一定要以我国改革开放和现代化建设的实际问题、以我们正在做的事情为中心，着眼于马克思主义理论的运用，着眼于对实际问题的理论思考，着眼于新的实践和新的发展。白玛朗杰同志的文章关注改革发展稳定中的现实问题，既有对宏观问题深刻的理论思考，又有来源于具体工作的经验升华，体现出理论联系实际的良好学风。

评价一本理论著作最重要的一条就是要看其导向是否正确。正确的导向，就是要以马克思主义、毛泽东思想、邓小平理论和"三个代表"重要思想以及科学发展观为指导，运用其基本原理和立场、观点、方法来分析研究当前改革开放和社会主义现代化建设中的一些重大问题，从而作出正确的回答。读白玛朗杰同志的文章，首先感受到的就是作者坚定的政治

---

① 2007年1月由中国藏学出版社出版时，收录了53篇文章，这次又增加了16篇文章，共计69篇。

立场，自觉地把科学理论作为观察、分析和解决问题最有力的思想武器，在精辟的论述中给人以启迪。

与专职理论工作者相比，丰富的实际工作经历，成为作者得天独厚的优势。因此，白玛朗杰同志的理论文章既有较为深厚的理论层次，又始终根植于火热的现实，从调查研究着手，将干部群众在理论学习和实践中遇到的一些疑难、困惑加以梳理，经过认真研究分析，给予正确的引导；针对已经取得的成就和存在的问题，作出客观具体的分析和阐述。该同志的文章还十分讲究写作艺术，把深刻的理论寓于深入浅出、通俗易懂的文字中，形成了自己简洁明快的艺术风格，具有很强的可读性。

白玛朗杰是一位非常勤奋的同志。这不仅是与他熟悉的同志们共同的印象，从他的文章中也能让人深深地感受到这一点。书中文章选题涉及经济、政治、文化及党的建设、民族宗教等方方面面，表现了作者遇事勤于理性思考的突出特点。而文中对经典理论的熟练运用，又让我们看到作者比较深厚的理论功底，这也是作者长期勤奋学习的成果体现。因此，作者在文中做到了坚持以辩证唯物主义和历史唯物主义为指导，用一分为二的态度，具体分析和探讨了不同时期社会发展中的诸多问题，体现了理论与实践、材料和观点、逻辑和历史的统一。他既吸纳了一些专家、学者和领导同志的真知灼见，又着重体现了自己的见解和认识水平，对一些问题的论述，具有开拓性。对第一手资料丰富翔实的掌握，不仅使作者有了更为充分可靠的根据，更反映出其深入扎实的文风和作风。而这一切都来自他善于学习、勤于思考的良好素养。

我们正在推进的改革开放和全面建成小康社会的宏伟事业，是一项前无古人的全新工作，需要我们在实践中开拓创新、不断探索，也需要我们从理论高度不断总结和升华，以便更好地指导实践，推动工作。白玛朗杰同志的这本著作，紧紧围绕西藏的跨越式发展和长治久安，对我们的理论建设作出了新的丰富和发展，无疑将对西藏的现代化建设产生积极的影响，值得鼓励和肯定。他这种善于学习、善于思考、善于总结和研究新情况、新问题的精神，也很值得提倡。希望他在今后的工作中不断取得新的成就，创作出更多更好的理论著作。

2006 年 8 月 29 日

目　录

坚持社会主义民主的正确方向 …………………………………（1）
谈谈我区观念更新的基本标准和主要任务 ……………………（5）
只有祖国统一　西藏才能富强 …………………………………（8）
走社会主义道路是西藏历史发展的必然 ………………………（13）
从实际出发　搞好我区的爱国主义教育 ………………………（16）
西藏同样处于社会主义的初级阶段
　　——学习十三大报告的一点体会 …………………………（19）
浅议西藏社会主义初级阶段问题 ………………………………（22）
西藏完成社会主义初级阶段任务十分艰巨 ……………………（33）
略谈藏族干部的主人翁责任感 …………………………………（37）
加强马克思主义理论的学习 ……………………………………（42）
以生产力为标准搞好我区的理论工作 …………………………（46）
现阶段西藏宗教的地位和作用 …………………………………（50）
旗帜鲜明地坚持四项基本原则 …………………………………（59）
现阶段西藏民族关系初探 ………………………………………（62）
切实加强党的基层组织建设 ……………………………………（69）
学习马克思主义哲学是时代的需要 ……………………………（71）
"具体问题具体分析"是马克思主义的活的灵魂 ………………（76）
要树立思想政治工作的权威 ……………………………………（82）
关于民族区域自治制度的两种错误倾向 ………………………（85）
社会主义是西藏人民走向繁荣发展的必由之路 ………………（92）
在新形势下更需要坚持实事求是的思想路线 …………………（101）
把率先全面建设小康社会作为深入贯彻十六大精神的切入点 …（105）
进一步加强组织人事工作　为经济社会跨越式发展提供人才支撑 ……（114）

以"三个代表"重要思想为指导　努力探索反腐倡廉工作新
　　机制 …………………………………………………………（122）
林芝地区率先实现小康社会的主要措施 ……………………（130）
学习贯彻"三个代表"重要思想　加快林芝全面建设小康社会
　　步伐 …………………………………………………………（135）
"三个代表"重要思想是我们党必须长期坚持的指导思想……（146）
增加农牧民收入的根本途径 …………………………………（158）
重视人才　促进发展 …………………………………………（161）
军队是地方经济建设的一支重要力量 ………………………（169）
知识分子是现代化建设事业的宝贵财富 ……………………（171）
把握科学发展观的精神实质　促进林芝地区各项工作的开展 ……（173）
如何做好村民委员会撤并工作 ………………………………（181）
以生态旅游促进林芝的发展 …………………………………（184）
对林芝援藏工作的一些思考 …………………………………（187）
极地情深　硕果累累 …………………………………………（193）
立足区域优势　加快小城镇建设 ……………………………（196）
浅谈增强拒腐防变能力 ………………………………………（201）
在邓小平理论伟大旗帜下前进 ………………………………（210）
怎样才能在西藏更好地实行民族区域自治制度 ……………（214）
做好"天保"搬迁群众工作的几点思考 ………………………（221）
干部人事制度改革是一项重大举措 …………………………（224）
浅谈加强党的执政能力建设 …………………………………（227）
做好新形势下的思想宣传工作 ………………………………（234）
有效预防和处理好群体性事件 ………………………………（240）
对开创全面建设小康社会新局面的思考 ……………………（245）
用科学发展观指导林芝经济社会跨越式发展 ………………（254）
搞好先进性教育活动　打造人民满意工程 …………………（262）
坚持先进是永葆本色的先决条件 ……………………………（271）
构建反腐倡廉惩防体系　努力探索从源头治理腐败的新
　　机制 …………………………………………………………（287）
实施人才战略是全面建设小康社会的重要保障 ……………（295）
深入开展保持共产党员先进性教育活动　加速推进林芝地区
　　全面建设小康社会进程 ……………………………………（299）

优势地区加快发展要牢牢把握六个关键问题 …………………（306）
开展"树援藏干部形象"活动有感 …………………………（320）
关于坚持和完善人民代表大会制度的思考 …………………（323）
西藏自治区成立40周年有感 ………………………………（330）
大力实施科教兴地战略 ……………………………………（336）
全面加强执政能力建设　努力构建社会主义和谐西藏 ……（339）
尊重群众意愿维护群众利益　大力推进社会主义新农村建设 ……（345）
为全面落实科学发展观提供有力保障 ………………………（354）
光辉的历程　闪光的足迹
　　——庆祝林芝地区恢复成立20周年 ……………………（356）
立足林芝实际　搞好安居乐业 ………………………………（367）
"五个扎实"推进率先全面建设小康社会 ……………………（372）
学习贯彻胡锦涛总书记"6·20"重要讲话精神　努力做好社会
　　科学和藏学研究工作 …………………………………（377）
凝聚人心　汇集力量　为跨越式发展和长治久安尽职尽责
　　——学习贯彻中央第五次西藏工作座谈会精神体会 ……（386）
穿越历史时空　开创美好未来
　　——《西藏百年史研究》系列丛书序一 …………………（392）
和平解放：西藏跨越式发展的历史起点
　　——纪念西藏和平解放60周年 …………………………（395）
发展哲学社会科学和藏学研究事业　为西藏文化建设发挥重要作用
　　——学习贯彻党的十八大精神体会 ………………………（406）
新常态下西藏面临的机遇与挑战及应对之策 ………………（414）
西藏和平解放时期党的统一战线政策的成功实践 …………（420）
加快建设地方特色新型智库 …………………………………（429）

后记 ……………………………………………………………（434）

坚持社会主义民主的正确方向

为了完整、准确地理解马克思主义关于民主的原理，分清什么是资产阶级民主，什么是无产阶级民主，探索如何加强和完善社会主义民主，弄清民主与集中、民主与法制、发扬民主同坚持四项基本原则的关系，我们不妨回顾一下革命导师关于民主问题的一些论述，这有利于我们坚持社会主义民主的正确方向。

一　革命导师对民主问题的一些论述

恩格斯指出："首先无产阶级革命将建立民主制度，从而直接或间接地建立无产阶级的政治统治……假如无产阶级不能立即利用民主来实行直接侵犯私有制和保证无产阶级生存的各种措施，那末，这种民主对于无产阶级就会毫无用处。"[1]"工人革命的第一步就是使无产阶级上升为统治阶级，争得民主。"[2]"民主是一种国家形式，一种国家形态。"[3]列宁还指出："如果不是嘲弄理智和历史，那就很明显：只要有不同的阶级存在，就不能说'纯粹民主'，而只能说阶级的民主（附带说一下，'纯粹民主'不仅是既不了解阶级斗争也不了解国家实质的无知的论调，而且是十足的空谈，因为在共产主义社会中，民主将演变成习惯，消亡下去，但永远也不会是'纯粹'的民主）。""'纯粹民主'是自由主义者用来愚弄工人的谎话。"[4]"搬弄关于自由、平等和民主的笼统词句，实际上等于盲目背诵

---

[1] 《马克思恩格斯选集》第1卷，人民出版社1972年版，第219、220页。
[2] 同上书，第272页。
[3] 《列宁选集》第3卷，人民出版社1972年版，第257页。
[4] 同上书，第629页。

那些反映着商品生产关系的概念。用这些笼统词句来解决无产阶级专政的具体任务，就无异完完全全转到资产阶级的理论和原则立场上去。"① "只有无产阶级，才能成为——而且按其阶级地位来说不能不成为——彻底的民主主义者，坚决反对专制制度的战士，而不会作任何让步和妥协。"② "从专制制度到资产阶级民主；从资产阶级民主到无产阶级民主；从无产阶级民主到没有任何民主。"③

当资产阶级民主和无产阶级民主到底有什么区别时，列宁指出："资本主义社会里的民主是一种残缺不全的、贫乏的和虚伪的民主，是只供富人、只供少数人享受的民主。无产阶级专政，即向共产主义过渡的时期，将第一次提供人民享受的、大多数人享受的民主。"④ 毛泽东同志在《关于正确处理人民内部矛盾的问题》中指出："世界上只有具体的自由、具体的民主。没有抽象的自由、抽象的民主。在阶级斗争的社会里，有了剥削阶级剥削劳动人民的自由，就没有劳动人民不受剥削的自由。有了资产阶级民主，就没有无产阶级和劳动人民的民主。""在人民内部，民主是对集中而言，自由是对纪律而言。这些都是一个统一体的两个矛盾着的侧面，它们是矛盾的，又是统一的，我们不应当片面地强调某一个侧面而否定另一个侧面。"⑤

二 正确理解无产阶级的社会主义民主问题，坚持社会主义民主的正确方向

按照马克思主义的观点，民主是一种国家形式，一种国家形态。它是社会发展到一定历史阶段的产物，民主只能是阶级的民主，同时意味着对阶级敌人的专政，民主同阶级的统治相联系，并且将随着阶级的消亡而消亡。所谓"抽象民主""永恒民主"是根本不存在的。社会历史的发展告诉我们，世界上从来没有什么抽象的、超阶级的民主。而只有

---

① 《列宁选集》第4卷，人民出版社1972年版，第93页。
② 《列宁选集》第1卷，人民出版社1972年版，第103页。
③ 列宁：《马克思主义论国家》，人民出版社1964年版，第24页。
④ 《列宁选集》第3卷，人民出版社1972年版，第248页。
⑤ 《毛泽东选集》第5卷，人民出版社1977年第1版，第368页。

具体的阶级的民主。无论是无产阶级还是资产阶级，争得民主，就意味着争得统治。新中国成立前夕，毛泽东同志就庄严宣布，我们的人民共和国是人民民主专政的国家。我国宪法明确规定："中华人民共和国的一切权力属于人民。"这就是我们国家的国体，是我们国家的根本性质。我国人民民主专政下的民主包括两个方面：一方面是保证充分实现我国各族人民当家做主，另一方面是保证有效地对极少数破坏我国社会主义制度、反对坚持四项基本原则的敌对分子实行专政。也就是说，我国社会主义的民主是绝大多数人的民主，同少数人压迫多数人的资产阶级民主有本质区别。因此，对我们社会主义国家来说，任何背离或违反四项基本原则的行为，都必然会损害我国无产阶级专政的国家性质，损害全国各族人民的共同利益和要求。因而，我们必须旗帜鲜明地、理直气壮地从维护人民共和国的高度、维护社会主义制度的高度、维护全国各族人民民主权力的高度来加强和完善社会主义民主制度。否则，抽掉民主的阶级性，就等于混淆甚至抹杀了无产阶级和资产阶级民主的界限。同时，民主作为一种上层建筑，它总是服务于一定经济基础。在资本主义社会，资产阶级民主是建立在资本主义生产资料私有制和剥削制度的基础上的，它在经济上的结果，是建立资本主义制度。在我国，无产阶级争得民主，其目的是建立社会主义公有制，发展社会主义经济。党的十二届六中全会《决议》指出："我国社会主义现代化建设的总体布局是：以经济建设为中心，坚定不移地进行经济体制改革，坚定不移地进行政治体制改革，坚定不移地加强精神文明建设。"然而，我国发扬民主的成效到底如何呢？归根结底，要以有利于还是有害于我们的现代化建设事业来衡量。如果我们的民主离开四项基本原则，离开四个现代化，不是促进四化、保卫四化，而是削弱四化、干扰四化，那么这种民主决不是社会主义民主，而是一种反社会主义民主的行为。

党的十一届六中全会《决议》也明确指出：高度民主是社会主义的伟大目标之一，也是社会主义"精神文明在国家和社会生活中的重要体现"。"民主和法制、纪律不可分。""不要社会主义民主的法制，决不是社会主义法制，不要社会主义法制的民主，决不是社会主义民主。"可见，民主与集中、自由与纪律统一的原则，就是我们坚持社会主义民主的唯一原则，在发扬社会主义民主时，我们必须坚持这一正确的方向。几十年来，我们党一直在为实现高度的社会主义民主而奋斗，虽然曾遇到一些挫折，犯了一些错误，但并不能以此否定我们社会主义民主方向的正确性，相反，更应当从那些反面经验中看到坚持这一方向的重要性。

(原载《西藏日报》1987年2月18日第二版)

谈谈我区观念更新的基本标准和主要任务

一段时间以来，人们对观念更新谈论很多，对更新的基本标准和主要任务，有各种各样的议论和看法。有的认为现在提倡观念更新，就要对我们过去的一切观念进行一次全面、彻底的更新。无论过去的观念对我们现在社会生产力的发展是否有利，对现在进行的社会主义四个现代化建设是否有利，都要更新。一句话，观念更新可以到处套用。我认为这样理解观念更新是片面的、不正确的。

一　观念更新的基本标准是什么

我们所说的观念更新的基本标准是：在坚持四项基本原则、继承和发扬我们民族的优良传统的前提下，要有利于推动我国社会主义现代化建设事业的发展，有利于建设新的生活方式和提高全民族的科学文化素质。自治区党委副书记丹增同志在区直机关机构改革暨新老班子交接工作会议上的讲话中指出："观念更新的标准不在于观念产生的时间先，新产生的观念不一定就是新观念，也不在于某个领导或某本经典著作上是否说过，而在于看它对改革、开放，发展商品经济和实现现代化是否有利。归根结底，标准只有一个，就是看它能否促进生产力的发展。一切有利于推动和促进生产力发展的观念，都应当尊重、提倡和发扬。"我们的祖先在漫长的历史长河中，创造了光辉灿烂的文化，这些光辉灿烂的优秀文化，不仅过去对我们西藏社会历史的发展有利，而且对现在和将来社会的发展仍然有利。同时，在古代文化中，也有一些东西、一些观念，随着社会的发展，开始与社会不协调、不适应。因此，我们必须在继承和发展我们民族和党的优良传统的基础上，联系实际，更新那些不利于改革、开放，有利于社会主义现代化建设，有利于提高整个中华民族素质观念，如果原来有的就应该坚持下去，发扬光大；如果原来没有的，就应该树立起来。这就是说，观念更新不能到处去套，不能把所有的好的和坏的、有用的和无用的都归结为更新的范围，而是要进行具体分析。

二 当前观念更新的主要任务是什么

总的来说，就是要适合社会主义现代化建设，有利于培养有理想、有道德、有文化、有纪律的社会主义公民，提高整个中华民族的思想道德素质和科学文化素质，变革那些不利于社会主义商品经济发展的旧意识、旧观念，使人们树立同经济体制改革相联系的商品经济观念、时间效率观念、竞争观念、信息观念、人才观念。同政治体制改革相联系的民主观念、平等观念、法制观念。观念更新，就是要使我们从过去长期"左"的思想，从小农经济思想的束缚中解放出来。根据我区的实际情况，当前迫切需要树立和加强的主要有这样一些观念。

一是商品经济观念。它包括市场观念、竞争观念、信息观念、价值观念、效率观念、效益观念等。在现实的经济生活中，由于我区长期形成的小农经济、自然经济、供给型经济的观念，严重地禁锢着人们的头脑，束缚着人们的手脚，阻碍着商品经济的发展。因此，树立商品经济观念是我们的一项重要任务。

二是全面开放的观念。我区由于经历了漫长的封建农奴制社会，新中国成立后我们的工作也一度受到"左"的思想影响，特别是十年动乱的严重危害。当前改革、开放的主要障碍仍然是来自"左"的思想影响，长期的闭关自守、平均主义和听天由命的旧观念都是我们更新的范围。

三是素质观念。这里的关键是要提高人的素质。人是在一定社会历史条件下产生、生存和发展的，有什么样的社会历史条件，就会造就什么样的人。同时人的素质又给社会历史以更大的影响。我区文盲多，人们的科学文化素质，对于我区生产力的发展和社会劳动生产率的提高，必将产生巨大的推动和促进作用。

总之，在当前实行全面改革、开放的时候，必须破除旧的、过时的、不适应改革开放的旧观念，继续彻底清除"左"的思想影响，逐步改变自然经济、供给型经济的旧的习惯和心理。为改革、开放和团结、富裕、文明的社会主义新西藏的建设创造一个安定团结、积极进取的环境，促进整个改革、开放和社会主义现代化建设的顺利发展。

（原载《西藏日报》1987年7月22日）

只有祖国统一　西藏才能富强

最近，少数分裂主义分子在拉萨制造骚乱事件，破坏祖国统一和民族团结，破坏西藏各族人民在祖国大家庭中的幸福生活，搞所谓"西藏独立"的活动，他们的罪恶行径，违背了全国各族人民包括广大藏族人民的意愿，是不得人心的，因而引起了自治区各族人民包括广大僧众在内的一致反对。

为了彻底揭露少数分裂主义分子破坏祖国统一和民族团结的阴谋，我们不妨回顾一下西藏历史的发展过程。

西藏并非亘古以来就是高原。近年来的地质考察表明，在亿万年前，它原是茫茫大海。地壳的变动把它抬升起来，使它成为地球上最高的地区。和平解放以后在西藏进行的考古发掘，发现了多处旧石器和新石器时期的人类活动遗址。表明在四千年至两万年前后，这里就有人类生活。在漫长的历史发展过程中，当地的土著居民又融合了从北方迁来的羌、蒙古、汉等民族的人群而形成了现在的藏族。

在公元6世纪以前，藏族处于漫长的原始社会。公元6世纪初，聚居在今山南地区雅砻河谷的雅砻部落兴起，先后兼并邻近各部落，逐步统一西藏各地方。到公元7世纪初，建立了强盛的吐蕃奴隶制政权。公元609年，松赞干布继承赞普后，平息内乱，创立文字，建立各种制度，巩固了统一的奴隶制王朝。

西藏人民与祖国各族人民主要是汉族人民之间的友好往来，在很早就开始了。到了唐朝和吐蕃王朝时，藏汉民族的友好往来，有了很大的发展。唐朝和吐蕃王室的两次通婚，频繁的使臣往来，"甥舅会盟碑"的建立，密切了政治上的关系。随着政治关系的发展，加强了经济和文化上的交流。这些为西藏人民与祖国各族人民的联合，共同缔造伟大祖国统一的大家庭，奠定了坚实的基础。

公元 1253 年，元宪宗蒙哥派军队进入西藏，建立"乌思藏纳里速古鲁孙等三路宣慰使司都元帅府"。在都元帅府之下，设立了 13 个万户长，以统治前后藏和阿里。到元世祖忽必烈时，元朝政府封西藏萨迦派法王八思巴为"国师""大宝法王"，把西藏交给他管理。这就是西藏历史上的"萨迦王朝"，是西藏地区建立政教合一制度的开始。1275 年以后，每代元朝皇帝均派有一个"宣慰使"常驻在西藏，协助藏王处理西藏政务，每年向西藏征收一定的赋税贡物。元朝还在西藏地方设置了驿站、军站，进行户口调查和对地方官吏的考核，等等。元朝结束了西藏 400 年的混乱状态，实现了安定的局面，给西藏人民创造了"休养生息"的环境。这些使西藏人民从亲身体验中得到了和祖国各兄弟民族联合在一起、建立统一的多民族国家的好处。

元朝崩溃，萨迦王朝也随之垮台。但西藏地方与祖国的关系并未因此而发生重大变化，仍然继续保持着由元朝建立并巩固起来的中央与地方的关系。继"萨迦王朝"而建立的"噶举王朝"的创始人帕莫竹巴，就是接受元朝政府封号的一个万户长。噶举派第二代法王于 1372 年派代表去南京，觐见明太祖朱元璋，请求明朝皇帝批准噶举法王统治西藏，明太祖封噶举法王为"大司徒""勤国公""灌顶国师"，并"赐统御西藏三部十三万之敕诏"。明朝政府在河州（今甘肃临夏县）设立"乌思藏行都指挥使司"以统一管理西藏地方的事务。

差不多与明王朝政权崩溃的同时，统治西藏的噶举王朝也动摇了，代之而起的是由蒙古和硕特部与格鲁派联合建立的"甘丹颇章"地方政权。1652 年，即清顺治九年，五世达赖亲自去北京朝贺，并请清朝皇帝加封。1653 年，五世达赖返藏时，清顺治皇帝封五世达赖为"西天大善自在佛所领天下释教普通瓦赤喇怛喇达赖喇嘛"。康熙五十二年（1713），封五世班禅为"班禅额尔德尼"，达赖喇嘛和班禅额尔德尼的封号从此定下来。清朝政府还向西藏派了驻藏大臣，代表清朝皇帝监督西藏地方政府的各项工作。达赖喇嘛、班禅额尔德尼的承袭，依据宗教惯例，是通过所谓"转世"而实现的，但必须得到清朝的册封。清朝乾隆皇帝规定了西藏地方政府（噶厦）的职能和组织："噶厦"是西藏地方政府的最高行政机关，"噶厦"内设四个"噶伦"，是西藏地方政府中摄政以下最大的官员。清朝制定"西藏善后章程"，对西藏制度作了若干规定。从此以后，清朝在西藏"安设重兵驻防"，"三年一换"，进行驻军，成为定制。特别是

1793年，清政府公布了"钦定藏内善后章程"，对西藏的各种制度作了详细规定，以法律的形式固定下来。乾隆年间，清朝政府派兵入藏，驱逐入侵西藏的外国势力，巩固了祖国的西南边疆，使西藏广大人民亲身体验到祖国人民给予他们的巨大支援，增进了西藏人民与祖国各族人民之间的情谊，进一步巩固了西藏地方与祖国的关系。

清朝末年和中华民国建立初期，帝国主义加紧了对西藏的武装侵略，并在西藏上层中培植亲帝势力，妄图把西藏从祖国大家庭中分裂出去，使西藏地方和祖国的关系蒙受严重的损害。但是，热爱祖国，与祖国各族人民建立了长期友谊的西藏人民，以英勇顽强的实际行动，粉碎了帝国主义的阴谋，维护了祖国的统一。西藏上层中一小撮亲帝分裂主义分子虽然进行了种种阴谋活动，但慑于全国人民的反对，首先是西藏人民和西藏上层爱国人士的反对，也不能不承认西藏是祖国领土的一部分，不能不与中央政府建立联系。1928年，十三世达赖喇嘛派员和新建的南京国民政府取得联系，1930年9月，国民政府派员来西藏进行联络，同年西藏地方政府派代表赴南京，成立西藏驻南京办事处。1933年，十三世达赖喇嘛圆寂，西藏地方政府根据历代达赖喇嘛圆寂后向中央政府报告的惯例，于1934年1月向国民党南京政府做了报告。国民党政府于同年派专使来西藏致祭，追封十三世达赖喇嘛为"护国弘化普慈圆觉大师"，并在拉萨设立蒙藏委员会驻藏办事处。1940年，国民政府派蒙藏委员会委员长入藏，在拉萨布达拉宫主持十四世达赖喇嘛的"坐床典礼"。热振活佛任摄政期间，西藏地方与祖国关系有了若干改善。

以上说明，西藏是中国领土不可分割的一部分，这是历史事实，并为全世界所公认，甚至连帝国主义者也无法加以否认。1903年，英属印度政府事务大臣汉密尔顿曾声称："（西藏）必须继续被认为是中国的一个省。"1904年6月，英国外交大臣致英驻俄大使的正式训令中承认，西藏为"中华帝国的一省"。我们的邻邦，几百年来，对于西藏地方的有关通商、边界事务也一直同中国中央政府交涉，而从来没有任何国家直接和西藏地方政府建立过什么"外交关系"。

在和平解放西藏前夕，深受帝国主义奴役和西藏封建农奴制度残酷压迫剥削的西藏人民，眼看祖国大陆的兄弟民族和生活在青海、甘肃、四川、云南等省境内的藏族人民获得解放，在党的民族政策的光辉照耀下，在祖国大家庭里过着平等团结、当家做主的生活，已经实行或正在实行民族区域自治，更加渴望西藏早日获得解放。解放西藏，驱逐帝国主义势力，排除西藏人民享受平等权利的外部障碍，是历史发展的必然，反映了全国人民首先是西藏人民的根本利益。1949年10月1日，中华人民共和国成立。第二年，中国人民解放军开始向西藏进军。1951年5月23日，西藏地方政府的代表与中央人民政府的代表经过谈判，签订了《中央人民政府和西藏地方政府关于和平解放西藏办法的协议》，即"十七条协议"，西藏获得了和平解放。中国人民解放军进驻西藏，驱逐了帝国主义势力，西藏真正回到了祖国各民族大家庭中来。

中央人民政府和驻藏部队帮助西藏人民修筑公路，开办工厂、农场、学校、医院，大力发展经济文化事业，受到西藏各族人民的衷心拥护。但是，少数上层反动分子于1959年3月发动了武装叛乱。他们的行径违背了人民的意愿，遭到西藏广大人民的反对，叛乱被迅速平息。此后，西藏顺利地进行了民主改革，广大人民真正获得了翻身解放，延续了上千年的封建农奴制度宣告结束。从此，西藏的经济文化开始蓬勃发展。1965年9月西藏自治区成立，西藏在中华民族大家庭中享有充分的民族区域自治权利，西藏开始了社会主义的新时代。

然而，特殊的自然环境和长期的封建农奴制度使西藏的经济文化处于落后状态。中央人民政府和各兄弟民族对西藏的发展极为关心，给予了大力支援。从1951年至1984年，中央对西藏的财政补贴达到77.9亿元，此外还有10亿元以上的专项拨款，数百万吨的消费和生产物资从内地运往西藏，数以万计的内地教师、医生、科技人员和技术工人进藏，帮助西藏发展经济文化。在藏汉等各族人民的共同努力下，西藏的农牧业、工业、交通、文教卫生、科研等各项事业都获得了迅速的发展。千百年没能解决的群众温饱问题基本得到解决，藏汉等各族人民在建设西藏的共同战斗中结下了浓厚的情谊，实现了空前的团结。总之，和平解放后三十多年的成就超过了以往的若干世纪，这是有目共睹的事实，谁也无法否认。

为了帮助西藏尽快改变落后面貌，使群众富裕起来，中央书记处于1980年和1984年先后两次召开西藏工作座谈会，对西藏实行了减轻群众负担，促进西藏经济、文化等各项事业发展的一系列特殊政策和灵活措施。中央领导几次到西藏调查研究，指导工作，同西藏干部群众和各界人士共商加快西藏建设的大计。

如今，在全区各族人民的共同努力下，西藏已进入了一个新的发展时期，一个团结、富裕、文明的社会主义新西藏必将出现在"世界屋脊"上。

(原载西藏自治区宣传部编印《宣传材料》第 7 期，
1987 年 10 月 11 日)

走社会主义道路是西藏历史发展的必然

走社会主义道路，是社会发展的必然趋势，是我国各族人民的共同要求。我区各族人民经过几十年的努力，同祖国其他兄弟民族一样，已经走上了社会主义道路。

新中国成立前，藏族人民外受帝国主义势力的奴役，内受西藏封建农奴制度的残酷剥削和压迫。三大领主（贵族、寺庙、旧地方政府）虽只占西藏人口的百分之五，可是他们占有西藏的全部土地——耕地、牧场和绝大部分牲畜，并占有农奴和奴隶的人身，广大人民群众尽管终年辛勤劳动，可是仍然过着衣不蔽体、食不果腹的悲惨生活。在政治上更是没有任何权利。

具有一千三百多年历史的高原古城——拉萨，新中国成立前人口只有三万，工业除了生产一些藏香、氆氇、卡垫等民族手工业和宗教用品的手工业作坊外，现代意义上的工业基本上没有。在拉萨全城只有几所为喇嘛设立的宗教教育学校和一些贵族、大商人开办的私塾学校。就全西藏来讲，也总共不过十来所学校，广大人民群众的子女几乎没有进入学校读书的权利和机会。在交通运输上，高山连绵，激流滔滔，栈道溜索和人背畜驮的运输方式，把西藏与邻近的省区隔离开来，致使西藏长期处于封闭而神秘的状态。旧西藏缺医少药的情况更为严重，除拉萨的"门孜康"药王山和日喀则扎什伦布寺的格吉纳嘎等少量官办医疗机构和很少的私人诊疗和民间藏医外，再没有其他医疗卫生设施。一旦流行瘟疫，民不聊生，造成人口大幅度下降。在建筑业上，虽然藏族人民很早就修建了雄伟壮丽的布达拉宫和富丽堂皇的寺庙，但是，新中国成立前还没有形成专门的建筑生产经营组织，广大的群众居住破旧简陋，低矮昏暗，街道狭窄污秽，到处是用破烂帐篷支起的贫民窟。总之，在封建农奴制度的统治下，西藏的社会生产非常落后，人民群众生活在饥寒交迫之中。为彻底改变这种局面，人们渴望早日获得解放，渴望在祖国大家庭里过着平等团结、当家做主的生活。所以，当新中国成立之时，西藏各界人士致电毛主席、朱总司令，发表谈话和文章，强烈要求解放军进军西藏驱逐帝国主义势力，使西藏人民尽快回到祖国大家庭的怀抱。1949年11月，毛主席、朱总司令复班禅额尔德尼·确吉坚赞的电报中指出："西藏人民是爱祖国而反对外国侵略的，他们不满意国民党反动政府的政策，而愿意成为统一的富强的各民族平等合作的新中国大家庭的一分子。中央人民政府和中国人民解放军必定能满足西藏人民的这个愿望。希望先生和全西藏爱国人士一致努力，为西藏的解放和汉藏人民的团结而奋斗。"[1]

1951年5月23日，中央人民政府和西藏地方政府签订了《关于和平解放西藏办法的协议》（即"十七条协议"）。从此西藏人民永远摆脱了帝国主义的侵略和羁绊，在祖国各民族平等团结的大家庭中，走上了团结、进步、发展的道路，翻开了西藏历史新的一页。

和平解放西藏的方针，对于西藏人民当家做主，揭露帝国主义挑拨离间的阴谋，消除长期历史形成的藏汉之间的民族隔阂，发展西藏经济、文化和教育等事业都起到了非常重要的作用，符合广大藏族人民和爱国人士以及宗教界人士的愿望，得到了他们的拥护和支持。

和平解放西藏后，人民解放军和进藏工作人员，在任何时候、任何情况下，都模范地执行党的民族政策、宗教政策，尊重藏族人民的风俗习惯，以自己的模范行动教育群众，影响群众。并且通过筑路、免费治病、办学校、培养民族干部、帮助群众发展生产、改善生活等实际行动扩大党的影响，提高群众的觉悟。这一系列的模范行动，群众看在眼里、记在心上，更加坚定了跟着共产党走的坚强信念。

1959年，极少数上层反动分子为了维护其封建农奴制度，妄图分裂祖国，发动了武装叛乱。受尽苦难和折磨的西藏人民，坚决同人民解放军并肩战斗，很快平息了叛乱。紧接着一场伟大的民主改革在西藏高原进行。这场改革推翻了封建农奴主的统治，西藏人民翻身解放、当家做了主人。民主改革调动了广大农牧民的生产积极性，解放了生产力，同时激发了各族各界群众的爱国热情。

1956年9月，西藏自治区正式成立，它标志着西藏已经胜利完成了民主革命的任务，进入了社会主义革命和建设的新的历史阶段。

---

[1]《毛泽东西藏工作文选》，中央文献出版社、中国西藏出版社2008年版，第5页。

我区经过民主革命和执行稳定发展的方针，政治、经济等各方面都取得了较好的成绩，人民的生活有了明显的改善。在此基础上，我们实行了社会主义改造。但是，我们的社会主义改造是在十年动乱中进行的，由于受"左"的影响，我们在执行党的民族政策、经济政策、宗教政策、统战政策、干部政策方面，受过挫折，有过错误。但是，在这个时候我们确实把农牧区的生产资料个体所有制变成了集体所有制，这是具有历史意义的深刻变革。在当前我区实行"两个长期不变"的政策时，只是把经营权和所有权分离了。这是针对我区的生产力水平和农牧民的思想觉悟程度，从西藏实际出发实行的一个正确的方针。但是它并没有改变社会主义生产资料公有制为主的性质。

党的十一届三中全会以来，特别是中央对西藏工作的两次座谈会以来，中央领导同志多次到西藏视察，指导我区的工作。区党委和各地市都逐步端正思想路线，实行"三个进一步""三个一切"的方针，大规模地、大范围地落实和实行党的民族、统战、宗教、干部、经济等一系列的特殊政策和灵活措施，极大地调动了广大群众的社会主义积极性。民族区域自治政策在我区逐步贯彻落实，民族区域自治制度在我区不断完善、发展，藏族和其他少数民族充分享受民族平等和民族区域自治的权利，大批的民族干部正在茁壮成长，具有现代科学技术和文化知识的本民族知识分子队伍正在形成，这些已经成为我区各行各业建设力量的骨干。党的统战、宗教政策的落实，拥护社会主义的爱国者和拥护祖国统一的爱国者已结成了最广泛的统一战线，促进了安定团结的政治局面。在经济工作中，实行特殊政策和灵活措施，生产迅速发展，人民生活水平不断提高；民族教育事业科学技术的研究，医疗卫生工作也都有了很大的发展和进步，丰富多彩的民族文化艺术和伴随着我区革命和建设事业前进的新闻出版事业有了迅速发展。这充分说明，我们所走过的道路尽管在某些时候有些曲折，但是，我们所取得的成就是巨大的，变化是深刻的，藏族人民深深感受到社会主义制度的优越性，更加坚定了跟着共产党走社会主义道路的坚强信念。在这种时候，无论是什么人，采取什么方式，妄想把西藏从伟大祖国的大家庭中分裂出去，这就完全违背了社会历史潮流滚滚向前发展的客观必然性，是永远也办不到的。

（原载《西藏日报》1987年10月17日第二版）

从实际出发　搞好我区的爱国主义教育

我们中华民族具有光荣的爱国主义传统。爱国主义历来是鼓舞人民奋发向上的强大精神武器。当前，在我们认真学习和贯彻执行十三大精神的同时，还必须经常对全体人民，特别是对青少年进行爱国主义教育，提高他们的爱国主义觉悟，激发他们的爱国主义热情。这是我们以马克思主义为指导的社会主义精神文明建设的一项重要任务，也是我们宣传教育和思想政治工作的一项基本内容。

我区是一个具有很大特殊性的边疆少数民族地区。在建设团结、富裕、文明的社会主义新西藏过程中，我区各族人民的爱国主义觉悟又上升到了一个新的高度，爱国主义精神得到了进一步发扬。但是，近年来也有极少数人盲目崇拜资本主义国家，对我们的民族和国家产生了一种妄自菲薄的错误思想，甚至对伟大祖国的统一、各族人民的团结有抵触情绪，做出一些不利于祖国统一和民族团结的事情来。这种倾向必须引起我们的高度重视。

针对这种倾向和我区的具体实际，我认为当前在我区进行爱国主义教育，必须从以下几个方面着手。

第一，进行坚持党的领导的教育。我们的党在领导全国人民进行社会主义革命和建设时，曾走过弯路、犯过错误。但是，我们的党不但敢于承认自己的错误，而且也能够及时纠正自己的错误。我们不能因为党在历史上走过弯路、犯过错误，就怀疑党的领导，甚至否定党的领导。党的十一届三中全会以来，我国政治上安定团结，经济上稳定、持续、协调发展，市场繁荣，人民生活有了显著的改善。从三中全会以来，特别是中央对西藏工作的两次座谈会以来，西藏政治、经济、科学文化等事业也都取得了可喜的成就，这些都是因为有了党的领导的结果。历史的经验已经告诉我们，没有共产党就没有新中国，也就没有社会主义的新西藏，也只有在共产党领导下，我们才能建设现代化的社会主义强国。

第二，进行坚持社会主义道路的教育。社会主义是我们民族利益的最高体现，我们的爱国主义是以热爱社会主义为基本内容的。从这个基本意义上说，坚持社会主义道路，就是坚持今天的爱国主义。过去我国在建设社会主义的实践中由于林彪、"四人帮"的干扰和破坏，没有很好地发挥出社会主义本身所应有的优越性。但是，这不是社会主义制度本身的问题，不能算在社会主义制度的账上，更不能动摇和失去对社会主义制度的信念。我们的前辈曾多次尝试过在中国实行资本主义制度。但是，结果都没有成功。历史的经验已经证明，走社会主义道路，才是中国唯一正确的出路，只有社会主义才能救中国。当然现在我国的社会主义还处在初级阶段，还有许多不完善、不成熟的地方。但是，社会主义制度是大有前途的制度。因此，我们在任何时候、任何情况下，都要坚定不移地坚持社会主义道路。

第三，进行坚持"两个离不开"的教育。在西藏进行爱国主义的教育，就必须坚持汉族离不开少数民族、少数民族离不开汉族的教育。西藏自和平解放以来，在党中央的领导下，在全国各兄弟民族大力支援下，经过我区各民族干部、群众的艰苦努力，使西藏人民当家做主，经济文化事业不断发展，人民生活逐步得到改善，一个社会主义的新西藏，如今已经展现在人们的面前。历史的实践证明：在西藏搞好社会主义现代化建设，就必须树立"两个离不开"的思想。但是，在现实的生活中确实存在两种不可忽视的倾向：一是民族虚无主义。他们否认我们中华民族包括藏族的悠久历史和灿烂文化，对自己民族的长处和传统采取一概否定的态度，对资本主义东西，则认为一切都好，甚至把糟粕当作精华，把渣滓当作瑰宝。这种民族虚无主义的思想同爱国主义是格格不入的。二是盲目排外主义。他们对外来民族的一切采取一概排斥的态度。拒绝接受新鲜事物，反对吸收其他民族的长处，而对本民族的东西，则采取不加分析地一概肯定，企图把历史留下来的一些旧的落后的东西，无一例外地保存起来，坚持下去。甚至从守旧倒退的立场出发，提出一些不利于维护祖国统一、加强民族团结，不利于西藏社会主义建设事业的观点。这种观点是极其错误的，它同民族虚无主义一样，是违背"两个离不开"的具体表现，实质上不能激起藏族人民的真正的民族自尊心和自信心。因此，我们必须坚决反对这两种倾向，牢固树立"两个离不开"的思想，发扬我们民族的优良传统，学习其他民族的长处，取人之长，补己之短。这才是真正的民族自尊心和自信心，才是真正的爱国主义。

第四，要进一步高举团结、爱国、进步的旗帜，坚定不移地贯彻执行党中央为我区制定的一系列特殊政策和灵活措施。这是党的三中全会以来路线的两个基本点在我区的具体体现，是符合目前西藏实际的。虽然这个口号我们过去提过，也是我们一贯坚持的，但是，在当前新的历史时期，高举团结、爱国、进步的旗帜与过去不尽相同。它必须与坚持中央为我区制定的一系列特殊政策和灵活措施有机地结合起来，共同服务于建设团结、富裕、文明的社会主义新西藏的总任务、总目标。因此，它具有时代的特征和新的政治内容。同时，也体现了原则的坚定性和策略的灵活性，在我区具有广泛的适应性，它同坚持四项基本原则的精神是一致的。因此，我区高举团结、爱国、进步的旗帜，更是有特殊的重要意义。

总之，在建设团结、富裕、文明的社会主义新西藏的进程中，要从西藏的实际出发，广泛地、深入地、持久地抓好爱国主义的思想教育，为维护祖国统一、增强民族团结、建设社会主义的新西藏做贡献。

(原载《西藏日报》1987年11月23日第二版)

西藏同样处于社会主义的初级阶段
——学习十三大报告的一点体会

党的十三大报告指出:"我国正处在社会主义的初级阶段,这个论断,包括两层含义。第一,我国社会已经是社会主义社会。我们必须坚持而不能离开社会主义。第二,我国的社会主义社会还处在初级阶段。我们必须从这个实际出发,而不能超越这个阶段。"这对于从我国实际出发,建设有中国特色的社会主义具有十分重要的现实意义和深远的历史意义。

我们在认真学习和深刻领会十三大报告的时候,要将理论和实践相结合,从我区的实际出发,对西藏目前所处的社会发展阶段问题进行认真的探讨和研究。目前,我区多数同志认为西藏和全国一样处于社会主义的初级阶段。但是,也有部分同志认为我区和全国相比存在许多特殊性。如果我们忽视自己众多的特殊性,而与内地一样笼统地、简单地称之为社会主义初级阶段,就很难把握西藏矛盾的特殊性,很难制定符合西藏客观实际的方针、政策,也很容易发生超越实际的"左"倾错误。

我认为,西藏和全国相比各方面都具有很大的特殊性,西藏所建立的社会主义制度的基础,不是在资本主义有了一定的发展的半殖民地、半封建社会,更不是商品经济有了充分发展的资本主义社会。而是在摧毁封建农奴主政权和封建农奴制度的废墟上,在自给自足的自然经济基础上搞社会主义的。因此,比起全国其他省、区,西藏的社会生产力水平更低,经济基础更薄弱,生产关系和上层建筑都相当不完善,商品生产刚刚起步,乃至许多地方还处于商品观念的启蒙期,教育科技极为落后,文盲、科盲占的比例较大。此外,我区还高寒缺氧、交通不便,自然条件也较差,民族、宗教等工作都非常突出。这些都是西藏的特殊性,这是事实。但是,西藏和全国相比,我认为其共性是主要的。

第一,西藏和全国的主要矛盾是一致的。中央领导同志在谈到社会主义初级阶段的主要矛盾时明确指出："我们在现阶段所面临的主要矛盾，是人民日益增长的物质文化需要同落后的社会生产之间的矛盾。阶级斗争在一定范围内还会长期存在，但已经不是主要矛盾。"那么，我区的主要矛盾也仍然是人民日益增长的物质文化需要同落后的社会生产之间的矛盾，而不是什么社会主义同资本主义、社会主义同封建主义谁战胜谁的矛盾。当然，由于国内的因素和国际的影响，阶级斗争还将在一定的范围内长期存在，在某种程度、某种条件下还有可能激化。这个问题全国其他的省、区也同样存在，只是西藏在某些方面、某些问题上还可能更突出一些。但是，无论怎样，它不可能改变我区目前社会主义的性质。

第二，西藏和全国的主要任务也是一致的。中央领导同志在党的十三大报告中指出："为了解决现阶段的主要矛盾，就必须大力发展商品经济，提高劳动生产率，逐步实现工业、农业、国防和科学技术的现代化，并且为此而改革生产关系和上层建筑中不适应生产力发展的部分。"由于西藏和全国的主要矛盾是一致的。因此，主要任务也是一致的。西藏目前的主要任务并不是开展两个阶级、两条道路的斗争，而是要团结和领导全区各族人民，调动一切积极因素，搞好社会主义的经济建设，逐步改善藏族人民的物质生活和文化生活的条件，把我区建设成为团结、富裕、文明的社会主义新西藏。因此，我们的一切工作都要围绕这个经济建设的中心任务。当然，对敌视社会主义的少数坏分子，我们必须保持高度警惕，必要的时候还要进行有效的斗争。这就是说，从西藏建设的总体上看，我们不能忘记阶级斗争，但是，又不能以阶级斗争来干扰经济建设，不能把人们的注意力集中到抓阶级斗争上来。

第三，西藏和全国都是公有制占主导地位。全国在所有制方面，由于目前存在生产力的多层次性，因而也就决定了在相当长的时间内，以公有制经济为主体的多种所有制形式和多种经营方式的同时存在。如国家所有制、集体所有制、联合所有制、个体所有制、国家资本主义所有制、私人资本主义所有制，等等。西藏目前和全国一样，在公有制为主的前提下，存在个体经济、集体经济等多种经济成分。但是，我区已经建立了以生产资料公有制为主体的国民经济体系，西藏的土地、森林、矿藏、草场等都是公有的，全民和集体办的工商业、农牧林业、交通业、邮电业、金融旅游业都是公有制。因此，社会主义的国营经济和集体经济是我区的基本经济形式。当然，在某些部门、某些行业我区公有制的程度比内地低一点。

党的十三大报告指出："在不同地区，各种所有制经济所占的比重应当允许有所不同。"这就是说，在社会主义初级阶段公有制的程度不是整齐划一的，而是在不同的经济领域和不同的地区允许有所不同，也允许有所差别。此外，由公有制决定的分配制度大致体现了按劳分配的原则，因此，按劳分配也是我区分配形式中的主体。

党的十三大报告指出："十亿多人口，八亿在农村，基本上还是用手工工具搞饭吃；一部分现代化工业，同大量落后于现代水平几十年甚至上百年的工业，同时存在；一部分经济比较发达地区，同广大不发达地区和贫困地区，同时存在；少量具有世界先进水平的科学技术，同普遍的科技水平不高、文盲半文盲还占人口近四分之一的状况，同时存在。"这里讲得很明确，我国在社会主义初级阶段，存在比较先进、比较发达的地区，同时也存在比较落后、比较不发达的地区。这里当然包括了西藏自治区。我区就属于这个同时存在中的落后于现代水平几十年甚至上百年的工业、不发达地区和贫困地区，普遍科技水平不高和文盲半文盲较多的范围之内。因此，从社会发展阶段来看，我认为西藏目前同样处于社会主义的初级阶段。这并不等于否定或忽视西藏的一系列特殊性。如果只承认西藏处于社会主义的初级阶段，而忽视或者否定西藏的特殊性就很难制定出符合西藏客观实际的方针政策，当然也就搞不好西藏的社会主义初级阶段建设。

（原载《西藏日报》1988年1月4日第二版）

浅议西藏社会主义初级阶段问题

最近以来，我国理论界对社会主义初级阶段问题进行了热烈的探讨，提出了我国还处在社会主义的初级阶段。党的十三大报告，以社会主义初级阶段立论，以中国特色的社会主义道路为主线，以四项基本原则和改革开放为经纬，比较全面系统地论证和回答了当前我国在社会主义现代化建设中所面临的一些重大问题。明确提出了党在社会主义初级阶段的基本路线，即"领导和团结全国各族人民，以经济建设为中心，坚持四项基本原则，坚持改革开放，自力更生，艰苦创业，为把我国建设成为富强、民主、文明的社会主义现代化国家而奋斗"。我们党在对我国国情和我国社会主义再认识的过程中，弄清了我国现在社会所处的历史阶段，提出了关于社会主义初级阶段的理论。这一论断的提出，对于从我国实际出发，建设有中国特色的社会主义，具有十分重要的现实意义和深远的历史意义，可以说在很大程度上决定着我国社会主义现代化建设的成败。

为了使党在社会主义初级阶段的基本路线真正深入人心，落到实处，特别是从我区的实际出发，对全区各族人民进行一次党在社会主义初级阶段基本路线的教育，搞清楚西藏目前所处的社会发展阶段问题，我区理论工作者也在积极研究和认真探索我区社会主义初级阶段问题，分析我区同全国相比有哪些共性、有哪些个性，从理论和实践的基础上认清西藏的实际，为统一思想，搞好改革开放和现代化建设事业，促进西藏社会的发展进步等提出了许多值得研究的问题。下面就社会主义初级阶段的理论渊源、重要意义以及我区目前社会发展的阶段等问题谈一点粗浅的认识。

一　关于社会主义初级阶段理论的提出及重要意义

1. 关于社会主义初级阶段理论的提出

马克思、恩格斯根据人类社会发展的规律，特别是根据对资本主义社会发展规律的分析，科学地提出了共产主义社会分为两个阶段，初级阶段是社会主义，高级阶段是共产主义，还提出了第一阶段，即社会主义的最基本的一些特征，比如：全部的社会生产资料归社会所有，社会生产力高度发展，实行"各尽所能、按劳分配"，商品和货币都将退出经济生活等。马恩提出的这两个阶段的构思和它的一些基本特征的原则，是我们当前研究社会主义初级阶段所必须遵循的，至今仍具有重要的指导意义。但是，由于社会历史条件的限制，他们没有也不可能提供社会主义初级阶段的现成结论。列宁根据社会实践的经验，发展了马克思、恩格斯关于社会主义的理论，明确提出了社会主义发展的长期性，并使用了"初级形式的社会主义"①，"完全的社会主义"②，"发达的社会主义"③等提法。列宁还在《共产主义运动中的"左派"幼稚病》一文中提出了："从共产主义观点看来，否定政党就意味着从资本主义崩溃的前夜（在德国）跳到共产主义最高阶段而不是进到它的低级阶段和中级阶段。我们在俄国（推翻资产阶级后的第三年）还刚处在从资本主义向社会主义即向共产主义低级阶段过渡的最初阶段。"④列宁在这里确实使用了"最初阶段""低级阶段""中级阶段""最高阶段"。但是，由于社会主义的实践在当时刚刚开始，客观条件本身不可能使列宁完成创立社会主义发展阶段学说的任务。因此，社会主义初级阶段作为特定的历史发展阶段，在马克思、恩格斯和列宁的经典著作中没有提出过，客观条件本身的限制也不可能提出来。

中华人民共和国成立以后，我国在党的领导下，有步骤地实现了从新民主主义革命到社会主义革命的转变。1956年，以生产资料私有制的社会主义改造基本完成为标志，我国就开始进入了社会主义社会。当时我们党还能比较清醒地认识到，我国社会主义制度刚刚建立，还很不完善。但是，为时不久就提出了共产主义在我国的实现已经不是什么遥远的事情了。于是，在"大跃进"和农村人民公社时期，把生产力的发展看得很容易，搞所谓的高指标、瞎指挥；刮浮夸风和"共产风"；盲目追求一大二公；取消个体经济、限制集体经济和商品生产；否定价值规律；大搞平

---

① 《列宁全集》第30卷，人民出版社1958年版，第253页。
② 《列宁全集》第33卷，人民出版社1958年版，第423页。
③ 《列宁全集》第30卷，人民出版社1958年版，第299页。
④ 《列宁全集》第39卷，人民出版社1958年版，第24页。

均主义，不切实际地急于向共产主义过渡。把完全的社会主义才能办到的事情或达到的目标，硬拿到社会主义初级阶段上来完成，给我国的社会主义建设事业造成了很大的损失。毛泽东同志在1975年读苏联政治经济学教科书的谈话中说，社会主义这个阶段又可能分为两个阶段：第一阶段是不发达的社会主义，第二阶段是比较发达的社会主义。毛泽东同志的这一划分，是对我国社会主义发展阶段的可贵探索。遗憾的是，这个重要思想在我国社会主义的实践中，没有很好地研究和发展。相反地，把农民的自留地、自留畜、家庭副业、农村集市贸易等，都当作资本主义的自发倾向去批判，搞"穷过渡"等。因此，党的十三大报告在回顾和总结我国社会主义革命和建设的历史时指出："从50年代后期开始，由于'左'倾错误的影响，我们曾经急于求成，盲目求纯，以为单凭主观愿望，依靠群众运动，就可以使生产力急剧提高，以为社会主义所有制形式越大越公越好。我们还曾经长期把发展生产力的任务推到次要地位，在社会主义改造基本完成以后还'以阶级斗争为纲'。许多束缚生产力发展的，并不具有社会主义本质属性的东西，或者只适合于某种特殊历史条件的东西，被当作'社会主义原则'加以固守，许多在社会主义条件下有利于生产力发展和生产商品化、社会化、现代化的东西，被当作'资本主义复辟'加以反对。"因此，我国三十多年所经历的社会主义道路是曲折的，付出的代价是巨大的。

关于社会主义社会的阶段划分问题，特别是我国处于社会主义初级阶段的问题，是党的十一届三中全会以来，我国运用马克思主义的立场、观点和方法，认真冷静地分析我国现实社会发展过程，总结和概括几十年来在社会主义建设中的实践经验，所得出的切实符合我国国情的正确结论。

叶剑英同志在庆祝中华人民共和国成立30周年大会的讲话中指出："社会主义制度是人类历史上崭新的社会制度，它同世界上任何其他事物一样，有它的发生和发展过程。同已经有了三四百年历史的资本主义制度相比，社会主义制度还处在幼年时期。我国封建社会的历史特别长，我们的社会主义社会不可避免地带有这种旧社会的许多痕迹。毫无疑问，我们的社会主义制度已经开始显示出它的生命力和发展前途。但是，它还不成熟，不完善。"[①]叶剑英同志尽管没有明确提出我国社会主义处于初级阶

[①] 《三中全会以来重要文献选编》上册，人民出版社1982年版，第220—221页。

段，但是，提出了"社会主义制度还处在幼年时期"，"还不成熟、不完善"。1981年党的十一届六中全会通过的《关于建国以来党的若干历史问题的决议》中第一次明确提出了社会主义初级阶段的概念。指出："只有社会主义才能救中国。这是中国各族人民从一百多年来的切身体验中得出的不可动摇的结论，也是建国三十二年来最基本的历史经验。尽管我们的社会主义制度还是处于初级的阶段，但是，毫无疑问，我国已经建立了社会主义制度，进入了社会主义社会，任何否认这个基本事实的观点都是错误的。……当然我们的社会主义制度由比较不完善到比较完善，必然要经历一个长久的过程。"① 1982年党的十二大报告中又一次提出："我国的社会主义社会现在还处在初级发展阶段，物质文明还不发达。"② 特别是党的十二届六中全会通过的《中共中央关于社会主义精神文明建设指导方针的决议》中，不但重申了我国处在社会主义初级阶段，而且还对这一阶段的主要表现做了说明："我国还处在社会主义的初级阶段，不但必须实行按劳分配，发展社会主义的商品经济和竞争，而且在相当长的历史时期内，还要在公有制为主体的前提下发展多种经济成分，在共同富裕的目标下鼓励一部分人先富裕起来。"③ 这比起前两个文件中的论述，又前进了一步。

社会主义初级阶段这一论断从提出到现在已经好几年了，但是一直没有引起人们的注意。直到近几个月才受到理论界的高度重视。这同当前我国的改革和开放不断深化有关。我认为社会主义初级阶段这一理论的提出，既不是简单地照搬马克思主义的现成概念，也不是凭空的主观臆造。而是在新的历史条件下，在总结了我国三十多年来经验教训的基础上，马克思主义不断革命论和革命阶段论在社会主义建设时期的新发展，是我们党发展马克思主义的一个新概念，是三中全会以来对我国所处的发展阶段认识上的深化。

2. 认识社会主义初级阶段的重要意义

我国还处在社会主义初级阶段，这是我国目前最根本的国情，是客观存在的。党的十三大报告指出："正确认识我国社会现在所处的历史阶

---

① 《三中全会以来重要文献选编》下册，人民出版社1982年版，第838页。
② 《十二大以来重要文献选编》上册，人民出版社1986年版，第26页。
③ 《中共中央关于社会主义精神文明建设指导方针的决议》单行本，人民出版社1986年版，第11页。

段，是建设有中国特色的社会主义的首要问题，是我们制定和执行正确的路线和政策的根本依据。"因此，我们必须从这个实际出发，不能违背它、超越它，而应该承认它、研究它。

我国处于社会主义初级阶段，我认为包含两层含义：第一，明确提出了我们搞的是社会主义，而不是资本主义。因此，我们必须坚持社会主义道路，不能搞倒退，不能走回头路。第二，明确提出了我国社会主义发展程度是处于初级阶段，这是我们的最基本的国情。同时，我国处于社会主义初级阶段，还包含着另一个思想，这就是指它是一个特定的历史范畴，并不是所有进入社会主义的国家都要经历一个初级阶段。所以，党的十三大报告指出："我国社会主义的初级阶段，是一个什么样的历史阶段呢？它不是泛指任何国家进入社会主义都会经历的起始阶段，而是特指我国在生产力落后，商品经济不发达条件下建设社会主义必然要经历的特定阶段。"因此，我们必须从社会主义的初级阶段的实际出发，把这个最重要的国情作为建设具有中国特色的社会主义的出发点和立足点，不能要求过高，不能急于求成。

社会主义社会是一个相当长的历史时期，它的发展是循序渐进的。邓小平同志指出："社会主义是共产主义的第一阶段，是一个很长的历史阶段。社会主义的首要任务是发展生产力，逐步提高人民的物质和文化生活水平。从1958年到1978年这二十年的经验告诉我们：贫穷不是社会主义，社会主义要消灭贫穷，不发展生产力，不提高人民的生活水平，不能说符合社会主义要求的。"[①] 这里邓小平同志明确提出了社会主义不是保持贫穷，更不是扩大贫穷，而是要消灭贫穷，让广大人民群众尽快走向富裕幸福的道路。要达到这个目的，就要首先准确地认识我国所处的发展阶段，明确现阶段的历史任务，从而制定适合我国国情的路线、方针、政策，避免"左"的或右的错误，从理论和实践的结合上准确地把握社会主义初级阶段的经济、政治、思想文化等各方面的特点，深刻领会三中全会以来路线、方针、政策的正确性，更加自觉地坚持四项基本原则，更加坚定地执行改革、开放、搞活的方针，脚踏实地地建设社会主义，使社会主义制度的优越性充分地显示出来。

---

① 《建设有中国特色的社会主义》增订本，人民出版社1984年版，第104页。

二 我区社会主义发展阶段问题

我区理论工作者在探讨我区处于什么社会发展阶段问题时，大家从理论和实践的结合上，对西藏目前的生产力、生产关系、上层建筑等方面进行了认真的探讨和研究。一致认为我区现在处于社会主义社会。在这样一个最基本的认识问题上，大家的看法是一致的。但是，我区是什么时候开始进入社会主义社会，它现在处于什么样的发展阶段等问题上有不同看法。

1. 西藏何时进入社会主义社会

在这个问题上，我区当前主要有四种观点。

第一种观点认为以 1961 年平叛改革的胜利为标志。其理由是因为经过这次的伟大的历史变革，西藏摧毁了封建农奴制度和封建农奴主的政权，建立了人民群众当家做主的人民民主专政，即社会主义的政治制度。

第二种观点认为以 1965 年西藏自治区的成立为标志。其理由是自治区的成立，标志着西藏的革命和建设事业发展到了一个新的历史阶段，是党的民族政策的伟大胜利。党中央、国务院在庆祝西藏自治区成立二十周年的贺电中明确指出："1965 年西藏自治区的成立，便标志着西藏各族人民，在全国各民族平等团结、友爱合作的大家庭中，走上了共同建设社会主义的金光大道。"

第三种观点认为以 1975 年的社会主义改造基本完成为标志。其理由是西藏 1965 年以前社会主义政治制度已确立。但是，1975 年的生产资料公有制的实现，才确立了社会主义的经济制度。因此，在这个时候西藏才开始进入社会主义社会。

第四种观点认为以党的十一届三中全会以后，西藏一系列特殊政策、灵活措施的实行为标志。其理由是这以前的西藏由于"左"的干扰，没有能够真正进行社会主义建设，只有十一届三中全会以后，党坚持了实事求是的原则，西藏才真正走上了建设社会主义的轨道。

我同意第三种观点。其他三种观点尽管提出了西藏进入社会主义的具体时间和理由，但是，我们按照马克思主义关于社会主义的一些基本原则和特征进行分析，就不难看出他们的论据有一定的片面性，是不全面的。

马克思提出的社会主义不仅是指社会主义政治制度的建立，而且指社会主义经济制度的建立。1961年我区平叛改革胜利，我们确实摧毁了封建农奴主政权，推翻了封建农奴制度，人民群众当家做了主人，把生产资料归农奴主所有变为农牧民个体经济所有。这是一个历史性的变革。但是，社会主义生产资料的公有制并没有确立。因此，我认为把1961年作为社会主义初级阶段的开端是不完备的，不准确的。

1965年自治区的成立，西藏在中华民族的大家庭中充分享受民族平等和民族区域自治的权利。它标志着西藏的革命和建设事业发展到了一个新的历史阶段，是党的民族政策的伟大胜利。在这个时候，我们还建立了不少的国营企业和集体企业。但是，我们的基础即农牧业仍然是属于个体经济。因此，把这个时期作为社会主义初级阶段的开始，也是不全面的。如果仅仅把自治区的成立作为社会主义初级阶段的开始，那么内蒙古是全国解放以前就成立了自治区的。难道说中华人民共和国还没有成立时，内蒙古就开始进入社会主义社会？

特别是把三中全会以后，在西藏一系列特殊政策和灵活措施的实行，作为社会主义初级阶段的开始这一论点，我认为更不能成立。因为我区的社会主义政治制度和经济制度，在三中全会以前就已经建立起来了。只不过它还不完善、不成熟，还处于社会主义的初级阶段。而党在西藏的特殊政策和灵活措施的贯彻，是针对我区在社会主义建设中所存在的问题提出的，并不是社会主义建设的开始。因此，我认为在这三种观点中，前两个观点是超越历史，就是把农牧区还没有进行社会主义改造，还没有建立社会主义公有制经济的时期当成了社会主义初级阶段；而后一种观点又落后于现实，三中全会以前，我们已经确立了社会主义的政治制度和经济制度。但是，他们把西藏特殊政策和灵活措施的贯彻当作社会主义初级阶段的开始，就更不符合客观事实，是不能成立的。

我认为1975年的西藏社会主义改造的完成，是西藏社会主义社会的开始，因为我区经过民主革命和执行稳定发展的方针，在政治、经济等各方面都取得了较好的成绩。生产有了很大的发展，人民生活有了明显的改善。1965年以前社会主义的政治制度已经建立，1975年农牧区的生产资料个体所有制变成了公有制，又建立了社会主义的经济制度。只有社会主义的政治制度和经济制度两方面的建立，才可能进行社会主义建设。这和1956年全国范围的社会主义改造的基本完成，我国才进入社会主义社会是一个道理。

当然我区的社会主义改造是以人民公社为主要内容的。现在要把1975年作为西藏社会主义的开始时期，有人就提出：全国包括西藏在内都否定了人民公社。假如把1975年作为西藏社会主义的开始，那么实际上是承认了人民公社。我认为不能这样理解，对1975年的社会主义改造要客观地、历史地、全面地分析。我区的社会主义改造是在"文化大革命"的十年动乱中进行的。由于受"左"的影响，我们在执行党的民族政策、宗教政策、统战政策、干部政策、经济政策等方面，受过挫折，有过错误，出现了阶级斗争扩大化，生搬硬套内地的经验，政治上打击面宽，经济上乱没收，不切实际地搞"一大二公"等错误做法，严重地影响了我区各项建设事业的发展。但是，在这个时候，我们确实把农牧民的生产资料个体所有制变成了集体所有制，这是具有历史意义的深刻变革。在当前我区农村实行"土地归户使用，自主经营，长期不变"和牧区实行"草场公有，牲畜归户，私有私养，自主经营，长期不变"的政策，都是在生产资料公有基础上的经营权的分离。决定一种经济性质的是所有权，而不是经营权。家庭承包、租赁等只是经营形式、经营方式、经营责任制，而不是所有制性质的改变。"两个长期不变"的政策，是针对我区目前的生产力水平和农牧民的思想觉悟程度，从西藏实际出发提出的一个正确方针。但是它并没有改变社会主义生产资料公有制的性质。如果我们不把1975年的社会主义改造的完成作为社会主义社会的开始，就无法解释西藏农牧区的个体生产资料所有制是何时变为公有制，怎么变为公有，现在又是怎样把经营权和所有权分离等问题。

2. 西藏目前所处的社会主义发展阶段问题

西藏目前所处的社会主义的发展阶段问题上，有这样几种观点。

一种观点认为西藏目前处于社会主义初级阶段的开端阶段或称起始阶段、最低阶段。理由是如果不从西藏实际出发，忽视自己众多的特殊性，而与内地一样笼统称之为社会主义初级阶段，就不能把握西藏矛盾的特殊性，也很容易发生超越实际的"左"倾错误。

还有个别同志认为西藏处于社会主义的过渡阶段。这种观点认为西藏的生产资料公有制是在扭曲、变形的途径中实现的，它在开始形成阶段还不是我区生产力发展的内在要求。因此，它既带有旧社会的痕迹，又有"左"的烙印。具体地说，我区的生产资料公有制是在"一大二公"浪潮的裹挟下，国家在土地、草场公有制的基础上用"输血"的办法，从外部注入了大量的公有制经济成分，这样的生产关系不是由生产力发展水平决定的。

我不同意以上两种观点，特别是不同意西藏还处于社会主义过渡阶段的观点。因为社会主义的过渡阶段和社会主义的初级阶段有三个显著的不同点。一是主要矛盾不同。过渡时期，社会主义和资本主义谁战胜谁的问题并没有解决。而我区目前主要矛盾不是谁战胜谁的矛盾，而是人民日益增长的物质文化需要同落后的社会生产力之间的矛盾。当然，由于国内的因素和国际的影响，阶级斗争还将在一定的范围内长期存在，在某种条件下还有可能激化。十三大报告指出："在初级阶段，不安定的因素甚多，维护安定团结尤为重要。"因此，我们必须保持高度警惕，对敌视社会主义的坏分子进行有效的斗争。二是主要任务不同。过渡时期的主要任务是抓阶级斗争，开展两个阶级、两条道路的斗争，而我们现在的主要任务是搞社会主义的经济建设，把我区建设成为团结、富裕、文明的新西藏。三是所有制方面所占的比例不同。过渡时期，个体经济、私人经济占主导地位，公有制经济还没有占主导地位。而我区现在尽管个体经济、私人经济等经济成分和经济形式与之并存，但是，我们已经建立了以生产资料公有制为主体的国民经济体系，社会主义的国营经济和集体经济是基本的经济形式，是占主导地位的。因此，现在提出我区还处于社会主义的过渡阶段是不符合客观实际的。

同时我也不同意我区处于社会主义的开端阶段、起始阶段等观点。我认为我们不应该把我区处于社会主义初级阶段的什么阶段作为研究问题的出发点。这样会引起许多理论上的混乱和认识上的模糊。社会主义不是消灭差别，而是在社会主义制度下各民族共同发展繁荣。再发达和再落后的国家、地区都有先进和落后之分。比如我国就有上海、北京、天津、江苏等发达地区，深圳、厦门、珠海等沿海开放地区和云南、贵州、西藏等落后地区。如果把这众多的有差别的地区都来划分五花八门的层次，我认为不但不可能划准，而且也没有这个必要。再如苏联的欧洲部分和亚洲部分差别很大，但不能说苏联一半是"发达社会主义"，一半是"发展中的社会主义"。党的十三大报告指出："十亿多人口，八亿在农村，基本上还是用手工工具搞饭吃；一部分现代化工业，同大量落后于现代水平几十年甚至上百年的工业，同时存在；一部分经济比较发达的地区，同广大不发达地区和贫困地区，同时存在；少量具有世界先进水平的科学技术，同普遍的科技水平不高，文盲半文盲还占人口近四分之一的状况，同时存在。"这里讲得很清楚，我国在社会主义初级阶段同时存在比较先进的省、市、自治区和落后的省、区。当然就包括了西藏自治区。我区就属于不发达地区和贫困地区，存在落后于现代水平几十年甚至上百年的工业，属于普遍科技水平不高和文盲、半文盲较多的范围。

根据以上的分析，我认为西藏在社会主义发展阶段问题上，和全国一样处于社会主义初级阶段。尽管我区各方面具有很大特殊性，和内地先进省区相比差距甚大。这主要是我区不是在资本主义有了一定发展程度的半殖民地、半封建社会的基础上，更不是在商品经济有了充分发展的资本主义社会的基础上搞社会主义的。而是在封建农奴制度的废墟上、在自给自足的自然经济基础上搞社会主义的。因此，比起全国其他省区，我区的社会生产力水平低，经济基础薄弱，生产关系和上层建筑相当不完善，商品生产刚刚起步，乃至许多地方还处于商品观念启蒙期；教育科技极为落后，文盲、科盲占的比例较大。如果把整个社会主义的初级阶段分为解决温饱、摆脱贫困、达到小康、实现中等四个阶段的话，那么，我区则处于解决温饱向摆脱贫困过渡的阶段。总之，我区的社会主义初级阶段起点低（指从封建农奴制向社会主义过渡），时间短（指从1975年的社会主义改造的完成为标志）。但是，我认为西藏和全国相比，其共性是主要的。全国和我区都属于不是先搞现代化，然后再搞社会主义，而是先建立社会主义制度，然后再搞现代化的。当然，我区的生产力落后的情况更为突出，生产的社会化、商品化的程度更低。从生产关系来看，公有制是我区所有制结构中的主体。土地、森林、矿藏、草场都是公有的，全民和集体办的工商业、农牧林业、交通邮电业、金融旅游业都是公有制。党的十三大报告指出："在不同的经济领域，不同的地区，各种所有制经济所占的比重应当允许有所不同。"此外，我区由公有制决定的分配制度也大致体现了按劳分配的原则。因此，按劳分配也是我区分配形式中的主体。从社会主义的主要矛盾来看，我区的矛盾也是人民日益增长的物质文化需要同落后的社会生产力之间的矛盾。这些都和全国其他地区具有共性。因此，我认为西藏和全国一样处于社会主义的初级阶段。

总之，搞清楚我区目前所处的社会发展阶段问题，这不仅是个重大的理论问题，而且对于从我区的实际出发，指导我区各项工作都具有重要的现实意义。党的十三大报告指出："社会主义初级阶段是很长的历史发展过程。我们对这个阶段的状况、矛盾、演变及其规律的认识，在许多方面知之不多，知之不深。我们的许多方针、政策和理论还有待于完善，要随着实践的发展，不断经受考验，得到补充、修正和提高。"在这里，我没有对我区社会主义初级阶段的特征作分析，主要谈了我区何时进入社会主义初级阶段和它的发展程度问题。这只是个人的粗浅看法。在今后的学习和讨论中，对这个问题的认识需要进一步加深。

(原载《西藏研究》1988年第1期)

西藏完成社会主义初级阶段任务十分艰巨

党的十三大报告指出："我国从 50 年代生产资料私有制的社会主义改造基本完成，到社会主义现代化的基本实现，至少需要上百年时间，都属于社会主义初级阶段。这个阶段，既不同于社会主义经济基础尚未奠定的过渡时期，又不同于已经实现社会主义现代化的阶段。"社会主义初级阶段的任务是摆脱贫穷落后，实现国家的社会主义工业化和生产的商品化、社会化、现代化。目前，我国生产力水平低，生产关系不完善，上层建筑不健全。而生产力的发展不能超越阶段，生产关系的变革、政治制度和精神文明建设也都不能脱离生产力发展水平。因此，要在社会主义初级阶段，实现国家的工业化、生产的商品化、社会化和现代化，至少需要上百年时间，时间短了很难完成，这是一个方面。

另一方面，在这个上百年的时间里，我们要实现工业化和生产的商品化、社会化、现代化又是可能的。根据我国经济发展的状况，到 20 世纪末这一段，使国民生产总值再翻一番，须年增长 6%—7%，这个速度比前三十多年平均速度还低一些；21 世纪的五十多年，只要年增长速度保持在 3%—4%，也就能达到中等发达国家的水平。这一时期虽然基数增大，但是，加上新型的社会主义体制越来越成熟和当前科技进步的巨大潜力，应当说是完全可以实现的，这是对我国国情的科学分析而得出的判断。

总之，从全国来讲，在社会主义初级阶段，要实现国家的工业化、生产的商品化、社会化、现代化是完全可能的。因此，我们对整个社会主义初级阶段的时间，估计长了不行，短了也不行，要做到合乎实际。

那么联系到西藏，在 21 世纪中叶能否实现社会主义的工业化、生产的商品化、社会化和现代化呢？我因为掌握的资料和数据极少，因此，尚不敢断定会实现或者不会实现，但是，我们不能产生因为很难实现而失去信心的悲观情绪，也不能产生因为全国会实现我们也会自然实现的盲目乐观的情绪。在这里我们必须搞清楚一个问题，这就是要完成社会主义初级阶段的任务，我区面临的困难更大，任务更艰巨。

第一，我区进入社会主义的起点低。我区是在封建农奴制的废墟上搞社会主义建设的。因而我区的生产力水平不但远远落后于发达的资本主义国家，同时还落后于全国其他省、市、自治区。尽管解放三十多年来，在党和国家的大力帮助和支持下，我区大力进行农田水利基本建设和草场基本建设，一些地区还使用了农业机械，不断改善农业生产条件和放牧条件，使我区的生产力水平同新中国成立前相比有了较大的提高和发展，但是，我区的农牧业生产至今基本上处于靠天种田、靠天养畜的自然经济状态，如果风调雨顺时就能够稳步发展，相反地，遇到自然灾害时就停滞不前，甚至出现倒退的现象。这就反映了作为我区经济发展战略的基础农牧业生产还停留在落后的生产方式上，抵御自然灾害的能力极差。当然在国家和有关部门的帮助下，西藏现代化在生产工具和生产技术上是可以引进的，但是没有与之相适应的掌握科学技术水平和管理知识的人才，现代化的设备只能成为一堆废品，发挥不了它应有的作用。目前，我区农牧业人口所占的比重比全国其他省、市、自治区大得多，而掌握科学技术和管理知识的人才又比全国其他省、市、自治区少得多。另外，我区的商品经济也极不发达，自然经济和半自然经济所占的比重比全国其他省、市、自治区都大。在现实的经济生活中，由于我区长期形成的小农经济、自然经济、供给型经济的观念，在人们的头脑中商品经济观念，包括市场观念、竞争观念、信息观念、价值观念、效率及效益观念等极为淡薄，"左"的思想仍禁锢着人们的头脑，阻碍着商品经济的发展。这就决定了在社会主义初级阶段，我区所面临的任务更重，困难更大。

第二，我区进入社会主义初级阶段的时间短。我认为我区社会主义初级阶段是从1975年社会主义改造的基本完成才开始的，这样我区进入社会主义初级阶段的时间实际上比全国整整晚了19年。全国进入社会主义初级阶段从1956年算起，已经有了三十多年的历史。到21世纪中叶，全国其他省、自治区社会主义初级阶段整整经过了100年的时间，而我区从1975年算起到现在只有十几年的历史，加上到21世纪中叶也只不过是80年的历史。在这80年的时间内，要完成十三大报告中所提出的五个方面的转变，最后实现工业化和生产的商品化、社会化、现代化。也就是说在80年的时间内，要完成全国其他省、市、自治区在100年内所要实现的目标，我们将遇到更大的困难。

第三，西藏是一个具有很大特殊性的边疆少数民族地区。它的自然条件、地理环境、民族特点、宗教信仰既不同于全国其他省、市，也不同于全国其他少数民族地区。西藏面积为120多万平方公里，约占全国的八分之一，平均海拔却在4000米以上，素有"世界屋脊"之称。在边境线上所接壤的缅甸、印度、锡金、不丹、尼泊尔等国家和地区都属于第三世界。

西藏基本上又是一个单一的民族，即藏族聚居地区。在全区的总人口中藏族就占90%以上。同时，藏族又基本上都信仰喇嘛教，喇嘛教在广大藏族群众中有长期的、深刻的影响。在和平解放西藏时，我们党对西藏宗教的长期性和它在广大群众中的影响有比较清醒的认识。毛泽东同志就指出："在西藏考虑任何问题，首先要想到民族和宗教问题这两件事，一切工作必须慎重稳进。"但是，为时不久就由于"左"的干扰和破坏，我区的宗教信仰自由政策成为徒有虚名，宗教职业者被当作"牛鬼蛇神"来扫除。三中全会以后，我们党坚持实事求是、一切从实际出发的原则，认真落实党的民族政策、统战政策、宗教政策，极大地调动和鼓舞了广大藏族群众为建设团结、富裕、文明的社会主义新西藏的积极性。从正反两方面的经验和教训中可以看出，对我区现阶段宗教状况估计正确与否，是与我们对西藏区情认识是否正确不可分割的。

党的十三大报告指出："是否有利于发展生产力，应当成为我们考虑一切问题的出发点和检验一切工作的根本标准。"我们要发展生产力，就是要最大限度地把人（生产力中最重要的因素）的积极性调动起来。也就是把我区各族人民，包括信教群众和不信教群众的积极性调动起来，为建设团结、富裕、文明的社会主义新西藏服务。同时，我们也必须看到，宗教就其基本思想体系来说是唯心主义思想体系，与马克思主义的科学思想体系是截然对立的。宗教在某些方面、某些时候、某种程度上对科学技术的传播有一定的阻碍作用。在我区这种阻碍作用也是存在的。比如农作物发生虫灾、草原出现地老鼠时，信教群众不愿灭虫、灭鼠，这必然影响到生产力的发展。因此，我们要建设社会主义新西藏时，必须要考虑到这种积极作用和消极作用。既不要简单地否认宗教在群众中的影响，也不要把它说得完美无缺，要做到实事求是。

此外，西藏工业基础薄弱，交通运输困难。自从和平解放西藏以来，在党中央、国务院的亲切关怀和各兄弟民族的大力帮助下，西藏的工业、民族手工业、交通运输业有了突飞猛进的发展，早已揭开了"世界屋脊"兴办现代工业的历史篇章，修通了举世闻名的川藏青藏公路，开辟了拉萨至成都、北京、西安等国内航线和加德满都的国际航线，培养了大批藏族工程技术人员和工人，引进了大批先进技术设备。但是，同建设团结、富裕、文明的社会主义新西藏的要求相比，目前，我区人才奇缺、科技落后、交通不便、信息不灵的情况仍然存在。

总之，要完成社会主义初级阶段的任务，我区面临的困难更多，任务更艰巨，这就要求我们要进一步增强革命事业心和主人翁的责任感，努力学习社会主义现代化建设所需要的新知识、新技术、新经验，保持和发扬我们藏民族勤劳、朴实、智慧、勇敢的民族精神和优良传统，认真吸收和引进对我们有用的一切先进技术和科学管理知识，取人之长，补己之短，为西藏的繁荣、藏民族的振兴而奋斗。

（原载《西藏日报》1988年7月11日）

略谈藏族干部的主人翁责任感

民族干部的迅速成长,是实行民族区域自治的重要内容,是关系到社会主义革命和建设事业能否在少数民族地区获得胜利的重大问题,也是我国解决民族问题的一条重要历史经验。

西藏是一个以藏族为主体的边疆少数民族地区,藏族人口占全区总人口的90%以上。自从和平解放以来,在党和政府的领导下,各级党委和政府极为重视培养少数民族干部,除选送他们到大专院校专门培养外,还先后在中央和有关省、区成立了民族院校,开办了各种形式、各种渠道的多层次干部学校和干部训练班,使少数民族干部教育逐步走向正规化,造就和培养了大批少数民族出身的具有共产主义理想的干部。1965年西藏自治区成立时,西藏的少数民族干部占全区干部总数的33.3%,到1987年时西藏的少数民族干部已占干部总数的60%以上。这些少数民族干部在党的领导下,经过培训和多年的实际工作锻炼,已经成为西藏各行各业、各条战线建设事业的骨干力量,许多人走上了各级领导岗位,担负起了带领全区各族人民建设社会主义新西藏的历史重任。无论在过去的社会主义革命和建设时期,还是在当前新的历史条件下,他们始终坚持党的领导,努力学习马列主义、毛泽东思想;坚持走社会主义道路,高举爱国、团结、进步的旗帜,认真贯彻执行党在西藏的各项方针政策;坚决维护祖国统一,反对分裂;坚持树立两个离不开的思想,为发展西藏的政治、经济和科学文化等事业做出了巨大的贡献,赢得了全区各族人民的信赖。特别是党的十一届三中全会和中央对西藏工作的两次重要会议精神贯彻以来,随着党的干部政策、民族政策、统战政策、宗教政策、经济政策的全面贯彻落实,极大地调动和鼓舞了藏族干部的积极性,他们同汉族和其他兄弟民族一道,为西藏经济的振兴,民族的繁荣,伟大祖国的统一,各族人民的团结做出了自己应有的贡献。这是目前全区藏族干部的主流,是必须肯定的。

与此同时，我们也必须看到，尽管自治区的藏族干部在党的领导下，从无到有、从小到大、从弱到强已有了很大的发展。但是，无论在数量上，还是在质量上还远远不能适应改革开放和建设新西藏的需要，不能适应实现党在社会主义初级阶段基本路线的需要。在极少数藏族干部中还存在这样或那样的问题：一是容易产生自满的情绪，无论是对工作能力，还是对文化、理论的学习以及生活要求都不是很高，满足于对工作的基本胜任和家庭的幸福，没有更高的要求和目标，得过且过，"当一天和尚撞一天钟"；二是个别干部存在着自卑感，认为自己的文化水平、理论水平和工作能力都比别人差，因此，学习信心不足，工作劲头不大，奋发进取心不强，干工作怕搞不好，学知识怕学不会，没有提高自己工作能力和业务水平的勇气；三是由于职务的提高，生活条件的变化，个别藏族干部工作作风不如过去扎实，深入调查研究和密切联系群众也大不如前。特别是极少数藏族干部在维护祖国统一、加强民族团结、反对分裂活动的斗争中，态度暧昧。这些问题的存在，归根结底与藏族干部本身主人翁责任感的强与弱直接有关，是由干部的政治素质和业务素质决定的。

众所周知，我国目前处于社会主义初级阶段，而自治区是在封建农奴制的废墟上搞社会主义建设的，自治区社会主义初级阶段起点低于全国平均水平，因而我们所面临的任务更为繁重。这就要求我们每一个藏族干部要进一步增强革命事业心和主人翁的责任感，严格要求自己，为西藏的繁荣、民族的振兴，踏踏实实地工作，认真学习现代化建设所需要的新知识、新经验，保持和发扬藏民族勤劳、朴实、智慧勇敢的精神和优良传统，协同汉族和其他少数民族干部，满腔热忱地投入西藏社会主义初级阶段的建设中。为此，在新的历史条件下，藏族干部需要进一步明确以下几个问题。

第一，藏族干部必须以主人翁的责任感建设新西藏，这是由西藏干部本身所处的地位所决定的，也是当前客观形势的发展对我们提出的要求。早在新中国成立初期，毛泽东同志就指出："要彻底解决民族问题，完全孤立民族反动派，没有大批少数民族出身的共产主义干部是不可能的。"[①]毛泽东同志的这一指示，从彻底解决民族问题和实现共产主义的高度，深

[①]《建国以来毛泽东文稿》第1册，中央文献出版社1987年版，第138页。

刻阐明了培养少数民族干部的重要意义，提出培养民族干部的正确方向和最高标准，是我们做好培养民族干部工作的指导思想。西藏三十多年来培养民族干部的实践证明，毛泽东同志的这一重要指示是完全正确的。这是因为这些藏族干部土生土长，来自本民族人民之中，熟悉本民族的语言、文字和风俗习惯，同广大的本族群众有着血肉相关的联系和亲密的感情，更有条件或更善于了解本民族群众的真实思想和实际要求。这些特有的作用是汉族和其他少数民族干部难以代替的。因此，藏族干部应加强主人翁的责任感，肩负起历史的重任，认真贯彻执行党在西藏的各项方针政策，成为带领全区各族人民走社会主义道路的先锋；成为党联系群众、了解群众的桥梁。通过自己的努力来鼓舞和调动全区各族人民的积极性，逐步实现党在社会主义初级阶段基本任务的完成。这是历史赋予我们的光荣任务，也是我们藏族干部所处的特殊地位所决定的。

第二，要以主人翁的责任感建设西藏，就必须要有真正的过硬本领。毛泽东同志指出："政治路线确定之后，干部就是决定因素。"[①] 作为一名党多年培养的藏族干部，不但要有为人民服务的思想，还要有为人民服务的真正本领。否则，为建设团结、富裕、文明的社会主义新西藏服务就可能成为一句空话。由于历史的原因，藏族干部的科学技术水平和管理水平是不高的，这种情况不仅存在于过去西藏社会主义革命和建设时期，而且还存在于当前改革开放时期。特别是在新的历史时期，西藏各种人才的需要与缺乏的矛盾更为突出。尽管党和国家为培养藏族干部和藏族科技人员，从人力、物力、财力上都给予了大力的支援和帮助，也取得了非常可喜的成就。但是，要进行社会主义现代化建设，就必须有一大批具有先进科学技术水平的专门人才，而西藏目前的藏族干部和藏族科技人员不但数量少，而且质量上也不能适应形势发展的需要。因此，藏族干部必须努力克服自满情绪和自卑感，逐步增强自信心和自豪感，刻苦学习，不断提高自己的科学文化水平和业务能力，要学会管理政治、经济和其他各项事业，虚心吸收一切对我们有用的经验，取人之长，补己之短，在改革开放的实践中锻炼自己、提高自己，使自己真正成为一名懂行的、胜任本职工作的、具有民族自尊心和自信心的干部。

第三，要以主人翁的责任感建设好西藏，就必须能团结汉族和其他少

---

① 《毛泽东选集》第2卷，人民出版社1991年版，第526页。

数民族干部一道建设西藏。和平解放三十多年来,西藏发生了翻天覆地的变化,西藏人民获得了翻身解放,真正当家做了主人;西藏的工业交通、文化体育、科学教育、医药卫生、邮电银行等各项建设事业,从无到有,蓬勃发展。三十多年来所发生的一系列变化是过去西藏历史上任何一个时期都无法比拟的,是有目共睹、无可否认的事实。这一切是在党的领导下,全区各族人民,包括来藏工作的汉族同志和其他少数民族干部共同努力和艰苦奋斗的结果。实践证明,要搞好西藏的社会主义建设,不仅要有大批具有共产主义思想觉悟、掌握科学技术和文化知识的本民族干部当家做主,做好各项工作,同时,还要欢迎和支持来藏工作的汉族和其他少数民族干部,也就是说要树立汉族离不开少数民族、少数民族离不开汉族的"两个离不开"思想。没有这一条,我们的各项工作就会发展缓慢,就会拉大同先进省、区的差距。因此,善于团结其他民族的干部一起建设西藏,具有非常重要的意义。

为此,藏族干部在今后的工作中,要进一步加强同汉族和其他少数民族干部之间的团结,加强本民族内部的团结。要心往一处想,劲儿往一处使,虚心学习汉族和其他少数民族干部的优点和长处,坚决反对那种不求进步,不求他人,不学先进东西,故步自封的排外思想。要做到互相尊重、彼此信任、取长补短、共同提高,为建设团结、富裕、文明的社会主义新西藏,齐心协力,努力奋斗。

第四,各级党委和政府应继续抓好培养藏族干部和其他少数民族干部的工作。因为培养民族干部,是实行民族区域自治的关键。让广大藏族人民充分行使民族区域自治的权利,真正让他们当家做主,管理本民族的政治、经济、文化等各项事业,搞好西藏的改革开放,使民族区域自治有血有肉,发挥它应有的作用。从目前的情况来看,大力培养政治素质好、业务能力强的藏族政工干部和科技队伍,不仅是西藏地区经济、文化、科学、教育等各项建设事业发展的需要,而且是实现西藏政局稳定,加速社会主义四个现代化建设步伐,巩固祖国西南边防,顺利解决西藏在社会主义革命和建设中所遇到的各种问题的可靠保证,也是加强和巩固人民民主专政的可靠保证。

西藏在培养藏族干部的同时,也不能忽视在藏工作的汉族和其他少数民族干部的培养和他们所起的作用。西藏和平解放以后发生的一切变化和取得的成绩,以及大批民族干部的成长,同他们的积极努力和帮助是分不开的。还需要说明的是，不仅是藏族干部，汉族和其他少数民族干部同样需要加强主人翁责任感。正如1985年自治区常委扩大会议上提出的那样："祖国内地来的干部主要是汉族干部，要进一步坚定为西藏人民当好勤务员，为西藏人民脱贫致富的理想和抱负，安下心来，为万里高原的繁荣富裕继续贡献自己的青春和才华。"

（原载《西藏研究》1988年第3期）

加强马克思主义理论的学习

党的十三大报告指出："当前，党的马克思主义理论建设的状况，同我们正在进行的伟大事业相比，是很不相称的。"报告指出了应加强马克思主义理论建设，这对我区来说的确是值得重视的问题。

自从十一届三中全会以来，我区把马克思主义的理论学习作为提高干部队伍素质的重要内容，采取选送到中央、自治区、地、市各级党校和大专院校学习，以及本单位、本部门、本系统进行长期、短期的培训，使干部队伍的理论素质有了较大的提高。开展了"一切从西藏实际出发"的大讨论。它涉及我区的各个地区、各条战线、各个部门，是一次规模大、时间长、内容广泛并取得了较好成果的理论讨论。它对于从西藏实际出发，加深对西藏特殊性的认识，为我们深入理解十三大提出的社会主义初级阶段理论，认真贯彻落实党在社会主义初级阶段的基本路线，加强我区思想理论建设，打下了良好的基础。但我们必须看到在某些重大理论问题和认识上步子仍迈得较小，跟不上全国的步伐。当全国学习贯彻十三大文件精神的时候，由于拉萨骚乱等原因，我们的学习和讨论也受到了不同程度的影响。此外，平常在职干部的理论学习，这几年没有统一的时间安排，从学习的情况看，有的单位重视，组织得较好，学习效果也好。也有一些单位的领导对理论学习不够重视，经常流于形式，不求效果，存在应付了事的情况。总之，由于主观和客观两方面的原因，我们在理论学习、理论研究等方面还存在不少的问题，需要在今后的实践中进一步改进。

学习马克思主义理论，是我们党对全体干部的一贯要求。在当前，我们要以十三大精神为指导，以社会主义初级阶段的理论为主要课题，结合西藏的实际，加强调查研究，分析我区的特点，研究和探讨我区社会主义现代化建设和改革开放中出现的新情况、新问题，使广大干部特别是县以上级别领导干部，比较透彻地理解和掌握社会主义初级阶段理论和党的基本路线。只有解决了这个问题，才能使我们的干部自觉地而不是被动地，清醒地而不是盲目地坚持"一个中心、两个基本点"。

在我区的干部队伍中，要加强马克思主义理论的教育，必须考虑以下几个方面的因素：一是这几年我区干部队伍的知识结构有了明显的变化，县以上级别党政机关干部的文化水平比以前有了一定的提高，政治理论素养、智能结构、思维方式、工作方式等都有了改善和提高。因此，学习内容必须在原有的基础上进一步拓展和深化，对于这一部分文化水平比较高的干部不能再搞低层次的重复；二是目前的干部队伍肩负着向21世纪过渡的准备，干部的理论教育必须坚持面向四个现代化，要把适应现代化建设和改革开放的新知识作为重要内容；三是由于我区干部队伍理论水平、年龄结构差别较大，有的工作热情很高，文化素质较好，但是理论基础薄弱，有很大一批干部，包括一些刚刚走上领导岗位的中青年干部，还没有系统地、完整地学习过马克思主义基本理论，还不同程度地存在理论上准备不足的问题，缺乏在实际工作中运用马克思主义基本理论的训练，与他们所担负的责任不相适应。因此，对这些干部的学习必须从马克思主义的基本原理入手，这带有补课性质。

针对以上问题，应从以下几方面加强马克思主义理论的学习。

第一，针对一些干部过去没有系统地学习过马克思主义理论的实际，组织这些干部采取长期培训和短期学习等各种形式，让他们认真学习马克思主义的基本理论，使他们全面系统地掌握马克思主义的科学思想体系，掌握马克思主义关于认识世界、改造世界的立场、观点和方法。在"文化大革命"期间，尽管进行了几次"轰轰烈烈"的干部理论学习运动，但是，那时把马克思主义基本理论和基本观点都扭曲了，根本谈不上真正学习马克思主义。党的十一届三中全会以后，特别是中央对西藏工作的重要指示贯彻以来，无论是农牧区实行"两个长期不变"的政策，还是企业中实行承包责任制，无论是实行对外开放、对内搞活的政策，还是实行以集体、个体经济为辅，以市场调解为主的方针，对每一项重大改革的出台，都有很大一批干部不能理解，难以接受，甚至在少数干部中还有抵触情绪。这就要求我们的干部认真学习马克思主义理论，从根本上树立无产阶级世界观，提高各级干部认识问题、分析问题和解决问题的能力。这是我们坚持社会主义道路，正确贯彻执行党的路线、方针和政策，搞好改革开放，顺利进行西藏社会主义现代化建设的根本保证。

第二，针对西藏改革开放中的现实问题来确定理论学习的内容。三中全会以后，特别是中央对西藏工作的各项方针政策贯彻以来，随着党在西藏的经济政策、干部政策、民族政策、统战政策、宗教政策的落实和改革开放的逐步深入，我区各族干部职工思想空前活跃，对西藏出现的好势头感到欢欣鼓舞。同时在我区实行改革开放和落实党的各项方针政策的过程中，也出现了许多新情况、新问题，需要尽快回答和解决。因此，对过去已学过马克思主义基本理论的干部，我们要围绕改革开放中的重大问题、实际问题和人们普遍关心的热点、难点、疑点，特别是对一些认识不清的问题，引申为理论学习的课题，有针对性地安排学习讨论。这样的学习，既能坚持马列主义、毛泽东思想的原则性，又能体现当前改革开放和四个现代化建设的特征，也有利于加强干部学习的责任感和紧迫感。当前，我们所从事的建设和改革事业，是一项宏伟的开创性的事业，具有极大的探索性和复杂性，马克思主义理论随着改革的逐步深化而不断发展。如社会主义商品经济理论、社会主义初级阶段理论等，在马克思主义发展史上都是崭新的东西，如不及时学习，就会落伍。同时改革开放需要创新、突破，这首先需要在理论上弄清楚。特别是西藏这种地理环境、经济结构、民族特点、宗教信仰等都十分特殊的地区，把现实工作中所出现的各种问题，引申为理论学习的课题，这既是现实的要求，也是干部的内在希望，它有利于改变理论与实际、学习与工作互相脱节的现象。

第三，加强组织领导，妥善处理好学习和工作的关系。从这几年有些单位的经验来看，党委重视、加强领导，是搞好在职干部理论学习的根本保证。因为在当前的理论学习上有种种的糊涂认识。有的认为现在不是革命时期，而是建设时期，因而最需要的是学习专业知识和管理知识，学习马克思主义理论没有什么实际意义；有的认为现在经济工作、日常工作都忙不过来，哪儿有时间学习理论；有的认为马克思主义理论已经学过几遍，现在没有必要再学。正因为这样，在举办各种理论培训班和正常的政治理论学习时，有的单位领导根本不派人参加学习，有的本人也不愿参加学习，有的甚至本单位正常的政治理论学习也无人组织、无人过问。这与领导的重视程度是有密切关系的。当前各级领导肩上的担子都很重，工作比较繁忙，各种事务千头万绪。但是，这不能成为忽视马克思主义理论学习的理由。马克思主义是一门完整的、内容相当丰富的学说，它的整个理论不能仅仅归结为一个方面，它既有批判和破坏旧世界的内容，也有确立和建设新世界的内容。过去学过，不等于真正懂、真正掌握，更不等于在实际工作中能运用。同时马克思主义不是凝固不变、停滞不前的，它是随着自然科学和社会科学的发展而发展的，是随着社会实践的发展而发展的。因此，解决好工作和学习的矛盾，搞好马克思主义理论的学习，就能够加强我们工作中的原则性、系统性、预见性和创造性，就能够提高我们的工作和办事效率。

第四，采取灵活多样、生动活泼的形式，不断把学习引向深入。在新的历史条件下，对我区广大干部进行马克思主义理论的教育，必须要紧紧围绕西藏经济建设这条主线，及时全面地宣传贯彻党的路线、方针和政策。也就是说，要把学习理论同西藏的实际相结合，这样才能使各级干部学起来有新鲜感、有针对性，比过去那种教条主义、"唯书"、"唯上"、支离破碎、只言片语、为一时一事的某种需要服务的实用主义的学习方法，更生动、更活泼，会收到更好的效果。在学习中也可以采取长期脱产培训的办法。但是，由于我区各单位人员少、工作量大、任务重，在职干部中能参加这种长期培训的人数极少。因此，采取短期脱产培训和不脱产经常组织干部学习理论更适合我区的实际。在学习方法上，要摆脱那种"我讲你听""我打你通"的传统办法，让参加学习的同志自己思考、分析，提出看法，提高自身的理论素质和修养，以适应形势发展的需要。也可以采取观点鲜明、深刻、内容丰富、典型、说服力强、启发性大的座谈会、讨论会、报告会、研讨会等各种形式，把学习不断引向深入。同时根据干部的文化水平和理论水平不同的情况，要分层次地搞好组织学习，使每一个参加学习的干部都感到有收获、有提高，这样才能对理论学习发生浓厚的兴趣。

总之，在改革开放的新形势下，随着改革的深化和商品经济的发展，许多传统的社会主义观念发生了重大的变化，在现实的实践中又提出了许多新的理论问题和实际问题。为了适应形势发展的需要，我们要从西藏的实际出发，大力加强马克思主义理论的学习，把理论学习同解放思想、解决改革开放和经济建设中的实际问题有机地结合起来。只有这样，才能更好地体现出在职干部理论学习的特点。

（原载《西藏日报》1988年10月17日）

以生产力为标准搞好我区的理论工作

自治区党委根据党的十三大精神做出了全区开展生产力标准的学习和讨论的决定，我区各族干部和群众要响应区党委的号召，积极参加生产力标准的学习和讨论。

生产力标准的理论是社会主义初级阶段理论的最主要、最基本的核心问题，是党的基本路线的重要理论依据。社会主义初级阶段最基本的特征，就是生产力不发达，因而生产关系和上层建筑也不成熟、不完善，社会主义制度的优越性尚不能充分地体现。针对我国生产力不发达这一基本国情，中央明确指出："社会主义社会的根本任务是发展生产力。在初级阶段，为了摆脱贫穷和落后，尤其要把发展生产力作为全部工作的中心。是否有利于发展生产力，应当成为我们考虑一切问题的出发点和检验一切工作的根本标准。"那么怎样用生产力标准去衡量和检验理论工作呢？

理论工作是党的工作的重要组成部分。理论工作具体来讲，它包括四个方面，即：理论学习、理论研究、理论宣传和理论教育。这些年来，我区的理论工作在各级党委的领导下，经过全区理论工作者积极努力，确实取得了可喜的成绩。理论学习逐步改变过去那种时有时无、零敲碎打的状态，积极向系统化、经常化、制度化转变；理论研究工作尽管人员少，研究的课题多，但是，从事理论研究工作的同志，努力抛弃陈旧的、"左"的理论和教条主义、主观主义，做到调查研究与理论概括相结合，理论研究与实际工作相结合，基础理论与应用理论研究相结合，使理论研究工作以自己的科研成果，参与和帮助自治区党委、政府和有关部门制定正确的方针、政策，指导我区的社会实践；理论宣传、理论教育工作通过利用报纸杂志、广播电视等现代化的大众传播工具，以及举办各种学习培训班的形式，尽可能回答在学习中提出的理解不深、领会不透的问题和群众普遍关心的热点、疑点、难点，使理论宣传、理论教育步步深入、不流于形式，尽快适应西藏改革开放和经济建设的需要。总之，我区理论工作的成绩是应当肯定的，理论队伍的素质基本上是好的，他们在西藏艰苦的条件下，为我区的经济建设和精神文明做出了自己的贡献。

但是，我区的理论工作仍然存在跟不上形势发展的需要，难以适应西藏改革开放和社会主义商品经济发展的要求。这中间有客观上和主观上两方面的原因。从客观上看，我区从事理论工作的队伍较弱、较小，全西藏只有300来人。其中有的同志过去没有系统学习过马克思主义基本原理，有的同志行政职务担任较多，无法挤出时间从事理论工作。加上我区理论队伍流动量大（主要是内调），因此很难稳定这支队伍。从主观看，我们的理论工作如何同我区的经济建设相结合，如何为发展生产力服务，这些问题在认识上和实际工作中，仍然存在或多或少的脱节现象。因此，我区的理论工作提不起人们的兴趣，甚至不被人们接受，这不能不说与我们的理论工作方法陈旧、内容单调有着极大的关系。

随着改革开放和社会主义商品经济的发展，给理论工作赋予了新的生机与活力，同时又给理论工作提出了新的研究课题。因此，在当前改革开放的新的历史时期，我区的理论工作要适应新形势发展的需要，就必须做好以下工作。

第一，要深入进行党在社会主义初级阶段基本路线的教育，把学习宣传贯彻党的基本路线作为当前理论工作的首要任务。党在社会主义初级阶段基本路线的主要内容和精神就是以经济建设为中心，坚持四项基本原则，坚持改革开放。要把我国建设成为富强、民主、文明的社会主义现代化的国家，就必须以经济建设为中心，集中力量发展生产力，坚持四项基本原则，坚持改革开放，这是解决我国社会主义初级阶段的主要矛盾的根本途径。我区的社会主义初级阶段是脱胎于封建农奴制社会的，它遇到的最大困难就是生产力水平低，经济基础薄弱，商品经济落后，人民的生活水平低。为了摆脱这种落后的局面，我区更要把发展生产力作为全部工作的中心，只有这样才能逐渐摆脱贫穷落后的面貌，才能在发展生产的基础上满足人们日益增长的物质文化需要，才能显示社会主义制度的优越性。因此，我区的理论工作要从有利于生产力发展的要求出发，紧紧围绕一个中心、两个基本点进行宣传教育，使全区各族人民的认识统一到党的基本路线上来，振奋精神，自觉投身改革开放的行列之中，真正树立起生产力标准的观念，把发展生产力作为我们考虑一切问题的出发点和检验一切工作的根本标准。

第二，理论工作要密切关注和积极投身于改革开放的实际工作，使我区的改革开放顺利健康地进行。改革是一场极其深刻的社会变革，它不是一开始就能为多数人所理解和接受的。当前由于"左"的思想影响、小生产的习惯势力、旧的传统观念等，常常禁锢着我区一些干部、群众的头脑，并且具有一定的顽固性，因此，迫切需要理论工作者运用马克思主义的基本原理去认识、探讨和研究，把丰富的实际经验提高到应有的理论高度，从而指导改革开放，推动改革开放。改革作为一项开创性的伟大事业，它的成功与失败，在很大程度上取决于人民群众的理解和支持，取决于全区各族人民积极性和创造性的发挥。帮助人们发挥这种积极性和创造性，正确认识改革开放中的新问题、新情况，是我们理论工作者义不容辞的责任。因此，我们要紧密联系干部、职工中的思想实际，不回避改革开放中存在的问题，及时了解改革开放中提出的新情况、新问题，以及人民群众的呼声和意见，正确宣传改革开放的必要性、紧迫性和党的现行方针政策的正确性，帮助人们解放思想，更新观念，使我区各族人民的认识跟上形势发展的要求。只有这样，理论工作才有针对性和现实感。

第三，适应生产力发展的需要，改革和充实理论工作的内容。根据当前改革的不断深化和经济建设的不断发展，要求理论工作能够不断反映研究新情况，回答新问题。改变过去本本主义、经验主义的倾向，克服理论与改革开放和发展生产力的主题结合不紧密的缺陷。理论工作要遵循为改革开放和发展生产力服务的原则，要注意分析和研究在改革开放中决定生产力发展状况的各种因素是否发挥了积极作用，及时或超前地做好理论研究工作和理论宣传教育工作，使人民群众增强心理承受能力，使理论工作增加新的活力和生机。

当前改革和建设的实践在飞速发展，它已经和正在冲破旧有的理论观点和理论模式，如果理论总是落后于社会实践，不能创新，不能为发展生产力服务，这样的理论终究要被实践抛弃。因此，理论工作者要有紧迫感、时代感和责任感。要实事求是地分析和研究在建设社会主义新西藏过程中的有利因素和不利因素，包括西藏的政治局势、经济基础、自然条件、地理环境、宗教信仰、人员素质等方面的问题，使理论进入决策，进入社会生活，为全区各族人民全面而准确地认识本地实际情况，深刻理解党在西藏的特殊政策和灵活措施，为制定改革开放和经济建设的各项方针政策，提供正确的理论依据。

第四，理论工作一定要着眼于全面提高劳动者的素质。我们要发展生产力，搞好社会主义的现代化建设，就是要最大限度地把人的积极性充分调动起来。因为劳动者是生产力中最重要、最活跃的因素。西藏社会主义现代化建设的成功有赖于全区各族人民的科学文化水平和道德水平的提高。党的十三大报告指出："从根本上说，科技的发展，经济的振兴，乃至整个社会的进步，都取决于劳动者素质的提高和大量合格人才的培养。"从当前的情况来看，我区的文盲在全区总人口中占70%以上。在全区90%以上的广大的农牧民群众中，真正掌握现代化科技知识的基本上很少，而信仰宗教的却占绝大多数，这些因素都影响和制约着我区劳动者素质的提高，也影响和制约着生产力的发展。因此，我区的理论工作必须有针对性地加强马克思主义基本理论的学习和宣传，加强科技知识的学习和宣传，不断提高全区各族人民的科技文化水平和道德水平，以逐步适应我区经济建设和生产力发展的要求。

要做好以上几项工作，理论工作者本身就要有高度的革命事业心和强烈的责任感、紧迫感，要有积极进取、拼搏向上、坚韧不拔的精神风貌，认真分析在当前的理论工作中哪些有利于促进我区生产力的发展，哪些不利于生产力的发展，真正把是否有利于发展生产力作为衡量和检验我们理论工作的根本标准。

(原载《西藏日报》1988年12月12日第二版)

现阶段西藏宗教的地位和作用

党的十一届三中全会以来，特别是贯彻落实中央［1982］19号文件精神以来，我区的宗教工作经过各级党委和政府，以及宗教事务部门、宗教团体的积极努力，使党的宗教工作重新走上了正确的轨道，合理安排了宗教活动场所，基本上满足了广大信教群众和宗教职业者的要求，党的宗教信仰自由政策又一次在我区得到了进一步的贯彻落实，信教群众的正常宗教活动有了保障，宗教工作确实取得了可喜的成绩。但是，目前我区的宗教工作仍然存在不少问题，有的是随着宗教政策的落实而出现的新问题，有的是随着改革开放的深入而面临的新情况。这些问题若不尽快地正确处理，将会给我区局势稳定、经济建设、民族繁荣发展带来不良的后果。因此，需要有关部门高度重视、认真研究、正确解决。

要解决好社会主义初级阶段西藏宗教中所存在的认识问题和工作问题，就必须对现阶段西藏宗教的地位和作用有一个正确的认识，也就是说当前西藏宗教的本质和新中国成立前的西藏宗教的本质相比较有些什么变化，这个问题已经作为一个新的课题提到理论工作者和实际工作者的面前。本文就这一问题谈一点粗浅的看法。

一

传统的看法认为：宗教过去对社会进步起过重大的消极作用，现在依然起着消极作用。宗教的传播，必然要妨碍人们正确认识自然和人类社会，束缚人们的思想，使人们不能正确地进行改造自然和改造社会的斗争，从而阻碍社会的进步和发展。对宗教的本质和社会作用，马克思高度概括为"宗教是人民的鸦片"。列宁说："宗教是麻醉人民的鸦片——马克思的这一句名言是马克思主义在宗教问题上的全部世界观的基石。"①

1984年，在中央召开的第二次西藏工作座谈会上，在谈到宗教问题时，当时的中央领导同志指出："现在西藏不必公开这样宣传。"后来，区党委的领导同志又指示，不要再使用"宗教是人民的鸦片"这个提法。我区在这几年的宣传教育工作中也认真贯彻了以上的指示精神，没有使用和宣传"宗教是人民的鸦片"的提法。这一提法主要考虑了西藏不仅是一个边疆少数民族地区，而且是一个绝大多数群众都信仰宗教的地区；考虑了这样宣传势必伤害广大信教群众的积极性；考虑了信教群众和不信教群众由于经济上的根本利益是一致的，因而思想信仰上的差异是次要的；考虑了社会主义时期的宗教作用同旧社会时期的宗教作用不完全一样。但是，我认为不宣传和不使用这一提法主要考虑了目前的工作。而我们必须从理论上搞清楚一个问题，这就是马克思主义的这一句名言是否适用于目前的西藏宗教，或者说西藏的宗教在社会主义时期是否还有麻醉作用。

马克思主义经典作家在宗教问题上做出了重大的贡献。特别是马克思关于"宗教是人民的鸦片"的论断，是吸取前人研究的成果，并运用辩证唯物主义和历史唯物主义，全面考察了宗教产生和发展的历史，考察了人类进入阶级社会以后宗教所起的主要作用提出的，是对宗教采用形象的比喻来说明它的本质及社会作用的。从宗教的本质方面来看，它就如同吸食了鸦片以后所产生的幻觉那样，总是在幻想中得到精神上暂时的安慰。而这种精神上的安慰，是由鸦片的麻醉作用所引起的。那么在社会主义时期的西藏，宗教有没有以上的麻醉作用呢？我认为在社会主义初级阶段的西藏宗教仍然具有以上的麻醉作用，因而马克思的这句名言也是适用于西藏宗教的。但是，由于宗教派别繁多，就世界性宗教而言，有佛教、基督教、伊斯兰教，中国有佛教、道教，情况各不相同。因此，对马克思主义经典作家的观点，决不能采取教条主义的态度，应该也只能从西藏的实际出发，特别是从西藏宗教的实际出发，进行科学的分析和研究，探讨出同社会主义相适应的正确解决西藏宗教问题的办法和途径。

---

① 《列宁选集》第2卷，人民出版社1972年版，第375页。

二

宗教是一个复杂的社会现象，西藏和平解放以后，经过民主改革，特别是进入社会主义以后，我区的宗教已经不同于历史的宗教，它除了消极的一面以外，在社会主义特定的历史条件下，还有同社会主义相协调的一面。或者说，我区的宗教状况已经发生了深刻的变化，这些变化主要有以下几方面。

第一，在封建农奴制社会，宗教被农奴主阶级所控制和利用。在推翻政教合一的封建农奴制度后，宗教已不再可能为农奴主阶级和农奴制度服务。随着封建农奴制度和农奴主阶级的被消灭，宗教存在的阶级根源已经消灭，成为社会主义国家的一种特定的意识形态。宗教在长期的发展过程中，包含了历史上大量的文学、美学、伦理学、建筑学等传统文化。因此，在社会主义条件下，开展对于宗教文化的学术研究，继承其优秀部分，可以丰富西藏社会主义精神文明建设的宝库。此外，宗教信仰上的矛盾已经是属于人民内部的思想认识问题。这种思想认识问题，只能用说服教育的方法去解决，而不能用强制压服的方法去解决。

第二，在党的领导下，信教群众和非信教群众已结成广泛的爱国统一战线，废除了宗教的一切封建特权。宗教同政治、法律、教育相分离。宗教团体已成为组织正常宗教活动的自办自养团体。宗教所提倡的某些思想、信仰、道德和行为，在社会主义影响下，可以起到有益于社会的作用，共同为建设社会主义新西藏服务。

第三，宗教的某些规章制度等发生了变化，逐步地适应了社会主义制度。如当前寺庙实行民主管理，贯彻以寺养寺的方针，按照各自寺庙的条件和特点，想方设法寻找自养的办法，开创新的门路，走自力更生的道路。部分寺庙还实行了农禅结合，农忙时回家参加劳动，农闲时再返回寺庙，参加宗教活动同时也开办了一些力所能及的公益事业，为社会服务。因此，在现阶段的规章制度中就不存在民主改革时废除的封建特权。

第四，宗教界人士和各种宗教职业人员，过去是剥削阶级的一部分或依附于剥削阶级，现在转到人民的行列。他们中绝大多数是能够坚持爱国主义，坚持社会主义道路，遵守国家的宪法，拥护共产党的领导，高举爱国、团结、进步的旗帜，在建设社会主义新西藏中贡献着自己的力量。而反对党的领导，反对社会主义制度，破坏民族团结和祖国统一的是极少数。

第五，广大信教群众过去是受压迫的，在信教问题上带有直接的或间接的强迫性质，而现在作为社会主义社会的成员，他们积极参加社会主义建设，在建设团结、富裕、文明的社会主义新西藏这一根本目标上是一致的，同时也享有宗教信仰自由的权利。

社会主义时期的西藏宗教，尽管有以上变化，但是这并不是说西藏宗教没有任何消极作用。我们只能通过贯彻党的宗教信仰自由政策积极加以引导，减轻和限制这种作用。当然信教群众和不信教群众在思想信仰上的这种差别是比较次要的，不应该片面强调，甚至把它提到首要地位，歧视和打击信教群众，忽视和抹杀信教群众和不信教群众在政治和经济上根本利益的一致，都是错误的。但是，以此推论，宗教没有任何消极作用，也是不正确的。

三

目前，西藏宗教工作的实际情况怎样呢？总的来看，我区的宗教工作确实取得了可喜的成绩。但是，在寺庙管理上存在两种倾向：一方面有的地方包办代替，管得过死，干涉过多，影响了住寺僧尼积极性的发挥。另一方面有的地方又不敢管、放任自流，寺庙民管会（组）的机构和管理制度不健全、不完善，管理措施跟不上，对部分宗教活动点放松领导和管理，对僧尼的政治学习和法制教育坚持不够。具体说有以下几点。

一是未经有关部门批准而自行开放寺庙和宗教活动点过多。党的十一届三中全会以后，在区党委和区人民政府的领导下，我区贯彻落实了党的宗教信仰自由的政策，经自治区人民政府批准，需维修开放的寺庙有235座，经各地行署（市）和县批准的宗教活动点907座（处）。但是，近几年来，我区开放寺庙有些地方已超过所批准的数量，现在不少寺庙是群众自行开放的，有些地方寺庙数目超过了"文化大革命"以前。到今年为止，昌都地区已修复寺庙86座，拉康86个，宗教活动点121个，日措37处，共计330处。其中自治区批准寺庙19座，各县批准寺庙、宗教活动点81处，与"文化大革命"前的全地区56座保留寺庙相比较就有较大的增加。从现在的发展趋势看，这种自行开放的寺庙数量还在增加。他们不经有关部门批准，就大兴土木，擅自建寺。甚至有的误认为现在落实宗教政策就是发展宗教。一些寺庙的修建互相攀比，追求豪华，耗费大量人力、物力、财力。

二是自行入寺信教人员过多。由于工作没有及时跟上，这几年某些寺庙在吸收僧尼时，不考虑寺庙实际需要和自养能力，无限制地吸收僧尼入寺，造成僧尼质量差，不仅增加了国家和群众的负担，同时对寺庙管理也造成了一些混乱。全那曲地区僧尼已占全地区总人口的1.5%，还不包括在家僧尼。索县西昌乡1900多人中，就有180个僧人和尼姑。昌都地区经自治区批准开放寺庙49座，有住寺定员僧尼1774人，各县批准的寺庙、宗教活动点218处，有僧尼6877人。而群众自发修复宗教活动点116处，就有僧尼3740人。这些僧尼大多数都是18岁以下的青少年。比如县白嘎乡有74个僧人，而该乡的小学也只有74个学生。群众不愿把孩子送去上学，而让他们出家为僧，原因是多方面的。其中一个原因是师资少，办学条件差，教育质量低，有的学生学了三五年，还是藏文字母，这就使很多家长对办学不感兴趣。我区的教育是藏民族繁荣发展的关键之一，要尽快创造条件改变教育质量差、办学条件困难的局面。应该从理论和实践的结合上认真探讨西藏民族教育发展的最佳方案。

三是有些地方宗教活动搞得有些过头。这里有两种情况：一种是个别地方乡党支部组织群众开展正常的学习和生产活动时，有的群众不参加，甚至还骂乡干部，使这些基层干部受孤立、受打击。而活佛、僧人说的话，不管是否正确，则百分之百地听，不折不扣地去执行。这是一种极不正常的现象。另一种是一些党员公开参加宗教活动。西藏群众绝大多数都信仰宗教，在这样一种特殊的情况下，党员为了联系群众，参加一些宗教活动是正常的、合理的。但是，作为党员不能从思想上信仰宗教。因为共产党员都是无神论者。我认为不能以民族的不同、职业的不同而降低党员的标准。在文化、年龄、工作能力等方面对一些基层党员可以要求低一点，但是，在信仰上、在政治上应该要求一样，否则就不能称为共产党员。现在个别党员也在追求那种虚无缥缈的世外桃源，这实际上是一个世界观的问题，同时，我区党员中思想教育和理论学习是一个相当薄弱的环节。战争年代和20世纪50年代初期，党员的数量比现在少，但是，一心一意为党工作，为人民服务的思想和行动却比现在强。现在党员数量不少，但是质量参差不齐，正因为这样，中央三令五申，然而走后门、贪污腐化、不正之风等屡见不鲜，群众对此意见很大。

四是在僧尼中加强党的方针、政策的教育不够，特别是法制宣传教育不够。僧尼入寺以后就学经，没有人给他们灌输党的方针、政策，特别是法制宣传教育在寺庙中成了空白。正因为这样，很多僧尼都成了法盲。在拉萨的几次骚乱中，确实有人是有目的、有组织地搞分裂祖国的活动，而有些僧尼是因为不懂法而盲目参加的。

此外，目前信教群众负担过重。随着党在西藏的各项方针、政策的落实，我区的经济建设有了较大的发展，群众的生活有了明显的改善。但是，这几年有些群众不得不把相当一部分收入布施给寺庙。这中间绝大部分是自觉自愿的。但是，也有别人布施了，自己不布施不好办的互相攀比心理。有的群众把仅有的家产变卖一空，全家人长途跋涉来拉萨朝佛，回去以后一无所有，当地政府和有关部门又当作扶贫对象救济扶持。这种恶性循环的局面，使不少群众难以摆脱贫困的局面。群众富了、手头有钱了，这是好事。但是，钱不花在发展再生产和教育子女上，西藏将来怎么发展，这是个问题，应该引起重视。

总之，这些年来，我区贯彻落实了中央对西藏工作的重要指示，实行改革开放以后，西藏的经济有了较大的发展，群众安居乐业。但是，由于社会历史的原因，我区经济建设基础差、起步晚，生产力水平低，与先进省区差距很大。现在这种差距还在拉大，而宗教问题是一个很重要的因素。

四

中央在1982年19号文件中指出："在社会主义社会中，随着剥削制度和剥削阶级的消灭，宗教存在的阶级根源已经基本消失。但是，由于人们意识的发展总是落后于社会存在，旧社会遗留下来的旧思想、旧习惯不可能在短期内彻底消除；由于社会生产力的极大提高，物质财富的极大丰富，高度的社会主义民主的建立，以及教育、文化、科学、技术的高度发达，还需要长久的奋斗过程；由于某些严重的天灾人祸所带来的种种困苦，还不可能在短期内彻底摆脱；由于还存在着一定范围的阶级斗争和复杂的国际环境，因而宗教在一部分人中的影响，也就不可避免地还会长期存在。在人类历史上，宗教终究是要消亡的。但是只有经过社会主义、共产主义的长期发展，在一切客观条件具备的时候，宗教才会自然消亡。对于社会主义条件下宗教问题的长期性，全党同志务必要有足够的清醒的认识。"①

佛教自7世纪传入西藏已经有1300多年的历史了，在这漫长的历史发展过程中，西藏原有的苯教与内地佛教和印度佛教相互融合，逐渐形成了藏传佛教。特别是在西藏封建农奴制形成的过程中，由于历代中央王朝和西藏封建农奴主阶级的大力扶持，藏传佛教在西藏广为传播，大力发展，印制了浩繁的经籍，形成了庞大的组织，拥有众多的信徒，它的宗教思想和道德规范通过各种渠道渗透于世代的宗教信仰者。藏传佛教不仅作为社会意识形态在思想领域占统治地位，而且作为一种雄厚的经济势力和强大的政治势力存在，以至于西藏地区和整个藏族的历史、文化艺术、语言文字等都染上了浓郁的宗教色彩，群众的正常生活也深受其影响。因此，藏传佛教在西藏社会涉及领域很广，在藏族群众中有长期的、深刻的影响。这几年来，我区农牧区实行"土地归户使用、自主经营、长期不变"和"牲畜归户私有私养、自主经营、长期不变"的政策以后，农牧区儿童入学的比例在某些地方越来越低。而这种入学比例低而文盲比例高的状况，提醒我们应实际估计牧民群众的接受能力和心理承受能力。由于宗教信仰等问题，在我区推广科学技术极为困难，推广现代化的生产工具和生产技术更是困难重重。当然在国家和有关部门的帮助下，西藏现代化的生产工具是可以引进的。但是如果没有掌握科学技术水平的科技人才和管理人才，现代化的设备只能成为一堆废品，发挥不了它应有的作用。

此外，在社会主义初级阶段，不可避免地存在某些旧社会的痕迹，加上某些制度的不完善、不健全等客观或主观上的种种原因，群众中的某些愿望和要求暂时难以实现的时候，于是又转而相信神，寄希望于"来世"，宗教在这里又找到了新的生存土壤。如果认为随着阶级的消灭，经济文化一定程度的发展，宗教就会很快消亡，那是不现实的。在西藏，宗

---

① 《关于我国社会主义时期宗教问题的基本观点和基本政策》。

教信仰不仅是个人信仰的问题而且是民族问题的一部分。处理好宗教问题是做好民族工作的一个方面。尊重少数民族宗教信仰，也就是在相当大的程度上尊重了这个民族。那种采取简单粗暴的手段来对待西藏的宗教信仰，不仅会刺伤民族感情，甚至会引起民族关系的紧张。那种认为依靠行政命令或其他强制手段，可以一举消灭宗教的想法和做法，是不了解宗教的群众性、民族性、长期性、复杂性和国际性的表现，是违背马克思主义关于宗教问题的基本观点和党的宗教信仰自由政策的，是完全错误和非常有害的。在社会主义条件下，西藏的宗教不可能消亡，它将会长期存在。宗教只能自然消亡，不能人为地消亡。

党的十一届三中全会以后，特别是中央对西藏工作的重要指示贯彻以来，我区对宗教问题给予了高度的重视，宗教政策也执行得较好。但我认为在全面正确贯彻党的宗教信仰自由政策的同时，还要积极进行科普教育和无神论教育。从目前来看，有些地方除了宣传科普教育以外，不再提无神论的宣传教育，这种做法是不妥的。我们不要求宗教界人士和信教群众接受"无神论"的观点，接受马克思主义世界观，但是，我们在认真贯彻宗教信仰自由政策的同时，应该坚持不懈地、理直气壮地加强无神论的宣传和科普教育工作，使广大的青少年逐步认识科学、相信科学、懂得科学、运用科学，这有利于藏民族的振兴和繁荣。当然我也承认具有浓厚民族色彩的传统文化具有不可忽视的群众基础。现阶段农牧民群众在精神上、感情上无法摆脱宗教影响，许多工作都受到这个因素的影响。然而，就党的宣传工作和思想政治工作而言，无论是思想体系还是意识形态，与宗教在性质上相差较大，实际上形成了鲜明的、严重的冲突。无视这种冲突是愚蠢的，回避这种冲突是不明智的，采取视而不见、听而不闻的态度更不利于西藏工作。我们应该承认它，并且实事求是地进行分析和研究，在此基础上提出正确解决问题的措施和办法。在现阶段我区宗教工作中主要存在不管和不敢管的问题。在藏工作的汉族和其他民族的同志怕管多了以后被说成不尊重民族的信仰和风俗习惯，引起民族矛盾而存在不管和不敢管的问题；而藏族干部又怕管多了，会引起信教群众的不满而脱离群众，也存在不管和不敢管的问题。宗教问题在我区确实是一个突出的实际问题。对于宗教问题应该敢于过问、敢于接触，不能放任自流。宗教中出现的问题，要敢于分析、研究，提出解决的办法，不能缩手缩脚，前怕虎、后怕狼。要理直气壮地进行唯物主义和无神论的宣传教育，进行科普教育，这既有益于逐步消除或抵制农牧民群众的精神障碍，破除传统观念对生产力发展的束缚，也有益于为新文化和新观念的形成创造条件，奠定基础。要采取比较切合实际的办法加强管理，积极引导、耐心说服，为发展西藏的生产力，提高藏民族的科学文化水平，为西藏的经济建设做好服务工作。

（原载《西藏研究》1989年第1期）

旗帜鲜明地坚持四项基本原则

江泽民总书记在国庆四十周年的讲话中指出："四项基本原则是立国之本，改革开放是强国之路，我们在制定和贯彻现代化建设的各项方针、政策、措施和方案的时候，都要坚持把四项基本原则和改革开放有机地统一起来，把四项基本原则具体落实到各项工作中去。"① 回顾我国社会主义革命和建设正反两方面的经验和教训，都清楚地说明四项基本原则确实是我们的立国之本。

坚持四项基本原则，是我们实现四个现代化的根本前提。但是，长期以来，我们没有能够一贯地坚持四项基本原则，没有把它作为基本思想来教育广大人民群众，来教育学生、干部和党员，而仅仅是作为一种标准语言或口号用在文件中和口头上。总觉得坚持四项基本原则和改革开放两者是"两股劲"，不大好统一起来，结果贯彻起来一手硬、一手软，一腿粗、一腿细，或者时而强调这个，时而强调那个，以致在建设具有中国特色的社会主义实践中常常发生摇摆，甚至个别人把四项基本原则当作"套话""空话"。什么"坚持社会主义道路没有方向，坚持人民民主专政没有对象"等模糊认识和讽刺挖苦之词时常出现，正因为这样，资产阶级自由化思潮趁机而入，泛滥起来。

我国近百年的历史证明，社会主义道路使中国摆脱了帝国主义的控制和奴役，结束了中华民族任人宰割的历史，使中国日益繁荣昌盛，并以崭新的面貌屹立于世界民族之林。也只有社会主义，才能使中国人民走向繁荣昌盛。当前我们所进行的改革，都是为了社会主义制度的自我完善和发展，都是为了更好地发挥其优越性，而不是改变社会主义制度本身。我们

---

① 江泽民：《新中国四十年历史的基本结论》（1989年9月29日），《江泽民文选》第1卷，人民出版社2006年版。

所进行的开放，是为了引进世界各国的先进技术和管理经验，是为了更好地增强自力更生的能力，发展社会主义生产力，巩固和完善社会主义制度，而绝不是引进资本主义私有制。因此，我们必须始终如一地坚持社会主义道路，坚决反对一切企图颠覆社会主义制度的阴谋，保证我国社会主义制度沿着正确的方向发展。

人民民主专政是组织和保证我国社会主义现代化建设顺利进行的强大武器。在过去的社会主义革命和建设中，我们坚持人民民主专政，保证了社会主义祖国的独立和安全，保证了社会主义革命的顺利进行，促进了社会主义事业的发展。但是，这些年来，谈阶级斗争在一定范围内存在理不直、气不壮，人们对阶级斗争的观念淡化了，认为在新形势下坚持人民民主专政觉得刺耳，难以接受，事实上拉萨的多次骚乱和北京的动乱、暴乱就是要推翻党的领导，颠覆社会主义制度，就是要破坏祖国统一，破坏民族团结，达到分裂祖国的目的。这些都给我们以十分深刻的教训。今后我们必须坚持人民民主专政，坚定不移地坚持对人民实行民主，对敌人实行专政的原则，依法同少数分裂分子进行坚决有效的斗争。

邓小平同志指出："坚持四项基本原则的核心，是坚持共产党的领导。没有共产党的领导，肯定会天下大乱，四分五裂。历史事实证明了这一点。"[①] 没有共产党就没有新中国，也就没有社会主义的新西藏和西藏各族人民的今天。党的十一届三中全会以后，党领导全国各族人民以经济建设为中心，大力进行社会主义现代化建设，取得了巨大的成就。这是有目共睹的事实。当然，我们的党在进行社会主义现代化建设的过程中，出现了一些偏差和失误，党内存在某些腐败现象。对这些问题，党是清醒的、重视的，并已着手纠正解决。党也完全有能力、有勇气纠正工作中的偏差和失误，消除各种腐败现象，充分发挥自己的优势，正确行使自己的权利，继续领导全国人民建设好四个现代化。

马列主义、毛泽东思想过去、现在和将来都是我们的指导思想和行动指南，是我们认识世界和改造世界的强大武器。它不仅已经指引我们在半个多世纪的斗争历程中取得辉煌的胜利，而且还将继续指引我们搞好改革开放，建设具有中国特色的社会主义。前一段时间，一些别有用心的人极力攻击、诋毁、贬低马列主义、毛泽东思想，否定它的指导作用，在广大

[①] 《邓小平文选》第 2 卷，人民出版社 1994 年版，第 391 页。

群众中制造了思想混乱,严重地毒害了一些青少年的思想。动乱、暴乱使我们清醒地认识到,马列主义、毛泽东思想必须坚定不移地坚持下去,这样才能使我们的立场更加坚定,方向更加明确,更加实事求是地解决我们在两个文明建设中的各种问题。

  邓小平同志在接见首都戒严部队军以上干部时的讲话中提出了"要冷静地考虑一下过去,也要冷静地考虑一下未来"①的课题,这对于澄清当前党员和群众中的模糊认识,统一全党的思想认识,总结历史经验教训,保证我国改革开放和现代化建设事业继续沿着十一届三中全会所开创的正确路线不断前进,具有重大的现实意义。现在我们回顾和反思这些年来在坚持四项基本原则上的失误,就是没有一贯地坚持,没有很好地宣传教育。四项基本原则作为我们的立国之本,必须毫不动摇,始终如一地加以坚持。这就需要我们今后用细致的、科学的道理,用历史的、现实的,正面和反面的事实来搞好四项基本原则的宣传教育,做到以理服人。同时,要坚持四项基本原则,必须澄清当前理论上的是非问题,坚决而有效地反对资产阶级自由化。

(原载《西藏日报》1989年12月18日)

---

① 《邓小平文选》第3卷,人民出版社1993年版,第304页。

现阶段西藏民族关系初探

民族观是一定的阶级、集团对民族、民族问题的看法、态度和处理民族问题的纲领、政策，也就是一定阶级的世界观在民族问题上的反映和表现。由于各个阶级具有各自不同的世界观，因而反映在民族问题上也有各自不同的民族观。"在各个不同的时期，有各个不同的阶级出现在斗争舞台上，而且每个阶级都按照自己的观点来理解民族问题的。因此，'民族问题'在各个不同的时期服务于各种不同的利益，并具有各种不同的色彩，这要看它是由哪个阶级提出和在什么时候提出而定。"[1] 无产阶级的民族观（有时还称为马克思主义民族观、共产主义民族观）是无产阶级世界观的一部分，就是无产阶级及其政党对民族和民族问题的认识和态度，以及处理民族问题的纲领和政策。

我国是一个多民族的社会主义国家。我们党一贯重视并认真解决民族问题，认为民族有其产生、发展和消亡的过程，民族不论大小，对人类文明和社会的发展进步都做出过自己的贡献。毛泽东同志说过："每一个民族都有它的长处，不然它为什么能存在？为什么能发展？同时，每个民族都有它的短处。"各民族都有自己的历史和文化传统，都是人类历史的创造者，应该一律平等，民族之间没有优劣之分，只有发展上的先进和落后之别，而发展上的先进和落后，是社会的、历史的原因造成的，这些都是马克思主义民族观的基本表现。

我区是一个以藏族为主的边疆少数民族地区，也是全国唯一的实行民族区域自治的少数民族人口占总人口90%以上的自治区。同时，又是一个有多种民族成分的自治区。在西藏除藏族以外，还有门巴族、珞巴族、回族、怒族、纳西族和僜人、夏尔巴人，以及从内地省、市、自治区进藏

---

[1] 《斯大林全集》第1卷，人民出版社1953年版，第27页。

工作的汉族和其他各少数民族。西藏的主体民族——藏族，勤劳、智慧、勇敢，具有悠久的历史。他们以辛勤的劳动开发了西藏高原，创造了灿烂的古代文化，对中华民族的形成和发展，对伟大祖国的缔造和建设曾起过重要作用，做出了宝贵的贡献。藏汉民族有着和睦相处的光荣历史，自从西藏和平解放以来，全区各族人民与驻藏部队紧密团结，并肩战斗，驱逐了帝国主义势力，平息了1959年的叛乱，摧毁了封建农奴制度，实行了民主改革，实现了民族区域自治，西藏人民真正当家做了主人。从此，藏族人民从自己的切身体会和实践中深深认识到，没有共产党，就没有新中国，就没有社会主义的新西藏。他们更加热爱共产党，热爱社会主义祖国，更加坚定地走各民族共同繁荣发展的道路。但是，在"文化大革命"中，由于"左"的影响，严重地阻碍了西藏的各项建设事业的发展，影响了党的民族政策的贯彻执行，破坏了亲密团结的社会主义的新型民族关系。三中全会以后，特别是中央对西藏工作的两次座谈会之后，认真贯彻落实党的民族政策，从而逐步改善了民族关系，增强了藏汉民族之间的团结，西藏的民族团结是好的，民族团结已经有了坚实的基础。这是主流，也是必须肯定的。

同时，从西藏民族关系的历史发展来看：一方面藏族同汉族以及其他兄弟民族之间的友好往来和政治上的密切联系，逐渐萌发和形成了一股强大的凝聚力。到了13世纪中叶，元朝统一全国，西藏正式成为祖国的一部分，西藏民族成为祖国各民族大家庭中的一员。这是历史发展的必然趋势，是西藏人民作出的历史选择，是藏、汉各族人民长期经济、文化交流的必然归宿。尽管在历史上曾出现过帝国主义和外国反动派的武装侵略，挑拨离间，也出现过西藏一小撮反动分子的武装叛乱，但是，祖国要统一、民族要团结的历史潮流谁也没能阻挡。另一方面在历史上由于存在民族压迫和剥削制度，藏汉民族之间有过纠纷，打过仗，发生过一些不愉快的事情，中央政府与西藏地方的关系亦有过时疏时亲的状况。这又在客观上对藏族同汉族以及其他各兄弟民族之间平等友好关系的发展产生了一定的影响。

在现阶段，我区处于社会主义条件下，虽然作为阶级的剥削阶级已经不存在了，但在民族问题上的两种民族观的情绪并没有彻底消失。社会意识的变化往往落后于社会存在的变革。我区封建农奴制度的彻底废除，社会主义制度的建立，并不等于封建农奴制的某些残余思想就能随之而消失,不等于某些旧思想和旧的传统观念随之而消亡,也不等于历史上遗留下来的民族歧视、民族隔阂心理随之而消失,它仍然会在一部分人的头脑中留下比较深刻的情绪和痕迹。这些问题的存在或多或少地影响着我区各民族之间的团结和西藏局势的稳定,也影响着我区社会主义革命和建设的发展。具体说,有以下几方面。

第一,少数汉族同志不能正确对待藏族的风俗习惯。在和平解决西藏初期和后来的一段时间内,进藏的汉族干部和人民解放军模范地执行党的民族政策,尊重藏族的风俗习惯,以实际行动影响群众,扩大党的影响,使藏汉民族关系非常融洽。藏族人民至今还怀念那个时代的美好情景。但是,这些年来,一些新进藏的个别汉族干部、职工和部分包工人员,由于没有专门学习过马克思主义民族理论,也没有受过党的民族政策的教育,对藏族中的某些风俗习惯,包括服饰、饮食、居住、生产、婚姻、丧葬、节庆、娱乐、礼仪等物质生活和文化生活方面广泛流行的喜好、风气、习尚和禁忌等,特别是由于经济、文化和科技的落后,目前尚未得到改革的一些落后习惯,往往采取歧视、轻蔑、讥笑甚至厌恶的态度。这种不尊重藏族风俗习惯的行为,尽管只发生在极少数人身上,但最容易伤害民族感情,是影响民族团结的重要因素之一。因为一个民族的人民对本民族的风俗习惯、优良传统怀有亲切感,乃至自豪感。这就是民族的共同心理素质和民族感情的一种表现。一个民族风俗习惯的形成跟本民族居住的自然环境、自然条件、生产力发展水平和经济基础、宗教信仰等有着密切的关系。这种风俗习惯是在长期的历史发展中形成的。有很多风俗习惯已约定俗成,世代流传下来,经过了几百年甚至上千年亦不改变或很少改变,具有一定的稳定性和延续性。同时,作为同一个民族的风俗习惯,基本上为本民族的各个阶级所共有,没有阶级性,因此又具有民族性和社会性。能否正确对待民族的风俗习惯,对于民族团结关系重大。处理好了,就能增进团结和友谊,也有利于局势稳定和经济建设的发展。处理不好,就会伤害民族感情,甚至被别有用心的人所利用,挑起民族纠纷,出现民族矛盾。

第二,个别进藏的汉族同志对西藏目前所存在的落后状况,不加具体分析,以大民族的优越感和自豪感来对待藏族群众。他们不是真心实意地关心藏族群众的疾苦,也不是积极地、满腔热情地参加西藏的社会主义革命和建设事业,而是首先替自己打算,包括解决家属子女的农转非户口和就业升学等。对藏族群众不信任、不放心，看不起藏族干部，也不注意对缺乏工作经验和文化水平较低的藏族干部的培养和提高。这些同志只看到藏族在历史上留下来的某些落后现象和现实生活中所存在的某些阴暗面，并对这些进行挑剔指责，而看不到藏族人民在对中华民族的形成和伟大祖国的缔造中所做出的巨大贡献。当然无论怎样，所有进藏的汉族同志在主观上绝没有影响民族团结的恶意。但个别同志若稍不注意自己的言行，就会在客观上影响藏汉民族之间的团结。

第三，少数藏族同志分不清主次。他们看不到绝大多数汉族同志在进军西藏、解放西藏、在建设和保卫社会主义新西藏中所做出的巨大贡献；看不到党中央和全国其他兄弟省、市、自治区对西藏经济、文化、教育、科技等各项建设事业的大力支援；看不到这些汉族同志克服重重困难，自愿离开亲人，放弃优越的条件到高山缺氧的西藏高原参加社会主义新西藏建设的精神境界，以及全区各族人民团结奋进，艰苦创业所取得的巨大成就；看不到藏汉民族团结已经走上了充满阳光和希望之路，而只看到以上所提到的个别汉族干部身上的某些缺点和错误，只看到支流，看不到主流，以偏概全。采取这种片面的看问题的态度，对绝大多数进藏的汉族同志是一种不公平的对待。因为在藏工作的大多数汉族同志绝没有想到从西藏得到什么、捞取什么，想到的是用自己的聪明才智为西藏的各项建设事业贡献一份自己的力量。因此，进藏时满怀信心，决心大干一场。然而到了西藏以后，个别藏族同志的不正确的议论和看法给他们是一个不小的打击，进藏时的希望变成失望。特别是极少数藏族同志认为自己是本民族干部，很多方面受到优待，对本民族的情况比较了解，盲目产生优越感和表现出骄傲的情绪，不注意听取汉族同志的一些正确意见，不重视和尊重有能力、有水平，但职位较低的汉族干部。因此，有的汉族干部和技术人员不安心在藏工作，纷纷要求内调，造成我区人才大量外流。当然要求内调的原因还有其他方面，但是，我认为这也是重要因素之一。现在大批的汉族和外省市的其他民族的干部、技术人员强烈要求内调，而要求进藏的却很少。这个问题值得我们深思。同时要采取各种措施，尽量留住那些在西藏建设中不可缺少的人才。否则，对于我区经济、文化、科技等各项建设事业的发展，是非常不利的。

第四，少数藏族同志盲目故步自封，保守排外，拒绝接受和学习先进民族的东西，包括先进的文化、先进的经验、先进的技术。把自己关闭在比较狭隘的小圈子里，抱住老一套的、落后的、过时的东西不放，甚至把某些不属于民族传统文化的陈规陋习、封建迷信，也当成优秀的民族传统文化加以宣扬。这种做法只能阻碍全区各族人民学习科学、运用科学，也只能延误西藏民族繁荣和进步的进程。特别是在当前改革开放的时候，大量的汉族包工队和个体户涌入我区，这本来是一件好事。但是，有的藏族同志在竞争中面临危机和困难时便产生不理解，认为自己的工作被抢走了，饭碗被夺走了。不从主观上找原因，也不虚心学习别人的先进技术和先进经验，而只是埋怨、发牢骚。这不利于提高自己的技术水平和竞争能力，更不利于民族团结。当然，作为上级有关部门应该设法帮助本地职工提高技术，增强竞争能力。而作为参加竞争的本地职工，要虚心学习别人的先进技术和先进管理经验，并应把这种竞争看作正常的、合理的，而不应该把它提到不适当的地位。

以上谈到的几种思想认识问题，尽管都属于人民内部矛盾，但它的存在影响了党在西藏的各项方针政策的贯彻落实，影响了藏汉民族之间的团结，也影响了西藏社会主义革命和建设的顺利进行。因此，我们必须在任何时候、任何情况下都要坚决防止和克服这种思想情绪。至于在防止和克服的过程中，哪一方面的问题是主要的、第一位的，哪一方面的问题是次要的、第二位的，则必须因时、因事、因地而定。

与此同时，我们也必须清醒地看到：少数分裂主义分子企图分裂伟大祖国的统一，破坏各族人民的团结，千方百计地、公开或隐蔽地进行分裂活动，这种行为的性质同本文上述问题的性质和出发点是根本不同的。因为少数分裂主义分子的罪恶行径不是民族问题，而是严重的政治问题，是一场严肃的政治斗争。

总之，历史和现实都告诉我们，西藏工作的特殊重要性，首先表现在民族工作的特殊重要性上。在西藏考虑任何问题，首先要想到民族团结这件大事，在西藏执行每一项政策，做好每一件工作，处理好每一个主要问题，都要把民族团结作为我们的出发点和落脚点。为此，需要做好以下几点。

第一，从国家的前途和命运看民族团结的重要性。1980年中央转发的《西藏工作座谈会纪要》中明确指出："密切各族人民的关系，加强各族人民的团结，始终是西藏必须非常重视的大问题，是我们各项工作成败的关键所在。要经常对党员、干部、军队、职工群众和各族群众进行党的民族政策的教育，既要着重反对大汉族主义，也要防止地方民族主义，今后每年要定期检查一次民族政策的执行情况，发扬成绩，纠正错误，解决民族关系方面存在的问题，消除一切不利于民族团结的因素。"当前，从我区面临的党在社会主义初级阶段的基本路线的任务来看，摆在我们面前的任务是光荣而艰巨的。因此，我们必须在抓好一个中心、两个基本点的同时，要时刻不忘民族团结。民族问题在不同的时期有着不同的具体内容。从总体上说，民族问题的解决不是在短时期内所能办到的，民族问题将存在于整个社会主义社会及其以后的相当长的一个历史时期，只有民族消亡了，民族问题才不存在。所以，民族团结的教育，民族政策的检查，也是长期的工作任务。做好民族工作，增强民族团结，巩固和发展安定团结的政治局面，建设西藏，保卫边疆，这不仅关系到西藏各族人民的根本利益和前途命运，也关系到我国社会主义现代化建设的全局性的重大战略问题。因此，我们必须从这个战略意义上来认识西藏民族团结工作的重要性，经常抓，反复抓，不能抓一阵、松一阵。

第二，当前把学习社会主义初级阶段理论同增强民族团结有机地结合起来。学习十三大文件，最重要的就是利用社会主义初级阶段的理论来武装全党的头脑，用社会主义初级阶段的基本路线来统一全党的认识。高举爱国、团结、进步的旗帜，坚定不移地贯彻执行中央为我区制定的一系列特殊政策和灵活措施，把全区各族人民的思想统一到十三大文件精神上来，在此基础上进一步增强各族人民的团结，达到维护祖国统一的目的。

第三，要坚持进行马克思主义民族观、党的民族政策和民族团结的教育。我们党根据马克思主义的民族理论原则，从我国民族问题的实际出发，制定和实行了民族平等、民族团结、民族区域自治、民族发展繁荣、培养民族干部、重视和使用少数民族语言文字、尊重少数民族风俗习惯、全面贯彻落实党的宗教信仰自由政策、团结少数民族爱国人士、巩固和发展新时期统一战线等一系列正确的民族政策，积累了一整套民族工作的经验。马克思主义关于民族问题的理论，是用无产阶级世界观分析和解决民族问题的科学理论，是马列主义、毛泽东思想的重要组成部分，也是我们制定民族政策的理论基础和指导思想。马克思主义民族理论的内容非常丰富，完整地、准确地学习和掌握这些基本原理，对于我们贯彻党的民族政策，加强民族团结，是一件带根本性的大事，也是我们思想建设的重要内容。因此，必须抓好马克思主义民族观和党的民族政策、民族团结的教育。

　　第四，要大力发展我区的经济、文化建设事业。这是我们搞好民族团结的前提和基础。这些年来，我区的经济、文化确实有了较大的发展，但是，与真正实现各民族共同繁荣的要求相比，还有许多差距。因此，我们要以经济建设为中心，全面发展政治、经济、教育、科技、文化等各项建设事业，尽快实现各民族共同繁荣，不断巩固我区安定团结的政治局面，发展社会主义的新型民族关系。要完成这一任务，我们除了继续需要国家从人力、物力、财力等各方面给予更大的支援以外，还要增强自身的活力。要大力培养藏族和其他民族的各种经济管理人才和专业技术人才，采取稳妥而又比较切合实际的步骤，大力发展社会生产力，走改革开放之路，逐步改变封闭状态，改变落后的生产方式，发挥本地优势，为繁荣西藏，振兴西藏而做好工作。

　　总之，要搞好西藏的各项建设事业，开创西藏社会主义现代化建设的新局面，就必须加强全区各族人民的团结。每一个民族都有自己的长处和短处，要互相学习，取长补短，自觉克服各自的弱点，为西藏的革命和建设事业做出应有的贡献。

（原载《西藏研究》1989 年 12 月内参版）

切实加强党的基层组织建设

党的基层组织是党的基础，它处于基层各个组织的政治核心地位，担负着党的思想、组织、作风的建设，做好基层党员、群众的思想政治工作，领导基层的精神文明建设。党的基层组织同时又是党联系群众的桥梁和纽带，它活动于人民群众之中，直接和群众见面，时刻影响着党在群众中的形象和威信。

和平解放西藏以来，我区的基层党组织从无到有、从小到大不断发展起来，曾以有效的工作和良好的作风，赢得了群众的信任和支持，把群众紧密地团结在自己的周围。他们坚决贯彻执行党在各个时期的路线、方针、政策，在艰苦的环境中克服重重困难，吃苦耐劳，勤勤恳恳，做了大量工作，付出了辛勤的劳动，废除了封建农奴制度，进行了伟大的民主改革，建立了人民群众当家做主的人民民主政权，西藏的社会主义革命和建设都取得了伟大的胜利。实践证明，如果没有党的基层组织的战斗堡垒作用，没有党员的先锋模范作用，以上的任务是难以完成的。因此，西藏党的基层组织战斗力的强与弱，作用的好与差，直接关系到党在西藏各族人民心目中的威信，关系到党的领导作用。

当前，我们在建设团结、富裕、文明的社会主义新西藏时，就必须认真贯彻执行党对西藏的各项方针、政策，就必须动员全区各族人民满腔热情地投入西藏的各项建设事业中。这就需要紧紧依靠和充分发挥遍布自治区各条战线、各个行业的基层党组织的战斗堡垒作用，因为这些基层党组织是党在西藏的革命理论和正确主张的宣传者，是落实党的各项方针、政策和完成党的各项任务的直接组织者和具体执行者。只要这些基层党组织的工作做好了，党的一切工作就有了坚实的基础。

要搞好基层党组织的建设，关键是建设好基层党组织的领导班子。江泽民同志在国庆四十周年的讲话中指出："要高度重视基层党组织的建设，改变软弱涣散状态。全体共产党员、党的干部特别是领导干部，必须严格遵守党的纪律，在言论和行动上，自觉地同党的路线、方针和决议保持一致，绝不允许各行其是。"[1] 在当前改革开放的新形势下，我们党的各项方针、政策、措施都需要全区党员和群众的充分理解，需要基层党组织的具体贯彻实施。如果党的基层领导班子处于涣散状态，不团结、不配合，缺乏应有的战斗力，又如何在群众中深入进行宣传和组织呢？特别是在西藏这种地域辽阔、交通不便，人民居住分散，人口稀少，群众文化水平低的边疆少数民族地区，基层党组织领导班子的团结和模范作用尤为重要。这几年我区党的基层领导班子进行了必要的调整和加强，领导状况有了较好的改善，班子成员比较精干，年龄有所下降，文化程度有了相应的提高，懂行的、具有一定组织能力的同志逐渐增多，从而给我区基层党组织的领导班子增添了朝气，增强了活力。但是，同建设团结、富裕、文明的社会主义新西藏的要求相比，还不同程度地存在不相适应的方面。因此，按照干部"四化"的要求和德才兼备的原则，在今后的基层党组织的班子建设中，要大胆起用那些办事公道，敢于坚持原则，作风正派，思想政治路线端正，有强烈的事业心和开拓精神，富有朝气，能带领广大群众发展商品经济，坚定不移地贯彻执行党的各项方针政策，坚定不移地维护祖国统一，加强民族团结，反对分裂活动的共产党员。只有这样，才会在群众中产生强大的向心力和凝聚力，才会使干部群众一条心，搞好西藏的经济建设和改革开放，搞好西藏的稳定局势和反分裂的斗争。

（原载《西藏日报》1990 年 1 月 1 日）

---

[1] 江泽民：《新中国四十年历史的基本结论》（1989 年 9 月 29 日），《江泽民文选》第 1 卷，人民出版社 2006 年第 1 版。

学习马克思主义哲学是时代的需要

自治区党委根据中央的指示精神和我区干部的实际状况,作出了西藏全区各级干部学习马克思主义哲学的决定,这对于加强党的思想建设,提高我区各族干部的马克思主义理论水平,巩固和坚持十一届三中全会以来重新确立的实事求是的马克思主义思想路线,更好地领导全区各族人民,推进团结、富裕、文明的社会主义新西藏建设进程,具有特别重要的意义。

党的十一届三中全会以后,我区在职干部的政治理论学习,主要是围绕着党的十一届三中全会以来重新确立的党的思想路线、政治路线和组织路线开展的,是以现实的政治理论和党的重大方针政策为主要内容进行学习的。为了适应全党工作重心的转移,在不断清除"左"的影响的同时,部署学习了《陈云同志文稿选编》、薛暮桥同志的《中国社会主义经济研究》和《学习马克思关于生产力的理论》。后来又部署学习了《三中全会以来重要文献选编》和《邓小平文选》。针对在职干部职工中存在的某些模糊认识,重点学习了《关于建国以来党的若干历史问题的决议》、"十三大文件"、《中共中央关于经济体制改革的决议》和中共中央《关于精神文明建设指导方针的决议》、党的十三大以来的有关重要文件,特别是社会主义初级阶段的理论、江泽民同志的国庆讲话等,这些重要理论和党的方针政策,是马克思主义普遍原理与我国社会主义建设实践相结合的产物。为此,各地区各单位都很重视,很多地区和单位,在每次学习时都拟定计划,出思考题,召开各种座谈会、讨论会、交流会,有力量的还组织人员进行辅导,与此同时,在自治区党委的倡导下,开展了"一切从西藏实际出发"的讨论和生产力标准的讨论。通过以上的学习和讨论,对于促进我区干部的思想转变,提高理论水平和政策水平,增强他们贯彻执行党的十一届三中全会以来的路线、方针、政策的自觉性,提高树立一切从西藏实际出发的思想，都起到了重要的作用。

但是，这些年来对马克思主义基本理论的学习较差。1984年中宣部发出《关于干部马克思列宁主义理论教育正规化的规定》，对干部的理论教育作出了具体的安排和部署。全国各地根据文件精神，制订计划，积极实施，全面开展了正规化的理论教育工作。而我区除各级党校进行脱产培训的一部分干部外，在职干部的正规化理论教育没有开展起来。1979年全国开展真理标准大讨论时，我区不仅跟得慢，而且讨论本身不很理想，有时理论学习和理论讨论都做了具体安排，但实际上并没有真正落实。如区党委发出了在全区开展生产力标准讨论的决定，事实上只有几篇稿子发出以外，并没有真正学习和讨论起来。平常的理论学习，由于领导者本身的重视程度不一样，因此，有些单位抓得好一些，有的单位抓得差一些，有的甚至根本就不抓。从我区的整个干部队伍来看，尽管有文凭、有学历的人员比例不小，但是，比较系统地学习马克思主义基础理论的人数不多，很多干部的理论水平与其所担负的历史使命要求很不适应，这严重妨碍了干部政治思想和政策水平的提高。因此，在我区开展马克思主义哲学的学习，是非常必要的。

一　学习马克思主义哲学是正确认识当前形势的需要

党的十一届三中全会以后，我们以经济建设为中心，坚持四项基本原则、坚持改革开放，认真贯彻落实中央对西藏的各项方针政策，西藏的各项建设事业都取得了显著的成绩，人民群众的生活水平有了较大的提高。但是，最近一段时间以来，国际上出现了许多新的问题、新的矛盾、新的特点。国内总的形势朝着更加稳定的方向发展，但是，最近我们面临一些问题和困难，对于面临的问题和困难，既不能看得过重，过重了就会使人失去信心，消极悲观；也不能看得过轻，过轻了就可能看不到工作的艰巨性和难度。因此，从思想上应该正确对待所面临的困难和问题，在当前对于形势的看法上，有很多认识上的问题需要统一，需要加以解决，这就要求我们不断加强马克思主义哲学这个认识世界和改造世界的强大思想武器的学习，统一党员干部中的思想认识问题，不断提高分析问题和解决问题的能力，始终保持清醒的头脑，把握时代的主旋律和事物发展的客观规律。

二 学习马克思主义哲学是反分裂反骚乱的需要

1987年9月27日以来,拉萨先后发生了多次骚乱事件,这是国内外分裂主义势力有组织、有计划、有阴谋地分裂祖国、破坏团结、破坏西藏各项建设事业和危害人民生命财产安全的违法犯罪活动。分裂主义势力为了达到他们不可告人的目的,往往将政治问题与民族、宗教问题纠缠在一起,制造各种谣言蛊惑人心,挑拨藏汉民族之间的关系,蒙蔽群众、混淆是非,并提出所谓"人权"问题,不顾客观事实,颠倒黑白,制造舆论,造成了许多思想混乱,造成了社会的动荡和人民心理的创伤,加大了我们工作上的难度。在当前分裂与反分裂、渗透与反渗透、颠覆与反颠覆、和平演变与反和平演变的斗争变得十分尖锐复杂的时候,我们更需要以马克思主义哲学为指南,具体问题具体分析,严格区分两类不同性质的矛盾,坚决而又准确地打击坚持反动立场的分裂主义分子。同时还要区分不同情况,要满腔热忱地做好受骗上当群众的工作,做到立场坚定,旗帜鲜明,不随波逐流,不迷失方向,不丧失原则,调动一切积极因素,为维护祖国统一,加强民族团结,反对分裂活动,进行坚持不懈的斗争。

三 学习马克思主义哲学是搞好我区经济建设和改革开放的需要

这些年来,我区贯彻落实了中央对西藏工作的各项特殊政策和灵活措施以后,充分调动了广大群众的积极性,给我区的社会主义经济注入了新的活力和生机,给人民带来了实惠,取得了举世公认的可喜变化和重大成就。但是,我区的经济基础薄弱,生产力水平低下,科学技术十分落后,自然条件较差,在这样一个地区进行改革开放和经济建设,不能照搬照套别国或内地的经验,而必须从西藏的实际出发,提出切实可行的方针政策和措施。

在当前我区的改革开放和经济建设中,许多领域、许多事物对我们来说，都还是尚未被认识的必然王国，在我们前进的道路上问题很多，困难不少，因此，我们必须要有理论的指导和政策的配套，在实践—认识—再实践—再认识的过程中探索前进。在这个过程中，只有认真学习和掌握马克思主义哲学这个伟大的工具，才能正确分析西藏的实际，才能正确认识和把握我区社会主义建设和改革开放的基本规律，推动西藏各项建设事业向前发展。

四　学习马克思主义哲学，是提高我区干部素质的需要

这些年来，我们根据干部"四化"的方针对各级领导班子进行了调整，一批年富力强、文化素质高的同志走上了各级领导岗位。这对于西藏各项建设事业的发展具有重大的现实意义。但是，从整个干部队伍来讲，还缺乏系统的马克思主义理论知识的学习，有的虽有大中专以上的学历，但是，他们不善于运用马克思主义理论指导工作，有的虽常给别人讲马克思主义理论学习的重要性，但自己却缺乏对理论重要性的认识，学习和掌握马克思主义理论的愿望并不强烈，在繁忙的工作中常忽视理论学习。这对于担负领导职务的各级干部来说，是很不利的。江泽民同志在国庆讲话中指出："一个缺乏马克思主义理论素养，不善于运用正确的立场、观点、方法分析和解决问题的共产党员，不可能发挥应有的作用，更不可能成为党的合格领导干部。"[①] 因此，各级干部都要认真学习马克思主义哲学，不断提高马克思主义理论水平，较好地掌握科学的世界观和方法论，全面正确地贯彻执行中央对西藏的各项特殊政策和灵活措施，学会运用马克思主义的立场、观点和方法分析问题和解决问题，克服认识上和工作上的盲目性、主观性和片面性，增强工作中的原则性、预见性和科学性，推动我区各项建设事业的发展。

总之，当前我们面临的形势，既有许多有利因素，又有许多不利因素，在这种错综复杂的情况下，我们必须加强马克思主义哲学的学习，把握事物的客观规律，保持清醒的头脑，防止"左"的或"右"的倾向，

---

① 江泽民：《新中国四十年历史的基本结论》（1989年9月29日），《江泽民文选》第1卷，人民出版社2006年第1版。

真正提高干部的思维能力和分析问题、解决问题的能力，只有这样，才能提高我们的马克思主义理论水平，在实际工作中减少失误，进而搞好西藏的各项建设事业。

（原载《西藏日报》1990年6月4日）

"具体问题具体分析"是马克思主义的活的灵魂

马克思主义辩证法是无产阶级及其政党的理论和思想武器,它的关于客观事物互相联系和有规律发展的矛盾学说,是马克思主义者观察问题和分析问题的根本方法。辩证法要求我们客观地考察一切事物的现象,科学地反映现实事物本身的实际情况,从实际出发,重视调查研究,客观地、全面地、本质地、发展地看问题,要求我们一切以时间、地点、条件为转移,根据主客观条件,具体问题具体分析,从而认识事物发展的规律,采取恰当的措施,提出正确解决矛盾的方法。

毛泽东同志指出:"不同质的矛盾,只有用不同质的方法才能解决。""用不同的方法去解决不同的矛盾,这是马克思列宁主义者必须严格地遵守的一个原则。"[①] 所谓具体问题具体分析,总的来说,就是要坚持实事求是的科学态度。我们不论研究任何事物、解决任何问题,必须从实际出发,对事物的各个联系加以具体的分析,分清什么是主要的,什么是次要的;什么是普遍的,什么是特殊的;什么是本质的,什么是非本质的;什么是必然的,什么是偶然的。从而抓住事物内部的、本质的必然联系,引出事物所固有的,而不是主观臆造的规律。这种从客观实际出发,实事求是,对具体问题进行具体分析的方法,就是唯物辩证法的根本观点、根本方法,是马克思主义的活的灵魂。

唯物辩证法同形而上学相对立,它不是把一切事物和现象看成彼此孤立的、静止的,而是认为整个物质世界是由无数个相互联系、相互依赖、相互制约、相互作用的事物所形成的统一体。恩格斯指出:"辩证法在考察事物及其在头脑中的反映时,本质上是从它们的联系、它们的连结、它

---

① 《毛泽东选集》第1卷,人民出版社1991年版,第311页。

们的运动、它们的产生和消亡方面去考察的。"① 这就是说,唯物辩证法是从事物的联系、事物的发展、事物的内部矛盾中认识事物的发展规律的。但是,这绝不是说要对事物的一切联系同等看待,而必须从客观实际出发,一切以时间、地点、条件为转移,在观察事物、研究问题,制定路线、方针、政策时,进行具体分析,从事物的多种多样的联系中去研究具体事物,按照客观事物的具体情况、事物的发展规律,提出解决矛盾的正确方法,推动事物向前发展。

具体问题具体分析,就是分析矛盾的普遍性和特殊性,研究和掌握矛盾的特殊性,这是我们认识事物的基础,是解决矛盾的前提。毛泽东在谈到矛盾的普遍性和特殊性时指出:"这个问题有两方面的意义:其一是说,矛盾存在于一切事物的发展过程中;其二是说,每一事物的发展过程中存在着自始至终的矛盾运动。"② 这就是说:一方面任何事物的内部规律都包含矛盾,无论是简单的运动形式还是复杂的运动形式,无论自然界、人类社会还是人的思维中都包含矛盾;另一方面,每一事物在其全部发展过程中,存在自始至终的矛盾。什么是矛盾的特殊性?矛盾的特殊性是指各种具体事物、过程或阶段中所包含的矛盾特点。世界上各种事物千差万别,各有其特殊的本质,这种千差万别的内因或根据,就在于事物内部的矛盾性。矛盾的普遍性和特殊性的关系是辩证统一的,我们在工作中,要学会从纷繁复杂的矛盾中抓住主要矛盾,确定中心工作,分清主次先后和轻重缓急。如果我们只一般地知道任何事物都有矛盾,只懂得矛盾的普遍性,而不研究矛盾的特殊性,就无从确定一事物不同于它事物的特殊本质,就无从发现事物发展运动的特殊原因或根据。就无从辩证地认识事物,也就无从建立科学的工作秩序,更谈不上用正确的方法去处理和解决问题。承认矛盾的普遍性,就使我们在认识和解决问题时,有了一个总的方向,这是很重要的。但是,仅仅懂得普遍性还不够,还必须了解矛盾的特殊性。只有具体地分析和掌握各种矛盾的特殊性,才能按照客观实际情况,认识事物的特殊本质,发现事物运动和发展的特殊原因和根据,找出解决矛盾的方法,我国社会主义革命和建设的伟大胜利,就是马克思主义的普遍真理同我国的实际情况相结合的结果。

---

① 《马克思恩格斯选集》第3卷,人民出版社1972年版,第62页。
② 《毛泽东选集》第1卷,人民出版社1991年版,第305页。

我们说唯物辩证法既是科学的世界观，又是科学的方法论，它为无产阶级革命实践和一切科学部门的研究工作提供了方法的总原则，是我们研究问题、分析矛盾、解决一切实际问题的行动指南。我们学习和掌握辩证法，就是理论一定要联系实际，要从实际出发，要同现实的生活、工作、思想实际结合起来，不应把马克思主义教条化，照抄照搬，当作死公式硬套在具体事物上，而应该以它为指导，对所研究的任何问题，进行周密的详细的调查研究，在此基础上，既要抓紧中心工作，又要围绕中心工作安排其他方面的工作，也就是对具体问题具体分析，指出各个事物的具体联系和发展规律。列宁指出："马克思主义的最本质的东西，马克思主义的活的灵魂：具体地分析具体的情况。"[①] 什么时候运用了具体问题具体分析的方法，革命和建设事业就顺利发展，反之，就有可能走弯路、受挫折。

西藏社会主义革命和建设正反两方面的经验教训就证明了这一点。自从西藏和平解放以来，党中央极为关心西藏的工作，根据马列主义关于民族问题的基本原理和西藏的实际情况，曾经对西藏的社会主义革命和建设事业进行了具体的指导，提出了一系列适合西藏工作的具体方针、政策。1951年毛泽东同志就指出："西藏考虑任何问题，首先要想到民族和宗教问题这两件事，一切工作必须慎重稳进。"在那时尽管西藏的形势十分复杂、尖锐，但是，我们的一切工作从西藏的实际出发，具体问题具体分析，大力重视和培养少数民族干部，认真执行党的民族政策、宗教政策、统战政策，尊重藏族人民的风俗习惯，正确对待宗教问题，根据西藏的自然条件、民族特点、生活习惯、经济结构，各族人民思想觉悟的程度和实际生活状况，制定不同于其他省、市、自治区的方针、政策，实行了具体的指导，因此，西藏的工业交通、文化教育、医药卫生、科学技术等各项建设事业从小到大、从无到有逐步发展起来，改善和提高了西藏人民的物质文化生活水平。那时群众的积极性是高涨的，藏汉各族人民的团结是一致的，党在藏族人民心中的威望是很高的。

但是，十年动乱时期，我们丢掉了实事求是的思想路线，违背了唯物辩证法关于具体问题具体分析的方法，习惯于按"一刀切"，用一个模式来对待和解决千差万别的问题和矛盾，不顾客观条件去做事情，不愿意具体地分析自己所处的客观环境和实际情况，因此，把一些好事办坏了，引

---

① 《列宁选集》第4卷，人民出版社1972年版，第290页。

起了群众的不满。这样做的结果极大地挫伤了广大群众的积极性，影响了西藏各项建设事业的发展，影响了党在藏族群众中的形象和威信，社会主义制度的优越性也没有能够充分发挥出来。

党的十一届三中全会以后，我们党又恢复了实事求是的马克思主义思想路线，根据西藏的实际情况，中央领导同志多次专门到西藏调查研究，了解情况，提出了一系列适合西藏实际的特殊政策和灵活措施，这充分反映了西藏人民的迫切愿望和根本利益，调动了广大人民群众的积极性，进一步加强了民族团结，巩固了祖国的统一，受到了西藏各族人民的一致拥护，西藏的各项建设事业都取得了较好的成绩。

从这几年的经验教训来看，我们在估计形势的时候，在反对某种思想倾向的时候，在对工作、对同志、对历史人物和历史事件进行评价的时候，好就是绝对的好，坏就是绝对的坏，肯定一切或否定一切，强调某一方面的时候，就忽视了另一方面，从一个极端走向另一个极端。比如，在学习外国的先进经验、引进外国的先进技术问题上，在"文化大革命"期间，曾经是一个禁区，谁这样说、这样做，就被诬蔑为"洋奴哲学""卖国主义"。三中全会以后，我们实行改革开放，经济建设出现了可喜的局面。但是，也出现了另一种倾向，即认为外国的什么都好，盲目崇外，盲目引进，甚至民族的自尊心、自豪感都不要了。这几年理论界由于资产阶级自由化思潮的泛滥，鼓吹所谓的"经济上私有化、政治上多党化、思想上自由化、文化上西方化、道德上自私化、作风上腐朽化"，在对待马克思主义的问题上，出现了种种奇谈怪论，说什么马克思、恩格斯的著作都写于19世纪，已适应不了当今社会和时代发展的要求，解决不了在新形势下中国面临的种种问题。这些人是否定马克思主义普遍真理性，抹杀马克思主义在掌握真理上的特殊作用，贬低和否定了马克思主义作为无产阶级社会主义革命和整个历史时代的真理旗帜的伟大意义。按照社会发展的规律，一切民族都将走向社会主义，这是共性、普遍性；一切民族的走法都不一样，各有各的特点，这是个性、特殊性，我们学习马克思列宁主义，不仅要了解革命导师所得出的一般规律和结论，而且要学习革命导师观察问题、分析问题和解决问题的立场、观点和方法。因此，我们必须从实际出发，具体问题具体分析，不能因为强调全局而忽视局部，不能只看到一般、普遍、共性，而看不到个别、特殊、个性，或者只看到个别、特殊的、个性，而看不到一般、普遍的、共性。建设有中国特色的社会主义体现于普遍性和特殊性、共性和个性的统一,因而成为我国社会主义现代化建设的基本指导思想。

毛泽东同志指出:"使大家学会应用马克思主义的方法观察问题,提出问题、分析问题和解决问题,我们所办的事情才能办好,革命的事业才能发展。"① 从西藏来说,我们必须运用马克思主义关于具体问题具体分析这一活的灵魂,既要看到西藏和全国具有普遍性的一面,又要看到特殊性的一面。如果一些人采取"一刀切"的办法,只看到某一方面,而看不到另一方面,不注意区分不同性质的情况和问题,不注意划清有关界限,那就违背了马克思主义关于具体问题具体分析,不同性质的矛盾只能用不同的方法去解决的原则,就可能出现斗争的简单化、扩大化的问题,也不利于维护安定团结,不利于调动各方面的积极性,更不利于西藏社会主义现代化建设的进程。因此,我们必须认真学习马克思主义哲学,进一步加深中央对西藏各项方针政策的理解,充分估计到在建设社会主义新西藏的进程中的有利条件和不利因素,从理论和实践、从主观和客观相结合上,去正确认识和解决在改革开放的新形势下,我们所遇到的各种问题、矛盾和困难。西藏作为伟大祖国不可分割的一部分,就必须坚持社会主义道路,坚持人民民主专政,坚持党的领导,坚持马列主义、毛泽东思想,维护伟大祖国的统一,反对分裂活动,坚决贯彻执行中央的各项方针政策,这是普遍性的一面,在这些方面是绝对不能特殊的。但是,西藏作为以藏族为主的边疆少数民族地区,与全国其他省、市包括几个同样实行民族区域自治的自治区相比,也有许多特殊性。这些特殊性主要表现在:它是在封建农奴制的废墟上建设社会主义的,它高山缺氧,自然条件较差,交通不便,居住分散,信息不灵,经济基础薄弱。此外,它的民族特点、宗教信仰、风俗习惯等都具有许多特殊性。为此,西藏的一切工作必须从这种特殊性出发,具体问题具体分析,重视调查研究,客观地、历史地、全面地、本质地看问题,把普遍的、共性的东西和西藏的特殊的、个别的结合起来,找到结合的具体形式,根据主客观条件制订切实可行的计划和措施。当然我们在强调特殊性的时候,应重视从西藏实际出发,决不允许离开四项基本原则,谈西藏的特殊性,如果那种确实处于从不良目的出发,提出所谓的特殊性、独立性,对此我们决不能妥协退让,而必须旗帜

---

① 《毛泽东选集》第3卷,人民出版社1991年版,第839页。

鲜明地、理直气壮地加以反对。总之，在我们今后的工作中，不仅在口头上，而且在行动上要真正从西藏的实际出发，具体问题具体分析，把矛盾的普遍性和特殊性的辩证原理，自觉地运用到建设团结、富裕、文明的社会主义新西藏的进程中，力求减少形而上学的片面性，不走或少走弯路，调动一切积极因素，加强各族人民的团结，搞好西藏的各项工作。

（1990年7月24日）

要树立思想政治工作的权威

我们党从诞生之日起，就非常重视思想政治工作。在长期的斗争和实践中，党作出了许多有关思想政治工作的决定，制定了一系列措施，使思想政治工作成为各个革命和建设时期动员群众、教育群众的巨大力量。在党的历史上，思想政治工作曾起过重要作用，在广大人民群众中具有很高的威望。

党的十一届三中全会以后，我们党经过拨乱反正，在批评"两个凡是"的同时，重新确立了"实事求是"的思想路线，认识到了思想政治工作的重要性。但是，这些年来，由于错综复杂的原因，社会上一切向钱看、追求高消费、追求眼前实惠的人增多了，而为人民服务，为建设社会主义服务，舍己为人、大公无私、艰苦奋斗等崇高的、远大的理想和品德却淡漠了。邓小平同志在总结十年失误的时候指出："十年最大的失误是教育，这里我主要是讲思想政治教育。"① 三中全会以后的这十多年，我们抓改革开放、抓经济建设的确比较硬，所取得的成就也是显著的。而抓思想政治工作比较软，坚持四项基本原则缺乏一贯性，思想政治工作被削弱了，忽视了，放松了，致使资产阶级自由化思潮趁机而入，其教训是沉痛的、深刻的。

西藏的思想政治工作在西藏各个时期的革命和建设中都起到了重要作用。从1951年和平解放西藏以来，经过了平息叛乱、民主改革、社会主义改造，在封建农奴制的废墟上建立了社会主义制度，这些都与我们党深入细致的思想政治工作是分不开的。和平解放西藏初期，由于历史上形成的民族隔阂和不信任的心理，民族压迫和民族歧视的存在，藏汉民族之间发生过一些矛盾和不愉快，中央政府与西藏地方政府有过时疏时亲、时远

---

① 《邓小平文选》第3卷，人民出版社1993年版，第306页。

时近的情况。加上少数上层反动集团利用民族的幌子,披着宗教的外衣进行公开的或隐蔽的挑拨民族关系的分裂活动,对群众具有很大的欺骗作用。很多群众对刚刚进藏的解放军和工作人员采取犹豫观望的态度,不敢大胆接近。此外,西藏上层反动集团还利用进藏部队立足未稳、交通不便、供应困难的情况,妄图以断粮的办法困死、赶走进藏人民解放军和工作人员。这些给当时进藏的部队和工作人员带来了极大的困难。但是,进藏部队和工作人员遵照毛泽东同志"进军西藏,不吃地方"的指示,发扬自力更生、艰苦奋斗的精神,克服身体不适、生活困难等千辛万苦,采取精打细算、开荒生产、打通内外贸易等办法,保证了进藏部队的供应。同时,为了增进藏汉民族团结,消除历史上形成的民族隔阂和不信任的心理,促进西藏的革命和建设事业的发展,保卫伟大祖国的边防,毛泽东同志提出了"一面进军,一面修路"的指示,人民解放军和西藏各族人民发扬"一不怕苦,二不怕死","让高山低头,叫河水让路"的革命英雄气概,克服种种困难,加紧修筑了举世闻名的川藏、青藏公路,使祖国内地的各种物质资源源源不断地运送到世界屋脊,大大改善了供应情况,使进藏人民解放军和工作人员在西藏高原站稳了脚跟。同时,人民解放军和进藏工作人员,从当时广大藏族群众的觉悟程度和长远利益出发,模范地执行党的民族政策、宗教信仰自由政策,尊重藏族群众的风俗习惯,通过修路、贸易、免费给群众治病、办学校、发放无息农牧业贷款、发展生产、社会救济、盖贫民房等工作,事事处处以自己的模范行动和带头作用来影响群众、教育群众,消除藏族群众对人民解放军和进藏工作人员的误解,扩大党在藏族群众心目中的影响和威信,提高群众的觉悟,增强他们跟着共产党走翻身得解放道路的决心和信念。在统战工作中,对上层中的大多数人士进行宣传教育和加强思想政治工作,登门拜访,开座谈会,组织他们到祖国内地参观学习等形式,宣传"十七条协议",宣传党的民族政策、宗教政策、统战政策、经济政策,解除他们的顾虑,提高他们的爱国主义觉悟。总之,在当时十分困难的条件下,人民解放军和进藏工作人员处处为群众着想,为群众办事的模范行动和深入细致的思想政治工作,使藏汉民族之间的隔阂逐渐消除了,民族团结加强了,真正树立起了思想政治工作的权威。这为后来实行民主改革,进行社会主义革命和建设奠定了基础。

1959年,西藏少数上层反动集团为了反抗社会变革,维护其封建农奴制度，打着民族、宗教的旗号，发动了武装叛乱，受蒙骗不明真相的部分群众参加叛乱。在决定西藏前途的关键时刻，西藏各族人民同解放军并肩战斗，很快平息了这场叛乱，使西藏的形势和阶级力量对比发生了重大变化，加速了民主改革的进程。此外，在后来的社会主义革命和建设中，继续充分发挥思想政治工作的优势，调动了全区各族人民的积极性，在世界屋脊上创造了一个又一个奇迹。

回顾西藏和平解放近四十年的光辉历程，使我们清醒地认识到，在过去的历史上我们真正树立起了思想政治工作的权威，思想政治工作确实是我们党的政治优势和优良传统，是建设社会主义新西藏的根本保证。

在当前，实行改革开放和建设社会主义新西藏的时候，我们也要树立起思想政治工作的权威，真正解决干部、职工、群众中的思想认识问题。党的十三届六中全会通过了《中共中央关于加强同人民群众联系的决定》，全国各地都在积极响应党中央的号召，组织大批干部下乡，帮助群众解决生产、生活和思想中的各种困难、问题和疑虑，这对于恢复我们党的思想政治工作的优良传统，加强和改进思想政治工作，树立起思想政治工作的权威具有十分重要的意义。

要树立思想政治工作的权威，主要还是靠思想政治工作本身的影响力和吸引力。特别是在当前一手抓经济建设和改革开放，一手抓稳定局势和反分裂斗争的时候，需要充分发挥全区各族人民的积极性，群策群力，创造和保持西藏经济的稳定、政治的稳定、社会的稳定、人心的稳定，这才是符合党心民意的大趋势。现在由于形势的变化，思想政治工作的对象变了，客观环境变了，工作任务也变了。这就要求我们思想政治工作的内容和方法也应随之改变。要改变和防止过去那种搞形式主义和"假、大、空"的现象，改变靠行政命令压人、整人的做法。同时也要反对忽视和淡化思想政治工作的错误做法。要从解决干部、职工、群众的生产、工作和生活中的具体问题着手，把党和政府的温暖送到群众的心坎上，要从干部、职工、群众最关心、最忧虑的问题着手，摸清他们的思想动态和带有倾向性的问题，有针对性地加强思想政治工作，及时、主动、积极地做好疏导工用，化消极因素为积极因素。只有这样，才能树立起思想政治工作的权威，才能同心同德地贯彻落实中央对西藏的各项方针、政策，才能保证西藏社会主义建设事业的顺利进行。

（原载《主人》1990 年第 5 期）

关于民族区域自治制度的两种错误倾向

民族区域自治，是我们党创造性地运用马克思列宁主义关于民族问题的基本理论，结合我国的具体情况制定的解决我国民族问题的基本政策，同时又是国家的一项重要的政治制度。周恩来同志在《关于我国民族政策的几个问题》中指出："历史发展给了我们民族合作的条件，革命运动的发展也给了我们合作的基础。因此，解放后我们采取的是适合我国情况的有利于民族合作的民族区域自治制度。"当前，在我们建设团结、富裕、文明的社会主义新西藏的进程中，只有正确地认识和坚持民族区域自治，认真贯彻《民族区域自治法》，才能顺利地完成自治区的各项任务。

西藏是我国以藏族为主体的一个民族区域自治地方。1965年9月，西藏自治区正式宣告成立。从此，西藏翻身农奴当家做主，真正行使我国宪法所赋予的民族区域自治的权利，西藏的革命和建设事业进入了一个新的历史发展阶段。这是党的民族政策的伟大胜利，鼓舞着全区各族人民在党中央的英明领导下，向着社会主义道路迈进。

回顾我区实行民族区域自治二十五年来的光辉历程，我区各族人民在党的领导下，在全国各族人民的大力支援下，经过全区各族人民的艰苦努力和顽强奋斗，走过了曲折的道路，取得了举世公认的辉煌胜利。同时，教训也是深刻的，沉痛的。

二十五年来，我区在实行民族区域自治方面，值得注意的倾向主要有两种。

一种倾向认为在新的历史条件下，民族区域自治"可有可无"。

持这种观点的同志认为，西藏早已和平解放，摧毁了反动黑暗的封建农奴制，社会制度发生了根本的变革，广大的西藏人民在党的领导下进行了伟大的民主改革，翻身农奴当家做了主人，在废除了民族压迫制度、实现民族平等以后，国家政权机关中有了各民族的代表和干部参与管理工作，在党的领导下共同走社会主义道路，因此，我区实行的民族区域自治，实际上是一种形式，可有可无。

这种错误的看法，实际上是大汉族主义思想倾向在民族区域问题上的反映。归根结底，是不承认少数民族有当家做主、管理本民族内部事务的政治权利。这种错误倾向主要在十年动乱的"文化大革命"期间比较严重。当时，我区的民族区域自治政策遭到践踏，人们对实行区域自治政策的观念极为淡薄，党在西藏的民族政策、宗教政策、统战政策受到严重破坏。党的十一届三中全会以后，我区的民族区域自治得到了恢复和发展，是自治机关建设的一个新的时期。这些年来，自治区和各市、县相继召开了人民代表大会，依法产生了我区的最高权力机构——人民代表大会，并选举出了它的常务委员会。人民代表大会制度的恢复和加强，使自治机关比过去更加健全，藏族和区内其他少数民族人民当家做主的权利得到了充分保障。

培养少数民族干部是民族区域自治的关键。毛泽东同志指出："要彻底解决民族问题，完全孤立民族反动派，没有大批少数民族出身的共产主义干部是不可能的。"[①] 民族区域自治从根本的意义上说，就是要由实行自治的少数民族的干部和人民对本民族自治地方的事务当家做主，在党的领导下，靠自己的努力走社会主义道路。因此，培养、选拔、任用少数民族干部，具有极为重要的意义。这些年来，民族干部的培养、选拔工作大为加强。现在已有一大批少数民族干部在自治区各党政机关中担任领导职务，成为我区社会主义建设的中坚力量。在自治区党委、人大常委会、人民政府和政协的领导中，藏族和其他少数民族干部已占80%。各级人大常委会和人民政府（包括行署）的第一把手，已全部由藏族和其他少数民族干部担任。

根据《宪法》和《民族区域自治法》的规定，1979年以来，自治区人大常委会通过和颁布了一系列地方性法规，充分行使了民族区域自治的权利。自治区人民政府还根据中央指示和我区实际，陆续制定了一批特殊政策和灵活措施，这些地方性法规的颁布和特殊政策的制定，对保障西藏各族人民行使自治权利，促进西藏的社会主义建设起到了重要的作用。同时，自治区党委和人民政府多次发出文件要求加强藏语文的学习和使用，

---

① 毛泽东：《对西北民族工作的指示》，《民族团结》1958年第2期。

自治区人大常委会以立法的形式明确规定了学习和使用藏语文。这些自治权利，包括政治、经济、文化、生活等各个方面，完全符合西藏各族人民的愿望和全国各族人民的共同利益。实践证明，在统一的伟大祖国大家庭里，实行民族区域自治合乎国情，顺乎民意，深受西藏各族人民的拥护。

事实上在我区实行民族区域自治制度，既有深厚的历史基础，又有坚实的现实基础，既是维护祖国统一、加强民族团结、反对分裂的需要，又为西藏社会主义建设所必需。

第一，历史的发展奠定了建立统一的多民族的人民共和国的基础，为实行民族区域自治创造了条件。两千多年来，我国各民族在经济上、文化上的联系和交流从未间断过，政治上的接近和互相影响，随着时间的推移而日益密切和深化。在长期的共同生活、共同劳动、共同发展中，早就形成了不可分割的整体。西藏人民与祖国各族人民的友好往来，在很早就开始了。唐朝和吐蕃王朝时，藏汉民族的友好往来有了很大发展。唐朝和吐蕃王室的两次通婚，频繁的使臣往来，"甥舅会盟碑"的建立，密切了政治上的关系。随着政治关系的发展，加强了经济和文化的交流。这些为西藏人民与祖国各族人民的联合，共同缔造伟大祖国奠定了基础。到了元朝，中央政府实现了对西藏地方的有效管辖和全面治理。这是西藏人民做出的历史选择，是长期历史发展的必然归宿。元朝使西藏实现了安定，结束了混乱状态，使西藏人民亲身体验到和祖国各兄弟民族联合在一起，建立统一多民族国家的好处。

第二，历史上形成的民族隔阂和不信任的心理，必须以民族区域自治的形式来消除。在历史上，由于存在民族压迫和剥削制度，藏汉民族之间曾有过纠纷，打过仗，发生过一些不愉快的事情。中央政府与西藏地方的关系，也有过时疏时亲、时远时近的状况。因此，民族隔阂和不信任的心理，又往往存在于对汉民族的关系中，这些又在客观上对藏族同汉族及其他各兄弟民族之间平等友好关系的发展产生了一定的消极作用。民族区域自治的实施，使藏族人民当家做主，管理本民族内部事务，在建立平等、团结、互助的社会主义新型民族关系的基础上，可以使各民族互相学习、互相帮助、取长补短，从而有利于消除历史上形成的民族隔阂和不信任的心理，有利于促进藏汉各族人民的团结，推动西藏社会主义革命和建设的发展。

第三，我国民族分布的状况也决定了必须采取民族区域自治制度。我国各民族分布的情况极为复杂,既有聚居,又有杂居。这种分布状况,就决定了革命胜利以后,党和国家采取的解决我国民族问题的政治形式只能是与之相适应的民族区域自治制度。实行民族区域自治,可以充分保障少数民族的团结、合作和共同发展,从而有助于把国家的繁荣富强和民族的繁荣发展结合起来。西藏地处祖国西南边疆,交通不便,居住分散,经济文化极为落后,在这样的地区实行民族区域自治,不但可以在政治上让人民群众当家做主,管理本民族内部事务,而且有助于经济上的繁荣发展。这是因为统一的国家可以像过去几十年一样,继续大力帮助我区发展政治、经济、文化等各项事业,同时也可以充分发挥本地区的积极因素。

总之,党的民族区域自治政策,是根据我国革命和社会历史发展的具体情况制定的,它代表了各族人民的根本利益,反映了各族人民的共同愿望,是唯一正确解决我国民族问题的基本政策。因此,在我区实行民族区域自治,不是"可有可无",而是非有不可。

另一种倾向认为可以离开四项基本原则,搞脱离祖国的"独立自治"。

境内外分裂主义分子持这种观点,不足为奇,是由他们的反动本性所决定的。在他们的影响下,我们内部也有极少数人存在这种倾向,认为西藏是非常特殊的少数民族地区,它的民族结构、地理位置、自然条件、宗教信仰等都有许多和全国其他地区(包括少数民族地区)不同的地方,因此,可以离开四项基本原则,搞脱离祖国的"独立自治"。

这是一种极为错误的认识,是狭隘民族主义的一种表现,实质上是否认西藏是祖国不可分割的一部分,否认西藏民族是中华民族大家庭中的一员。这种错误认识这几年在一些地方有些抬头,甚至还有一定的发展势头。

我国是一个统一的多民族国家,一切实行民族区域自治的地方,都是祖国不可分割的一部分。我区实行的民族区域自治和整个国家的关系是统一和自治的关系,并不是脱离祖国大家庭的"独立自治"。同时,《宪法》是我国的根本大法,是全国各族人民共同制定的,各族人民都负有维护《宪法》尊严、保证《宪法》实施的职责,都必须以《宪法》为活动准则。因此,作为区域自治的西藏理所当然地必须遵循它所规定的总原则和总方向。也就是说,作为伟大祖国不可分割的西藏自治区,在制定本地方的自治条例和其他法规的时候,都要以《宪法》为依据,以《宪法》规定的根本原则为基础,必须旗帜鲜明地坚持四项基本原则,贯彻执行国家的政策、法令,履行各项义务。

四项基本原则,是我们实现四个现代化的根本前提。但是,长期以来,我们没有能够一贯地坚持四项基本原则,没有把它作为基本思想教育广大人民群众,教育学生,教育干部和党员,而仅仅作为一种"标准语言"引用在文件上或口头上。总觉得坚持四项基本原则和我们实行的改革开放不大好统一起来,结果贯彻起来一手硬、一手软,一腿粗、一腿细,或者时而强调这个,时而强调那个,以致在建设具有中国特色的社会主义实践中常常发生摇摆,甚至个别人把四项基本原则当作"套话",致使"坚持社会主义道路没有方向,坚持人民民主专政没有对象"等模糊认识和讽刺挖苦之词经常出现。正因为这样,资产阶级自由化思潮乘机而入,泛滥起来。去年春夏之交的北京风波,拉萨发生的多次骚乱,都同这种思潮有着直接的或间接的关系。

我们三十多年社会主义革命和建设的历史充分证明,坚持共产党的领导,坚持社会主义道路,坚持人民民主专政,坚持马列主义、毛泽东思想,是各民族获得解放和发展繁荣的根本保证。这是因为:

第一,社会主义公有制的建立,是社会主义民族关系形成的经济基础。走社会主义道路,是我国社会发展的必然趋势,是全国各族人民的共同选择。新中国成立前,西藏人民外受帝国主义的侵略和欺凌,内受西藏封建农奴制的残酷剥削和压迫,广大人民群众没有任何政治权利,生活极其贫困。和平解放西藏以后,西藏人民在党的民族政策的光辉照耀下,经过社会改革,消灭了剥削阶级和剥削制度,建立了以生产资料公有制为主的社会主义经济制度,藏族和汉族以及其他各兄弟民族结成了平等、团结、互助的社会主义民族关系,过上了幸福生活。西藏各族人民从中认识到:只有社会主义,才能使西藏走向日益繁荣昌盛的道路。当前,我们所进行的改革,是社会主义制度的自我完善和发展,都是为了更好地发挥其优越性,而不是改变社会主义制度本身。我们所进行的开放,是为了引进世界各国的先进技术和先进管理经验,是为了更好地增强自力更生的能力,巩固和完善社会主义制度,而绝不是引进资本主义私有制。因此,我们必须始终如一地坚持社会主义道路,坚决反对一切颠覆社会主义制度的阴谋,保证我国社会主义制度沿着正确的方向发展。

第二,人民民主专政的建立,是社会主义民族关系形成的政治基础。

人民民主专政，是组织和保证我国社会主义现代化建设顺利进行的强大武器。在过去的社会主义革命和建设中，我们坚持人民民主专政，保证了社会主义祖国的独立和安全，保证了社会主义革命的顺利进行，促进了社会主义建设事业的发展。民族区域自治制度在我区的建立，既保障藏族人民的平等权利，增强民族自信心和自强意识，又促进西藏各族人民和祖国各族人民的团结，对社会主义民族关系的形成和发展起到了极为重要的作用。但是，这些年来，一谈实行人民民主，一谈阶级斗争在一定范围内存在时，理不直、气不壮，人们对阶级斗争的观念淡化了，认为在新形势下，再谈坚持人民民主专政使人觉得刺耳，难以接受。事实上拉萨的多次骚乱和北京的动乱、暴乱，就是要推翻党的领导，颠覆社会主义制度，就是要破坏伟大祖国的统一，破坏各族人民的团结，从而达到分裂祖国的目的。今后我们必须坚持对人民实行民主、对敌人实行专政的原则，依法同少数分裂主义分子进行坚决有效的斗争。

第三，中国共产党对各族人民的领导，是社会主义民族关系形成的根本条件。邓小平同志指出："坚持四项基本原则的核心，是坚持党的领导，没有共产党的领导，肯定会天下大乱，四分五裂。历史事实证明了这一点。"在党的领导下，我们废除了封建农奴制，藏族人民当家做了主人，各民族进入了平等、团结和共同繁荣的新时期。没有共产党，就没有新中国，也就没有社会主义的新西藏和西藏各族人民的今天。党的十一届三中全会以后，我们党继续贯彻落实党在民族地区的各项方针政策，领导全国各族人民以经济建设为中心，大力进行社会主义现代化建设，取得了巨大的成就。当然，我们党在进行社会主义现代化的过程中，出现了一些偏差和失误，党内还存在某些腐败现象。对这些问题，我们党是清醒的、重视的，并已着手加以纠正。党也完全有能力纠正工作中的偏差和失误，消除各种腐败现象，领导全国人民搞好四个现代化的建设。

第四，以马列主义、毛泽东思想为指导，是形成社会主义民族关系的思想基础。马列主义、毛泽东思想过去、现在和将来都是我们的指导思想和行动指南，是我们党和国家处理民族关系的根本指导思想，也是我们党和国家制定各项民族政策的理论依据。它不仅已指引我们在半个多世纪的斗争历程中取得了辉煌的胜利，而且将继续指引我们搞好改革开放，建设具有中国特色的社会主义。前一段时间，一些别有用心的人极力攻击、诋毁、贬低马列主义、毛泽东思想，否定它的指导作用，在广大人民群众中制造了思想混乱，严重地毒害了一些青少年的思想。骚乱、动乱、暴乱使我们清醒地认识到，坚持马列主义、毛泽东思想，我们的立场才能更加坚定，方向才能更加明确，也才能更加实事求是地解决民族工作中存在的各种问题，使我国的民族关系不断发展。

在实行民族区域自治的过程中，我们要进一步总结三十多年来民族工作正反两方面的经验教训，不断充实、加强和完善民族区域自治政策，理直气壮地坚持四项基本原则，注意防止和克服两种错误倾向，为维护祖国统一，加强民族团结，建设团结、富裕、文明的社会主义新西藏做出新贡献。

[原载《西藏研究》1990年第5期内参版]

社会主义是西藏人民走向繁荣发展的必由之路

2005年9月1日,是西藏自治区成立四十周年的光辉节日。四十年来,西藏各族人民在中国共产党的领导下,以马列主义、毛泽东思想为指导,在全国各族人民的大力支援下,取得了巨大的社会进步和建设成就。回顾这四十年光辉的历程,面对当前改革开放的可喜变化,展望未来的光明前途,我们深深认识到社会主义社会比封建农奴制社会、资本主义社会优越,而且这种优越性正在不断地发挥出来,从而更加坚定了西藏自治区各族人民在中国共产党的领导下,走社会主义道路的坚强决心和信心。

社会主义制度的优越性正日渐显现,然而,一些别有用心的人,特别是少数顽固坚持分裂祖国、破坏民族团结的人,否定自治区成立四十年来所取得的巨大成就,他们不承认或者不愿意承认这个事实,他们不是采取历史的、全面的、公正的态度,而是拿我们在社会主义建设中遇到的一些实际问题,特别是拿我们在工作中的一些失误和缺点,千方百计否定社会主义制度,贬低党在藏族人民心中的崇高威信,破坏广大群众走社会主义道路的坚强信念。这种不顾客观事实的分析方法,不仅在理论上是错误的,在实践中也是有害的。因此,实事求是地观察和分析自治区各族人民在社会主义革命和建设中所取得的巨大成就,将会更加鼓舞和激发全区各族人民坚定不移地走社会主义道路,坚定不移地维护祖国统一。

一　走社会主义道路是西藏历史发展的必然

社会主义社会是人类历史上第一个消灭了剥削阶级和剥削制度,实现劳动人民当家做主的社会;走社会主义道路,是历史发展的必然趋势,是我国各族人民唯一正确的选择和共同要求。我区各族人民经过几十年的努力，如今已同全国其他兄弟民族一样，走上了社会主义道路。

江泽民同志在国庆四十周年的讲话中，运用马克思主义的立场、观点和方法，从理论和实践的结合上，全面分析阐述了我国四十年来所取的辉煌成就，特别是党的十一届三中全会以来，党领导全国各族人民进行建设有中国特色的社会主义的基本经验，作出了"只有社会主义才能救中国，只有社会主义才能发展中国"的结论。但是，我国各族人民经过了四十年的社会主义革命和建设后，在歌颂社会主义制度的时候，我们竟不得不回答中国究竟要不要走社会主义道路，西藏究竟要不要走社会主义道路的问题。

西藏究竟什么时候走上社会主义道路，现在处于什么发展阶段，甚至根据当前西藏的社会状况和经济特征，西藏算不算社会主义等问题上存在这样或那样的看法。但是，本文不讨论这些问题，而主要想谈一谈西藏为什么要走社会主义道路，走上社会主义道路后的结局是怎样的。

社会主义制度在西藏的出现不是偶然的，它是伴随着我国社会主义制度的建立而产生和发展起来的，是全国各族人民的共同要求。和平解放前，藏族人民外受帝国主义势力的奴役，内受西藏封建农奴主的残酷剥削和压迫。三大领主虽然只占西藏人口的5%，可是他们占有西藏的大部分耕地、牧场和绝大部分牲畜，并占有农奴和奴隶的人身，人民群众尽管终年辛勤劳动，仍然处于衣不遮体、食不果腹的悲惨境地。在政治上更是没有任何权力可言。为了彻底改变这种悲惨的境地，苦难的西藏人民盼望早日获得解放，盼望在祖国的大家庭里过上平等团结、当家做主的生活。所以，当新中国成立时，西藏各界人士致电毛泽东主席、朱德总司令，发表谈话和文章，强烈要求解放军进军西藏，驱逐帝国主义势力，使西藏尽快回到祖国大家庭的怀抱。1949年11月，毛主席、朱总司令在给班禅额尔德尼·确吉坚赞的电报中指出："西藏人民是爱祖国而反对外国侵略者的，他们不满意国民党反动政府的政策，而愿意成为统一的富强的各民族平等合作的新中国大家庭的一分子，中央人民政府和中国人民解放军必定能满足西藏人民的这个愿望。希望先生和西藏爱国人士一致努力，为西藏的解放和汉藏人民的团结而奋斗。"

1951年5月23日，中央人民政府和西藏地方政府签订了《关于和平解放西藏办法的协议》（即"十七条协议"）。从此，西藏人民永远摆脱了帝国主义的侵略和羁绊，在祖国各民族平等团结的大家庭中，走上了团结、进步、发展的道路。和平解放西藏的方针，对西藏人民当家做主，揭露帝国主义挑拨离间的阴谋，消除历史上长期形成的藏汉民族之间的民族隔阂，发展西藏的政治、经济、文化、教育等事业都起到了非常重要的作用，符合广大藏族人民和爱国人士以及宗教界人士的愿望，得到了他们的拥护和支持。

西藏和平解放以后，人民解放军和进藏工作人员，模范地执行党的民族政策、宗教政策、统战政策，自觉地执行"协议"的规定，有关西藏社会制度的改革，则争取并耐心等待西藏上层分子觉悟，自觉地、主动地进行改革。同时以自己的模范行动教育群众，影响群众，通过筑路、免费治病、办学校、培养民族干部、帮助群众发展生产和改善群众生活等实际行动扩大党的影响，提高群众的觉悟。这一系列的模范行动，群众看在眼里、记在心上，更加坚定了其跟着共产党走的坚强信念。

1959年，西藏少数上层反动分子，把中央对他们的耐心等待和让步视为软弱可欺，有组织、有预谋地发动了武装叛乱。他们仇视广大藏族人民的翻身解放，妄图维护封建农奴制社会，极力反抗社会改革。受尽苦难的西藏人民经过和平解放后八年的对比、观察和思考，逐步觉醒，认识到西藏社会制度的黑暗和残酷。因此，在这场决定自己命运的平叛斗争中，他们怀着对叛乱的极大愤恨和对改革的迫切要求，同人民解放军并肩战斗，迅速平息了叛乱。叛乱的平息，使西藏的形势和阶级力量对比发生了重大的变化，加速了民主改革的进程。

1959年下半年，西藏进行了伟大的民主改革。这场改革，废除了封建农奴制度，西藏人民翻身解放当家做了主人。民主改革调动了广大农牧民群众的生产积极性，解放了生产力。

民主改革完成之后，根据西藏当时经济文化落后的情况，毛主席提出西藏农牧民个体所有制要稳定一个时期。为此，中央讨论了西藏工作，明确提出了西藏要保持稳定的方针。在这一方针的指引下，群众安居乐业，社会局势稳定，民族团结进一步增强，藏族人民更加热爱中国共产党，整个西藏的政治、经济、文化等各项事业开始蓬勃发展。

1965年9月，西藏自治区正式成立，西藏在中华民族大家庭中享有充分的自治权利，西藏的革命和建设事业发展到了又一个新的历史阶段。总之，西藏经过平息叛乱、民主改革和实行民族区域自治，政治、经济等各方面都取得了较好的成绩，人民的生活有了明显的改善。在此基础上实行了社会主义改造，把归个人所有的个体所有制变成了集体所有制，建立了以生产资料公有制和按劳分配为主体的社会主义经济制度。这是具有历史意义的深刻变革。当然，西藏的社会主义改造是在十年动乱期间进行的，由于受"左"的影响，我们在执行党的经济政策、民族政策、宗教政策、统战政策等方面，受过挫折、有过失误。但是，西藏社会主义制度本身的建立，并不是任何民族和外人强加给西藏的，而是西藏各族人民经过几十年的斗争、摸索、观察、比较以后选择的道路，是社会历史发展的必然。社会主义制度的建立，使西藏发生了翻天覆地的变化，开始显示了社会主义制度在西藏的强大生命力和光明前途。

然而一些别有用心的人，特别是顽固坚持分裂祖国、破坏民族团结的少数分裂主义分子，不顾客观事实，说什么西藏如果独立，不搞社会主义将发展更快。这在今天的西藏是根本行不通的。因为如果我们不坚持社会主义制度，而是退回那种私有制社会，包括封建农奴制社会、资本主义社会，就必然要放弃生产资料公有制。现在我们允许一部分人先富裕起来，这是在坚持公有制为主体的前提下。社会主义的本质特征就是全体人民走共同富裕的道路，特别是西藏这种经济、科技、文化都非常落后的地区，一旦放弃社会主义，就只能陷入分裂、动荡的局面。那种既不想走社会主义道路，又想让全体人民共同富裕起来的想法，在任何私有制社会里都是做不到的，是被历史发展的事实所证明的。此外，我们有一些同志认为在西藏建设社会主义是"超越历史"。这是无视现实的错误论调。列宁指出："一切民族都将走到社会主义，这是不可避免的，但是一切民族的走法却不完全一样，在民主的这种或那种形式上，在无产阶级专政的这种或那种类型上，在社会生活各方面的社会主义改造的速度上，每个民族都会有自己的特点。"[1] 西藏各族人民经过几十年的社会主义革命和建设实践，深深地体会到只有社会主义才能救西藏，只有社会主义才是一条通向光明和幸福的必由之路。

---

[1] 《列宁全集》第23卷，人民出版社1958年版，第64—65页。

二　充分认识社会主义制度的优越性

1957年，周恩来同志在青岛民族工作座谈会上的讲话中指出："我们这个多民族的大家庭要建设成为一个强大的社会主义国家，必须在民族繁荣的基础上前进。在社会主义制度下能够有民族繁荣，所以，社会主义比资本主义优越，比封建主义更优越。"① 社会主义制度的本质特征，决定了社会主义制度具有无比的优越性，它是目前为止人类历史上最合理、最先进的社会制度。我们的一切革命和建设事业都是为了促进各民族的共同发展、共同繁荣。只有在社会主义条件下，各民族的共同繁荣才能得到实现。

西藏社会主义经济制度的建立，消灭了封建农奴主生产资料私有制，实现了广大人民在社会或集体范围内对生产资料的平等关系。从根本上消除了剥削阶级赖以存在的经济基础，劳动人民不再受剥削、压迫，确立了各尽所能、按劳分配的原则，广大劳动者所生产的产品以各种形式归劳动者所有。这样做的结果就是，充分调动了群众的积极性和创造热情，为西藏各民族的发展开辟了光明的道路。列宁指出："他们千百年来都是为别人劳动，为剥削者做苦工，现在第一次有了可能为自己工作了，而且是利用一切最新的技术文化成果来工作的。"② 西藏社会主义政治制度的建立，使平等、团结、互助的社会主义民族关系代替了封建农奴主阶级的专政，广大藏族人民享有广泛的民主，享有当家做主的权力。尽管一段时间内，对民主政治建设有所忽视，甚至出现过严重的失误，但是，劳动人民当家做主的权力和地位从来没有动摇过。在思想建设方面，以马克思主义为指导的社会主义精神文明，使人们在根本利益一致的基础上，形成共同的理想、共同的道德、共同的纪律，建立起各兄弟民族之间互相学习、互相帮助、取长补短，共同为社会主义和共产主义奋斗的新型民族关系。

西藏和平解放以来，特别是在社会主义建设期间，虽然受"左"的影响，我们在工作中经历过挫折，走过弯路，但是在党的领导下，各民族

---

① 《周恩来选集》下卷，人民出版社1984年版，第261页。
② 《列宁选集》第3卷，人民出版社1995年版，第339页。

团结一致艰苦奋斗，克服重重困难，坚定不移地走社会主义道路，使西藏出现了百业俱兴、政通人和、人民安居乐业的繁荣昌盛局面。

——1990年同1952年相比，全区粮食总产量由原来的3.1亿斤增加到11.1亿斤，牲畜存栏数由原来的974万头（只）增加到2300万头（只），农牧业总产值由原来的1.8亿元增加到7.89亿元，农牧民人均纯收入超过400元，人均占有粮食比新中国成立前增加了1倍。

——和平解放前，西藏基本上没有现代化工业，民族手工业也比较落后。新中国成立后在党中央的关怀和全国其他兄弟省市自治区的大力帮助下，西藏的工业从无到有，从小到大，逐步发展起来。1990年与1965年相比，工业生产总值由170万元增加到2.35亿元，增长了138倍。民族手工业也有了飞速的发展，所生产的产品受到区内外各族人民的欢迎，有的还享有一定的国内、国际声誉。

——西藏的交通运输过去全靠人背畜驮，交通极端闭塞。新中国成立后，驻藏人民解放军和西藏各族人民响应党中央的号召，在"世界屋脊"上修建了举世闻名的川藏、青藏、新藏和中尼公路。公路总通车里程已达1695公里，自治区98.9%的县和77%的乡通了公路，以拉萨为中心的全区公路网已初步建成。航空运输业从无到有发展起来，先后开通了拉萨至成都、上海、北京、广州、西安、兰州等国内航线及拉萨至加德满都的国际航线。

——西藏的邮电事业随着交通事业和其他各项建设事业的发展，也有了很大的发展。现在全区已有邮电局、所120处，形成了以拉萨为中心，具有无线、有线、陆路、航空等多种通信手段，连接区内外的邮电通讯网。

——在党和政府的大力帮助和全区人民的共同努力下，西藏的教育事业也有了较大的发展，逐步建立幼儿教育、小学教育、中学教育、中高等教育等具有西藏特色的社会主义民族教育体系，全区各族人民充分享受到了受教育的权利。

同时，西藏的科技文化、新闻出版、卫生体育和商业旅游等各项事业也都取得了显著的成就，这是有目共睹的事实。西藏建设社会主义的历史在人类发展史上只是短暂的一瞬，然而它使西藏从封建农奴制的旧西藏变成了繁荣昌盛的新西藏。只有社会主义才能救西藏，只有社会主义才能发展西藏，这是人民的心声、历史的结论。虽然在这当中，由于"左"的影响，我们在工作中遇到过挫折，走过弯路，影响了西藏各项建设事业的发展，也影响了社会主义制度优越性的发挥。但是，对这一段历史，我们应该实事求是地看待。1989年1月28日，班禅大师在班禅东陵扎什南捷开光典礼上的讲话中指出："在西藏和其他藏区发生的此类问题，并不是单纯针对我们的孤立事件，从全国来看，从其他各民族地区来看，'文化大革命'，是包括汉族在内的全国五十六个民族共同的一场灾难，不能说'文化大革命'的破坏是专门针对藏族或西藏的，更不能说是汉人消灭藏人的文化。"今后我们要认真总结以往的经验教训，进一步完善社会主义制度，社会主义制度的优越性就会越来越充分地体现出来。

三　坚定不移地走社会主义道路

近年来，我们的一些同志，对社会主义制度的优越性缺乏正确的认识，看不到广大群众每天所经历的看得见摸得着的许多事实证明了社会主义制度的优越性，而总认为社会主义社会不如资本主义社会，把社会主义在实践中的一些失误和偏差看成社会主义制度本身缺乏优越性。因而讲坚持社会主义道路时，似乎理不直、气不壮。

马克思主义认为，任何事物都不可能是完美无缺的、孤立的、静止不动的。那种认为社会主义制度必须是十全十美的，在前进的道路中不允许出现任何挫折和失误的想法是错误的。要比较资本主义社会、封建农奴社会、社会主义社会，归根结底谁优谁劣，主要看哪种社会制度的生产关系更适应生产力发展的要求，能更快地促进生产力的发展。如果一种制度客观上已彻底失去了优越性，那么再人为的努力也是不行的；如果有了好的制度，但不会运用，应有的优越性也同样发挥不出来。西藏在社会主义实践中，尽管有过失误，但是，从总体上看，社会主义实践的结果，促进了西藏生产的发展，社会主义的优越性是在客观现实中显现出来的，这是实践所证明的客观事实，也是经得起实践检验的。

在当前，我们必须从理论上搞清楚社会主义制度在客观上是否具有优越性和优越性是否发挥出来的问题。如果搞不清楚这个问题，把两者不加分析地混为一谈，不但在理论上是错误的，在实践中也是有害的。西藏的社会主义建设，尽管起点较低、基础较差，而且时间也不长，但是在政治、经济、文化、科学、教育等各项事业的发展上却有了一个比较快的速度。这是社会主义制度优越性的体现，显示了社会主义制度的强大生命力。毛泽东同志指出："所谓社会主义生产关系比较旧时代生产关系更能够适合生产力发展的性质，就是指能容许生产力以旧社会所没有的速度迅速发展，因而生产不断扩大，因而使人民不断增长的需要能够逐步得到满足的这样一种情况。"① 但是，西藏社会主义制度优越性的发挥，还只是初步的、社会主义客观的发展，表现为一个从萌芽到成长、从不完善到完善、从不发达到发达、从低级到高级的过程。特别是西藏的社会主义还处于初级阶段，这种初级阶段的发展程度比全国其他省区还低一些，还差一些。这就不可避免地带有旧社会遗留下来的某些痕迹，就还会在某些具体制度和环节上存在不完善的地方，这些都影响着社会主义制度优越性的发挥。同时，由于建设社会主义的经验不足，曾经不顾西藏的实际情况，照搬照套外地的经验，片面追求"一大二公"，搞平均主义，瞎指挥，使经济发展遭受损失，严重束缚和挫伤了广大群众的积极性。这些问题的存在，并不是社会主义制度本身造成的，而是由历史的原因和我们工作中的失误所造成的。

党的十一届三中全会以后，特别是中央对西藏工作的几次座谈会议召开以后，西藏各族人民认真贯彻落实三中全会以来新确定的各项方针、政策，从西藏的实际出发，以经济建设为中心，坚持四项基本原则，坚持改革开放，不断提高西藏各族人民的物质生活水平和科学文化水平，促进了西藏生产力的发展，促进了西藏经济建设的发展。但是，在这几年的改革开放和经济建设中仍然出现了一些问题，这既有历史的原因，又有我们工作中的失误。这说明我们对社会主义的特点和规律还没有完全认识和把握。因此，我们不能不加分析地把失误和问题全归结为社会主义制度本身，也不能因为社会主义制度的优越性还未充分发挥出来，就贬低和否认社会主义制度。

早在1957年毛泽东就指出："社会主义生产关系已经建立起来，它是和生产力的发展相适应的；但是，它又还很不完善，这些不完善的方面和生产力的发展又是相矛盾的。除了生产关系和生产力发展的这种又相适应

---

① 《毛泽东著作选读本》下册，人民出版社1986年版，第767页。

又相矛盾的情况以外，还有上层建筑和经济基础的又相适应又相矛盾的情况。"① 社会主义制度不会束缚和破坏生产力，不适合生产力发展要求的只是生产关系和上层建筑领域的某些具体制度、具体表现形式和环节。我们必须坚持改革开放，因为改革开放是社会主义制度的自我完善和发展。而改革开放，必须是而且只能是坚持四项基本原则的改革开放，必须是坚持社会主义原则和总方向的改革开放。特别是在当前，东欧政局发生剧变，社会主义遇到困难和曲折的关键时刻，我们应擦亮眼睛，保持清醒头脑，坚定不移地站在四项基本原则的立场上，划清两种主张改革的界限，克服前进中的困难和不利因素，使社会主义制度的优越性充分发挥，使社会主义制度逐步成熟起来，推动和发展社会主义的新型民族关系，加强各民族之间的团结，坚定社会主义信念，坚定不移地走社会主义道路。

（1991年西藏自治区党委宣传部纪念中国共产党成立
七十周年学术讨论会论文）

---

① 《毛泽东选集》第5卷，人民出版社1977年第1版，第374页。

在新形势下更需要坚持
实事求是的思想路线

中国共产党自成立之日起，就把马列主义的普遍原理与中国革命和建设的具体实际相结合，逐步形成了以实事求是为根本的党的思想路线。党对社会主义建设事业的领导，从根本意义上说，依靠党的思想路线的正确。无论在民主革命时期，还是在社会主义革命和建设时期，只要我们在实践中坚持和贯彻实事求是的思想路线，坚决反对一种倾向掩盖另一种倾向，从一个极端走向另一个极端的形而上学的片面性，革命和建设事业就能兴旺发达，就能取得胜利，如果我们偏离了实事求是的思想路线，主观主义和形而上学的片面性就会抬头，认识就容易产生偏差，工作就会失误和遭受挫折。党的十一届三中全会以后，以邓小平同志为核心的党中央恢复和确立了实事求是的思想路线，即一切从实际出发，实事求是，理论联系实际，在实践中检验真理和发展真理。这条路线的核心是实事求是。

1985年，根据自治区党委常委扩大会议精神，自治区党委倡导并领导了"一切从西藏实际出发"的大讨论。这场讨论围绕我区社会主义物质文明和精神文明建设，从理论与实践的结合上，从不同的侧面和方面研究探讨了各自的观点。这场讨论是一次主动而又深刻的对党的实事求是思想路线的学习和实践。它对于清除"左"的影响，正确地认识西藏，坚持从西藏实际出发，进一步全面贯彻落实党在西藏的各项方针政策，搞好西藏各项工作，都起到了较好的作用。近几年来，我区的政治、经济、科学、文化等各项事业都取得了可喜的成绩，西藏的社会生产力也取得了很大发展，人民群众的生活得到了改善。这些都是我们认真贯彻执行党在西藏的各项方针政策，坚持实事求是，一切从西藏实际出发的结果。

但是，事物总是在不断发展和变化的，我们对西藏的许多特殊性的认识还有待进一步深化和提高，特别是在当前国际形势风云变幻，一些社会主义国家的制度在动摇,以至演变崩溃的情况下。我们面临建设具有中国特色的社会主义的艰巨任务,新情况、新问题、新矛盾将不断地摆到我们共产党人的面前,这更需要我们依据马克思主义的立场、观点和方法,深刻总结历史经验,对解决当前所面临的种种重大问题,作出正确的分析和解释。然而,我们在实践中要做到这一点也很不容易。这一方面要有扎实的马克思主义理论基础,要有敏锐的识别能力和防御能力;另一方面要有敢于坚持实事求是思想路线的决心,要有勇于解剖自己的彻底的唯物主义精神。我们无论制定长远的战略规划,还是实施短期的工作安排,无论在工作中取得突出成绩,还是出现令人难以预料的失误,都要坚持实事求是的思想路线,以实事求是作为我们工作的思想基础和认识前提。决不能在工作中出现合我意的就执行,不合我意就不执行,也不能只说成绩、不说缺点,更不能采取上有政策、下有对策,阳奉阴违的做法。如果我们把实事求是的思想路线只当作口头语在各种会议上大讲特讲,在文件中大写特写,而实际工作中却不能按讲话和文件精神去做,那么主观主义和形而上学的片面性就会有可乘之机,就会出现欺上瞒下,弄虚作假,急于求成,单凭主观愿望办事的可能,就会出现我们的规划不科学、措施脱离客观实际的现象。因此,在当前新的历史条件下,我们更需要在实践中坚持和贯彻实事求是的思想路线。

第一,只有进一步加强马列主义理论的学习和修养,才能更好地坚持和贯彻实事求是的思想路线。马列主义、毛泽东思想是我们党进行社会主义革命和建设的指导思想,是我们工作的行动指南。江泽民总书记在"七一"讲话中指出:"只有大力提高全党的马列主义理论水平,才能在错综复杂的矛盾和斗争中驾驭全局,掌握主动权;才能更好地坚持实事求是的思想路线,避免犯'左'的或'右'的错误;才能不断总结群众创造的新经验,作出新的理论概括,把现代化建设和改革开放胜利地推向前进。"[①] 面对当前复杂的国际形势和繁重的建设任务,我们要认真组织各级干部学习和掌握马列主义、毛泽东思想,不断提高他们的理论素质,在错综复杂的斗争中站稳立场,明辨是非,增强工作的原则性、系统性、预见性、科学性和创造性,更加自觉地坚持党的一切从实际出发的实事求是

---

① 江泽民:《当代中国共产党人的庄严使命》(1991年7月1日),《江泽民文选》第1卷,人民出版社2006年第1版。

的思想路线，全面贯彻落实党的各项方针、政策。只有这样，才能不被一时一事的现象所迷惑，才能不被社会主义因暂时遇到的挫折而动摇立场，才能不犯或少犯"左"的或"右"的错误，不断探索和解决改革开放和经济建设中的新情况、新矛盾，促进各项事业的顺利发展。

第二，要增强为人民服务的意识。全心全意为人民服务是我们党的一贯立场和根本宗旨，也是共产党人崇高的思想品质和必须履行的天职。毛泽东同志指出："紧紧地和中国人民站在一起，全心全意为人民服务，这是我们党的唯一宗旨。"[①] "全心全意为人民服务，一刻也不能脱离群众，一切从人民的利益出发，而不是从个人或小集团的利益出发，向人民负责和向党的领导机关负责的一致性，这些就是我们的出发点。"[②] 没有正确的出发点，就不可能有正确的思想方法，一切要名誉、地位，追权逐利的个人主义者，都不可能按照科学态度办事，都不可能做老实人，说老实话，办老实事。这些年来，我们的一些党员干部用人民赋予的权力，以权谋私，损公肥私，严重脱离群众，忘记和丢掉甚至背弃了党的根本宗旨。现在我们党取得执政地位以后，一方面为全体共产党员全心全意为人民服务开拓了广阔的领域，提供了条件和方便，另一方面也容易使一些党员，特别是领导干部淡化为人民服务的意识，增加脱离群众，甚至腐化变质的危险。因此，对全体共产党员来说，要树立全心全意为人民服务的思想，特别要提倡和发扬先人后己、廉洁奉公、无私奉献的精神。只有这样，才能一切从人民的利益出发，对人民负责，才能在自己的本职岗位上实事求是，从实际出发，坚持真理，修正错误，以自己的艰苦劳动和积极工作为两个文明建设多作贡献。

第三，要坚持实事求是的思想路线，就要注重调查研究，调查研究是从实际出发的基础，是我们克服主观性和片面性的最有效方法。要从实际出发，首先必须了解实际，只有对实际情况进行周密系统地调查研究，才能在实际工作中有效地克服主观主义和片面性，把理论同实际结合起来，把上级的指示同本地、本部门的实际结合起来，才能切实地坚持和贯彻实事求是的思想路线，促进各项事业顺利发展。这些年来，我国的经济建设和改革开放都取得了举世公认的成就，这同深入调查研究，坚持实事求是

---

① 《毛泽东选集》第 3 卷，人民出版社 1991 年版，第 1039 页。
② 同上书，第 1094—1095 页。

分不开的；而发生失误和挫折也都是由于没有深入细致地调查研究，主观脱离客观所造成的。随着改革开放的不断深入，经济的不断发展，人们的精神状态、生活方式都发生了较大的变化，新的情况、新的矛盾层出不穷。这时候，如果我们忽视调查研究，就不能很好地坚持实事求是的思想路线，就会产生偏听偏信，只看到现象，看不到本质，片面地对待事物的做法，这无疑会造成工作损失。调查研究、了解情况，是每一个党的干部必备的基本功，而调查研究要真正有成效，就必须坚持虚心向人民群众学习，虚心听取他们的意见，即使是不对的，但只要是善意的，也要认真听取，并耐心做解释，同时要实事求是地将情况反映给上级，以保证党的各项方针政策的科学正确，顺民心、合民意。

总之，在当前我们面临复杂的形势和繁重的国内建设任务的时候，要认真学习马列主义、毛泽东思想，努力增强为人民服务的意识，加强调查研究，使我们每一个党的干部逐步形成从实际出发、实事求是的品格、意志和能力，保证经济建设和改革开放的顺利发展。

（1992年1月20日讲稿）

把率先全面建设小康社会作为深入贯彻
十六大精神的切入点

党的十六大全面分析了 21 世纪初我们党和国家面临的新形势、新任务，科学地总结了改革开放以来特别是十三届四中全会以来，党领导人民建设有中国特色社会主义的基本经验，把"三个代表"重要思想与马克思列宁主义、毛泽东思想、邓小平理论一道确立为党的指导思想，深刻指出了 21 世纪是我们必须紧紧抓住并且可以大有作为的重要战略时期，明确了全面建设小康社会的奋斗目标，深刻回答了党和国家长远发展的一系列重大问题，对建设有中国特色社会主义的经济、政治、文化和党的建设等各项工作做出了全面部署。十六大对我们党和国家事业的发展具有重大而深远的意义。

深入贯彻十六大精神，就是要紧密结合西藏和林芝地区的实际，把林芝在全区率先实现全面建设小康社会作为切入点，进一步统一思想，提高认识，全面贯彻中央第三、第四次西藏工作座谈会和自治区第六次党代会精神，深刻认识和把握党的基本经验，始终坚持"一个中心、两件大事、三个确保"的新时期西藏工作指导方针不动摇，努力实现"一加强、两促进"的三大历史任务；始终坚持解放思想、实事求是、与时俱进的思想路线不动摇，进一步解放思想、更新观念，打破思想束缚，打破照抄照搬，打破消极等待，不断增强工作的主动性和创造性；始终坚持以经济建设为中心，把发展作为第一要务，作为解决一切问题的关键，克服各种困难，排除各种干扰，聚精会神搞建设，一心一意谋发展，不断增强发展林芝、造福林芝人民的责任感、使命感；始终坚持稳定压倒一切的思想，坚持"旗帜鲜明、针锋相对、主动治理、强基固本"的反分裂斗争方针，切实做好维护稳定的各项工作，不断巩固和发展安定团结的大好局面；始终坚持党要管党、从严治党，不断提高领导水平和执政水平，提高防腐拒变和抵御风险的能力，增强党的凝聚力和战斗力，增强机遇意识和紧迫感，加快发展速度，提高发展质量。

思路决定出路。率先全面建设小康社会就是要找准具有时代特征、符合经济规律、体现特色的发展新路子，着眼于新的发展，着眼于新的实践，立足大局看问题，从长远谋思路，努力使各方面工作有所创新、有所开拓、有所突破，走出一条具有林芝特色的跨越式发展新路子，在全区率先实现全面建设小康社会的奋斗目标。

一　狠抓经济工作，增加农牧民收入，加快跨越式发展的步伐

全面建设小康社会，最根本的是以经济建设为中心，不断解放和发展生产力，最关键的是实现生产总值的大幅跃升，增强区域经济实力。

（一）大力发展特色高效农牧业，实现农牧区经济新突破

没有农牧业和农牧区经济的跨越式发展，就没有全地区的经济跨越式发展；没有农牧民的小康，就没有全地区的小康。因此，全面建设小康社会，必须高度重视并切实解决好农牧业、农牧区和农牧民问题，把增加农牧民收入放在首位。

首先，必须稳步推进农牧业结构战略性调整。坚持以增加农牧民收入为重点，积极推进农牧业结构战略性调整，大力发展食用菌、人参果、手掌参、圣茶、苹果、桃、梨等绿色食品，以及日光大棚蔬菜、地膜玉米，藏猪、藏鸡生产等特色高效农牧业。同时，按照"围绕增收调结构，突出特色闯市场，依靠科技增效益"原则，面向市场，突出重点，合理规划特色农畜产品生产区域，扩大经济林木、药材、蔬菜等的种植面积，加大开发力度。扩大以藏猪、藏鸡为主的养殖业规模，加快建设具有区域经济特色的农牧业主导产业和农产品生产基地，力争形成特色品牌。加强农牧科研，加强与西藏农牧学院的合作，大力推广实用技术，改良农畜品种，提高品质和产量，逐步扩大特色高效农畜产品在市场中的占有额。加大政策扶持力度，重点扶持一批成长性能好、品牌优势突出的农牧业产业化龙头企业，走规模化生产、产业化带动的发展路子，形成一批绿色、环保、无公害的名牌农畜产品，带动农牧业产业结构的调整，增加农牧民

收入。

其次，大力发展多种经营和乡镇企业。依托丰富的自然资源，以林下产品为主导，特别是对蕴藏着巨大商机和价值的松茸、羊肚菌、天麻等珍稀野生食用菌进行开发。立足资源优势，在有计划采集的基础上，大力发展以松茸保鲜加工、果脯生产、虫草胶囊等具有特色的绿色食品加工业和以藏猪、藏鸡为重点的畜牧产品加工业，培植和发展一批资源开发型乡镇企业，积极推进采集、加工、包装、销售一体化经营，不断开拓市场，促进农畜产品的转化增值，把资源优势变为经济优势，确保农牧民收入持续稳定增长。积极发展家庭副业和庭院经济，实行"农、林、牧、副、渔"并举，以"四小"建设，推动农牧业全面发展，即：小菜园、小果园、小鱼池、小禽场建设，鼓励农牧民利用优越的自然条件，发展立体庭院经济，在房前屋后栽种苹果、花椒、桃、梨、葡萄等经济林木，在院内发展花卉、盆景、蔬菜，辅以家禽、家畜养殖，拓宽群众增收渠道。

最后，积极开展劳务输出。紧紧抓住西部大开发和全国支援西藏的历史机遇，抓住国家进一步加大基础设施建设投入的机遇，把开展劳务输出作为增加农牧民现金收入的重要途径，加强组织领导。在保证工程质量、进度的前提下，尽可能吸纳当地农牧民参与工程项目建设。对适合农牧民参加的工程项目，如农田水利基础设施建设、乡村公路建设等工程，尽量组织当地群众进行建设。进一步拓宽劳务输出渠道，引导农牧民群众参与工程项目建设，同时，因地制宜，发展以餐饮、娱乐、农机修理、手工艺品制作、农产品交流等为主要内容的第三产业，鼓励和引导群众开展多形式、多渠道的劳务输出活动。政府部门进一步转变工作职能，变被动管理为主动服务，积极做好劳务输出的宣传、信息和职业技术培训等工作，为群众进行劳务输出提供必要的条件和技术帮助。

（二）做大做强旅游和藏药特色产业，积极培植新的经济增长点

发展特色经济，关键是在"特色"上下功夫。所谓特色，就是人无我有、人有我精。特色经济是以特色资源为依托的。林芝资源多、资源好、资源独特，发展特色经济得天独厚，特别是有着丰富而独特的旅游、藏医药资源，这也是发展特色经济的突破口。要进一步解决怎样把这两个产业做大做强，把好资源变成好产品，把资源优势变成经济优势的问题，使之成为新的经济增长点和支柱产业，不断促进经济总量的扩张和质量的提高。

林芝旅游资源丰富，有雅鲁藏布大峡谷、国家森林公园等一大批品位高、密度大，在国内外享有较高知名度的旅游资源。当前，重点是要加大对旅游业发展的引导、扶持力度，加快以"吃住行游购娱"等旅游要素为主体的基础设施建设步伐。积极培育和发展中小型旅游企业，鼓励各种所有制形式的企业参与旅游开发。进一步完善旅游区域结构布局，积极主动地开发和挖掘具有表现民族特色和体现个性的景区（景点），不断丰富景区（景点）的民族文化内涵，创建旅游精品品牌。立足于区内，兼顾区外，规范旅游业管理，不断加大旅游宣传促销力度，提高各旅游景点的知名度。要发展旅游业、吃旅游饭，就必须加强对旅游专业人才队伍的培养，提高旅游从业人员的服务水平，吸引更多国内外游客来观光旅游。在发展旅游的同时，必须积极开发旅游新产品，争创品牌，推动旅游业向更高层次发展。积极为农牧民开展旅游服务提供政策、技术和管理等方面的服务，鼓励和引导农牧民通过兴办家庭旅行社、民族手工艺品制作、旅游纪念品推销等方式，广泛参与旅游，吃上"旅游饭"，从旅游业发展中受益，增加经济收入。

藏医、藏药是藏文化的重要组成部分。随着藏医药的独特疗效越来越被国内外所认识，藏医药在我区得到了迅猛发展，一个支柱产业的雏形正在形成。林芝藏药材品种比较齐全、资源十分丰富，这是发展藏药业的有利条件，奇正藏药的迅速崛起就是例证。在推动藏药业发展的过程中，我们要做到：第一，要加强对主要藏药材人工栽培技术的研究和推广工作，建立藏药材生产基地，为扩大藏药业规模提供有力的资源保障。第二，要建立与藏药业发展相适应的药材、药品市场，形成规范有序的市场体系。特别是要改变目前藏药材采集、收购、加工、储运和销售各个环节上分散经营的状况，实现规模经营。第三，要扩大藏药生产，提高竞争力，满足市场需求。把藏药材变成藏药，增加附加值，将藏药材资源优势转化为产品优势和经济优势。同时，加大科研开发力度，改变藏药"黑丸子"的老面孔，推出适应市场需要、符合人们用药习惯的藏药新品种、新剂型。第四，积极引进资金、技术和管理经验，加速藏药业发展，支持和鼓励国内外有实力的企业参与藏药业发展。第五，将发展藏药业与增加农牧民收入结合起来，采取公司加农户的方式，把农牧民群众组织起来，通过参与药材采集、栽培，增加农牧民收入。

正确处理发展与保护的关系，坚持开发与保护并重，切实加强生态环境保护工作。绝不能只顾眼前和局部利益，而以牺牲生态环境和破坏资源为代价。要本着对国家、民族的整体和长远利益负责，对子孙后代负责的态度，牢固树立"生态立地、生态兴地、生态强地"的思想，严格落实生态环境保护基本国策和可持续发展战略，在全林芝地区形成人人爱护环境、保护生态的良好氛围，避免走"先污染、后治理""先破坏、后恢复"的弯路，使丰富的自然资源能在有效保护的前提下，支撑经济社会的持续、稳定、健康发展。

（三）加快小城镇建设和基础设施建设，不断增强经济发展的后劲

推进小城镇建设，是全面繁荣农牧区经济、促进城乡经济协调发展、加快全面建设小康社会的客观要求。发展小城镇，要切实加强配套设施建设，着力在完善功能、提高品位、促进繁荣上下功夫，加强城镇管理，以绿色环保、整洁卫生、文明有序的形象，发挥城镇带动和辐射的巨大作用。对于小城镇基础设施建设要进行统一规划，体现特色，注重质量，逐步完善，科学规划，严格审批。要把发展的重点放到县城和部分条件好、发展潜力大的乡镇，使之尽快完善功能、增强实力，发挥农牧区地域经济文化中心的作用。引导乡镇企业合理集聚、完善农牧区市场体系、发展农牧业产业化经营和社会化服务，立足资源优势，以产业化为依托，大力发展特色经济，吸引乡镇企业和村办企业逐步向小城镇合理集聚，逐步扩大产业规模。要丰富小城镇的内容，大力发展农畜产品加工业，培育龙头企业，形成农畜产品生产、加工、销售基地。同时，进一步加强小城镇交通、通信、供水和供电等基础设施建设，不断壮大小城镇的经济实力。

逐步完善小城镇的投资、用地、户籍、建房、发展第二、第三产业等相关政策，大力扶持小城镇发展。拓宽小城镇投资渠道，吸引民间资金投入基础设施建设。吸引企业、外来商户、农牧民群众以多种方式参与小城镇建设和经营，发展小城镇的各项公益事业。在保护耕地和农牧民合法权益的情况下，妥善解决城镇建设用地问题。改革小城镇户籍管理制度，吸引农牧民和外来商户进镇居住。进城镇落户的农牧民允许保留土地、牲畜承包经营权，可以依法转让承包土地的使用权。消除不利于小城镇发展的政策障碍，取消一切不合理限制，引导农牧区劳动力合理流动。

继续突出以"交通、水利、能源、通信"为重点的基础设施建设。交通建设按照"两横、四纵"的规划要求，加快318国道整治延伸、林芝机场建设。不断增加公路里程、提高公路等级、提高通过能力、增强防

抗灾能力，最终形成以川藏公路、林邛公路、墨脱公路为骨架的公路网和航空运输，实现四通八达。能源建设以大电源、大电网为重点，逐步提高通电率，实现村村通电。水利建设在抓好农牧区水电站建设、农网改造的同时，突出抓好人畜饮水、农田灌溉主渠道、江河防洪堤工程等，努力提高农牧区劳动生产率和改善人居环境。通信建设在提高城镇计算机网络普及水平的基础上，积极普及农村电话，进一步提高农村电话普及率。

（四）抓紧改革创新和扩大开放，为发展营造创业动力和氛围

党的十六大报告强调，发展必须坚持和深化改革，一切妨碍发展的思想观念都要坚决冲破，一切束缚发展的做法和规定都要坚决改变，一切影响发展的体制弊端都要坚决革除。改革是加快发展的动力。认真贯彻十六大精神，充分发挥外经贸在发展特色经济、开拓市场中的重要作用。积极为民营企业的创业人员和技术人员、个体户、私营企业主、中介组织的从业人员、自由职业人员等社会阶层，营造有利于创新和创业的政策环境和服务环境，形成有利于民营个体经济发展的创业环境、创业机制和创业氛围，最大限度地激励他们的创业热情，形成加快发展的合力，不断加快富民强地和全面建设小康社会的进程。

（五）继续做好对口支援工作，不断为经济社会跨越式发展注入新的活力

中央第四次西藏工作座谈会以后，援藏工作朝着更深、更广的方向发展。在认真总结对口支援工作成绩和经验的基础上，不断拓宽对口支援渠道，丰富和发展对口支援的形式和内容，增强对口支援工作的实效。对援藏干部做到政治上信任，工作上支持，生活上关心，充分调动他们的积极性、创造性，充分发挥援藏干部传经送宝和沟通联系的桥梁纽带作用，让他们在藏工作期间心情舒畅、有职有责、大胆工作，为发展和稳定做出更大的贡献。同时，经常向援助单位请示汇报工作，管好、用好每一笔援藏资金，建设好每一个援藏项目，争取援助单位对西藏工作给予更多的理解和更大的支持，做到让援助单位放心，让人民群众满意。

（六）搞好规划，分步实施，率先全面建设小康社会

江泽民同志在党的十六大报告中指出："我们要在本世纪头20年，集中力量，全面建设惠及十几亿人口的更高水平的小康社会，使经济更加发展、民主更加健全、科教更加进步、文化更加繁荣、社会更加和谐、人

民生活更加殷实。"① 全面建设小康社会，必须是经济、政治、文化的全面发展，最根本的是坚持以经济建设为中心，不断解放和发展社会生产力。只有经济发展了，小康社会才会有强大的物质基础，人民才能够安居乐业。坚持以改革开放为动力，以结构调整为主线，大力推进经济的创新发展。同时，在发展经济的基础上，努力推进政治、文化、社会和人的全面发展。进一步健全基层自治组织和民主管理制度，扩大基层民主，推进依法治地、治县，巩固和发展民主团结、生动活泼、安定和谐的政治局面。坚持把基础教育放在优先发展的战略地位，巩固"普六"和扫盲成果，全面开展"普九"；大力发展成人教育和职业教育。深入推进农村医疗制度改革，提高农牧民初级保健水平，积极防治地方病和传染病，不断提高人民群众的健康水平。从建设小康村、乡、镇工程起步，因地制宜，做好规划，分段实施，抓好试点，稳步推进通过小康村、小康乡、小康镇的建设，全面促进农牧区经济社会的发展。

二 做好维护稳定的各项工作，巩固和发展安定团结的大好局面

在全面建设小康社会的进程中，必须倍加顾全大局，倍加珍视团结，倍加维护稳定，以高度的政治责任感，做好维护稳定的各项工作。全面小康社会是一个系统工程，涉及方方面面，维护社会局势稳定是其中的一个重要内容。为此，我们必须继续深入揭批达赖喇嘛政治上的反动性和宗教上的虚伪性、坚决清除达赖集团的反动影响，进一步肃清达赖集团祸藏乱教在人民群众思想上造成的混乱，削弱直至铲除达赖集团的思想和社会基础。积极做好宗教工作。认真贯彻落实全国和全区宗教工作会议精神，全面贯彻党的宗教政策，按照"划清两个界限，尽到一个责任"的政策原则和工作要求，继续开展寺庙爱国主义教育和法制宣传教育，依法管理宗教事务，依法管理寺庙，积极引导宗教与社会主义社会相适应。切实加强社会治安综合治理，坚持"打防结合、预防为主"的方针，深入开展

---

① 江泽民：《全面建设小康社会，开创中国特色社会主义事业新局面》（2002年11月8日），《江泽民文选》第3卷，人民出版社2006年第1版。

"严打"整治斗争，坚决依法打击严重刑事犯罪和经济犯罪等各类现行犯罪活动，维护社会治安秩序和市场经济秩序。大力加强社会治安综合治理，深入开展安全创建活动，积极探索"打、防、控"长效工作机制，预防、减少治安和刑事案件，消除各类安全隐患，避免重大事故发生，确保人民群众的生命财产安全。加强信访和人民内部矛盾纠纷排查调处，密切注视社会热点、难点问题，做好深入细致的思想工作，积极防范、妥善处理群体性事件，及时排解人民内部矛盾，维持人民群众正常的生产生活秩序，从困难群众最关心、反映最强烈的问题入手，多做暖人心、稳人心、聚人心的实事，充分调动一切积极因素，团结一切可以团结的力量，共同致力于实现我地区经济社会跨越式发展和长治久安、率先全面建设小康社会的伟大事业。

三 按照"三个代表"的要求，全面推进党的建设

按照"三个代表"要求，全面加强和改进党的建设，是21世纪初我区三大历史任务之一，是做好各项工作的根本保证。坚持把思想建设、组织建设和作风建设有机结合起来，从加强党的思想建设入手，用"三个代表"重要思想武装广大党员干部。把握主题、吃透精神、领会实质、明确目标，切实把思想认识统一到十六大精神上，统一到"三个代表"重要思想上，统一到全面建设小康社会的奋斗目标上。用十六大精神鼓舞斗志，凝聚力量，把广大干部群众的主动性、积极性、创造性充分发挥出来，以更加开明的思想观念，更加高效务实的做法，始终保持昂扬向上的精神状态，全力推进各项工作。

以乡镇政权建设为重点，大力加强基层组织建设，切实做到：乡镇建设到位、乡镇干部充实到位、思想建设到位、作风改进到位。同时，继续巩固农牧区"三个代表"重要思想学习教育活动的成果，探索让干部经常受教育、使群众长期得实惠的有效途径。切实转变作风，始终保持党同群众的血肉联系。把转变政府职能放在首位，按照"行为规范、运转协调、公正透明、廉洁高效"的总要求，在减少行政审批项目、简化行政审批手续、规范行政执法行为、整顿市场秩序、落实各项优惠政策等方面有所突破，改善投资软环境。按照"八个坚持、八个反对"的要求，继

续保持谦虚谨慎、不骄不躁的作风，务必继续保持艰苦奋斗的作风，大力弘扬"老西藏精神"。进一步密切党群、干群关系，带头深入实际，深入基层，深入群众，调查研究，掌握真实情况，解决实际问题。坚持党要管党、从严治党的方针，加强领导干部廉洁自律工作。坚持标本兼治、综合治理的方针，加大治本力度。加强教育，发展民主，健全法制，强化监督，创新体制，把反腐败寓于各项重要政策之中，从源头上预防和解决腐败问题，为全面建设小康社会营造良好的社会环境。

（2003年2月11日讲稿）

进一步加强组织人事工作　为经济社会跨越式发展提供人才支撑

贯彻十六大会议精神，实现"一加强、两促进"历史任务需要组织人事部门在内的各级党组织的共同努力。经济发展得快与慢，社会局势稳定得好与不好，关键在党、关键在人。领导班子、干部队伍和基层组织建设得如何，组织人事部门担负着重要的政治责任。因此，必须认清党建工作的形势，找准组织人事工作在全地区工作中的位置，增强政治责任感和历史使命感，服务大局、围绕中心做好工作，为率先实现全面建设小康社会的奋斗目标，维护和促进改革发展稳定大局，提供坚强有力的组织保证和人才支撑，把组织人事工作提高到一个新的水平。

开拓创新，与时俱进，在十六大精神指引下，全面推进党的思想政治建设

党的十六大全面分析了新世纪、新阶段党和国家面临的新形势、新任务，科学地总结了改革开放以来，特别是十三届四中全会以来，党带领人民建设有中国特色的社会主义的基本经验，把"三个代表"重要思想和马克思列宁主义、毛泽东思想、邓小平理论一道确立为党的指导思想，十六大明确了全面建设小康社会的奋斗目标，对建设中国特色社会主义经济、政治、文化和党的建设等各项工作做出了全面部署。十六大明确提出，在21世纪头20年，全面建设惠及十几亿人口的更高水平的小康社会。要实现十六大确定的奋斗目标，关键在党。我们必须在十六大精神的指引下，全面推进党的思想政治建设。

全面推进党的思想政治建设，就是要深入贯彻落实十六大精神，用十

六大精神武装全地区广大党员干部的头脑，紧密结合西藏实际，进一步统一思想，提高认识，做到"六个必须"。这"六个必须"准确地体现了十六大精神，全面贯彻了"三个代表"重要思想，不仅为我们深入贯彻十六大精神，加强思想政治建设指明了方向，同时也为加强全地区党员干部的思想政治建设指明了方向。为此，我们必须在十六大精神的指引下，高举邓小平理论的旗帜，认真实践"三个代表"重要思想，不断提高广大党员干部的马克思主义理论水平，不断推进党的思想政治建设。

全面推进党的思想政治建设，就是要坚持新时期西藏工作指导思想不动摇，紧紧围绕中央第四次西藏工作座谈会确定的我区 21 世纪初"一加强、两促进"的历史任务和率先全面建设小康社会的奋斗目标，把各项工作不断推向前进；不断增强贯彻执行党的路线、方针、政策的坚定性、自觉性，努力把各级领导班子建设成为忠实实践"三个代表"重要思想，坚决贯彻党的基本理论、基本路线和基本纲领，坚定不移地开展反分裂斗争；使广大党员干部特别是领导干部成为勤奋学习、善于思考的典范，成为解放思想、与时俱进的典范，成为勇于实践、锐意创新的典范。

全面推进党的思想政治建设，就是要加强解放思想、实事求是、与时俱进的思想路线教育，教育广大党员干部尤其是领导干部争当解放思想、更新观念、实事求是、与时俱进、开拓创新的先锋。区党委六届四次全委（扩大）会议指出：由于自然、历史、社会等原因，西藏工作具有很大的特殊性，没有现成的经验可以照抄照搬，必须紧密结合实际，创造性地开展各项工作，用特殊的工作思路解决特殊的问题。结合林芝实际，就是要打破照抄照搬、消极等待，认真研究制定符合林芝实际，富有特色的经济社会发展思路，以对人民高度负责的态度和与时俱进的精神，不断增强工作的主动性和创造性。因此，我们必须按照这个要求，弘扬理论联系实际的学风，进一步解放思想、更新观念，切实做到"发展要有新思路，改革要有新突破，开放要有新局面，各项工作要有新举措"。

全面推进党的思想政治建设，就必须在党员干部中继续深入开展"四观""两论"教育，进一步坚定政治立场和务必保持清醒的政治头脑。要通过开展"四观""两论"教育，使广大党员干部尤其是领导干部善于用马克思主义理论的观点和方法，深刻认识达赖集团政治上的反动性和宗教上的虚伪性，保持清醒的政治头脑，坚定政治立场。深刻认识维护民族团结的极端重要性，坚持"三个离不开"的原则；深刻认识共产党员必须坚持和宣传唯物论和无神论的政治责任和党性要求。始终坚持党的宗旨教育，引导党员干部特别是领导干部树立马克思主义世界观、人生观和价值观，树立正确的权力观、地位观和利益观，始终牢记全心全意为人民服务的宗旨，始终把群众的利益放在第一位，自觉增强党性修养和党性锻炼。

立足当前，着眼长远，自觉加强领导班子建设，努力建设高素质的干部队伍

正确的政治路线要靠正确的组织来保证。领导班子建设是党的组织建设的一项核心任务，也是各级组织部门必须解决好的首要问题，应当摆在突出的位置认真抓好。在新形势下，我们肩负着推进经济社会跨越式发展和长治久安、全面建设小康社会的历史重任，为此，我们必须按照党的十六大精神的要求，建设政治坚定、朝气蓬勃、奋发有为、与时俱进的各级领导班子，建设一支能够适应改革发展稳定需要的高素质干部队伍，为完成率先全面建设小康社会的奋斗目标提供坚强的组织保证。

加强领导班子建设，必须要加强领导班子的政治建设。把政治建设放在加强领导班子建设的首位，使领导班子在政治上、思想上、行动上同以胡锦涛同志为总书记的党中央保持高度一致，自觉坚持党的基本理论、基本路线和基本纲领，全面贯彻"三个代表"重要思想，正确执行党的路线、方针和政策，并结合实际创造性地开展工作。坚持以经济建设为中心的政治路线不动摇，坚持"一个中心、两件大事、三个确保"的21世纪初西藏工作指导思想不动摇。

加强领导班子建设，必须有较强的领导水平和领导能力。胡锦涛同志指出："加强党的执政能力建设，提高党的领导水平和执政水平，是我们要集中力量认真解决的一个重大课题。"提高党的执政能力，关键在于提高领导班子的领导水平和工作水平。各级党委要改进领导方式和领导方法，协调各方，使各方面都能各司其职，各负其责，互相配合，形成合力。要增强执政意识，就必须全面正确地贯彻执行党的路线方针政策，进一步提高驾驭全局和处理各种复杂问题和矛盾的能力，不断提高科学判断形势和驾驭市场经济的能力，提高应对复杂局面、依法行政的能力和总揽

全局的能力。要善于适应新形势，学习新知识，研究新情况，解决新问题，在实践中不断增强领导才能。

加强领导班子建设，必须形成一个朝气蓬勃、奋发有为的坚强集体。要按照十六大的要求，坚持干部"四化"方针和"五湖四海""三个离不开"原则，以提高素质、优化结构、改进作风和增强团结为重点，努力把各级领导班子建设成为全面贯彻"三个代表"重要思想，坚持立党为公、执政为民、与时俱进、奋发有为，能够朝气蓬勃地带领全地区各族人民为实现跨越式发展、全面建设小康社会的目标而奋斗的坚强团结的领导集体。要紧紧围绕发展这个主题，抓住发展这个第一要务，聚精会神地提高建设，一心一意谋发展，以实实在在的政绩取信于民。

在加强领导班子建设的同时，还应当进一步加强全地区干部队伍建设。按照干部队伍"四化"方针，认真贯彻《党政领导干部选拔任用工作条例》，注重在改革和建设的实践中考察和识别干部，把德才兼备、成绩突出、群众公认的优秀干部及时选拔到领导岗位上来，加大年轻干部、民族干部、妇女干部和党外干部的培养力度，为长远发展培养和储备优秀人才。增强干部培训教育的紧迫感和责任感，通过各种方式和途径强化教育培训，大力提高干部队伍的思想文化素质和政策理论水平，教育广大干部始终牢记"两个务必"，牢固树立宗旨意识。坚持以培训提高、实践锻炼、大胆任用相结合，把优秀年轻干部放到艰苦复杂的环境中磨炼，放到重要岗位上锻炼，让他们尽快成长，早担重任。坚持培养使用现有人才与引进紧缺人才相结合，稳定人才队伍与积极推进改革相结合，努力形成广纳群贤、人尽其才、能上能下、充满活力的用人机制，把干部队伍建设提高到一个新的水平。

突出重点，常抓不懈，大力加强党的基层组织建设

党的十六大报告指出，党的基层组织是党的全部工作和战斗力的基础，应该成为贯彻"三个代表"重要思想的组织者、推动者和实践者。同时，党的基层组织担负着联系群众、宣传群众、组织群众、团结群众，把党的各项方针政策落实到基层的重要任务。抓基层、打基础的工作，在任何时候都不能有丝毫的削弱和放松。实现全面建设小康社会的宏伟目标

重点在农牧区，难点也在农牧区。我们人口的80%以上在农牧区，可以说，没有农牧区的跨越式发展就没有全区跨越式发展；没有农牧民的小康就没有全区的小康。党的十六大召开以后，广大农牧民群众热切盼望早日和全国人民一道步入更高水平的小康社会。怎样才能把广大人民群众的愿望实现好，把广大人民群众的利益维护好，把广大人民群众致富奔小康的力量组织好，各级党组织义不容辞，责无旁贷。加强基层党组织建设是实现这一要求的根本保证。所以，我们把加强农牧区基层组织建设作为一项重要经济社会指标列入目标责任书，目的就是进一步巩固和发展去年农牧区"三个代表"重要思想学教活动的成果，深入开展"三级联创"活动，积极探索让"干部经常受教育、农民长期得实惠"的长效机制，建立农牧区基层组织建设常抓不懈的工作机制。在重点加强农牧区基层组织建设的同时，大力加强企事业单位非公有制经济和机关党组织建设。不断总结基层组织建设工作的经验，以点带面，掀起加强基层组织建设的高潮。

基层党组织要想带领农牧民脱贫致富奔小康，做先进生产力的组织者和推动者，就必须采取多种形式，特别是充分发挥地委党校的有效作用，加强、加大对基层干部的培训，重点做好对乡镇干部的培训，努力拓宽他们的思路，增强带领群众发展农牧区市场经济、脱贫致富奔小康的能力。紧紧围绕发展农牧区经济，增加农牧民收入，切实为农牧民办好12件实事这一任务，把基层组织建设同农牧业产业结构调整、脱贫致富、办好12件实事等工作有机结合起来，千方百计实现农牧民的愿望，想方设法代表、维护、实现农牧民的根本利益。

基层党组织建设应引导群众崇尚科学文明、追求社会进步，做先进文化的组织者和推动者。必须一手抓物质文明，一手抓精神文明建设，大力弘扬和培育中华民族以爱国主义为核心的团结统一、爱好和平、勤劳勇敢、自强不息的伟大民族精神，积极倡导一切有利于祖国统一、民族团结、经济发展、社会进步的思想道德。大力发展农牧区教育、文化、卫生和科技事业，把科教兴藏战略落实到基层，引导广大农牧民打破传统观念的束缚，通过生产生活方式的转变，进一步解放生产力，追求美好的新生活。

基层党组织要成为带领群众反对分裂的坚强堡垒，做代表最广大人民根本利益的实践者。维护祖国统一，加强民族团结，保持社会稳定是西藏各族人民的根本利益所在。旗帜鲜明地同达赖集团的分裂破坏活动作斗争，努力保持西藏安定团结的大好局面，坚决维护祖国统一和国家安全。

在思想上、政治上和组织上加强基层建设的同时，加强基层政权建设，加大基层基础工作力度，落实好中央各项政策措施，不断改善基层的工作和生活条件，真正把强基固本的要求落到实处。

脚踏实地，转变作风，进一步密切党同人民群众的血肉联系

当前，部分地方仍条件艰苦，人民群众特别是广大农牧民生活水平还不高。面对全面建设小康社会的宏伟目标，我们必须脚踏实地，改进作风，核心问题就是保持党同人民群众的血肉联系，根本目的在于使党始终得到最广大人民的拥护和支持，以更好地团结和带领各族人民率先全面建设小康社会。组织人事部门必须严格按照党的十五届六中全会提出的"八个坚持、八个反对"的要求，紧紧围绕实现"一加强、两促进"的工作大局，以进一步密切党同人民群众的血肉联系为核心，以保持党的先进性、纯洁性和增强党的创造力、凝聚力、战斗力为目标，发扬优良传统，求真务实，着力解决学风、工作作风和干部生活作风方面的突出问题。

第一，增强事业心和责任感，在狠抓落实上下功夫。增强事业心和责任感，就是脚踏实地、真抓实干，形成合力，狠抓落实。区党委六届四次（全委）扩大会议指出："抓落实，关系到我们工作的成效、事业的成败，没有踏实的作风，再好的方针和政策，再明确的目标任务，再清晰的工作思路，再具体的措施和要求，也会毁于一旦、流于形式。"这就要求我们在实践中汲取智慧和力量，讲究方式方法，增强做好工作的主动性和自觉性，积极寻求解决实际问题的办法和对策，善于在实践中总结经验，善于结合林芝工作的实际思考重大问题，做到目标明确，心中有数；思路清晰，措施得力；工作到位，务求实效。组织人事部门应忠于职守，勤奋工作，坚定不移地贯彻党的路线方针、政策，扎扎实实地推进经济跨越式发展和社会局势长治久安的各项工作。

第二，牢记全心全意为人民服务的宗旨，牢固树立执政为民的思想，踏踏实实地为农牧民群众谋利益。把区党委各项决策落实好，把为人民服务的宗旨具体化，通过广大党员特别是领导干部深入群众，体察民情，了解民意，集中民智，珍惜民力，带着感情，诚心诚意为农牧民群众办实

事、办好事，努力实现好、维护好、发展好最广大人民的根本利益，进一步密切党同人民群众的血肉联系，巩固党的执政基础。

第三，始终做到"两个务必"和"三个倍加"，大力弘扬"老西藏精神"。当前，经济社会持续健康快速发展，人民生活水平不断提高，各项社会事业全面进步，全地区上下呈现出安定团结、欣欣向荣的大好局面。在这样的大好形势下，我们更要保持清醒的头脑，清醒地看到西藏的发展还是低水平的发展，西藏现在仍是全国最落后的地方之一，实现跨越式发展的目标还任重道远，前进道路上的困难和问题还很多。这就要求我们必须增强毫不懈怠、时不我待的紧迫感和责任感，务必继续保持谦虚谨慎、不骄不躁的作风，务必继续保持艰苦奋斗的作风，倍加顾全大局，倍加珍视团结，倍加维护稳定，埋头苦干，大力弘扬"老西藏精神"，艰苦奋斗，服务人民，更好地肩负起推进跨越式发展和长治久安的历史重任。

坚持标准，严格要求，切实加强组织人事部门的自身建设

党的建设和组织人事工作事关全局，事关长远。必须坚持党要管党、从严治党的方针，加强领导，勇于创新，努力把党的建设和组织人事工作的各项任务落到实处。进一步关心重视组织人事工作，及时了解组织人事部门的工作情况，研究解决组织人事工作中的重大问题，支持组织人事部门按原则、按程序办事。

组织人事部门是党委抓党的建设、干部工作和人才资源开发工作的重要职能部门。组织人事部门的自身建设，关系着党的形象，影响着组织人事工作的水平。面对新的形势、新的任务，做好组织人事工作，就必须切实加强党的领导，以与时俱进的创新精神，深化干部人事制度改革，在思想观念、理论政策水平、科学文化素质和工作能力等方面，全面提高组织人事队伍的整体素质。

第一，解放思想、与时俱进，不断增强创新意识。坚持以"三个代表"重要思想为指导，在解放思想中统一思想，用创新精神学好创新理论，以思想观念的与时俱进推动组织人事工作的与时俱进。加强学习，不断提高理论修养和业务能力，不断更新思想观念、创新工作机制和工作方

法，增强坚持和实践"三个代表"重要思想的自觉性，以适应全面建设小康社会的要求。

第二，围绕中心、服务大局，进一步增强政治意识。讲学习、讲政治、讲正气，核心是讲政治。组织人事工作事关经济社会跨越式发展，事关社会局势长治久安，事关全面建设小康社会奋斗目标的顺利实现。为此，组工干部必须统一思想，提高认识，增强政治意识、大局意识、改革意识和服务意识，增强做好本职工作的使命感，全面提高自身素质，争做讲政治的表率。要通过深入学习、努力实践，进一步提高贯彻落实党的路线、方针、政策的坚定性和自觉性，同以胡锦涛同志为核心的党中央保持高度一致。

第三，勤奋学习、强化培训，全面提高组织人事干部的业务水平。把抓好组织人事干部的学习培训提上重要议事日程，以自学、集体学、脱产学相结合，努力在组织人事部门营造浓厚的学习氛围，造就一支适应新形势新任务要求，符合学习型社会、学习型政党需要的高素质组织人事干部队伍。

第四，深入调研，狠抓落实，努力形成良好的工作作风。继续大兴调查研究之风，抓好各项工作的落实，推进工作的科学化、规范化。考察干部要深入细致，全面了解，力求看清选准干部。制定政策措施要深入调研，全面分析，为党委决策提供建议和意见。同时，要注意工作方法，做到在解决具体问题上客观公正，全面系统，不能顾前忘后。

第五，公道正派、严守纪律，树立组织人事部门的良好形象。人事安排、班子调整事关重大，组织人事部门的同志必须要以对党的事业极端负责的态度，严谨细致、精益求精地做好每一项工作，防止出现偏差和疏漏。要严守干部人事工作纪律，决不能跑风漏气、泄露机密，更不准信谣传谣、随意议论。要严守廉洁自律的各项规定，公道正派、一身正气，坚决抵制各种不正之风，不给跑官要官者以可乘之机。对于违反干部人事纪律的要严肃查处，决不姑息。严格执行《党政领导干部选拔任用工作条例》，把"坚持用好的作风选人，选作风好的人"的政治要求落到实处。要以良好的精神状态和求真务实的作风，推进新时期的组织人事工作，真正把组织人事部门建设成为带头实践"三个代表"重要思想的表率部门，成为党员之家、干部之家、知识分子之家，成为党员和干部完全信赖的工作部门。

(2003年4月15日讲稿)

以"三个代表"重要思想为指导
努力探索反腐倡廉工作新机制

2003年2月，胡锦涛总书记用三个"仍然"概括了中国目前的反腐败形势。他说："现在一些腐败现象仍然比较突出，反腐败形势仍然是严峻的，反腐败斗争的任务仍然是繁重的。"这三个"仍然"正确评价了当前和今后一个时期中国反腐败工作的实际。党风廉政建设和反腐倡廉是一项系统工程，既涉及党的建设和政权建设，又涉及社会经济管理等各个方面，加强党风廉政建设和做好反腐败工作是纪检监察部门面临的重要任务。

一 正确认识反腐败形势，不断增强党风廉政建设和反腐败工作的责任感和紧迫感

党风廉政建设和反腐败工作，事关党和国家的生死存亡，事关地区改革、发展、稳定大局。江泽民同志在党的十六大报告中明确指出：坚决反对和防止腐败，是全党一项重大的政治任务。不坚决惩治腐败，党同人民群众的血肉联系就会受到损害，党的执政地位就有丧失的危险，党就有可能走向自我毁灭。这一重要论述，为深入开展党风廉政建设和反腐败斗争指明了前进的方向，也对纪检监察工作提出了新的更高的要求。

（一）加强党风廉政建设和反腐败工作，是贯彻"三个代表"重要思想的根本要求

"三个代表"重要思想是对党的性质、宗旨和奋斗目标的新概括。始终贯彻"三个代表"重要思想，是我们党先进性的集中体现，是立党之本、执政之基、力量之源。各种消极腐败现象严重扰乱社会经济秩序，干

扰改革开放，阻碍经济发展，同先进生产力的发展要求直接相悖；严重腐蚀人们的思想，败坏社会风气，是人类文明进步的大敌，与先进文化前进的方向背道而驰；严重损害人民群众的根本利益，损害党和人民群众的血肉联系，与代表最广大人民群众的根本利益相违背。腐败现象同"三个代表"重要思想的要求，同坚持党的先进性的要求是根本对立的。我们党要始终做到"三个代表"，保持先进性和纯洁性，就必须不断加强和改进党的作风建设，旗帜鲜明地坚决防止和反对腐败。坚持党要管党、从严治党的方针，把深入开展党风廉政建设和反腐败斗争作为推进党的建设新的伟大工程的重要组成部分认真抓好。不断深化领导干部廉洁自律、查处违纪违法案件、纠正部门和行业不正之风三项工作，切实加大从源头上预防和治理腐败的工作力度，以党风廉政建设和反腐败斗争的新成效，促进党的全面建设，不断增强党的活力，永葆党的先进性，保证我们党始终是中国工人阶级的先锋队，同时是中华民族的先锋队，始终是中国特色社会主义事业的领导核心，始终代表中国先进生产力的发展要求，代表中国先进文化的前进方向，代表中国最广大人民群众的根本利益。

（二）加强党风廉政建设和反腐败工作，是维护改革、发展、稳定大局的根本要求

实践证明，加强党风廉政建设和反腐败斗争，对于维护改革、发展、稳定大局具有十分重要的意义。通过深入开展党风廉政建设和反腐败工作，可以严肃查处在贯彻执行党的方针政策和国家法律法规过程中发生的违纪违法行为和消极腐败现象，保证改革开放和经济建设沿着正确的方向发展；可以及时制止和纠正不执行或不正确执行中央、区党委、地委的决策，搞"上有政策、下有对策"，破坏政令统一和畅通的行为，为重大经济决策和改革措施的贯彻落实排除干扰和阻力；可以揭露和处理经济工作中存在的一些矛盾和问题，及时查处经济领域的违纪违法案件；可以有效解决一些人民群众反映强烈的突出问题，防止突发性事件的发生，为经济建设和改革开放创造良好的环境和条件。因此，开展党风廉政建设和反腐败工作，必须紧紧围绕经济建设这个中心，在认识上、行动上更好地体现为经济建设服务的指导思想，积极服从和服务于改革、发展、稳定的大局。

（三）加强党风廉政建设和反腐败工作，是率先全面建设小康社会的根本要求

当前，改革处于攻坚阶段，发展处于关键时期。经过长期的改革开放和经济建设，我们在各方面都取得了巨大进步，但是底子薄、起点低、基础设施建设滞后、经济实力弱的局面没有根本改变，在前进的道路上仍然面临不少困难和问题。在巨大压力和挑战面前，靠什么力量去进一步凝聚、激励全地区各族党员干部和农牧民群众，同心同德，克服困难，开拓前进，夺取改革开放和经济建设的新胜利，实现率先全面建设小康社会的宏伟目标，只有靠我们各级党组织。我们的事情办得怎么样，关键取决于我们各级党组织，取决于各级党组织的思想、作风、纪律、组织状况和战斗能力、凝聚力、领导水平和管理水平。

二 以十六大精神为指导，不断推进党风廉政建设和反腐败工作

（一）以经济建设为中心，服从服务于改革、发展、稳定的大局，促进经济、社会各项事业的健康发展

纪检监察工作是党的建设和国家政权建设的重要组成部分，必须紧紧围绕发展这个执政兴国的第一要务，自觉服从服务于经济建设这个中心，始终把支持改革开放、促进经济发展作为工作的立足点，为地区改革开放和各项事业建设提供强有力保障。一是正确处理党风廉政建设、反腐斗争与经济建设的关系，把反腐倡廉工作放在深化改革、加快发展、扩大开放、保持稳定的大局中来把握，放在我国加入世贸组织的背景下来考虑，放在西部大开发战略的总体要求中来实施，使党风廉政建设和反腐败工作与经济建设和改革开放的实践紧密结合起来，做到围绕中心反腐败，惩治腐败促发展，积极为经济建设和改革开放营造良好的环境。二是紧贴经济建设，坚持把纪检监察工作融入改革、发展、稳定的大局中，在参与中熟悉，在参与中监督，在参与中服务。三是努力推进政府职能转变，改革管理方式，提高行政效率，转变工作作风，进一步优化地区发展环境。四是紧紧围绕本地区的重点工作、重大工程，群众反映强烈的突出问题和容易滋生腐败的部位开展监督检查，切实发挥行政监察职能。五是要配合国有企业改制，将企业效能监察与健全现代企业法人治理结构、完善经营管理机构紧密结合起来，努力探索新形势下国有企业纪检监察工作的新路子。

(二) 坚持标本兼治，重在治本的原则，切实加强教育、管理和监督，逐步建立起从源头上预防和治理腐败的有效机制

当前，各项建设事业正处于高速发展的关键时期。全面建设小康社会进程，给经济建设注入了新的生机和活力，带来了前所未有的发展机遇，但也伴随着严峻挑战。在新形势新任务面前，如何保证在经济快速发展的同时，使干部队伍做到遵纪守法、廉洁奉公、反腐倡廉，以自己的模范行为赢得各族人民的好评，是当前搞好纪检监察工作必须考虑的首要问题。因此，必须适应形势发展的要求，不断更新观念，调整工作思路，在继续从严治标的同时，逐步加大治本力度。特别是要认真按照十六大报告明确提出的"深化行政管理体制改革，进一步转变政府职能，改进管理方式，形成行为规范、运转协调、公正透明、廉洁高效的行政管理体制"的要求，紧紧抓住腐败现象易发多发的关键部位，积极推进中央部署的行政审批、财政管理和干部人事制度三项改革，始终把党风廉政建设的重大措施与深化经济体制改革和行政管理体制改革的重大措施结合起来。只有这样，才能加大从源头上预防和治理腐败的力度，取得党风廉政建设和反腐败工作的应有效果。

(三) 贯彻从严治党的方针，不断加大办案力度，提高办案水平，充分发挥查处案件在反腐败斗争中的重要作用

党要管党，从严治党，是保持党的先进性和纯洁性，巩固党的执政地位的重要保证。在实际工作中，要坚持"查清问题，惩治腐败、减少损失、维护稳定、促进发展"的工作思路，注意把握好三个重点内容：一是根据不同时期党和政府的中心工作，抓住经济工作的重点、改革的难点、社会关注的焦点和群众反映的热点，确定查办案件的重点领域、重点部位，主动出击，对任何腐败分子都要彻底查处、严惩不贷。二是完善各项配套制度，健全与司法、审计、财政、物价、农村经营、组织人事等部门的协作机制。三是及时总结发案原因，深入分析体制、机制及管理上的漏洞，探索加强防范的途径和办法，提高办案的综合效应。

(四) 健全和完善领导体制和工作机制，真正形成党政齐抓共管、部门各负其责的工作局面

纪检监察机关应按照新党章的规定，协助当地党委加强党风廉政建设和组织协调反腐败工作，在工作中必须处理好直接抓与组织抓、协调抓的关系，全面贯彻落实党风廉政建设责任制。这是保证党政齐抓共管，部门

各负其责的一项重要制度措施。只要抓住这个龙头,就会形成防止和惩处腐败的整体合力。纪检监察机关必须发挥好组织协调作用,着力把握好四个方面的问题:一是切实加强和改进思想作风和工作方法,坚持与时俱进,增强工作的预见性、主动性和有效性,真正当好各级党委的参谋。二是通过建立健全有效的责任机制和工作机制,组织协调好方方面面的关系,充分调动各职能部门的积极性,促使反腐败整体合力的形成。三是协助党委、政府对所属职能部门的党风廉政建设和反腐败工作情况进行监督检查,确保反腐败各项具体任务落到实处。四是努力拓宽群众参与渠道,积极推进政务、厂务、村务、校务和司法警务公开,进一步加强基层民主政治建设,促进各级领导干部既对上负责,又对群众负责工作机制的进一步完善。

(五) 进一步加强思想政治建设,构筑牢固的思想道德防线

加强党风廉政建设和反腐败工作,要坚持把思想政治建设摆在首位,构筑起牢固的思想防线。对大多数党员干部,要立足于教育,着眼于防范;对少数腐败分子,必须严厉惩处。进一步加强干部的思想政治教育,增强党性修养,使广大党员干部树立正确的世界观、人生观、价值观、权力观、地位观和利益观,打牢筑严思想道德防线,提高拒腐防变和抵御风险的能力,坚决抵制拜金主义、享乐主义、极端个人主义等腐朽思想的影响,经受住权力、金钱、美色的考验。要按照"三个代表"要求,广泛深入地开展"两个务必"教育,大力提倡艰苦奋斗的精神,使广大党员干部特别是领导干部始终发扬与人民群众同甘共苦的优良传统和克己奉公的革命精神,努力把林芝地区干部队伍建设成为淡泊名利、甘于奉献、全心全意为人民群众谋取利益的坚强力量。领导干部要不断加强个人道德修养,自觉按照廉洁自律的有关制度和规定来规范约束自己,慎言慎行、慎独慎微、慎始慎终,自觉做到一身正气,公正廉明。领导同志必须管好自己的亲属和身边工作人员,防止他们利用自己的地位和权力谋取私利。领导干部要在廉洁自律方面做出表率,树立良好的形象,带动和促进本县、本部门党风、政风和社会风气的根本好转。通过不断的学习和思考,增强党性意识和党性修养,使自己在思想上、组织上、行动上自觉与地委保持高度一致。充分发挥党校教育阵地作用,切实加强对各级领导干部的教育;积极宣传清正廉洁、克己奉公的模范事迹,进行示范教育;深刻剖析典型案件,进行警示教育。

(六) 加强权力的制约和监督机制

领导干部是人民的公仆，必须受到人民和法律的监督，不受监督的权力必然导致腐败。通过加强党内监督、法律监督、司法监督、行政监督、民主党派监督、群众监督，建立健全依法行使权力的制约机制和监督机制。在新的形势下，加强反腐败监督机制建设，要与政治体制、经济体制改革相适应；与全面建设小康社会的奋斗目标相适应；与区党委的反腐败斗争整体部署和发展进程相一致；与大力落实党风廉政建设和反腐败的规章制度相结合，加强以党员领导干部监督为重点，按照依法治地和依法执政的要求，积极进行体制创新，建立起能够适应地区经济社会发展需要的有效监督、约束机制，不断推进反腐倡廉工作制度化、法制化。要针对容易产生腐败现象的部位和环节，从决策和执行上加强对权力的制约和监督。要把党内监督、法律监督和群众监督结合起来，提高办案效率和质量，着重查处大案要案、纠正部门和行业不正之风，形成监督的整体合力，保证权力正确行使，从源头上预防和解决腐败问题。积极探索主动监督、有效监督的好办法。把对"一把手"的监督，对执纪执法部门和掌管人财物部门领导干部的监督，对双重管理的领导干部的监督作为重点，监督到位。真正做到领导干部的权力行使到哪里，党组织的监督就实行到哪里。充分发挥党内监督、法律监督、群众监督和舆论监督的作用，将监督的关口前移，形成贯穿于权力行使全过程的监督体系，保证干部选拔任用工作正常、有效开展和全地区干部队伍建设的健康发展。

(七) 加强党的作风建设，密切党同人民群众的血肉联系

加强党风廉政建设和反腐败工作的最终目的，就是要进一步密切党同人民群众的血肉联系，不断巩固党的执政地位。要牢固树立群众观念，时时处处把人民群众的利益放在首位，始终把自己看成人民群众的公仆，深怀爱民之心，恪守为民之责，善谋富民之策，多办利民之事。把群众满意不满意、拥护不拥护、高兴不高兴作为评价工作的尺度，想群众之所想，急群众之所急，做群众之所需。始终坚持群众路线，相信群众、深入群众、依靠群众，立足本职工作，诚心诚意为群众谋取更多的利益，努力提高他们的物质文化生活水平。

(八) 深化干部人事制度改革，不断完善选贤任能机制

党的十五届六中全会指出，干部人事工作要"坚持任人唯贤，不准任人唯亲；坚持五湖四海，不准搞团团伙伙；坚持公道正派，不准拉关系、徇私情；坚持集体讨论决定，不准个人或少数人说了算；坚持按照程序办事，不准临时动议"。要严格遵循干部工作的原则，认真贯彻"五个坚持，五个不准"，牢固树立"三个离不开"思想，切实把那些政治坚定、善于学习、求真务实、实绩突出、清正廉洁、群众拥护的干部选拔出来，委以重任。对那些不顾大局、不守纪律、德才平庸、不讲原则、弄虚作假、欺上瞒下、不关心群众疾苦的人，不仅不能提拔重用，而且要严肃处理。干部的考察考核和选拔任用工作，要本着提高素质、优化结构、增强功能的原则，在"靠得住、有本事"上狠下功夫。尤其是要重视考察评价干部工作中的客观真实性，力求能全面准确地反映干部的德、能、勤、绩、廉等各个方面。认真贯彻落实《党政领导干部选拔任用工作条例》和《深化干部人事制度改革纲要》，不断深化党政领导干部选拔任用制度的改革，逐步建立健全优胜劣汰、有利于各类人才脱颖而出的用人机制和领导干部监督机制。以扩大民主为基本方向，坚持和完善民主推荐、民意测验和民主评议制度，积极推行考察预告、差额考察、任前公示、任职回避、引咎辞职和责令辞职等制度，加大调整不称职、不胜任现职干部的工作力度，进一步增强干部选拔任用工作的公开性和透明度。组织人事部门和纪检监察机关对预防和惩处干部人事工作中的腐败现象负有重要职责，必须旗帜鲜明、立场坚定地反对一切形式的不正之风，切实把好选人用人关，为从源头上遏制腐败，让人民群众更多地得到改革开放和现代化建设带来的实惠，更多地感受到加强党风廉政建设和深入开展反腐败斗争的成果。

三　切实加强领导，努力开创纪检监察工作新局面

党政主要领导是党风廉政建设和反腐败工作的第一责任人，要真正发挥好总揽全局、协调各方的作用，使反腐败领导机制和工作机制有效运转起来，形成齐心协力反腐败的良好局面。对于重要工作，作为领导干部要直接部署，亲自组织实施，狠抓工作落实，确保目标任务的完成。领导同志要全面抓好本系统党风廉政建设和反腐败工作，管理和教育好干部，带好一支廉洁奉公、纪律严明、作风优良的干部队伍。领导干部要以身作则、率先垂范，从自身做起，从深层次和要害问题上抓起，带头做反腐倡

廉的榜样，同时，积极支持纪检监察部门全面履行职责。

纪检监察部门要切实履行党风廉政建设和反腐败工作的职能，从全局的高度，从更高的层次上开展工作。一方面要着眼全局、突出重点、整体推进。着眼于改革、发展、稳定的大局，贴紧经济建设这个中心，围绕地委、行署的中心任务大胆开展工作，把加大反腐败力度同全面建设小康社会的奋斗目标和实现"一加强，两促进"历史任务更好地结合起来，立足党风廉政建设和反腐败斗争的整体部署，积极当好参谋助手。党风廉政建设和反腐败工作涉及面广，纪检监察部门要主动承担起组织协调的职责，充分发挥职能优势，突出重点抓协调，形成党风廉政建设和反腐败工作合力，推动党风廉政建设和反腐败工作全面发展。坚持以"三个代表"重要思想为指导，全面履行《中国共产党章程》和《中华人民共和国行政监察法》赋予的职责，按照"政治坚定、公正清廉、纪律严明、业务精通、作风优良"的二十字方针，认真开展工作，切实负起责任，坚决维护党纪政纪的严肃性，要把依法执政的要求贯彻到工作之中，严格依纪依法办事。通过打牢筑严党纪国法防线，加大惩处力度，确保我们的领导干部为人民掌好权、用好权，确保干部队伍的先进性和纯洁性。

（2003年4月25日讲稿）

林芝地区率先实现小康社会的主要措施

1995年,西藏自治区党委、政府在全面总结林芝地区改革开放成绩和经济形势的基础上,根据林芝地区基础条件较好和自然资源相对丰富的实际,提出"林芝地区要率先实现小康,各项工作走在全区前列"的总体要求。1997年林芝地区提出了以小康工程建设统揽农牧区工作的总体思路,探索性开展小康工程建设试点工作。中央第四次西藏工作座谈会后,特别是党的十六大召开以后,林芝地区结合本地区实际,确定了"1231"发展思路:就是围绕一个中心,加快两个建设,发展三大产业,实现一个目标。即紧紧围绕经济建设这个中心,加快小城镇建设和基础设施建设,大力发展特色农牧业、生态旅游业和藏药业,率先实现小康社会。

一 林芝地区经济社会发展的基本情况

中央第三次西藏工作座谈会以来,林芝地区的经济有了可喜的发展。一是完成固定资产投资30多亿元,建成一批交通、水利、能源、通信项目,目前县乡通电率达63.6%、通路率达8.2%。二是城镇建设进展较快。投资2.52亿元,先后在318国道、306省道和然察公路上建成巴河、百巴、鲁朗、仲达等19个小城镇,初步形成八一镇、各县城、各乡(镇)三级城镇体系。三是农牧民生活条件有了较大改善,部分群众已步入小康。2002年,农牧民人均纯收入2227.98元,现金收入1337.98元,是全区农牧民人均收入的1.42倍(全区农牧民人均收入1568元),与全国农民人均收入相比,高出42.24元。四是经济连续8年保持了15%以上的增长速度。2002年,全地区GDP达到15.22亿元,人均GDP达到9500

元（约 1100 美元），国内生产总值占全区的 10.14%，财税收入完成 9738.6 万元；接待国内外游客 21 万人次，直接经济收入 3200 万元，带动相关产业收入 1.2 亿元；全地区个体工商户和私营企业 4176 户，上缴税金 2887 万元。五是城镇化水平有了明显的提高。截至 2002 年，林芝地区非农业人口 4.98 万人，城镇化水平达到 31.16%，其中八一镇已达 60%，初步形成了小型城市的规模。六是教育、文化、卫生等各项事业有了较快发展。广播、电视覆盖率分别达到 77% 和 82%，7 县中有 6 县实现"普六"，5 县"普九"工作全面启动。林芝地区基本成为自治区东部的经济重镇，为率先建设小康社会创造了有利的条件。但要率先实现小康社会的奋斗目标，任务仍然十分繁重，压力很大。一是地区经济增长主要靠投资拉动，持续增长的动力不足。二是已实现小康的村户，发展水平低、不全面，发展也不平衡。

二 林芝地区率先实现小康社会的主要措施

按照十六大精神和西藏自治区党委、政府对林芝地区工作的总体要求，林芝地委、行署结合实际，制定了率先实现小康社会的，"三步走"实施方案。第一步，2003—2007 年，在经济、能源、交通、自然资源等条件相对较好的县和县城周边乡镇实施全面建设小康社会工程，以加大基础设施建设、培植支柱产业、培育新的经济增长点、增加群众收入为重点，增强地区经济实力和发展后劲，使人民生活显著改善。第二步，2008—2012 年，把林芝地区建设成为生态大地区，把八一镇建设成为国家级优秀旅游城市。继续巩固小康建设成果，力争使全地区 80% 以上的农牧民生活水平达到小康。第三步，2013—2015 年，国内生产总值比 2002 年翻三番，人均国内生产总值达到 3000 美元（现价），在全区率先进入小康社会。

1. 突出特色，调整结构，千方百计增加农牧民收入。坚持以增加农牧民收入为重点，面向市场，突出特色，依靠科技，稳步推进农牧业产业结构的调整。一是充分发挥地区的自然资源优势，大力发展食用菌、人参果、手掌参、圣茶、苹果、桃、梨等绿色食品。二是在八一镇、林芝镇、布久乡、米林县建立 4150 亩无污染、无公害蔬菜生产示范基地。三是在米林县、朗县建立500亩核桃基地。四是在八一镇、林芝镇、布久乡、米林镇、江达乡、米林农场建立花卉生产基地。五是在工布江达县建立年产6000头藏猪生产基地和藏鸡生产基地。六是加大对民营企业和第三产业的政策扶持力度，重点扶持一批有发展潜力，能增加农牧民收入和地方财政收入的龙头企业，形成品牌优势，走规模化、产业化生产的发展路子。力争在地区培育3—5家龙头企业，各县培育1—2家以农牧产品加工为特色的龙头企业。七是紧紧抓住国家实施西部大开发和广东、福建两省对口援助的历史机遇，拓宽劳务输出渠道，尽可能地吸收当地农牧民参与工程项目建设。八是鼓励农牧民发展餐饮、娱乐、农机修理、手工艺品制作、农产品交易等第三产业，千方百计增加农牧民收入。

2. 积极建设产业基地，拓展市场发展空间。从2003年开始，重点建设15个产业基地：工布江达县巴河观光农业产业基地、林芝县百巴无公害蔬菜产业基地、林芝县真巴经济园林示范基地、林芝县真巴牛奶生产基地、林芝县更张药业生产基地、米林农场果品生产基地、易贡珠峰圣茶生产基地、察隅农场特色农业生产基地、"双低"油菜生产基地、藏鸡保护开发基地、工布江达县错高藏猪生产基地、优质饲草料生产基地、优质甜玉米生产基地、反季节蔬菜生产基地等。通过农业产业基地的建设，扩大生产规模，创出特色品牌，抢占区内外市场。

3. 积极发展旅游业，推动地区经济可持续发展。一是进一步加大对旅游业的扶持力度，加快旅游业基础设施的建设步伐。二是积极培育和发展中小型旅游企业，鼓励不同所有制企业参与旅游业的开发。三是完善旅游区域结构布局，开发具有民族特色和体现个性的景区（景点），丰富现有景区（景点）的民族文化内涵，走旅游精品之路。四是规范旅游业管理，加大旅游宣传力度，提高各旅游景点的知名度。五是积极开发旅游新产品，推动旅游业向更高层次发展。六是把发展旅游业和农牧民增收紧密结合起来，为农牧民提供政策、技术和管理等方面的服务，引导和鼓励他们通过兴办家庭旅行社、制作民族手工艺品、推销旅游纪念品等方式，广泛参与旅游业，增加经济收入。

4. 加快小城镇建设和基础设施建设，不断增强地区经济发展后劲。一是进一步加强小城镇基础设施建设，发挥小城镇的辐射带动作用，促进城乡经济协调发展。二是把小城镇建设与扶贫搬迁、农房改造有机地结合起来，统一规划。三是根据小城镇特点，立足本地资源优势，大力发展特色经济。四是乡镇企业和村办企业向小城镇合理靠拢，逐步扩大规模。五是拓宽小城镇投资渠道，吸引企业、外来商户、农牧民以多种方式参与小城镇建设和经营，发展小城镇的各项公益事业。六是在保护耕地和农牧民合法权益的前提下，妥善解决城镇建设用地问题。七是深化户籍管理制度和城市福利制度改革，实现农业劳动力非农业化和农业人口城市化的同步进行。同时，引导农牧区劳动力合理流动。

5. 以交通、能源、通信为重点，继续加大基础设施建设力度。目前，林芝地区除川藏公路林芝到拉萨段、巴松错公路为黑色路面外，其他公路均为砂石路面，通过能力较低。电力和通讯基础设施比较落后。以后将进一步加大投入力度，加快以"交通、水利、能源、通讯"为主的基础设施建设步伐。一是按照"两横、四纵"规划要求，确保318国道整治延伸、墨脱公路的开工建设，努力形成公路网，不断增加公路里程、提高公路等级和通过能力。确保林芝机场的全面开工建设，努力实现航空运输。二是重点抓好606电站至八一的并网工作和巴河电站的开工建设，提高通电率，逐步实现村村通电。抓好人畜饮水、农田灌溉主渠道、江河防洪堤工程等，改善居住环境。实施农村通话工程。提高农村电话普及率。

6. 大力发展藏药业，积极培育新的经济增长点。充分利用藏药资源丰富的优势，大力发展藏医药业。一是做好人工栽培藏药材技术的研究、推广工作，建立藏药材生产基地。二是建立与藏药业发展相适应的市场体系，改变藏药材采集、收购、加工、储运和销售环节分散的状况，实现规模经营。三是面向市场，扩大藏药生产，提高产品质量，增加产品附加值，把藏药材资源优势转化为经济优势。四是积极引进资金、技术和管理方式，支持和鼓励国内外有实力的企业参与藏药业的研究、开发、生产，推动藏药业的发展。五是把发展藏药业与增加农牧民收入结合起来。通过"公司+农户"的方式，激发农牧民采集、栽培药材的积极性，提高农牧民收入。

7. 以土地经营为重点，加快经营城市的进程。一是由政府垄断土地一级市场，建立土地储备中心，集中管理，有效控制土地供应总量，增强政府宏观调控能力。二是进一步规范和完善土地市场运行机制，凡经营性用地一律采取公开化、市场化运作，进行招标、拍卖和挂牌交易。三是理顺土地管理关系。建立和完善政府统一领导、主管部门牵头、相关部门配合、社会各界监督的管理体制。四是整顿规范土地市场，重点抓好土地存量盘活及闲置土地清理回收工作。五是加强规划管理，杜绝盲目圈地，实现城市经济、社会和环境的可持续发展。

8. 转变职能，改善投资环境。按照"行为规范、运转协调、公正透明、廉洁高效"的总要求，减少行政审批项目、简化行政审批手续、规范行政执法行为、整顿市场秩序、落实各项优惠政策，为投资者营造良好的投资兴业环境。取消地方保护性政策，加强区域间的协作，鼓励、支持和引导非公有制经济健康发展。把民间投资纳入国民经济发展计划，制定和完善招商引资政策，积极采取措施，为民间资本进入市场打开出路。

（原载《西藏工作情况交流》2003年6月5日）

学习贯彻"三个代表"重要思想
加快林芝全面建设小康社会步伐

在全党掀起学习贯彻"三个代表"重要思想新高潮，是党中央作出的一项重大部署，具有重大意义。为此，中央发出《通知》，印发《纲要》，特别是胡锦涛总书记在"七一"发表了重要讲话，有力地推动了"三个代表"重要思想的学习贯彻向深度和广度拓展。

学习贯彻"三个代表"重要思想，加快全面建设小康社会的步伐，必须坚持解放思想、实事求是、与时俱进的思想路线

十六大报告指出：坚持解放思想、实事求是、与时俱进的思想路线，是我们党坚持先进性和增强创造力的决定性因素。解放思想、实事求是、与时俱进，是我们党三代领导集体的理论精髓和理论成果；是党必须长期坚持的指导思想；是研究新情况、解决新问题，全面地创造性地推进中国特色社会主义的强大思想武器。

——解放思想，树立忧患意识和赶超意识。林芝地区自然资源相对丰富，经过广大干部群众的共同努力，经济社会有了较大发展，人民生活得到较大改善。但林芝交通、能源、通讯等基础设施仍然相对滞后；瓶颈制约仍然十分突出；自然资源优势不能很好地转化为经济优势，资源开发仍处在初级阶段；群众的生活水平还有待于进一步提高；林芝地区目前还不是全面开放地区，这在一定程度上制约了经济社会的发展；目前实现的小康仍是低水平的、不全面的、发展不平衡的小康，要实现全面建设小康社会的任务十分艰巨。特别是在全面建设小康社会和新一轮的发展中，林芝

地区可谓是前有"标兵",后有"追兵",竞争激烈,发展任务繁重。为此,我们在率先全面建设小康社会的目标中,必须始终保持与时俱进的精神状态,不断树立解放思想的新境界;必须坚定不移地把发展作为全地区的第一要务,不断开创全面建设小康社会的新局面;必须坚持"两个务必",树立不畏艰难、迎难而上的赶超新意识;必须把推动学习贯彻"三个代表"重要思想不断引向深入,把工作做在前面,让事业的发展走在前面,继续保持跨越式发展的良好势头;必须放手发展、大胆创业,不断推进林芝的各项工作再上新台阶,确保在全面建设小康社会和新一轮发展中走在前列。

——实事求是,增强机遇意识和责任感。率先全面建设小康社会,既要实事求是,立足现实,坚持一切从实际出发,按照市场经济规律和事物发展规律办事,又要增强机遇意识,善于抓住时机,乘势而上,实现跨越式发展。特别是紧紧抓住西部大开发和社会局势日益稳定的两大历史机遇以及全国支援西藏的有利时机,坚持把发展作为第一要务,抢占先机、抓住机遇、加快发展。紧扣大发展、率先发展这两个关键,突出重点,抓住重要环节,不断加强基础设施建设、调整产业结构、增加群众收入等工作,增强发展后劲。立党为公、执政为民是我们党的根本宗旨决定的。责任意识是我们每一位同志做好工作的前提,必须进一步增强责任感和紧迫感,促进林芝各项事业的全面发展,切实提高人民群众的生活水平,始终把群众满意不满意作为评判我们工作的根本标准。通过学习贯彻"三个代表"重要思想,凝聚力量,形成合力,促进发展,做到上下心往一处想,劲往一处使,聚精会神搞建设,一心一意谋发展。

——与时俱进,不断开创各项工作新局面。学习贯彻"三个代表"重要思想的关键是与时俱进。要不断开创各项工作的新局面,必须坚持保持与时俱进的精神状态,自觉地把思想认识从不合时宜的观念、做法和体制的束缚中解放出来,从主观主义、形而上学的桎梏和教条式的理解中解放出来,主动顺应时代发展潮流,牢牢把握发展的时代主题,紧紧抓住战略机遇期,积极探索加快发展的新路子,不断争创发展的新优势。坚持从变化了的新的实际出发,以改革的精神研究和解决林芝地区各项工作中面临的一些理论和实际问题,使各级党组织始终保持先进性和纯洁性,始终充满创造力、凝聚力和战斗力,在日趋激烈的竞争中,创造性地开展工作,引导好、保护好、发挥好加快发展的积极性,推动林芝地区全面建设小康社会目标的早日实现。

学习贯彻"三个代表"重要思想，加快全面建设小康社会的步伐，必须不断促进先进生产力、先进文化的发展，实现和维护好农牧民群众的根本利益

西藏自治区党委领导同志在林芝调研时强调：兴起学习贯彻"三个代表"重要思想的新高潮，必须把握好"三个关键"问题。即：要始终代表先进生产力的发展要求，不断开辟西藏发展生产力的前进道路；要始终代表先进文化的前进方向，不断推动全社会的文明进步；要始终代表最广大人民的根本利益，维护祖国统一，巩固民族团结，坚决反对分裂，确保社会稳定。党委领导的重要讲话充分结合西藏实际，为我们深入学习贯彻"三个代表"重要思想提出了新要求，是我们兴起学习贯彻"三个代表"重要思想新高潮、努力开创各项工作新局面的行动方向。

——不断促进先进生产力的发展。社会主义的根本任务是发展生产力，增强社会主义国家的综合国力，使人民的生活条件日益改善。生产力是最活跃最革命的因素，是社会发展的最终决定力量。生产力与生产关系、经济基础与上层建筑的矛盾，构成社会的基本矛盾，决定着社会性质的变化和社会经济政治文化的发展方向。不断促进先进生产力的发展，是我们党走在时代前列，保持先进性的根本体现和根本要求。实现率先全面建设小康社会的奋斗目标，就必须坚持不懈地促进先进生产力的发展，对于仍然存在的不适应先进生产力和时代发展要求的一些落后的生产方式，必须立足实际，创造条件加以改造和改进，通过长期努力，逐步使它们向先进适用的生产方式转变。目前，林芝同全国、全区一样，进入了全面建设小康社会、加快推进社会主义现代化的新的发展阶段，我们应当紧紧抓住21世纪头20年这个可以大有作为的重要战略机遇，加快发展步伐，认真做好基础设施建设、生态环境保护、调整产业结构、科技兴地"四篇文章"，着力创造有利于经济社会发展的政策环境、市场环境、法制环境和政务环境。大力实施"科教兴地"战略，充分调动和发挥科技人员的积极性和创造力，让一切劳动、知识、技术、管理和资本的活力竞相迸

发，让一切创造社会财富的源泉充分涌流。在广大农牧区，继续坚持"两个长期不变"的基本政策和休养生息、免征农牧业税的优惠扶持政策，调动和保护好农牧民群众发展生产的积极性。同时，大力加强农牧区扶贫开发力度，加大农牧区基础设施建设投入，增加群众收入。通过思路创新、体制创新、科技创新，不断开拓先进生产力发展的新途径，使农牧民群众的生活水平进一步提高，生活更加幸福，从而增强社会主义祖国的凝聚力，打牢率先全面建设小康社会的坚实基础。

——始终代表先进文化的前进方向。文化是经济增长的动力、资源和引导力量。文化也是社会进步的主导因素。继续在广大农牧区开展以爱国主义为核心的思想道德建设，不断巩固马列主义、毛泽东思想、邓小平理论和"三个代表"重要思想在意识形态领域里的指导地位；以开展"谋跨越、奔小康"和创建"五好家庭"为契机，积极推进"改陋习，树新风"活动，倡导健康文明的现代生活方式；以建设村文化室、县乡文化站为载体，大力建设边疆文化长廊，积极开展农牧区文化建设，用科学的理论武装人，正确的舆论引导人，高尚的精神塑造人，优秀的作品鼓舞人，使广大干部群众保持良好的精神风貌和奋发向上的精神状态；深入开展小康村、精神文明村（户）创建活动，不断提高广大农牧民群众的精神境界、思想道德素质和科学文化素质，使各族人民在全面建设小康社会的进程中，始终能保持一种奋发有为、昂扬向上的精神状态；继续开展马克思主义、"四观"、"两论"教育，坚持唯物论和无神论，大力倡导科学文明的新思想、新观念，积极引导广大人民群众崇尚科学文明、追求社会进步，逐步淡化和消除宗教对人们的精神束缚，使广大农牧民群众树立起相信科学、依靠科学的思想观念；大力发展科技、教育、文化、卫生等社会事业，不断促进林芝地区先进文化的前进方向；坚持破立结合，"治乱""治愚"，按照"扬弃"的方针，科学处理民族文化继承和创新的关系，努力推进先进文化的创新，为全面建设小康社会提供强大的精神动力和智力支持，为促进物质文明和精神文明协调发展打下良好的基础。

——牢记"两个务必"，实现和维护好农牧民群众的根本利益。必须牢记"两个务必"，始终自觉地坚持党的群众路线，把实现和维护好最广大人民的根本利益作为我们一切工作的出发点和归宿。深怀爱民之心，恪守为民之责，善谋富民之策，多办利民之事，转变作风，深入基层，调查研究，动员全社会的力量广泛开展有计划、有组织、有规模、有声势的定点扶贫和小康工程建设。继续加大对农牧区的投入，切实抓好农牧区基础设施建设、生态环境建设、农房改造、产业结构调整、农牧民群众增收、基层组织建设等工作，用发展来解决前进道路上存在的问题，以发展促进经济、乡村面貌和群众思想观念的转变，增加群众收入，不断改善和提高广大农牧民群众的生活水平，把最广大人民群众的根本利益实现好、维护好、发展好，并把他们的积极性利用好、保护好、发挥好。广泛开展对农牧区困难户、五保户、贫困户、弱势群体的送温暖和慰问活动，时刻把人民群众的安危冷暖放在心上，为他们解决实际问题，多做得人心、暖人心、稳人心的工作，把党和政府的关心送到农牧民群众的心坎上。同时，进一步做好"两个确保"和"三条保障线"工作，建立低收入者救助制度，妥善解决城镇特困家庭的住房、子女入学、医疗保障等方面的实际问题，以实际行动贯彻"三个代表"重要思想，实现和维护好最广大人民群众的根本利益。

学习贯彻"三个代表"重要思想，加快全面建设小康社会的步伐，必须把发展作为第一要务，统揽全局，全面推进各项工作

始终把发展作为第一要务，以发展统揽全局，推进各项工作，实现率先全面建设小康社会的奋斗目标。全面建设小康社会是中国特色社会主义经济、政治、文化全面发展的目标；小康社会是经济更加发展、民主更加健全、科教更加进步、文化更加繁荣、社会更加和谐、人民生活更加殷实的社会。这是一项宏大的系统工程，涉及各方面的工作。我们必须以十六大精神和"三个代表"重要思想为指导，按照"发展要有新思路，改革要有新突破，开放要有新局面，各项工作要有新举措"的要求，以先进的思想观念指导实践，以思想大解放推动经济大发展。

——大力调整产业结构，积极发展特色经济。坚持以增加农牧民收入为重点，继续稳步推进农牧业产业结构调整，积极发展林下资源、无公害食品、藏猪、藏鸡、藏医药业、农业高新技术园区、生态农业园区等特色农牧业，走"围绕增收调结构，突出特色闯市场，依靠科技增效益"的路子，面向市场，突出重点，合理规划特色农牧业产品生产区域，逐步形

成"行业协会+龙头企业+专业合作社+专业户"的贸工农一体化农牧业经营新体制,改造传统农牧业生产经营形式,优化产品结构,实现优化组合,全面提升农牧业发展水平,促进农牧业增效,农牧民增收,培育新的经济增长点。大力发展民营经济。在坚持以公有制为主体,毫不动摇地巩固和发展公有制经济的同时,鼓励、支持和引导民营经济的发展。加快经济发展,源泉在民力,活力在民营,希望在民间,进一步转变政府职能和工作作风,按照"行为规范、运转协调、公正透明、廉洁高效"的总要求,减少行政审批项目、简化行政审批手续、规范行政执法行为、整顿市场秩序、落实各项优惠政策,消除不利于投资的限制,为投资者营造一个良好的投资兴业环境。通过制定和完善招商引资优惠政策,采取多种措施,消除体制性障碍,为民间资本进入市场打开出路,加大对民营企业和第三产业的政策扶持力度,使民营企业走上规模化、产业化生产的路子,为地区创造财源、为群众增加收入做出应有的贡献。

——大力发展生态旅游业,推动经济可持续发展。生态环境状况是衡量全面建设小康社会的重要指标,是林芝发展生态旅游,实现经济可持续发展的基础。继续加大生态环境建设与保护力度,着力将林芝建设成为高原"生态屏障"和"生态绿洲"。正确处理好发展与保护的关系,坚持开发与保护并重;牢固树立"生态立地、生态兴地、生态强地"思想,严格落实生态环境保护基本国策和可持续发展战略;加大宣传教育力度,形成人人爱护环境、保护生态的良好氛围,避免走"先污染、后治理""先破坏、后恢复"的弯路,使林芝地区丰富的自然资源在有效保护的前提下,支撑起经济社会跨越式发展,努力把林芝地区建设成为生态大地区,把八一镇建设成为生态良好、环境优美、设施一流、服务上乘、最佳人居环境的国家级优秀旅游城市。从旅游业对全地区整体经济发展所起的特殊重要作用来认识发展旅游业的重要性,树立大旅游、大区域、大市场、大产业的观念,面向区内外、放眼国际旅游市场,积极实施政府主导战略,推动林芝地区旅游业大发展。立足全区自然和文化的多元化、大区域、大空间的角度重新审视综合利用旅游资源的问题;进一步加大对旅游业的引导、扶持力度,培育和发展旅游企业,鼓励各种所有制形式的企业参与旅游;完善旅游区域结构布局,开发和挖掘具有表现民族特色和体现个性的景区(景点),不断丰富景区(景点)的民族文化内涵,创建旅游精品品牌;立足于区内,兼顾区外,放眼国际,不断加大旅游宣传、促销和推介力度，提高各旅游景点知名度；积极开发旅游新产品，争创品牌，推动旅游业向更高层次发展；加大旅游环线建设，打造拉萨—林芝—米林—朗县—山南、拉萨—林芝—波密—昌都、林芝—大峡谷—波密—察隅—云南、米林—林芝—工布江达—拉萨的特色精品生态旅游环线。把发展旅游业和增加农牧民收入紧密结合起来，让群众"吃上旅游饭"，在发展旅游业中得到实惠。进一步为农牧民开展旅游服务提供政策、技术和管理等方面的服务，鼓励农牧民群众发展家庭旅行社、家庭旅馆、民族手工艺旅游纪念品制作，餐饮、娱乐、徒步旅行导游、登山向导、手工艺品制作等，千方百计增加农牧民群众的收入。

——解决好"三农问题"，促进农牧区经济快速发展。率先全面建设小康社会，重点在农牧区，难点也在农牧区。切实解决好"三农"问题是维护农牧区稳定，促进农牧区经济社会发展和率先全面建设小康社会的必然要求。我们大部分群众在农牧区，没有大多数农牧民群众的发展，就没有全区的发展，没有广大农牧民的小康，就没有全区的小康，切实解决好"三农"问题是做好农牧区工作的核心。按照"统筹兼顾、壮大实力、提高水平、增加收入、改善生活、全面发展"的工作思路，以"三个转移""促进三大发展"。一是把基础设施建设的重点向农牧区转移。继续加大农牧区交通、能源、通讯等基础设施建设力度，加大农房改造、农业实用技术、机械化推广、生态农业基地建设，大力培育农牧区市场，提高农牧区商品流通和农畜产品转化率，普及科学文化知识，用先进思想占领农牧区思想阵地，促进农牧民思想大解放、农牧区经济大发展。二是把关注的焦点向农区转移。大力宣传农牧区涌现的致富能手、科技能手等先进人物和先进事迹，形成人人关心农牧区，人人重视农牧区工作，人人服务农牧区的工作格局，促进农牧区社会事业全面发展。三是把优惠政策的制定与落实向农牧区转移。制定鼓励农牧民干事业的优惠政策，帮助农牧民群众发展农畜产品加工、蔬菜、养殖业、水果、藏药材生产等。同时，对广大农牧民在事业上进行帮助，成绩上进行宣传，经验上总结推广，以先进典型带动和鼓励千家万户，走共同富裕的道路。继续改善和提高农牧民群众的生产、生活条件，使群众在发展中得到更多的实惠，最大限度地激发群众促进农牧区发展的积极性和创造性，不断增强农牧区经济发展的后劲。按照"三个有利于"的要求，着眼于壮大农村经济根基，鼓励农牧民群众大力发展民营企业、乡镇企业、多种经营等；积极引导农牧民群众发展农畜产品加工，林业产品和林业副产品生产，林下资源加工，民族手工艺品生产等，提高资源利用率和产品附加值，让群众在发展中获得最大利益，从而自觉地站出来同分裂势力作坚决的斗争。以实际行动维护切身利益，确保农牧区经济发展和局势稳定的大局，以经济发展、社会进步、局势稳定的事实，对分裂势力进行最有力的回击。

——加大基础设施建设力度，加快小城镇发展步伐。西藏的交通、能源、通讯等基础设施建设相对落后。公路通过能力低，电力能源比较紧张，通讯基础设施还不完善，离率先全面建设小康社会的要求存在较大差距。继续以"交通、水利、能源、通讯"基础设施建设为重点，按照"两横、四纵"的规划，以大交通、大能源、大通讯为建设目标，突破制约发展的"瓶颈"，增强率先全面建设小康社会的后劲。坚持在基础条件较好、发展潜力巨大的乡镇，进行高起点、高标准、高质量地规划小城镇，本着布局合理、突出特色、体现现代、规模适度、注重效益的原则，按照"花园式""园林式""生态型"，设施完备、功能齐全的目标加快小城镇建设，完善小城镇的功能和基础设施，发挥小城镇全面繁荣农牧区经济的辐射、带动作用，促进城乡经济协调发展和农牧区经济结构升级，形成城乡优势互补、分工合作和第一、第二、第三产业联动发展的格局，着力将区位优势和产业优势突出的小城镇建设成为小型城市。根据小城镇的特点，把小城镇建设与扶贫搬迁、农房改造、生态民俗旅游有机地结合起来，依托自然风光，搞好景区建筑规划，建设错落有致、各具风格、色彩和谐、密度较低，具有个性化特征的新式农房，使景区住宅建筑与景区的优美风光融为一体、交相辉映。立足小城镇资源、劳动力、物资、资金聚集和区位优势，以产业化为依托，吸引乡镇企业和村办企业逐步向小城镇合理集聚，重点发展非农产业，特别是在招商引资方面，将企业引导到基础设施较好的小城镇，以一个企业带动一个城镇，促进城镇经济发展，提升小城镇的产业层次和整体功能，优化小城镇的宏观布局，提高城镇化的质量和运行效益，从而增强小城镇对区域经济的辐射带动作用。进一步完善小城镇的投资、用地、户籍、建房，发展二、三产业等相关政策，吸引企业、外来商户、农牧民群众以多种方式参与小城镇建设和经营。在保护耕地和农牧民合法权益的情况下，妥善解决城镇建设用地问题，在严格执行有关审批程序和规划方案的基础上，允许小城镇规划区内属于农村集体的农用地，通过转让、出租、抵押、入股等形式直接进入小城镇的土地一级市场，参与小城镇的土地开发；深化户籍管理制度和城市福利制度改革，使农牧民进镇居住后，既有长久留下来的政策依据，又不增加城镇财政负担，实现农业劳动力非农业化和农业人口城市化的同步进行。

——以经营土地为重点，加快经营城市进程。推进城镇化进程，就要在创新理念、经营城市、经营土地上做文章。土地是最大的国有资产，经营土地是经营城市的核心和关键。加快土地资源向土地资本转变，大力推进城镇化进程，改变二元经济结构，特别是改变计划经济土地审批形式，将土地资源实行市场化运作和优化配置，最大限度盘活土地资产，为城市建设筹集更多的资金。以科学规划为龙头，以经营城市资产为支点，精心培育经营城市的主体，走政府主导、市场化运作、社会参与的路子，坚持城市高起点规划、高标准建设、高效能管理、高水平经营，实现城市发展投入与产出的良性循环和持续发展。一是加强宏观调控。建立土地储备中心，集中管理，有效控制土地供应总量，增强政府调控能力。二是规范机制。进一步规范和完善土地市场运行机制，凡经营性用地一律采取公开化、市场化运作，实行招标、拍卖和挂牌交易。三是创新体制。理顺土地管理关系，建立完善政府统一领导、主管部门牵头、相关部门配合、社会各界监督的经营管理体制。四是完善市场。整顿规范市场，重点抓土地市场建设、土地存量盘活及闲置土地清理回收，提高经营水平。五是强化管理。加强规划管理，杜绝盲目圈地，实现城市经济、社会和环境的可持续发展。

——切实做好维护稳定的各项工作，巩固和发展安定团结的大好局面。始终坚持稳定压倒一切的思想，按照"旗帜鲜明、针锋相对、主动治理、强基固本"的反分裂斗争方针，大力开展反分裂斗争，维护祖国统一和民族团结，不断巩固和发展安定团结的大好局面。在深入贯彻十六大精神和"三个代表"重要思想，全面建设小康社会的新形势下，要倍加顾全大局，倍加珍视团结，倍加维护稳定。作为边境地区，我们处在反分裂斗争的前沿阵地，始终代表最广大人民的根本利益，就必须旗帜鲜明地站在反分裂斗争的立场上，始终维护祖国的统一和民族团结，创造一个安定、祥和的发展环境。坚持"两手抓，两手都要硬"的方针，以高度的政治责任感，狠抓社会局势稳定工作。坚持不懈地开展反分裂斗争，继续深入揭批达赖政治上的反动性和宗教上的虚伪性，坚决清除达赖分裂集团的反动影响，削弱直至铲除达赖分裂集团的思想和社会基础，教育广大干部群众积极同达赖分裂集团作斗争。反分裂斗争是长期的、尖锐的、复杂的,要树立紧迫感、增强责任心,绝不能麻痹大意、掉以轻心。继续做好宗教工作,认真贯彻落实全国和全区宗教工作会议精神,全面贯彻党的宗教政策,大力开展寺庙爱国主义教育和法制宣传教育,依法管理宗教事务,依法管理寺庙,积极引导宗教与社会主义社会相适应。切实加强社会治安综合治理,坚持"打防结合、预防为主"的方针,深入开展"严打"整治斗争,坚决依法打击严重刑事犯罪和经济犯罪等各类现行犯罪活动,维护社会治安秩序和市场经济秩序。大力加强社会治安综合治理,深入开展安全创建活动,积极探索"打、防、控"长效工作机制,预防、减少治安和刑事案件,消除各类安全隐患,避免重大的事故的发生,确保人民群众的生命财产安全。加强人民内部矛盾纠纷排查调处,密切注视社会热点、难点,做好深入细致的思想工作,积极防范、妥善处理群体性事件,及时排解人民内部矛盾,全力维护社会局势的稳定,为经济社会发展创造一个良好的环境。

学习贯彻"三个代表"重要思想,加快全面建设小康社会的步伐,必须不断推进党的建设的新的伟大工程

按照"三个代表"的要求,全面加强和改进党的建设,是21世纪初我区三大历史任务之一,是做好各项工作的根本保证。坚持把思想建设、组织建设和作风建设有机地结合起来,不断提高党组织的凝聚力和战斗力。从加强党的思想建设入手,用"三个代表"重要思想武装广大党员干部,不断把学习贯彻党的十六大精神和"三个代表"重要思想引向深入,把思想认识统一到党的十六大精神上来,统一到"三个代表"重要思想上来,统一到率先全面建设小康社会的奋斗目标上来,全力推进各项工作。

——加强和改进党的建设,切实转变作风,保持党同群众的血肉联系。深入基层、深入群众、调查研究、掌握情况、解决实际问题、办实事、求实效、进一步密切党群、干群关系。坚持党要管党、从严治党的方针,加强领导干部廉洁自律工作,加强教育,发展民主,健全法制,强化监督、创新体制,把反腐败寓于各项重要政策之中,从源头上预防和解决

腐败问题。狠抓党组织的思想、组织和作风建设,把加强和改进党的作风建设提上重要议事日程,加强对干部的教育和管理,进一步完善党风廉政建设制度和措施,落实目标责任制。以乡镇党委"六个好"、村党支部"五个好"为重点,着力整顿软、弱、涣、散现象,使党的基层组织的战斗力、凝聚力不断加强。

——正确认识党的先进性,全面实践党的先进性,努力使我们党始终走在时代前列,团结和带领全地区各族人民为实现共同的目标而努力奋斗。一是落实"两个务必",按照"八个坚持、八个反对"的要求,认真解决党的建设和干部作风中存在的突出问题,查找和解决影响党群干群关系的突出问题,特别是官僚主义、形式主义和腐败等群众反映强烈的热点、难点和焦点问题。二是提高领导水平和执政水平。牢固树立正确的世界观、人生观、价值观和权力观、地位观、利益观,把自己担负的工作与党执政的历史使命联系起来,切实通过对"三个代表"重要思想的深入学习,打牢马克思主义理论功底,用一切反映当代世界发展与文明进步的新知识充实和提高自己。积极深入实践,勇于探索,敢于创新,通过调查研究、定点帮扶、小康联系等方式,创造性地开展工作,进一步保持同人民群众的血肉联系,真正做到权为民所用、情为民所系、利为民所谋,筑牢执政为民的根基。适应新形势和新任务的要求,不断改革和完善党的执政方式,建立健全各项机制,增强党的生机与活力。三是推进党的组织建设,夯实党的工作基础。坚持"四化"方针、"三个离不开"和德才兼备的原则,建设一支能担当重任、经得起风浪考验,适应率先全面建设小康社会需要的高素质领导干部队伍。切实采取围绕中心、服务大局、拓宽领域、强化功能等有效措施,扩大党的工作的覆盖面。通过学习贯彻"三个代表"重要思想,使各级党组织真正成为"三个代表"重要思想的组织者、推动者和实践者,不断创新党的基层工作,探索党员管理工作的新机制,不断壮大党的基本队伍和骨干力量,增强党在农牧区的影响力和凝聚力,把干部群众的智慧和力量凝聚到十六大提出的各项任务和"三个代表"重要思想的要求上来,努力完成林芝地区率先全面建设小康社会的奋斗目标和"一加强、两促进"的历史任务。

(原载《西藏日报》2003年7月26日)

"三个代表"重要思想是我们党必须长期坚持的指导思想

一 "三个代表"重要思想的内涵

中国共产党必须始终代表中国先进生产力的发展要求，代表中国先进文化的前进方向，代表中国最广大人民的根本利益，这是对"三个代表"重要思想的集中概括。它以其凝练、简洁、人民群众喜闻乐见的语言，回答了在面临长期执政、改革开放和发展社会主义市场经济三大考验的新的历史条件下，建设一个什么样的党、怎样建设党的重大问题，将我们党的建设带入了一个新境界，是我们的立党之本、执政之基、力量之源。坚持"三个代表"是中国共产党工人阶级先锋队性质、根本宗旨、根本任务的集中体现，是在21世纪加强党的建设、推进建设中国特色社会主义伟大事业的根本要求。我们党要始终代表中国先进生产力的发展要求，就是党的理论、路线、纲领、方针、政策和各项工作，必须努力符合生产力发展的规律，体现不断推动社会生产力的解放和发展的要求，尤其要体现推动先进生产力发展的要求，通过发展生产力不断提高人民群众的生活水平。我们党要始终代表中国先进文化的前进方向，就是党的理论、路线、纲领、方针、政策和各项工作，必须努力体现发展面向现代化、面向世界、面向未来的，民族的、科学的、大众的社会主义文化的要求，促进全民族思想道德素质和科学文化素质的不断提高，为我国经济发展和社会进步提供精神动力和智力支持。我们党要始终代表中国最广大人民的根本利益，就是党的理论、路线、纲领、方针、政策和各项工作，必须坚持把人民的根本利益作为出发点和归宿，充分发挥人民群众的积极性、主动性、创造性，在社会不断发展进步的基础上，使人民群众不断获得切实的经济、政治、文化利益。

二 "三个代表"重要思想提出的历史背景

"三个代表"重要思想，是以江泽民同志为核心的党的第三代中央领导集体根据国际国内形势的新变化，根据我国改革开放和现代化建设面临的新问题和新任务，根据我们党肩负的历史使命和党的自身建设实际，在深刻总结党的历史经验的基础上，作出的精辟论断和科学结论，其产生有着深刻的历史背景。

2000年6月9日，江泽民同志在全国党校工作会议上的讲话中，谈到"三个代表"重要思想的重要性时这样讲道："我提出这个问题，是经过了长期思考的。"① 这里的长期，可以追溯到1989年以江泽民同志为核心的党的第三代中央领导集体成立之初。也就是说，"三个代表"重要思想的提出，是十多年来江泽民同志以及第三代中央领导集体思考如何建设好我们党最重要的理论结晶。鉴于一个时期以来我们党在自身建设问题上出现的失误，邓小平同志在第三代中央领导集体成立之初就作了"要聚精会神地抓党的建设"的重要政治交代。1989年以来，江泽民同志在如何加强和改进我们党自身建设这个问题上一直保持高度的警觉，一直在思考如何结合党的工作全局稳步推进这一新的伟大工程。他先后提出了一系列新的重大论断，形成了一整套党的建设的基本思路，成功地推进了党的建设新的伟大工程。世纪之交，党的建设面临着更加复杂多变的内外部环境的考验和挑战。就国际形势而言，政治多极化、经济全球化和科学技术的迅猛发展，综合国力的竞争日趋激烈。就国内而言，建立社会主义市场经济新体制正引发一场深刻的、全方位的历史性变革；社会经济成分、组织形式、利益关系、分配方式和就业方式等日益多样化且还将进一步发展。同时，党自身的建设在取得重大成就的同时，还面临整体性的干

---

① 江泽民：《加紧培养适应新世纪要求的中青年领导干部》（2000年6月9日），《江泽民文选》第3卷，人民出版社2006年第1版。

部新老交替，一些党组织还存在软弱涣散的现象，少数基层组织的工作基础受到严重危害，部分党员干部的理想信念淡泊，党内出现了严重破坏党同人民群众血肉关系的现象，个别党员、领导干部的综合素质不能适应新形势的要求等新问题。江泽民同志敏锐地认识到我们党正面临的前所未有的严峻考验，他深入思考如何才能使我们党提高领导水平和执政能力，增强防腐拒变和抵御风险的能力。2000年2月20日，江泽民同志在广东省高州市领导干部"三讲"教育会议上的讲话中谈到了如何使我们党保持先进性的问题。2000年5月14日，江泽民同志在江苏、浙江、上海考察后，在上海发表的重要讲话中，就党的建设面临的形势、任务、存在的问题以及要注意的若干方面，作出了深刻阐述，揭示了"三个代表"重要思想的基本内涵。2000年6月5日，江泽民同志在中国科学院第十次院士大会、中国工程院第五次院士大会上的讲话中，提出了"三个代表"的实质就是"创新"的新论断。创新意识一旦和实际结合起来，就会孕育理论上的重大突破。2001年7月1日，江泽民同志在庆祝中国共产党成立80周年大会上的讲话集中了全党的智慧，对"三个代表"重要思想的科学内涵作了最为全面的阐述，创造性地提出了如何按照"三个代表"重要思想的要求，加强和改进党的建设以及如何辩证地理解党的最低纲领和最高纲领的辩证关系等论断，深刻揭示了"三个代表"重要思想的时代内涵和重大意义，标志着"三个代表"重要思想的完全成熟。

我们党历经革命、建设和改革时期，已经从领导人民为夺取全国政权而奋斗的党，成为指导人民掌握全国政权并长期执政的党；已经从受到外部封锁和实行计划经济条件下领导国家建设的党，成为对外开放和发展社会主义市场经济条件下领导国家建设的党。十六大报告强调这一点，使我们对"三个代表"重要思想产生的历史必然性、现实客观性认识得更加深刻了。我们党是执政党，是领导国家建设的党，我们必须始终代表中国先进生产力的发展要求，始终代表中国先进文化的前进方向，始终代表中国最广大人民的根本利益。这是我们思考解决一切问题的基点。围绕这个基点，我们必须从中国和世界的历史、现状和未来着眼，准确把握时代特点和党的任务，科学地制定并正确地执行党的路线方针政策，做到既不隔断历史又不迷失方向，既不落后于时代又不超越阶段，使我们的事业不断从胜利走向胜利。

三 "三个代表"重要思想是对马克思列宁主义、毛泽东思想和邓小平理论的新发展

思想解放、理论创新历来都是引导社会前进的强大力量。中国共产党是一贯重视理论指导和勇于进行理论创新的党，在把马克思主义基本原理同中国具体实践相结合的过程中，不断做出新的理论贡献，不断产生新的理论成果。

以毛泽东同志为主要代表的中国共产党人，把马克思列宁主义的基本原理同中国革命的具体实践结合起来，创立了毛泽东思想。毛泽东思想是马克思列宁主义在中国的运用和发展，是被实践证明了的关于中国革命和建设的正确的理论原则和经验总结，是中国共产党集体智慧的结晶。在毛泽东思想的指引下，中国共产党领导全国各族人民，取得了新民主主义革命的胜利，建立了中华人民共和国，确立了社会主义基本制度，发展了社会主义的经济、政治和文化。十一届三中全会以来，以邓小平同志为主要代表的中国共产党人，开辟了社会主义事业发展的新时期，形成了建设中国特色社会主义的路线、方针、政策，阐明了在中国建设社会主义、巩固和发展社会主义的基本问题，创立了邓小平理论。邓小平理论是马克思列宁主义的基本原理同当代中国实践和时代特征相结合的产物，是毛泽东思想在新的历史条件下的继承和发展，是马克思主义在中国发展的新阶段，是当代中国的马克思主义，是中国共产党集体智慧的结晶，引导着我国社会主义现代化建设事业不断前进。

十三届四中全会以来，以江泽民同志为主要代表的中国共产党人，在建设中国特色社会主义的伟大实践中，积累了治党治国治军的新经验，创立了"三个代表"重要思想。"三个代表"重要思想是对马克思列宁主义、毛泽东思想和邓小平理论的继承和发展，反映了当代世界和中国的发展变化对党和国家工作的新要求，是加强和改进党的建设、推进我国社会主义自我完善和发展的强大理论武器，是中国共产党集体智慧的结晶，是党必须长期坚持的指导思想。始终做到"三个代表"，是我们党的立党之本、执政之基、力量之源。

"三个代表"重要思想不仅是总结过去、立足现实、面向未来提出来

的富有时代气息的新论断，更重要的是它在理论创新的意义上给人以新的马克思主义教育。"三个代表"重要思想中的每一条似乎都是老问题，但江泽民同志结合新的实际进行了新概括，赋予其新的时代内涵。

（一）"三个代表"重要思想是马克思主义的新发展，集中揭示了党的立党之本、执政之基、力量之源，对党的先进性作出了符合时代要求的新概括，从根本上科学而又比较系统地回答了时代提出的重大历史课题

马克思曾经说过："一切时代的体系的真正的内容都是由于产生这些体系的那个时代的需要而形成起来的。"① 毛泽东生活的那个时代以战争和革命为主题，那个时代需要有指导中国革命战争的理论，我们党以毛泽东同志为核心适应了这种需要，产生了毛泽东思想。邓小平作为我们党的第二代领导核心，生活的时代以和平和发展为主题，这个时代需要有适合中国特点的社会主义建设理论。我们党以邓小平同志为核心适应了这种需要，产生了邓小平理论。现在，时代的主题虽然没有变，但发生了许多新的特点，世界多极化趋势在曲折中发展，经济全球化的步伐越来越快，科学技术突飞猛进，各种思想文化相互激荡，我们面临的形势复杂多变。面对着这样的时代特点，我们如何保持党的性质不变并站在时代的前列？江泽民同志提出"三个代表"重要思想，很好地解决了这一重大的历史课题。这就是要始终代表中国先进生产力的发展要求，始终代表中国先进文化的前进方向，始终代表中国最广大人民的根本利益。

（二）"三个代表"重要思想作为马克思主义的新发展，全面推进了邓小平理论的科学体系，开辟了坚持和发展马克思主义的新境界

马克思主义是不断发展的学说，而不是一成不变的教条。马克思主义是马克思、恩格斯总结无产阶级的斗争经验，研究前人的思想资料形成的超越前人的学说。这个学说为无产阶级提供了强大的理论武器。以毛泽东同志为核心的党的第一代领导集体用这一理论武器，研究解决中国革命和建设问题，形成了毛泽东思想。毛泽东思想是中国的马克思主义。以邓小平同志为核心的党的第二代领导集体用这一理论武器，研究解决我国的社会主义建设和改革问题，形成了邓小平理论。邓小平理论是当代中国的马克思主义。以江泽民同志为核心的党的第三代领导集体用这个思想武器，研究解决新的历史条件下党的建设和社会主义建设问题，形成了"三个

---

① 《马克思恩格斯全集》第3卷，人民出版社1960年版，第544页。

代表"重要思想。"三个代表"重要思想是当代中国马克思主义的新发展。它在社会主义建设的各个方面都提出了一系列新的思想理论观点，极大地丰富和发展了马列主义、毛泽东思想和邓小平理论。

（三）"三个代表"重要思想作为马克思主义的新发展，把我们对共产党的执政规律、对社会主义的建设规律、对人类社会发展规律的认识提高到了一个新的水平，为在21世纪全面推进党的建设和中国特色社会主义事业的发展提供了新的理论武器

共产党执政、社会主义建设以及人类社会发展是有规律的。马列主义、毛泽东思想、邓小平理论既是这种规律的总结，又是我们进一步探讨这种规律的科学指南。江泽民同志运用马列主义、毛泽东思想、邓小平理论进一步研究了这三大规律。共产党执政、社会主义建设以及人类社会的发展具有什么样的规律，怎么适应它的规律，过去我们认识得不很透彻，特别是在"左"倾错误影响下，总认为只有"以阶级斗争为纲"才行。后来我们改变了这种看法，提出"以经济建设为中心"。江泽民同志深化了这种认识，提出了"三个代表"重要思想，强调只有代表中国先进生产力发展要求，代表中国先进文化的前进方向，代表中国最广大人民的根本利益，才能顺应共产党执政、社会主义建设和人类社会发展的规律。这种认识体现了生产力与生产关系的统一，经济基础与上层建筑的统一，体现了尊重历史规律和尊重人民历史主体地位的统一，体现了党的建设和党的任务的统一，体现了党的最高纲领和最低纲领的统一，从而把我们对三大规律的认识提高到了一个新的水平。

"三个代表"重要思想回答了新时期我们党的立党之本、执政之基、力量之源，开辟了坚持和发展马克思主义的新境界，把三大规律的认识提高到了一个新的水平，是马克思列宁主义、毛泽东思想和邓小平理论的新发展。因而，在新的历史条件下坚持马克思主义、毛泽东思想和邓小平理论，最主要的就是要坚持"三个代表"重要思想。

四 把"三个代表"重要思想确立为党必须长期坚持的指导思想是十六大的历史性决策

中国共产党第十六次全国代表大会，高度评价"三个代表"重要思

想的历史地位和重要作用，把"三个代表"重要思想同马克思列宁主义、毛泽东思想和邓小平理论一道确立为我们党必须长期坚持的指导思想，实现了我们党指导思想的又一次与时俱进。

（一）把"三个代表"重要思想确立为党必须长期坚持的指导思想，这是十六大作出的一个历史性决策，也是一大历史性贡献

"三个代表"重要思想科学地回答了新世纪新阶段我们党举什么旗这一最为重大的问题。旗帜问题至关重要，它可以表明立场，指明方向，凝聚人心。我们党从诞生的那一天起，就是以马克思列宁主义为指导的。党的七大把马列主义和中国实际相结合而产生的毛泽东思想写入党章，确立为我们党的指导思想。在毛泽东思想的指引下，我们取得了中国革命的辉煌胜利。党的十一届三中全会以后，我们又把邓小平理论写在了党的旗帜上，十五大将其正式确立为我们党的指导思想。在邓小平理论的指引下，我们开辟了建设中国特色社会主义的新道路，迎来了社会主义建设的新时期。十六大把"三个代表"重要思想写入党章，确立为我们党必须长期坚持的指导思想，在这一重要思想的指引下，一定会开创中国特色社会主义事业的新局面。

（二）把"三个代表"重要思想确立为党必须长期坚持的指导思想，是坚持和发展社会主义的必然要求，是我们党艰辛探索和伟大实践的必然结论

从国际社会主义运动的角度看，20世纪发生了牵动历史、震撼世界的两件大事。一件发生在20世纪上半叶：社会主义从空想到科学，科学社会主义从理论到实践，社会主义制度从一国到多国。社会主义运动硬是把资本主义的一统天下劈开，使社会主义三分天下有其一，并成为一股不可阻挡的历史洪流，极大地改变了世界的面貌。另一件发生在20世纪下半叶：20世纪80年代末90年代初，东欧剧变、苏联解体，世界社会主义出现严重曲折，我国国内也发生了严重的政治风波，这种巨大变化，向我们提出了一个严肃而又重大的问题：把一个什么样的中国带入21世纪，或者说，怎样把一个社会主义的中国带入21世纪？江泽民同志高举邓小平理论的伟大旗帜，领导我们进行了艰辛的探索，成功地解决了这一问题。十三届四中全会以来的13年，是艰难而辉煌的13年。我们在以江泽民同志为核心的党中央的英明领导下，成功地度过了政治风险、自然风险、金融风险，极大地推进了我国的社会主义事业。这个时期，尽管还存在这样那样的问题,但总的说来,是我国综合国力大幅度跃升、人民得到实惠最多的时期,是我国社会长期保持稳定团结、政通人和的时期,是我国国际影响显著提升、民族凝聚力极大增强的时期。13年的实践,加深了我们对什么是社会主义、如何建设社会主义,建设一个什么样的党、怎样建设党的认识,积累了十分宝贵的经验。这些经验,联系党成立以来的历史经验,归结起来就是,我们党必须始终成为"三个代表"。

(三)把"三个代表"重要思想确立为我们党必须长期坚持的指导思想,体现了党在指导思想上的与时俱进

我们党是以马克思主义为指导的党。与时俱进是马克思主义的理论品质。我们既要坚持马克思主义的基本原理,又要谱写新的理论篇章,既要发扬革命传统,又要创造新的经验,善于在解放思想中统一思想,用发展着的马克思主义指导发展着的实践。当前,世界在变化,我国改革开放和现代化建设在前进,人民群众的伟大实践在发展,迫切要求我们党以马克思主义的理论勇气总结实践的新经验,借鉴当代人类文明的有益成果,在理论上不断拓展新视野,作出新概括。

(四)把"三个代表"重要思想确立为我们党必须长期坚持的指导思想,是由"三个代表"重要思想的科学性决定的

"三个代表"重要思想是邓小平理论之后的一次新飞跃。"三个代表"重要思想不只是党的建设的理论,而且是党和国家一切工作的根本指针,是加强和改进党的建设、推进我国社会主义自我完善和发展的强大理论武器。"三个代表"重要思想不单是代表先进生产力的发展要求,代表先进文化的前进方向,代表中国最广大人民的根本利益这样几个论断,也不单是这几个论断的简单相加,而是一个完整的新的理论体系。它以"解放思想、实事求是、与时俱进"为精髓,以"什么是社会主义、怎样建设社会主义和建设一个什么样的党、怎样建设党"为主题,全面体现了党的基本理论、基本路线、基本纲领、基本经验,涵盖了经济、政治、文化等各个领域。

五 学习贯彻"三个代表"重要思想,必须牢牢把握其精神实质

贯彻"三个代表"重要思想,关键在坚持与时俱进,核心在坚持党

的先进性，本质在坚持执政为民。我们要牢牢把握这一精神实质。党的十六大报告对这三个方面都作了深入思考和精辟阐述，从而使之得到了极其充分的贯彻和体现。

（一）与时俱进是马克思主义的本质特征，是贯彻"三个代表"重要思想的关键，也是马克思主义政党应该始终具有的精神状态

十六大报告鲜明地提升了与时俱进的政治定位，明确地把它写进了十六大的主题之中，强调只有按照与时俱进的要求去做，我们党的全部理论和工作才能不断地体现时代性，把握规律性，富于创造性。十六大报告大力弘扬了与时俱进的创新精神，通篇都洋溢着与时俱进的"新"气息。比如，报告在阐述牢牢把握贯彻"三个代表"重要思想的根本要求时，强调全党要"不断开拓马克思主义理论发展的新境界，不断开创现代化建设的新局面，不断为中华民族的伟大复兴增添新力量，不断为党的肌体注入新活力"。在阐述全面建设小康社会的奋斗目标时，强调"发展要有新思路，改革要有新突破，开放要有新局面，各项工作要有新举措"。在阐述"三个代表"重要思想也是发展着的理论时，强调全党同志必须"在思想上不断有新解放，理论上不断有新发展，实践上不断有新创造"。在阐述党的执政能力建设问题时，强调各级干部必须坚持"在实践中掌握新知识，积累新经验，增长新本领"。所有这些，都给我们以新风扑面的感觉。我们要从站在时代前列带领人民前进的角度来学习领会十六大提出的这些新的要求。牢牢记住"创新是一个民族进步的灵魂，是一个国家兴旺发达的不竭动力，也是一个政党永葆生机的源泉"这个真理。

（二）坚持党的先进性是贯彻"三个代表"重要思想的核心

党的先进性是党的生命所在。十六大报告强调，在新的历史条件下，如果不与先进生产力、先进文化和最广大人民的根本利益相联系，党的先进性就无从谈起，党的执政地位就无从巩固。因而坚持党的先进性，必须把发展作为执政兴国的第一要务。共产党作为先进的社会政治力量，它的作用要在推动社会前进的实践中去发挥，它的历史地位要在推动社会前进的实践中去确立，它的先进性也必须在推动社会前进的实践中去体现。我们党在政治上把自己定位于全国工人阶级的先锋队、中国人民和中华民族的先锋队，一个很重要的方面，就是要进一步增强和发挥党在推动中国社会发展的伟大作用。十六大报告在坚持党的先进性问题上，一个最根本的特点，就是把我们党的先进性内化为引领和推动当代中国社会发展的实际作用，并据此确立了具有战略性和全局性的思路。一是坚持把贯彻执行党的基本路线和基本纲领作为整个党建工作的着眼点，使党的先进性在完成党的中心任务的过程中更好地体现出来。二是坚持把发展作为党执政兴国的第一要务，使党的先进性在发挥社会主义制度优越性的过程中更好地体现出来。三是努力促进社会主义全面协调地发展。通观十六大报告，我们有一个强烈的感受，就是报告以实现中华民族伟大复兴为主旨，以全面建设小康社会为主题，对我们党推动当代中国社会全面发展进步的目标和任务，作了精心谋划和科学部署。我们从坚持党的先进性的角度来学习领会十六大报告，对这种精心谋划和科学部署会体会得更加深刻。

（三）执政为民是贯彻"三个代表"重要思想的本质

十六大报告从唯物主义历史观的高度强调，大多数人的利益和全社会全民族的积极性创造性，对党和国家事业的发展始终是最具有决定性的因素。因而，我们党的全部理论和全部工作，要始终以最广大人民群众的支持和拥护为最高标准，要始终体现最广大人民群众的意志和利益，要始终依靠人民群众的智慧和力量。只有这样，党才能始终与人民群众同呼吸、共命运、心连心，才能永远立于不败之地。十六大报告就其根本价值取向来说，它实质上就是我们党在新的历史条件下，坚持执政为民的政治宣言和行动纲领。十六大报告在讲全面建设小康社会的奋斗目标时强调："我们要在21世纪头20年，集中力量，全面建设惠及十几亿人口的更高水平的小康社会，使经济更加发展、民主更加健全、科教更加进步、文化更加繁荣、社会更加和谐、人民生活更加殷实。"[①] 在讲到经济建设和经济体制改革的任务时强调，"要保持国民经济持续快速健康发展，不断提高人民生活的水平"。在讲到政治建设和政治体制改革时强调，"人民当家做主是社会主义民主政治的本质要求，建设社会主义民主政治，就是要使人民群众充分享有当家做主的各项权利"。在讲到文化建设和文化体制改革时强调，"我们建设社会主义精神文明，是为了不断实现和发展人民的文化利益，使广大人民群众的精神文化生活需求日益得到满足"。为把造福于民的根本价值取向贯彻到全面建设小康社会的实践中去，报告还确立了一些带有指导性的方针和原则，比如坚持用发展的办法解决前进中的问

[①] 江泽民：《全面建设小康社会，开创中国特色社会主义事业新局面》（2002年11月8日），《江泽民文选》第3卷，人民出版社2006年第1版。

题；坚持效率优先兼顾公平的原则，保障不同利益群体合理地共享经济社会发展成果；坚持以人民群众为本，促进人的全面发展等。这些都体现了"三个代表"重要思想执政为民的本质，我们用执政为民的思想来学习领会十六大报告，这样体会就更加深刻。

总之，关键在坚持与时俱进，核心在坚持党的先进性，本质在坚持执政为民，是"三个代表"重要思想的精神实质，是十六大的灵魂，是贯彻"三个代表"思想的根本要求。为此，我们必须紧密联系思想和工作实际，全面理解，正确把握，真正做到理论上十分清醒，政治上十分坚定，行动上十分自觉。

六 学习贯彻"三个代表"重要思想，要紧密结合实际，做到"三个必须"

"三个代表"重要思想是我们党必须长期坚持的指导思想，是十六大的灵魂，我们必须在各项工作中贯彻这一指导思想。在兴起学习贯彻"三个代表"重要思想的新高潮之际，我们应当紧密结合实际，切实做到"三个必须"。

（一）学习贯彻"三个代表"重要思想，必须进一步加强"解放思想、实事求是、与时俱进"的思想路线教育

坚持勇于追求真理和探索真理的革命精神，立足于新的实践，与时俱进，始终保持党的先进性，是党中央在 21 世纪初的重要历史时刻，向全党发出的伟大号召。西藏相对内地而言比较封闭，必须更加强调大力发扬求真务实、勇于创新精神，创造性地开展工作。如果思想保守僵化，跟不上飞速发展的客观形势，习惯于老方式老办法想问题、做工作，缺乏主动性、创造性，就会陷入盲目和被动，给工作带来损失和危害。当今世界，形势发展日新月异，西藏无论是加快发展还是维护稳定，都面临许多新情况新问题。我们必须从实际出发，以"三个代表"重要思想为指导，进一步解放思想，研究新情况，解决新问题，努力开创各项工作的新局面。

（二）学习实践"三个代表"，重要思想，必须大力加强党的宗旨教育

引导党员干部特别是领导干部树立马克思主义的世界观、人生观和价值观，树立正确的权力观、地位观和利益观，始终牢记为人民谋利益是共产党人全部活动的根本出发点和落脚点，自觉增强党性修养和党性锻炼。要坚持实现最高纲领与实现最低纲领的一致性，坚定不移地实现和维护好最广大人民的根本利益。

七 学习把握"三个代表"重要思想，必须继续深入进行"四观"和"两论"教育

要使广大党员干部特别是领导干部善于运用马克思主义的立场、观点和方法来观察社会、分析问题、面对尖锐的反分裂斗争，敏感的宗教问题，始终保持清醒的政治头脑和坚定的政治立场。

在今后一个时期，我们一定要积极响应党中央号召和区党委部署安排，努力在全地区兴起学习贯彻"三个代表"重要思想的新高潮。切实把"三个代表"重要思想在地区率先全面建设小康社会中的指导地位牢固地树立起来，自觉贯彻到社会事业建设的各个方面，成为我们分析问题的科学世界观和方法论，成为检验各项工作成效的根本尺度，成为广大党员领导干部成长进步、立身做人的行为准则，不断开创地区各项工作的新局面。

（原载《林芝地区兴起学习贯彻"三个代表"重要思想新高潮地委理论中心组发言集》，2003年10月）

增加农牧民收入的根本途径

切实增加农牧民收入是实践"三个代表"重要思想的具体体现,是有效解决"三农"问题的重要途径,也是率先全面建设小康社会的关键。从林芝的实际出发,要增加农牧民收入,必须采取以下几项措施。

第一,全面落实农牧区政策,鼓励农牧民加快发展。深刻认识增加农牧民收入的极端重要性,继续落实农牧区"两个长期不变"的基本政策和统分结合的双层经营体制,促进农牧区经济持续快速发展。按照"谁开发、谁经营、谁受益"的原则,鼓励个人承包荒滩、荒坡、荒山,大力发展特色农牧业,不断为农牧民增收营造良好环境。制定农牧区发展的优惠政策,调整和完善生产关系,广泛吸纳社会资金投入农牧区建设,最大限度地激发广大农牧民发展生产的积极性、创造性。

第二,大力开展农牧区集市贸易,疏通农牧区产品流通渠道。培育和完善农牧区市场体系,畅通农牧区流通环节,积极引导农牧民参与集市贸易,不断增强市场观念和商品意识;鼓励涉农企业进行农业产业化经营,通过抓市场、促流通,逐步建立起科技、信息、加工、销售和储运产供销一条龙服务机制,切实解决农牧民群众买难卖难的问题,努力提高农畜产品的转化率。根据实际,建立起相应的农畜产品专业市场、综合市场、批发市场,吸引和鼓励群众参与农畜产品的经营和加工,努力将初级农畜产品市场发展成为农畜产品集散地,把千家万户与市场紧密地连接在一起。同时,以小集镇为依托,大力实施"一乡一品、一县一业"战略,达到"兴一集、富一乡、带一片"的目的,不断增加群众收入。

第三,建立平等的就业机制,畅通农牧民就业渠道。认真贯彻落实中央、自治区确定的一系列就业政策措施,把增加农牧民收入与西部大开发战略、项目建设、生态环境建设、全面小康建设等工作有机地结合起来,加大劳务输出力度,建立健全劳动就业技能培训机制,使劳动者掌握一定的技能，更快地适应劳动力市场的需要，在竞争中提高自身能力。打破地域界线，建立劳务市场，促进规范运作，完善就业服务体系，建立职业介绍机构，为农牧民提供快捷的就业服务和就业岗位。进一步建立健全劳动合同制，抓好劳动争议案件的预防、调解工作，防止出现农牧民进城务工同工不同酬和拖欠农牧民工资等现象，不断强化对各类劳动纠纷的调查处理，保护农牧民合法权益。

第四，建立农村经济合作组织，带动农牧民增收致富。随着农牧区经济结构的调整和产业化经营规模的不断拓展，农牧区将会不断涌现各类新型经济组织。突破思想障碍，统一认识，不拘一格，只要是有利于提高农牧民组织化程度和增加农牧民收入的，就要鼓励并放手发展。

（1）充分发挥农牧区龙头企业和经营大户、农牧区经纪人，种植养殖大户的作用，鼓励他们在自愿互利的基础上，兴办农产品加工型经济组织，实现农畜产品增值，使农牧民不仅得到生产环节的利润，还得到加工、销售环节上的利润。（2）农牧区新型专业合作经济组织，需要一定的土地的，经土地行政主管部门批准，在保证复耕前提下，可以在一般农田建立种植业、养殖业、林果业等项目，免收地方土地行政费。（3）每年安排一定的资金，重点扶持蔬菜、果品、藏猪、藏鸡养殖等和县城特色主导产业。（4）金融部门继续发展小额信贷等支农信贷业务，为农牧民创办小型企业、发展种养业提供必要的启动资金。（5）鼓励各类人才积极发展新型农牧区专业合作经济组织，鼓励行政机关、事业单位工作人员和科技人员创办农牧区新型专业合作经济组织。经组织人事部门批准，保留原身份、编制，可以提高职级，享受工资晋升、财政统发工资待遇。

第五，加大科技投入，提高产出效益。不断加大对农牧业的科技投入，进一步加强与农牧学院、农牧业科技部门的合作与交流，增强对先进实用技术和优良品种的引进、消化、吸收和推广。积极发展高效技术、先进经营管理技术、农牧综合配套技术，建立科技培训基地，加强农牧业和农牧区经济发展中关键技术的引进、创新与示范推广，解决制约农牧业和农牧区经济发展的重大技术难题，培养一支具有较高素质的农牧业技术力量和基层技术骨干、农牧民科技致富带头人，大力引进畜禽新品种，加速畜禽品种改良，提高生产性能和经济效益，加大对虫害、草场沙化、退化等自然灾害的治理力度；推广秸秆和饲草青贮、太阳能高效温室、水果保鲜等技术，努力促进农牧业丰收，提高农产品的质量和产量，增加农牧民收入。大力发展订单农业、生态农业、无公害农业，生产适销对路的农畜产品，逐步将农牧业发展成为优势产业、强势产业、经济带动型产业，创立林芝地区的绿色品牌。

  第六，继续为农牧民办实事，促进农牧区经济全面发展。农牧业是弱势产业，投入大、收益少、生产周期长、抵御自然灾害能力差。为此，要继续集中人力、物力、财力，为农牧民群众办好实事。加大对农牧区的投入，有计划、有重点地加强交通、能源、通信、人畜饮水、防灾抗灾、农田水利等基础设施建设，为群众增收致富创造有利条件。援藏工作的重点也要向农牧区倾斜，多建一些能改善农牧区生产生活条件和增加农牧民收入的造血型、带动型项目，增强农牧区经济社会发展后劲，为林芝地区率先实现全面建设小康社会做出应有的贡献。

（2004年1月6日讲稿）

重视人才　促进发展

前不久，中央召开全国人才工作会议，胡锦涛总书记在会上发表了重要讲话，讲话站在时代和历史发展的高度，站在党和国家事业发展全局的高度，深刻阐述了实施人才强国战略的重要性和紧迫性，科学分析了人才工作面临的形势，明确提出了我国人才工作的根本任务、指导方针和总体要求，是新世纪新阶段指导人才工作的纲领性文献。

一

（一）深刻领会胡锦涛总书记的重要讲话精神，是准确把握关系党和国家事业发展的关键问题

胡锦涛总书记在全国人才工作会议上深刻指出："人才问题是关系党和国家事业发展的关键问题。全党同志必须从全局和战略的高度，以高度的政治责任感和历史使命感，把实施人才强国战略作为党和国家一项重大而紧迫的任务抓紧抓好。"[1] 实施人才强国战略，是增强综合国力和国际竞争力的根本措施，是完成现代化的必由之路，是我们党根据新世纪新阶段国际国内形势的深刻变化，继科教兴国战略和可持续发展战略之后作出的又一项重大战略决策。这些重大战略紧密结合，相互促进，其中人才强国战略是"制高点"和根本保证，如果没有一定数量的人才支撑，科教兴国和可持续发展战略就会缺乏足够的动力。建设中国特色社会主义必须把人才作为推进发展的关键因素，努力造就一大批高素质劳动者、专门人

---

[1] 胡锦涛：《大力实施人才强国战略，不断开创人才工作新局面》（2003年12月19日），《十六大以来重要文献选编》（上），中央文献出版社2005年版。

才和创新人才,建设规模宏大、结构合理、素质较高的人才队伍,充分发挥各类人才的积极性、主动性和创造性,开创人才辈出、人尽其才的新局面,大力提升国家核心竞争力和综合国力,为全面建设小康社会,实现中华民族的伟大复兴提供保证。

(二) 深刻领会胡锦涛总书记的重要讲话精神,准确把握人才是第一资源的重要论述

胡锦涛总书记指出:"人才是先进生产力和先进文化的重要创造者和传播者。人才资源是第一资源,人才优势是最大优势,人才开发是经济社会发展的重要推动者。"[①] 切实加强人才工作,大力实施人才强国战略,培养造就高素质人才是抓住和用好重要战略机遇期、应对日益激烈的国际竞争的必然要求,是全面建设小康社会、开创中国特色社会主义事业新局面的必然要求,是增强党的执政能力、巩固党的执政地位的必然要求。我们要深刻领会胡锦涛总书记关于人才是第一资源的重要论述,充分认识实施人才强国战略的重要性和紧迫性,自觉增强大局意识和忧患意识,把实施人才强国、人才兴地战略作为一项重大任务抓紧、抓好、抓出成效,努力建设数量充足、结构合理、素质较高的人才队伍,为实现经济社会跨越式发展提供坚强的人才保证和智力支持。

(三) 深刻领会胡锦涛总书记的重要讲话精神,认真落实人才工作的各项政策措施

胡锦涛总书记指出:"人才工作的活力取决于体制和机制。完善人才工作的体制和机制,有助于培养、吸引人才,真正做到人尽其才。"[②] 深刻领会胡锦涛总书记的重要讲话精神,关键在于指导实践,推动工作,切实把加强人才工作的各项政策措施落到实处。古人云:贤才至,大业创;俊才聚,伟业成;英才蔚起,国运昌盛。古今中外的历史发展说明,一个国家能否发展,一个民族能否兴盛,有没有大批优秀人才是决定性因素。有关部门要坚持以邓小平理论、"三个代表"重要思想和胡锦涛总书记的重要讲话精神为指导,紧密结合实际,研究制定加强人才工作的具体措施和办法,认真解决人才工作中存在的突出问题,把人才培养、使用、流动、激励等一系列政策措施落到实处。要高度重视人才资源开发在经济社

---

① 胡锦涛:《大力实施人才强国战略,不断开创人才工作新局面》(2003年12月19日),《十六大以来重要文献选编》(上),中央文献出版社2005年版。

② 同上。

会发展中的基础性、战略性、决定性作用，紧紧抓住培养、吸收和用好人才的各个环节，大力加强以党政人才、企业经营管理人才和专业技术人才为主体的人才队伍建设。要认真贯彻落实各项人才的培养、吸引和使用政策，树立有利于促进人才工作发展的新思想、新理念，及时研究和解决人才队伍建设中遇到的新情况、新问题，不断深化改革，推进人才工作走上科学化、民主化、制度化的轨道。

（四）深刻领会胡锦涛总书记的重要讲话精神，切实加强对人才工作的领导

胡锦涛总书记指出："实施好人才强国战略，关键在党。各级党委要坚持党管人才原则，进一步加强和改进对人才工作的领导，不断提高人才工作水平。"[①] 我们要进一步加强领导，明确责任，狠抓落实，牢固树立人人都可以成才和以人为本的观念，引导和教育社会成员尊重劳动、尊重知识、尊重人才、尊重创造，努力营造鼓励人才干事业、支持人才干成事业、帮助人才干好事业的社会环境和良好氛围。进一步加强对人才工作的宏观指导，落实措施，相互协调，整体推进，及时总结和推广新经验、新方法，组织好各方面的力量，调动各方面的积极性，共同做好人才队伍建设工作。在加强领导的同时，领导干部要有识才慧眼、用才气魄、爱才的感情和聚才的方法，知人善任，广纳群贤。积极借鉴先进经验，充分利用中央赋予西藏的优惠政策，继续抓住对口支援的大好时机，认真做好急需人才的培训工作。坚持以市场为导向，积极运用经济和行政手段，正确处理好人才引进和智力引进的关系，把长期引进与短期服务结合起来，采取多种方式，开辟多种途径，广泛引进人才和智力，大力调整人才队伍结构，促进人才向企业、农牧区、艰苦边远县、乡转移，逐步实现人才队伍的合理布局。

人才队伍建设的状况，代表一个国家和地区的整体水平，反映出一个国家和地区的综合实力。培养并用好人才，可以造就各行各业的各类骨干，带动一个地区整体群众素质的提高，为此我们要充分认识加快高技能人才队伍建设的重要性，切实做好人才工作。

---

① 胡锦涛：《大力实施人才强国战略，不断开创人才工作新局面》（2003 年 12 月 19 日），《十六大以来重要文献选编》（上），中央文献出版社 2005 年版。

二

（一）切实加强领导班子思想政治建设，进一步坚定政治信念

继续加强领导班子、干部队伍思想政治教育，组织广大干部认真学习马列主义、毛泽东思想、邓小平理论，不断兴起学习贯彻"三个代表"重要思想新高潮，提高学习质量，保证学习效果，全面提升领导干部素质和执政能力，使广大干部自觉地用先进理论武装头脑，指导实践，推动工作。善于运用爱国主义，批驳分裂主义；运用唯物主义，批驳唯心主义，为改革、发展和稳定提供强大的思想武器和精神动力。要紧密联系干部队伍思想实际，通过坚持不懈的学习，使广大干部深刻领会邓小平理论和"三个代表"重要思想的精神实质，进一步增强政治敏锐性和政治鉴别力，全面正确地贯彻执行党的路线方针政策，始终保持政治上的清醒和坚定，坚决反对分裂、维护祖国统一和民族团结，确保社会局势长治久安。要教育和引导广大干部认真学习市场经济知识、科学文化知识，不断提高领导干部驾驭市场经济的能力。要教育广大干部牢固树立正确的世界观、人生观、价值观，牢记全心全意为人民服务的宗旨，多为群众办实事、办好事，永葆人民公仆的本色，自觉在政治上、思想上、行动上同中央、区党委保持高度一致，使干部队伍思想更坚强，组织更纯洁，更有战斗力。要继承和发扬党的优良作风，牢记"两个务必"，保持清正廉洁，自觉经受住名誉、权力、金钱和美色的考验，夯实执政为民的基础。

（二）加强制度建设，创新工作机制，切实做好识人用人工作

按照"三个代表"的要求，遵循党的干部工作原则，用科学的制度、民主的方法、严密的程序、严格的纪律，大力选拔任用德才兼备和自觉践行"三个代表"重要思想的领导干部。继续推行干部任前公示，努力在落实群众对干部选拔的知情权、参与权、选择权和监督权方面有新举措；坚持完善程序，在推进干部选拔任用工作科学化、规范化方面有新进展；坚持制度创新，在促进优秀人才脱颖而出和畅通干部进出渠道方面有新突破；坚持有效监督，在建立科学有效的监督管理机制方面有新规定。要进一步解放思想，拓宽视野，大力培养优秀年轻干部，使他们尽早挑重担、胜重任。要敢于大胆提拔，大胆使用政治上可靠、有本事、肯干事、能干事的创业者走上领导岗位，坚决冲破论资排辈、求全责备、迁就照顾的陈旧观念，拓宽选人、用人渠道，坚持在实践中发现、培养、锻炼和选拔干部，安排有发展潜力的年轻干部到艰苦和困难多的地方去工作，选拔有基层工作经验的优秀干部到领导机关工作，改善干部结构，增强机关活力，使优秀人才脱颖而出。推行领导干部竞争上岗，公开选拔干部，鼓励竞争，促进交流，改善结构，提高素质。始终坚持"三个离不开"和"五湖四海"的原则，大力培养少数民族干部、妇女干部和非党干部，及时把优秀人才选拔到领导岗位上来，充分调动各方面的积极性。要本着提高素质、完善结构、增强功能的原则，进一步增强政治观念、组织观念、法纪观念，以坚强的党性、良好的作风把好选人、用人关。要坚持干部标准，保证公道正派，坚持任人唯贤，反对任人唯亲；坚持民主集中，不搞个人说了算和一言堂；坚持按照规定程序办事，绝不允许违反程序，我行我素；要自觉接受党组织和群众的监督，坚决抵制和纠正用人上的不正之风，不给拉关系、讲人情、跑门路的人留有任何可乘之机。把品德、知识、能力和业绩作为衡量干部的主要标准，不唯学历，不唯职称，不唯资历，不唯身份，做到不拘一格选人、用人，逐步优化班子年龄、文化和专业结构，形成朝气蓬勃、奋发有为的领导层。努力在"靠得住、有本事"上下功夫，不断提高领导干部的政治理论水平、专业知识、领导能力、管理能力、宏观决策能力和驾驭市场经济的能力，使领导干部始终保持积极向上的精神状态，自始至终地把工作做好。进一步严肃组织纪律，对那些跑官要官、买官卖官、贿拉选票、造谣惑众等不正之风和严重的违纪违法行为，组织要严肃查处，以儆效尤。

（三）积极营造拴心留人环境，进一步稳定干部队伍

干部队伍的稳定是做好工作的重点。严格干部队伍管理，从优对待干部，以感情留人、事业留人、政策留人。首先，领导干部要争做广大干部的贴心人，在尊重干部、爱护干部、服务干部方面发挥表率作用；凡事要相信和依靠干部，充分发挥他们的作用，热情地帮助、支持和鼓励他们干事业，使他们创业有机会、干事有舞台、发展有空间，充分发挥出每一个人的能力和智慧。其次，要大力改善干部的工作、生活条件，建立有利于留住和稳定干部的机制，提高待遇，提高生活质量，改善工作环境，让广大干部安心工作，大胆创业，积极为农牧民群众服务，为稳定基层服务，为工作大局服务，解除他们的后顾之忧，使他们有所作为。最后，进一步改变工作方法，把"管人"的观念转变为服务的观念，通过诚心诚意办实事，尽心竭力解难事，坚持不懈做好事，去感召和凝聚干部队伍。切实营造和优化环境，建立健全以培养、评价、使用、流动、激励、保障为主要内容的政策法规体系，营造良好的政策法制环境，采取切实有效的措施，拓展创业舞台，增强创业保障，激发创业活力，从而稳定干部队伍。

（四）牢固树立立党为公、执政为民的思想，切实增强公仆意识

干部作风，关系党的形象，关系人心向背。要实现新时期新阶段的奋斗目标，必须牢固树立立党为公、执政为民的思想，进一步增强公仆意识，切实服务于民。我认为，要组织力量，深入基层，调查研究，认真解决专业技术人才缺乏，行政、事业人员严重超编的问题，并提出解决方法和具体措施。要大力弘扬"老西藏精神"，进一步转变作风，勤奋工作，乐于奉献，以实际行动认真践行"三个代表"重要思想，努力赢得广大干部群众的拥护。要树立党的群众观念，树立正确的政绩观，始终把工作的出发点放在为群众办实事、谋利益上，真正做到权为民所用、情为民所系、利为民所谋。领导干部要坚持实事求是，坚持讲真话、办实事、求实效，不盲目攀比；要深入实际、深入群众、脚踏实地、艰苦奋斗，把人民拥护不拥护、赞成不赞成、高兴不高兴、答应不答应作为衡量政绩的最终标准。要牢记"两个务必"和"为民、务实、清廉"的要求，自觉加强党性修养，努力改造主观世界，牢固树立正确的权力观、地位观、利益观，筑牢防腐拒变的思想道德防线。要建立和完善科学的干部政绩考核体系、考核标准和奖惩制度，树立正确的用人导向，通过制度保证，使勤政为民、求真务实的干部得到奖励，使好大喜功、弄虚作假的干部受到惩戒，在广大干部中形成勤政为民、踏实苦干的浓厚氛围，坚决克服和防止形式主义、官僚主义。

（五）大力加强基层组织和党员队伍建设，努力开创基层基础工作新局面

党的基层组织是党的全部工作和战斗力的基础。要坚持以"三个代表"重要思想为指导，突出重点、突破难点、抓住根本，全面加强基层组织和党员队伍建设，真正把基层党组织的思想建设、组织建设和作风建设有机地结合起来，不断提高基层党组织的凝聚力、战斗力和号召力。要进一步加强机关、企业、学校等基层单位的党组织建设，努力把基层党组织建设成为贯彻落实党的路线方针政策，实践"三个代表"重要思想的宣传者、组织者。按照"先行组建、逐步规范、分类指导"的工作思路，进一步做好新经济组织、社会中介组织和社会团体等领域的党建工作。要以坚持标准、保证质量为核心，认真做好发展党员工作，重点在工人、农牧民、知识分子和干部中发展党员，壮大党的队伍最基本的组成部分和骨干力量。要继续深入开展基层党组织"三级联创"活动，不断丰富"三级联创"活动的内涵，创新开展"三级联创"活动的方式，大力加强乡（镇）党委和村党支部建设，整顿"软、弱、懒、散"党支部，完善和落实党内制度，切实抓好党员和基层干部的教育管理。面对反分裂斗争形势，我们必须认真研究如何进一步增强基层干部和基层党组织凝聚力、战斗力、号召力的问题，按照"划清两个界线，尽到一个责任"的政策原则和工作要求，在广大党员干部中进行马克思主义"四观""两论"教育，使广大干部群众认识到我们同达赖集团的斗争，是维护祖国统一的政治斗争。教育引导广大干部群众面对尖锐复杂的反分裂斗争，始终保持清醒头脑，坚定正确的政治方向，自觉地站出来同分裂势力作坚决的斗争，自觉地深入揭批达赖集团的反动本质。要坚持抓基层、打基础，在加强基层党组织建设中体现先进性，用先进性教育的成效来保证基层党组织建设的真正加强，切实把党的基层组织建设成为带领群众脱贫致富、反对分裂的坚强领导核心和战斗堡垒，建设成为贯彻"三个代表"重要思想的组织者、推动者和实践者，为全面推进农牧区小康建设提供强有力的组织保证。

（六）周到细致地做好老干部工作，进一步落实好老干部的各项待遇

老干部是党和国家的宝贵财富，切实做好老干部工作是保持社会稳定、激励在职干部队伍的重要举措。广大离退休老干部在艰苦的岁月里，发扬"老西藏精神"，团结一心、艰苦奋斗，为党和人民的事业呕心沥血、奋斗终生，为建设西藏、稳定边疆、发展经济立下了不可磨灭的功勋。我区之所以取得今天这样的成绩，首先是党中央、国务院亲切关怀和自治区党委、政府正确领导的结果，是全国人民大力支持和全区各族人民开拓进取、努力拼搏的结果，同时，也凝聚着老一辈创业者的艰辛付出和汗水，甚至是青春和生命。老干部政治立场坚定，思想觉悟高，退休不褪色，应继续为我区经济发展、社会稳定发挥余热，支持和帮助

我们搞好新一轮建设事业。负责老干部工作的部门和领导，要充分认识到做好老干部工作的极端重要性，要带着感情，尽心尽力地按照"政

治待遇不变、生活待遇适度从优"的原则，认认真真地做好老干部工作，落实好老干部的政治待遇，建立和完善退休干部党支部，加强退休干部的党员管理，继续从政治上关心、生活上照顾、活动上支持，让他们老有所养、老有所依、老有所为，使他们切实感受到党组织的关怀与温暖，从而更加热爱祖国，热爱社会主义。每逢节日要慰问和关心老干部，组织和动员广大老干部积极参加公益活动、文体活动等，不断丰富他们的精神文化生活，在全社会逐步形成尊重老同志、尊重老干部的良好风气。

（七）认真做好援藏干部轮换交接工作，努力实现对口援藏工作新突破

前不久，胡锦涛总书记对援藏工作作出重要批示："援藏项目应突出改善农牧区生产生活条件，改善农牧民生活这个重点。"在今后的工作中，要认真贯彻落实胡锦涛总书记的重要批示精神，把援藏工作的重点逐步向农牧区转移，切实改善农牧区和农牧民群众的生产、生活条件。中央第三次西藏工作座谈会以来，各对口支援省市认真贯彻落实中央的指示精神，不断加大资金、技术、人才等方面的援助力度，有力地促进了受援地市的经济发展和社会局势稳定，实现了中央第三、第四次西藏工作座谈会提出的奋斗目标，让广大农牧民群众切实感受到了党中央、国务院的亲切关怀，感受到了祖国大家庭的温暖。9年来，各对口支援省市援藏干部以孔繁森同志为榜样，发扬"老西藏精神"，以造福当地人民为己任，经受住了反分裂斗争的考验，经受住了高原艰苦工作和生活环境的锻炼。要一如既往地对援藏干部在政治上信任、生活上照顾、工作上支持、管理上严格要求，为他们创造一个良好的工作、生活环境，让他们安心工作，充分发挥他们的积极性，努力推进援藏工作实现新的突破。

（2004年1月13日讲稿）

军队是地方经济建设的一支重要力量

军队是人民的子弟兵，是社会主义建设事业的坚强后盾。无论是在战争年代，还是在和平时期，军队都为地方的建设做出了不可磨灭的贡献。在今后的工作中，我们仍需要这支人民的军队，为全面建设小康社会贡献力量。

一、进一步把学习贯彻"三个代表"重要思想新高潮推向深入。"三个代表"重要思想，奠定了坚持党对军队绝对领导这一根本原则的坚实理论基础，指明了军队建设的前进方向，提供了解决"打得赢""不变质"这两个历史性课题的强大思想武器。我们必须始终坚持以"三个代表"重要思想统领部队各项建设，不断把学习贯彻"三个代表"重要思想引向深入、推向高潮，努力在思想认识上有新提高、领悟精神实质上有新收获、指导实践上有新成果，不断提高部队现代化建设水平，努力做好军事斗争，坚决完成江泽民同志提出的"决不能让西藏从祖国分裂出去"和"决不能让西藏长期处于落后状态"的要求。

二、进一步加强党委班子建设。始终把党委班子作为部队建设的关键环节来抓，努力把班子建设成为团结战斗的坚强领导核心。进一步提高贯彻民主集中制的质量，切实加强作风建设，树立党委是人才工程"第一责任人"的思想，在党委工作中把"出人才"作为"出政绩"的重要体现凸显出来，努力营造"多出人才"的良好氛围。

三、进一步加大信息化建设和从严治军力度，不断提高部队的战斗力。实现信息化和机械化跨越式发展是党的十六大提出的战略任务。只要充分发挥自身优势，积极搞好同地方的协同，善于引进地方的资源和技术，就能将军分区部队信息化水平提高到一个新的层次。同时，要不断加大从严治军的力度，切实提高军队在人民群众中的威望，塑造"威武之师、文明之师"的良好形象。继续发扬"老西藏精神"和十八军的光荣传统，始终坚持从严治军、严格管理部队，绝不允许发生伤害驻地人民群众感情的事，切实在当地驻军中当好表率，树立榜样。

四、进一步发挥"桥梁和纽带"作用，开创双拥工作新局面。积极协调好驻地各军、警单位，深入开展"把驻地当故乡、视人民为亲人"活动，积极促进"三个文明"建设，为实现全面建设小康社会贡献力量。要充分发挥民兵是科技致富带头人的作用，通过民兵将大量的新技术、好经验传授给驻地群众，让群众切实感受到科技带来的实惠，从而更加热爱解放军、拥护共产党，树立起新时期革命军队在人民群众中的伟大形象，把军政军民团结提高到一个新的水平。同时，地方要进一步加强拥军优属工作，积极开展国防教育，做好转业、复退军人安置和对军、烈属的优抚工作，督促检查安置优抚政策的落实。军队打胜仗，人民是靠山，地方党委要坚决支持部队的各项建设。

五、进一步加强党管武装工作。党管武装是坚持党对军队绝对领导的具体体现，是做好人民武装工作必须遵循的根本原则。同时，对于当地加快经济发展、促进社会稳定都具有十分重要的意义。我们要始终按照邓小平同志新时期军队建设思想、江泽民同志国防和军队建设思想，认真履行党管武装的职责，积极协调各方面力量，形成党管武装工作的整体合力。要进一步加强国防和后备力量建设，注重从思想上、政治上掌握武装力量，确保民兵坚定正确的政治方向；始终坚持把党中央、国务院、中央军委关于武装力量建设的方针、政策贯彻落实到地区的实际工作之中，依照国家有关法律，制定和落实地方性法规制度，把民兵建设纳入法制轨道，使国家的国防政策和军事战略落到实处；始终坚持加强国防教育，增强国防观念，打牢国防建设的思想基础，切实提高全地区各族人民履行国防义务的责任感和自觉性。各人民武装部在接受上级军事机关领导的同时，要自觉尊重和服从地方党委、政府的领导，为党委、政府当好参谋，积极主动地争取地方党委、政府的领导和支持。

实践证明，只要军地双方认真贯彻落实江泽民同志关于"发扬党管武装的光荣传统，加强国防后备力量建设"的重要指示，认真履行党管武装的岗位职责，就能够适应新时期军事战略方针的要求和建立社会主义市场经济体制的新形势。因此，我们要坚持党对武装工作的领导，全面促进地方国防后备力量建设，维护社会和谐稳定，保障改革和发展任务的顺利实现，为全面建设小康社会提供良好的社会环境。

(2004年1月17日讲稿)

知识分子是现代化建设事业的宝贵财富

国以人兴，政以才治。作为第一生产力的载体，作为思路创新、科技创新、体制创新的主体，高素质的专业技术人才队伍是经济社会发展和率先全面建设小康社会的重要推动力量，是我们最宝贵的财富。长期以来，广大专家、知识分子秉承奉献、开拓、创新的优良传统，发扬"特别能吃苦、特别能战斗、特别能忍耐、特别能团结、特别能奉献"的"老西藏精神"，艰苦奋斗，锐意进取，默默战斗在科学技术的研究、开发、推广、普及等各条战线，为经济发展和社会进步倾注了全部的精力和才华，做出了突出贡献。

当今世界，科技革命迅猛发展，经济全球化趋势日益增强，科学技术作为第一生产力的地位越来越突出，科技创新越来越成为经济和社会发展的重要基础和标志。世界范围内日趋激烈的综合国力竞争，说到底是科技和人才的竞争，这就需要比以往任何时候都更加重视和加速科技进步，加强科技创新，使科技进步真正成为发展的动力。知识分子是科技进步和科技创新的主力军，是先进生产力的重要开拓者和先进文化的重要创造者与传播者。要在激烈的竞争中抓住机遇，开拓进取，不断发展壮大自己，就必须重视和做好知识分子工作，充分发挥广大知识分子的聪明才智。为此，我们必须站在时代的高度，充分认识做好知识分子工作的重要性和紧迫性，增强责任感和使命感，把加强和改进知识分子工作、建设高素质的专业技术人才队伍，作为事关改革发展全局的一项战略任务抓紧抓好，切实抓出成效。要坚持党政干部、企业经营管理人才和科学技术人才"三支队伍"一起抓。在专业技术人才队伍建设上，要认真履行宏观指导、组织协调、督促检查的职责。要依据国家"十五"计划，进行人才资源开发的前瞻性研究，做好专业技术人才队伍的预测和规划。根据各类人才的特点和成长规律，根据不同地域经济发展和人才队伍的状况，采取各种有针对性的措施，因地制宜，分类指导。特别是要加强科技骨干和急需人才的队伍建设。要通过多种形式，组织科技人才参与经济发展规划、重大工程项目和科技经济问题的研究论证，为经济建设服务。在涉及经济、文化建设和社会发展的重大问题上，要广泛听取知识分子意见，实行科学决策。继续做好选派科技副县长、科技副乡长的工作，坚持解放思想、实事求是、与时俱进，坚持"三个代表"重要思想统领人才工作，贯彻尊重劳动、尊重人才、尊重创造的方针，建立以公开、平等、竞争、择优为导向，有利于优秀人才脱颖而出、充分施展才能的选人用人机制，切实做到人尽其才、才尽其用。

率先全面建设小康社会，是近年来一个时期的主要奋斗目标。这一目标，对广大专家、知识分子提出了新的更高的要求，同时也给大家提供了施展才华的更广阔的舞台。小康大业，人才为本。作为知识分子，更应当担负起历史赋予的责任，加强学习和思想改造。不仅要加强科学技术知识的学习，还要加强思想政治的学习，适应时代的要求，适应经济社会发展的要求。同时，还要加强科技创新，多出新成果、新技术、新产品，努力在率先全面建设小康社会中做出新贡献、建立新功业。我们还要发扬战胜各种困难的毅力和勇气，牢固树立全心全意为人民服务的思想，正确对待个人得失。

（2004 年 1 月 18 日讲稿）

把握科学发展观的精神实质
促进林芝地区各项工作的开展

党的十六大提出，要在20世纪头20年，集中力量，全面建设惠及十几亿人口的更高水平的小康社会，使经济更加发展、民主更加健全、科教更加进步、文化更加繁荣、社会更加和谐、人民生活更加殷实，并对物质文明、政治文明、精神文明建设做出了全面部署。这是我们党顺应历史潮流，把握时代脉搏确定的宏伟目标，也是我们党继往开来，与时俱进，为开创中国特色社会主义事业新局面勾画的宏伟蓝图。十六届三中全会高举邓小平理论和"三个代表"重要思想的伟大旗帜，坚持发展是硬道理的战略思想，适应经济全球化和科技快速进步的国际环境，适应全面建设小康社会的新形势，按照十六大提出的建成完善的社会主义市场经济体制和更具活力、更加开放的经济体系的战略部署，做出了《关于完善社会主义市场经济体制若干问题的决定》，明确提出了"五个统筹""五个坚持"的要求和原则，强调了牢固树立和全面落实以人为本，全面、协调、可持续的科学发展观。这是我们党从新世纪新阶段的实际出发，适应现代化建设需要，努力把握发展的客观规律，着眼于丰富发展内涵、创新发展观念、开拓发展思路、破解发展难题提出来的，是我们党坚持解放思想、实事求是、与时俱进、理论创新的重大成果，是我们党对社会主义市场经济条件下经济社会发展规律在认识上的重要升华，是我们党执政理念的新飞跃，是我们党社会主义现代化建设指导思想的新发展。

自治区党委领导强调指出，我区树立科学发展观，关键是要实现更快更好地发展；要以科学发展观为指导，进一步完善发展思路和发展方式，坚持"两条腿"走路，不断增强自我发展能力；树立科学发展观，落实"五个统筹"，核心是统筹城乡发展，关键就是解决好"三农"问题；按照科学发展观的要求推进跨越式发展，根本目的是要服务于广大人民群众，提高整个社会文明进步的水平。这是自治区党委、政府以党的十六大和十六届三中全会精神为指导，紧密结合西藏实际，践行"三个代表"重要思想，树立和落实科学发展观，推进西藏全面、协调、可持续发展的行动纲领。当前我们关键是要认真学习、深刻领会，自觉用科学发展观指导工作，推进改革开放和现代化建设，在全区率先实现全面建设小康社会。

一 充分认识牢固树立科学发展观在林芝的重大指导意义

纵观西藏发展历程，中央第三次西藏工作座谈会确定的"一个中心、两件大事、三个确保"的新时期西藏工作指导方针和中央第四次西藏工作座谈会提出的 21 世纪初"一加强、两促进"的历史任务，是中央在认真研究西藏发展历史和现实情况的基础上，对西藏工作规律的正确把握和几十年来特别是改革开放以来西藏工作宝贵经验的科学总结，体现了党中央对西藏工作的高度重视和对西藏人民的亲切关怀。这一指导方针和历史任务，把握住了经济建设这个中心，强调发展是解决西藏所有问题的基础，强调经济建设和维护稳定必须两手抓，强调一切工作的出发点和落脚点都要放在实现好、维护好、发展好人民群众的根本利益上，这在内涵和本质的要求上与科学发展观是一脉相承、完全一致的。按照中央第三、第四次西藏工作座谈会精神，紧密结合西藏实际，1995 年，自治区党委、政府高瞻远瞩、总揽全局，做出了"林芝地区要率先进入小康，各项工作走在全区前列"的重大工作部署，为林芝地区经济社会发展插上了腾飞的双翼。同时，自治区第六次党代会明确提出，要坚持以思路创新为先导，以体制创新为保障，以科技创新为动力，全面推进经济社会的跨越式发展。这在内涵和本质要求上与科学发展观也是完全一致的。围绕区党委、政府的工作部署和工作要求，新一届林芝地委、行署领导班子在认真总结"九五"以来实施"总体小康"取得成功经验的基础上，不断深入实际，调查研究，集中智慧，反复论证，于 2003 年初提出了切合林芝实际的"1231"跨越式发展新思路，即围绕一个中心，加快两个建设，发展三大产业，实现一个目标（紧紧围绕以经济建设为中心，加快小城镇建设和基础设施建设，大力发展特色农牧业、生态旅游业和藏药业，率先实现全面建设小康社会的奋斗目标），其中很重要的一条就是率先全面建设小康社会。经过一年多的实践，这条发展思路和奋斗目标，完全符合党的十六大精神，符合自治区党委、政府的工作部署，符合科学发展观的本质和要求。同时，率先全面建设小康社会的奋斗目标，得到了广大干部职工和各族人民群众的一致认同，符合林芝地区各族人民群众思富裕、谋跨越、奔小康、求发展的强烈愿望，调动了广大干部群众的积极性、主动性和创造性。

新时期新阶段，在林芝地区实施跨越式发展战略和率先全面建设小康社会，是区党委、政府对林芝工作的更高要求，也是全地区社会主义现代化建设的必然选择。当前和今后一个时期，我们关键是要在实践中真正树立和落实科学发展观，自觉用科学发展观指导林芝的改革开放和现代化建设，这对于推进林芝的文明进步，满足各族人民日益增长的物质文化生活需要，实现长治久安都具有重大的现实意义和深远的历史意义。对此，要充分认识科学发展观在林芝的重大指导意义，就需要林芝地区各级党政组织和广大干部群众，进一步加深对中央确定的大政方针的认识和把握，用好、用活中央赋予西藏的特殊优惠政策，把聚精会神搞建设、一心一意谋发展落实到坚持以人为本，实现全面、协调、可持续发展上来；落实到"五个统筹""五个坚持"上来；落实到切实转变经济增长方式、调整经济结构，实现速度和结构、质量、效益相统一，经济发展和人口、资源、环境相协调，加强对自然资源合理开发利用，保护生态环境、促进人与自然的和谐上来；落实到着力推动科技进步，创新人才工作机制，增强开发创新能力，为实现全面发展、协调发展、可持续发展提供人才保证和智力支持上来；落实到把满足人民群众日益增长的物质文化需要作为发展的出发点和落脚点，重视调整国民收入分配格局，逐步理顺分配关系，努力解决城乡困难群众的基本生活问题，使广大农牧民群众从改革发展中获得更多的实惠上来；落实到实现林芝"一加强、两促进"三大历史任务和率先全面建设小康社会上来；落实到树立正确的政绩观，提高党的执政能力和执政水平、增强防腐拒变和抵御风险的能力两大历史性课题上来。只有这样，我们才能真正把思想统一到科学发展观上来，统一到中央的决策和要求上来，统一到区党委、政府的工作部署上来，自觉地用科学发展观指导各项工作，推进各项事业，实现林芝地区经济社会更快更好的发展。

二 密切结合林芝实际，深刻理解科学发展观的本质要求

20世纪头20年，对林芝地区来说，同样是一个必须紧紧抓住并且可以大有作为的重要战略时期。贯彻落实好科学发展观的一个重要问题就是要站在能否抓住和用好战略机遇期，实现更快更好发展的高度，深刻认识和理解科学发展观的本质要求：一是科学发展观的实质是要实现经济社会更快更好的发展。发展是硬道理，发展是第一要务，发展是贯穿"三个代表"重要思想的主题。离开发展，就无所谓发展观。发展首先是要抓好经济发展，坚持以经济建设为中心，用发展的办法解决前进中遇到的困难和问题。二是科学发展观的根本着眼点就在于用新的发展思路实现更快更好的发展。辩证地认识和处理与发展相联系的各方面重大关系，只有这样，我们才能紧紧抓住和充分用好战略机遇期，顺利实现既定的战略目标。三是科学发展观的根本要求是统筹兼顾。更好地妥善处理当前各方面的突出矛盾、协调好各种利益关系，更加注重"五个统筹"，推进经济、政治、文化建设的各个环节、各个方面的互相协调。四是科学发展观的本质和核心是坚持以人为本。科学发展观强调的"以人为本"，这个"人"，是人民群众，这个"本"，是人民群众的根本利益。以人为本是发展的目的，以经济建设为中心是达到这个目的的手段。我们只有在继续保持经济较高增长速度的同时，不断提高农牧民群众的物质文化水平、健康水平和思想道德素质，创造平等发展、充分发挥聪明才智的社会环境，妥善处理好人民群众的根本利益和具体利益、长远利益和眼前利益的关系，才能使全地区广大工人、农牧民、知识分子和其他群众越来越充分地享受到经济和社会发展的成果。

结合林芝实际，牢牢把握科学发展观的精神实质，贯彻落实好林芝地区的科学发展观，主要有以下五个方面：（1）坚持"以人为本"是发展的根本要求。就是从农牧民群众的根本利益出发，定措施、理思路、谋发展，不断满足人民群众日益增长的物质文化需要，让发展的成果惠及全体人民。（2）"全面发展"是发展的基本内容。就是要立足林芝实际，抓住发展机遇，依托资源优势，发挥主动性、积极性和创造性，把林芝地区各

族人民思发展、谋跨越、奔小康的热情切实转化为投身实践的动力和行动，在坚持以经济建设为中心的同时，加强政治建设、文化建设和社会建设，使经济、政治、文化和社会共同发展、相互促进，实现经济发展和社会全面进步。(3)"协调发展"是发展的基本原则。就是按照中央"五个统筹""五个坚持"的要求，正视林芝经济社会发展现状，既要看到发展较快的一面，又要看到社会的发育程度、文明水平仍然处在一个较低的层面。要以服务农牧民群众、提高整个社会文明进步水平为目的，把发展的重点放在农牧区，投资向农牧区倾斜，引导援藏资金和项目向农牧区倾斜，切实改善农牧区的发展条件，促进农牧民收入的增加，促进农牧区社会事业的发展，逐步缩小我们与区内、区外的差别，缩小城镇与农村的差距，通过城镇带动农牧区，通过农牧区建设带动"三农"实现城乡互动、协调发展。(4)"可持续发展"是发展的重要体现。就是促进人与自然的和谐，处理好建设与环境保护之间的关系，在发展好经济的同时，保护好林芝地区现有生态保存完美、世界仅存不多的原始生态资源，实现经济发展和人口、资源、环境相协调，在率先全面建设小康社会的进程中，坚持走"生产发展、生活富裕、生态良好"的文明发展型道路。(5)"统筹发展"是发展的战略指导。在率先全面建设小康社会的实践中，以人为本的发展、全面的发展、协调的发展和可持续的发展，都必须通过统筹发展来实现。

三 以科学的发展观为指导，加速推进全面建设小康社会进程

中央第三次西藏工作座谈会以来，在党中央、国务院的亲切关怀和区党委、政府的正确领导下，林芝地委、行署团结带领全地区各级党政组织和广大干部群众，同心同德、真抓实干、与时俱进、开拓创新，取得了"国内生产总值连续 9 年保持在 15% 以上的发展速度，高于全国 7.4 个百分点，2003 年增长 17.2%，达到 19.18 亿元，是历年来投资最大，发展最快的一年。其中，人均 GDP 超过了 1000 美元"的辉煌成就。这就意味着林芝地区的经济社会发展进入了一个新的关键阶段。据专家分析预测，人均 GDP 超过 1000 美元的阶段，经济结构变动加快，城乡之间、区域之

间、产业之间以及占有资源不同的人群之间收入差距拉大的趋势将更加明显，各种利益关系将日益复杂。如果处理得不当，就会引起经济下滑，甚至会引发社会不稳定；如果处理得好，就能趋利避害，乘势而上，促进经济社会协调健康发展。在林芝地区树立和落实科学发展观、率先全面建设小康社会的伟大实践中，我们必须准确地把握好以下几个方面的重点工作。

（一）始终坚持以经济建设为中心，确保支撑跨越式发展必要的高速度。经济建设是全面建设小康社会的中心工作，也是科学发展观最基本的内涵。只有始终坚持以经济建设为中心，不断解放和发展生产力，才能够抓好发展这个党执政兴国的第一要务，才能为各方面的发展提供坚实的物质基础。新世纪新阶段，区内外兄弟地（市）都在谋求新的发展、实现新的跨越。林芝地区成立晚、底子薄、制约多，如果我们不充分利用地区独特的自然资源优势，进一步加大工作力度，确保经济增长继续保持必要的高速度，就会丧失机遇，掌握不了主动权、打不好主动仗。胡锦涛总书记指出：保持较快的发展速度，对我们这样一个发展中的大国加快实现现代化具有重大的战略意义，对于像西藏这样的欠发达地区，更具有重大的现实意义。我们在落实科学发展观的过程中，必须准确理解并牢牢把握加快发展这个科学发展观的最基本内涵，深刻认识林芝地区仍然是最不发达的地区这一基本地情，充分调动和切实保护各方面加快发展的积极性，确保率先全面建设小康社会发展必要的高速度。

（二）以提高群众生活质量为出发点，确保经济增长的速度与结构、质量和效益的有机统一。目前林芝地区同全国、全区一样，只是"总体小康"水平状态，还存在一产链条短，二产布局不合理，三产内部结构层次低和区域经济、城乡经济的统筹发展相对滞后，以文化为主的社会事业发展滞后，社会就业体系、社会保障体系的发展相对滞后，人与自然生态环境的和谐发展相对滞后，与科学精神相一致的人文精神的发展相对滞后等矛盾和问题。结合林芝实际，树立和落实科学发展观，必须以提高农牧民群众的生活质量和生活水平为出发点，下大力气做好特色经济建设、结构调整、消费和拉动、扶贫开发、就业再就业、第三产业特别是现代服务业、国有企业改革、社会保障等事关国计民生的重要工作，在长期保持地区经济较快增长的基础上，更加注重优化结构、提高质量和效益，着力推进经济增长方式的根本性转变，实现速度与结构、质量、效益的有机统一。

（三）重视和加强"三农"工作，统筹城乡经济、区域经济的协调发展。一是加大投入。在继续巩固2003年为农牧民办实事成果的基础上，按照中央、自治区的要求，不断加大农牧区工作力度，进一步解决好农牧区通电、通路、通广播电视、人畜饮水、医院、学校建设等方面的问题，切实改善发展条件，促进农牧民增收。二是统筹城乡经济协调发展。结合小城镇的建设，提高城镇化水平，调整城乡结构，力争使地区的城镇化率每年提高一个百分点。通过城镇带动农牧区，通过农牧区建设带动"三农"，实现城乡互动、协调发展。三是依靠科技教育。改造传统的农牧业生产格局，打破单一的农牧业产品格局，大力发展特色农牧业，加快产业化进程，切实改变落后的生产生活方式。一方面紧紧依靠科技，做好优良品种的引进和推广创新工作，创新科技服务体系。另一方面加强农牧民教育，提高劳动者素质，让更多的农牧民掌握一技之长，开拓更多的增收渠道。发展城乡现代服务业，改造传统服务业，不断提高第三产业的比重。四是对农牧业和农牧区经济进行全面升级。通过区域布局的调整，优化资源配置，发挥各县的比较优势，加快形成优势产区和产业带；通过产品结构的调整，全面提高农产品质量安全水平，加快实现林芝地区由产量型向质量型、专用型和高附加值型发展；通过农牧区产业结构的调整，加快农产品加工业的发展，大幅度提高农产品附加值；通过农牧区就业结构的调整，引导农牧民进城务工、劳务输出或经商办企业，实现农牧区剩余劳动力的合理转移。

（四）以可持续发展为目标，建设生产发展、生活富裕、生态良好的全面小康社会。新时期新阶段，无论是加快发展，还是实现生活富裕，如果不注重协调发展，不注重可持续发展，就可能导致经济发展与生态环境、自然资源的矛盾加剧而最终制约发展。树立和落实科学发展观，必须以可持续发展为目标，做好生态环境建设与保护工作。生态环境是人类生存的物质空间，也是生产发展、生活富裕的客观条件。如果生态环境受到破坏，必然导致发展没保证、生活受影响。自工业革命以来，人类的生产生活对自然资源的消耗越来越大，对环境的污染和破坏越来越严重，现在保护和改善生态环境、走可持续发展之路已成为共识。

党的十六大把可持续发展作为全面建设小康社会的奋斗目标之一，充分反映了党中央、国务院对这个问题的高度重视。林芝地区自然资源丰富，生态环境优美，是人类不可多得的原始林区之一，是西藏乃至全国甚至是全世界的气候源，一旦破坏将对人类造成重大影响。新时期新阶段，各级党委、政府只有充分认识保护生态环境、走可持续发展之路的重大意义，采取得力措施，保护好我们现有的自然生态，才能为人类的发展做出积极的努力和应有的贡献。固然，经济发展需要人力、物力和财力的投入，需要付出一定的代价，但这种代价不能建立在对生态环境的破坏上，如果不注重生态环境的保护和改善，片面地追求生产发展和生活富裕，竭泽而渔，杀鸡取卵，不但难以为继，而且事与愿违。重视可持续发展，确立新的发展观，走新型工业化道路，是发展的必由之路，也是明智之举。在今后的工作中，我们必须以党的十六大、十六届三中全会和区党委六届五次全委（扩大）会议精神为指导，建立正确的生产发展、生活富裕与生态良好的辩证关系，教育和引导广大农牧民群众保护和建设好周边的生态环境，从身边做起，从我做起。只有这样，我们才能为率先全面建设小康社会提供不竭的动力资源。

（2004 年 5 月 13 日讲稿）

如何做好村民委员会撤并工作

西藏地域广阔，人口稀少，根据实际情况，对现有的村民委员会进行合并，使群众集中居住，有利于整合资源，完善基础设施，加快经济社会发展。现就村民委员会合并工作谈几点看法。

一 充分认识撤并工作的重大意义

由于受历史、地域等条件的影响，西藏现有行政村大多小而分散，不利于管理，发展村级公益事业投资大、效益小、管理难，不利于减轻群众负担，同时也加大了国家的投入难度。林芝地区恢复成立以来，为加快经济社会发展步伐，成为全区经济社会发展的领头雁，早在1995年，自治区党委、政府就高瞻远瞩、总揽全局，曾明确要求林芝地区要率先进入小康，各项工作要走在全区前列。进入新时期新阶段，自治区党委、政府又把林芝地区和拉萨市作为全区率先全面建设小康社会的试点地区，这充分体现了自治区党委、政府对林芝地区各项工作的高度重视和关心厚爱。与此同时，自治区党委、政府主要领导到林芝视察指导工作时，就做好村民委员会的撤并工作作了重要指示。这充分表明，做好村民委员会的撤并工作，是自治区党委、政府的工作要求，是时代发展和社会进步的实际需要，更是各族干部群众思富裕、谋跨越、奔小康的强烈愿望。不断采取得力措施，加大工作力度，花大力气改变目前行政村小而分散、不便于管理的现状，对于我们争取国家资金投入，改善农牧区落后的基础设施条件，发展农牧区经济和社会事业，推进小康建设进程，整合资金集中力量办大事，有效减轻农牧民负担，密切党群干群关系，更好地为林芝人民服好务等方面都具有重大的现实意义和深远的历史意义。为此，我们应当从经济发展、社会稳定和增加农牧民收入、减轻农牧民负担的高度出发,以对党对人民事业高度负责的精神,充分认识做好村民委员会撤并工作的重大意义,进一步加强领导,明确责任,深入实际,调查研究,按照权为民所用、情为民所系、利为民所谋的标准要求,抓紧时间、认真细致、深入扎实地做好村民委员会撤并的各项工作,以卓有成效的工作业绩,向群众交上一份满意的答卷。

二 切实加大撤并工作力度

村级组织的撤并工作,任务重、政策性强。必须认真做好前期工作,摸清底数,做好宣传和思想动员,成立相应的领导机构和办事机构。就国内而言,山东省共撤并712个乡镇,精简分流人员3.1万人,村"两委"交叉任职比例达60%以上,全省减少干部近10万人;内蒙古自治区共撤并乡镇337个,撤并村1850个,撤并率达50%以上。就区内比较,拉萨市900多个行政村,经撤并目前只有200多个,撤并力度非常大。那曲地区行政村的区域分布,到目前已撤并了200多个,仍在加大撤并力度。从林芝地区来看,综合撤并率只有9%,撤并率相当低。为此,我们应当彻底改变这种被动局面,严格按照自治区党委、政府主要领导关于边境乡原则不动,腹心县动作可大的指示精神和"就近便利、科学合理"的撤并原则,下大力气抓好这项工作。一是成立村民委员会撤并工作领导小组,切实做到责任明确,任务到人,一级抓一级,层层抓落实。二是由民政部门牵头,组织、财政、农牧、纪检等部门参与,深入基层,调研摸底,合理规划,为撤并方案提供科学依据。三是撤并工作应当紧密结合县域地理位置、人口和民族分布、经济社会发展状况,以及经济社会发展规划等,精简、合并小而分散的村民委员会,通过整合财力不断发展壮大村办实体,不断增强基层党组织的战斗堡垒作用。四是充分利用有效的新闻媒体,宣传党的方针政策,努力在全社会营造村民委员会撤并工作的浓厚氛围。同时,充分发挥党密切联系群众的优势,定期或不定期地深入基层一线,及时向农牧民群众宣讲村民委员会撤并工作的重要性,取得他们的理解和支持,消除他们的误解和疑虑。

三　依法做好撤并后的组织实施

　　村民委员会撤并方案一经批准实施，必须从加快农牧区发展，维护农牧区稳定，巩固农牧区基层政权的高度出发，紧紧围绕撤并方案，依照《中华人民共和国村民委员会组织法》，对撤并后的村民委员会，尽快选举产生新的村民委员会成员，保持工作的连续性。在选举过程中，应该对居住分散的村民委员会，采取灵活多样的方式方法，不要局限、集中在一个地方选举产生村民委员会成员，可视本乡镇村的实际情况下设若干个村民小组进行选举。新的村级组织一旦组建，应当尽快做好新上任村干部的教育和培训工作，使他们坚定党的宗旨和信念，及早熟悉和掌握本村的实际情况，进入角色开展工作，使之成为新形势下团结带领本村群众脱贫致富的"三个代表"重要思想的组织者、推动者和实践者，逐步增强基层党组织的凝聚力、战斗力和号召力。在村民委员会新老班子工作交接期间，对不再担任村民委员会干部的同志，必须做好思想政治工作，在充分肯定在职期间取得成绩的同时，关心他们的生产生活，鼓励他们发展生产，继续为村民委员会做一些力所能及的工作，继续关注全村的发展，把好的经验和做法留给新一届村民委员会，确保全村经济社会的跨越式发展和全面建设小康社会的顺利实现。

（2004 年 6 月 4 日讲稿）

以生态旅游促进林芝的发展

1986年林芝恢复成立。"林芝",藏语意为"太阳宝座"。这里地形起伏,四季温和,风光秀丽,景色迷人,素有"西藏江南""东方瑞士"等美誉。境内居住着汉、藏、门巴、珞巴、独龙、纳西、傈僳、怒等十多个民族和僜人,具有浓厚的传统色彩和独特的民族风情。林芝历史源远流长,文化底蕴厚重,自然资源富集,其中森林、水利、旅游等资源独具优势,是我们伟大祖国的一块宝地,也是当今世界仅存的鲜为人类所涉足的净土之一。

改革开放以来,特别是中央第三、第四次西藏工作座谈会以来,林芝地区坚定不移地推进改革开放,社会主义市场经济体制初步建立,开放型经济已经形成,社会生产力和综合国力不断增强,各项社会事业全面发展,人民生活总体上实现了由贫困走向温饱、由温饱迈向小康的历史性转变,地区上下经济发展,社会进步,局势稳定,民族团结,边防巩固,经济社会呈现出跨越式发展的良好势头。截至2003年,全地区生产总值连续9年保持15%以上的发展速度,2003年增长17%,人均GDP超过1000美元,农牧民人均纯收入2516元,其中现金收入占60%以上,群众思富裕、谋跨越、奔小康、求发展的积极性日益高涨。经过近20年的风雨兼程、开拓创新,如今的林芝沧桑巨变,犹如藏东南一颗耀眼的明珠,放射出璀璨的光芒。

林芝有着特殊的自然景观和人文景观,融自然山水、田园风光、人文景观于一体,集水秀、岩奇、瀑多、村古、林美的独有特色而闻名,体现了山水文化与民族文化的高度结合,人类生活与美丽自然的无限默契。境内不仅是西藏平均海拔最低的地区,也是陆地垂直地貌落差最大的地带,保存着众多稀有的植物和天然的原始森林,挺拔的西藏古柏、喜马拉雅冷杉、植物活化石"树蕨"以及百余种杜鹃,与高山、平原、河流、绿洲和蓝天白云、冰川雪山、草原湿地、森林湖泊等一起构筑了林芝美丽迷人的自然风光。放眼林芝的山山水水，这里有世界罕见的低海拔现代冰川奇观及神秘的大冰瀑布；有千姿百态、巍峨连绵的雪峰和金山洒辉的壮观；有青山草滩浑然一体延伸到绰约云影中的原始森林；有一览无余环绕冰山秀水、百花盛开、绮丽斑斓、牛羊成群的草原；有清澈如镜、变幻莫测的湖泊及奇形怪异、触目惊心的石海；有神态多姿、峡谷飞峙和清秀洁净的飞瀑清泉。这里有人类20世纪最伟大的地理发现之一的世界第一大峡谷——雅鲁藏布大峡谷，有不久前发现的世界第三大峡谷——帕隆藏布大峡谷，有世界第15座高峰南迦巴瓦峰，有大峡谷国家自然保护区，有色季拉国家森林公园和巴松错国家森林公园，有易贡国家地质公园，还有风景如画的国家4A级巴松湖景区。素有"西藏的阿尔卑斯山"之称的鲁朗林海，距今2600多年被誉为"活化石"的世界巨柏王和距今1600多年的古桑树王等风景名胜。浓厚的传统文化以及苯教和藏传佛教的盛行，古老的传说和民间的神话，给居住在林芝的少数民族笼罩上一层原始而又神秘的色彩，淳朴的民俗和热情好客的农牧民，又使这里洋溢着浓浓的人情味。独特的人文景观、优美的自然风光、淳朴的民族风情，令人流连忘返。

丰富的旅游资源，为林芝地区发展生态旅游业奠定了良好的基础。林芝要更好更快地发展就必须综合考虑地区实际，充分发挥资源环境优势，把旅游业作为新的经济增长点，带动地区经济社会的跨越式发展。近年来贯彻"政府主导—文化搭台—旅游牵线—部门联动—群众参与—经贸唱戏"的原则，传承灿烂的民族文化，打造精品的生态旅游，通过举办"杜鹃花旅游节"，集中展示林芝世界级的风景名胜，弘扬博大精深的各族百姓生活风采，推出林芝独特的旅游产品和民风民俗，全方位展现林芝地区恢复成立以来改革开放的辉煌成就，团结凝聚全地区各族人民的智慧和力量，促进旅游产业和文化产业携手共进，推动林芝生态旅游不断向纵深方向发展。增进全国各地对林芝丰富的旅游资源和文化资源的了解，促进林芝与各省区市之间的旅游联合发展，架起林芝地区对外开放的金桥，让世人了解林芝、让林芝走向世界的窗口被进一步打开。

新的形势下，林芝只有牢固树立全面、协调、可持续的科学发展观，充分利用林芝地区独特的旅游资源，不断加大生态环境和人文景观的保护力度，深度开发国内外旅游市场，大力建设具有时代特征、牵动作用大、科技含量高、参与性强、四季皆宜的旅游工程，只有把发展生态旅游业在扩大就业、推进产业结构调整、促进地区经济发展、增加农牧民收入等方面的作用发挥好，才能巩固和提高旅游业的经济效益、社会效益和生态效益，形成具有林芝特色和优势的、合理的产业结构体系，营造规范化、高质量和打破区域壁垒的旅游经营环境。

林芝人民有信心、有决心把林芝建设成为有特色、高品位、大客流的中国最佳旅游城市和藏东南的经济旅游中心。专家建言，林芝是21世纪世界级旅游胜地，丰富的旅游资源和人文资源蕴藏着无限的商机，所以，林芝只有以海纳百川的胸怀、欢迎的态度，以更加优惠的政策，让利的精神和热情的服务，才能诚邀天下朋友到林芝经商置业、投资开发，才能创造新思维，拓宽新空间，赢得新发展。

（2004年6月20日讲稿）

对林芝援藏工作的一些思考

援藏工作是我们党西藏工作的一个重要组成部分。自20世纪50年代以来，在西藏发展的各个不同历史时期，党中央、国务院站在战略全局的高度，从全国选派干部进藏，实施重大项目建设，实行财政补贴，组织行业对口支援等，全力支援西藏建设、关心西藏发展。1951年5月23日，也就是"十七条协议"签订的当天，毛泽东同志在与时任中共西藏工委书记、十八军军长的张国华谈话时，提出了"慎重稳进"的方针。此后，又先后作出了"稳进""稳定""不能急躁""暂不改革"的重要指示。作为具有雄才大略的政治家，毛泽东同志在中国革命的进程中处处显示出他那气吞山河的伟大胆识和气魄，然而唯独在处理西藏的问题上，他显得慎之又慎。为加强西藏工作，20世纪50年代中央规定西藏事务由中央直接管理，重大事项一律向中央报告，周恩来受党中央和毛泽东同志的委托主管西藏事务，研究和制定了一系列切合西藏实际的方针、政策和措施。邓小平同志作为第二代党和国家领导人，提出了解决西藏问题主要靠政策，主要是民族区域自治、政教分离，"政策重于军事，政策重于战斗"的重要原则，并在会见美国总统卡特时指出：判断西藏问题"关键是看怎样对西藏人民有利，怎样才能使西藏很快发展起来，在中国四个现代化建设中走进前列"，体现了第二代中央领导集体把帮助西藏发展作为做好西藏工作的出发点和归宿点的指导思想。以江泽民同志为核心的党中央第三代领导集体，在国际风云变幻的新形势下，从战略全局的高度重视西藏工作，制定了"加快发展、维护稳定"等一系列方针政策，于1990年7月亲赴西藏考察工作，并在中央第三次西藏工作座谈会上，着重指出"西藏的稳定，涉及国家的稳定；西藏的发展，涉及国家的发展；西藏的安全，涉及国家的安全"和"决不能让西藏从祖国分裂出去，也决不能让西藏长期处于落后状态"。同时，中央也明确指出，西藏的工作在党和国家的全部工作中居于重要的战略地位；西藏的发展、稳定和安全，事关西部大开发战略的实施，事关民族团结和社会稳定，事关国家的统一和安全，事关国家形象和国际斗争；重视西藏工作，实际上就是重视全局工作，支持西藏工作，就是支持全局的工作。半个多世纪以来，中央历届领导集体对西藏工作的高度重视和无微不至的亲切关怀，充分说明了西藏工作的特殊性。西藏特殊，是因为它经历了不同于内地的历史进程。近代，西方殖民主义者一直企图把西藏变为他们的殖民地，1888年和1904年，英帝国主义曾先后两次入侵西藏，其阴谋失败后，便改变策略，挑拨民族关系，策动"西藏独立"，制造所谓的"西藏问题"，以此来破坏中国的统一和民族团结，给西藏的稳定和发展带来了严重的障碍。后来，在党中央的英明领导和正确决策下，经过错综复杂的斗争，1951年西藏和平解放，1965年西藏自治区成立。林芝地区也经历了建立、撤销、再建立几次大的演变，于1986年2月正式恢复成立。追溯历史，我们可以看到，政治上，西藏实现了社会制度的伟大历史性跨越，但由于西方敌对势力和达赖集团的干扰破坏，特别是以美国为首的西方反华势力，一直把所谓"西藏问题"作为"西化""分化"我国的突破口，把达赖集团作为遏制我国的一张牌，充分利用达赖的宗教和社会影响，破坏民族团结，制造思想混乱，进行分裂活动，西藏社会局势曾在一个时期动荡不安。经济上，西藏大力进行社会主义建设，但由于十分薄弱的底子和严酷的自然环境的制约，加上"一个没赶上，一个没抓住"（即50年代全国大发展的黄金时期西藏没赶上，80年代改革开放的历史机遇西藏没抓住），西藏仍是全国最落后的地区之一。党的十三届四中全会以后，林芝同全区一样，经历了"一个转折点、两个里程碑"的发展历程（一个转折点：1989年江泽民同志主持召开中央政治局常委会议，形成的指导西藏工作的十条意见。两个里程碑：1994年7月召开的中央第三次西藏工作座谈会确定的"一个中心、两件大事、三个确保"的指导方针，成为新时期西藏工作的里程碑；2001年6月召开的中央第四次西藏工作座谈会确定的"一加强、两促进"的历史任务，成为西藏进入新世纪的里程碑），如今，林芝地区进入了经济发展最快、社会局势更加稳定的好时期。中央第三次西藏工作座谈会作出了"分片负责、对口支援、定期轮换"的重大决策。1995年以来，广东、福建两省按照中央的决策部署，从党和国家工作的大局出发，从忠诚实践"三个代表"重要思想和增强中华民族凝聚力的高度出发，把援藏工作作为一项重要的政治任务和义不容辞的责任，不断加大援藏力度、拓宽援藏领域、创新援藏方式、丰富援藏内涵，极大地激发了林芝地区各族人民自力更生、艰苦奋斗、建设美好家园的热情。近十年来，广东、福建两省的三批援藏干部怀着对林芝人民的深厚感情和强烈的事业心、使命感，身体力行"三个代表"重要思想，以建设、发展林芝为己任，勤勤恳恳、兢兢业业，为林芝经济的跨越式发展和社会的长治久安做出了重大贡献，赢得了林芝各族人民的信赖和尊敬。

当前和今后一个时期，是林芝经济社会跨越式发展的重要战略机遇期，要顺利完成"一加强、两促进"的历史任务，率先实现全面建设小康社会的奋斗目标，需要全地区各族人民的共同努力，需要包括广东、福建在内的全国各族人民的大力支援，更需要年轻有为、年富力强的援藏干部的艰苦努力和共同奋斗。因此，我们应和援藏工作者们共同探讨，不断创新，营造良好的援藏工作氛围。

营造良好的援藏工作环境需要我们受援地区广大干部群众明确思想，统一行动，提高认识，正确对待援藏工作者。援藏干部都是好中选优、优中选强的，都是政治上过硬、业务能力强，有发达地区丰富的工作经验，抱着宏愿来林芝执行援藏任务的，所以，对待他们要同对待在藏干部一样，既要热情关心、大胆使用，又要严格要求、严格监督；在工作上要支持他们，为他们放权、压担子，鼓励他们大胆工作，充分调动他们的积极性和主动性，最大限度地发挥他们的聪明才智，为林芝地区的经济发展和社会进步建言献策、贡献力量；在生活上要关心他们，经常与他们谈心交心，及时解决他们的实际困难，关心他们的身体状况，为他们建功立业创造条件；在成绩上要宣传他们，充分利用电视、报刊等新闻媒体，把援藏干部好的做法、好的思路、好的作风、好的成绩及时向外界宣传，让林芝干部群众了解他们在林芝所取得的成绩，加深对他们的理解与支持。

同时，援藏干部也要继续保持求真务实的工作作风，摒弃"做客"思想，尽快进入角色，适应环境，熟悉情况，认真做好对口支援工作的衔接；继续发扬"援藏一任、造福一方"的优良作风，把林芝当故乡，扎实工作，无私奉献；继续保持谦虚谨慎的工作态度，不搞特殊，服从组织安排，在抓好援藏工作的基础上，尽职尽责地把分管工作抓紧抓好；继续发挥对口支援干部的民主作风，在日常工作和生活中本着"大事讲原则，小事讲风格"的原则，与当地干部相互学习、加强沟通、真诚相待、密切配合，不断克服困难、积极应对挑战，创造性地开展工作，以自己的实际行动和工作成绩回报组织对我们的期望和信任。

要营造良好的援藏工作氛围，援藏工作者应进一步做好以下几个方面的工作。

第一，加强"三个代表"重要思想的学习，强化宗旨意识，坚持立党为公，执政为民。因为只有坚持理论联系实际，按照"三个代表"重要思想的根本要求努力提高政策水平和理论素养，才能在解决实际问题上下功夫，在推动工作上有新进展，才能在实践"三个代表"重要思想上取得新成效。只要把孔繁森等优秀领导干部的事迹作为学习贯彻"三个代表"重要思想的生动教材，进一步认识什么是"三个代表"，怎样做到"三个代表"，就能把加深对"三个代表"重要思想的理解和实践，化作为林芝的稳定和发展贡献力量的动力，就能用自己的实际行动为林芝各族人民群众的幸福生活做出贡献。

第二，考虑援藏项目时，要坚持面向基层、面向群众，努力改善基层各族群众的物质文化生活。胡锦涛总书记对援藏工作作出了"援藏项目应突出改善农牧区生产生活条件，改善农牧民生活这个重点"的重要批示，这进一步为援藏工作指明了方向。因此，援藏工作要以加强基层组织和基层政权建设、发展生产、改善群众生活为重点，把重心向基层倾斜，把触角延伸到农牧区，使广大人民群众得到更多的实惠。要进一步改进和完善对口支援的方式，积极探索让基层群众受益的援藏机制和有效载体，切实把经济投入同实现各族群众的切身利益结合起来，把加强基础设施建设同改善各族群众的生产生活条件结合起来，把智力援藏同提高各族群众的科学文化水平结合起来，使援藏工作在基层群众中"见人、见物、见精神"，最大限度地团结群众和凝聚人心，增强广大人民群众促稳定、谋发展的自觉性和坚定性。

第三，增强反分裂斗争意识，把维护祖国统一作为一项重大的政治任务抓紧抓好。西藏地处祖国的西南边陲，担负着反对分裂、维护祖国统一的重大政治任务。所以，在西藏工作，重要的一点就是要充分认识维护祖国统一的重大意义，进一步把思想统一到中央第四次西藏工作座谈会作出的关于反对分裂、维护西藏稳定的重大决策上来，不仅自己要增强政治敏锐性和政治鉴别力，坚决认清达赖集团的反动本质，而且要积极带领和引导当地干部群众深入开展反分裂斗争，彻底清除达赖集团的影响和干扰。

始终坚持"旗帜鲜明、针锋相对、主动治理、强基固本"的反分裂斗争方针和"划清两个界线、尽到一个责任"的政策原则和工作要求，促进西藏稳定，维护祖国统一。

第四，发挥好桥梁纽带作用，帮助林芝培养和引进人才。实现林芝地区经济社会跨越式发展的宏伟目标，需要培养和造就数以万计的各类专门人才、一大批创新人才和优秀领导人才。所以援藏干部应把帮助林芝搞好人才的培养和引进作为援藏工作的重要内容，摆在更加突出的位置。要充分利用广东、福建在干部培训方面的资源优势，选派林芝各族干部，特别是当地干部和少数民族干部到广东、福建挂职锻炼和学习培训。通过建立长期的工作机制，不断加大力度，形成层次更多、渠道更广、规模更大的培训格局，把援藏项目的建设与培养、引进人才很好地结合起来，通过建设项目，帮助林芝培养和引进一批懂业务、会管理的专业人才。

第五，加强团结，自觉坚持在地委的统一领导下开展工作，模范地执行地委作出的各项决定。团结问题是一个重大的政治问题，是做好一切工作的基础，特别是在西藏这样一个民族宗教问题十分复杂的地区，更要高度重视团结问题。援藏干部来自广东、福建的各个市，为了一个共同的目标走到了一起，相互之间要加强团结协作；援藏干部不管来自什么地方、什么部门，到了林芝，就是林芝干部队伍中的一员，要相互支持、相互理解、相互沟通、相互配合，以自身的实际行动做到思想同心、工作同力、目标同向。在相互团结、理解支持的同时，也要和当地的汉族干部和少数民族干部搞好团结，互相取长补短，共同提高。因为西藏信教群众众多，所以在这里工作要模范执行党的民族宗教政策，既要在思想上同宗教信仰划清界限，又要在生活中尊重当地民风民俗，团结好广大信教群众。

第六，要增强组织纪律性。首先作为领导，凡事必须出于公心，公平公正、对党负责、对事业负责、对工作负责，绝不能搞"一言堂"和个人说了算，对于重大事项特别是人事问题要召开常委会，按照党的民主集中制原则，集体酝酿、讨论决定。要增强组织纪律性，坚决服从集体领导，重大事项要主动向主要领导请示汇报后再作决定。同时要加强援藏资金管理，严肃财务管理、财经纪律，对广东、福建人民负责，对干部负责，确保把有限的援藏资金用在刀刃上。另外援藏项目必须实施严格的招投标制度，重点项目必须委托招标公司公开、公平、公正地招投标。要不断加强项目的前期论证、中期建设和后期管理，组织有关人员，经常性地对援藏项目进行检查，对发现的问题，要认真整改，逐步建立设计、施工、监理等信誉评价机制，确保援藏项目收到应有的社会效益。

第七，增强安全意识。无论何时何地，援藏工作者们都要时刻绷紧安全这根弦，要树立"以人为本，安全第一"的观念。既要提高工作效率，又要保重身体；既要深入基层，调查研究，又要注意行程安全。

（2004年6月29日讲稿）

极地情深　硕果累累

十年援藏工作的深入开展，为林芝地区的经济发展和社会进步带来了较大变化。援藏干部的注入，加强了干部队伍的力量，改善了干部队伍结构，提高了干部队伍素质，援藏干部以良好的自身素质和求真务实的工作作风，带动和影响了当地干部群众，加深了民族情谊；援藏项目的建设，改善了农牧区生产生活条件，促进了城乡一体化进程，增强了地区的综合经济实力和发展后劲，产生了极大的经济和社会效益。

一是促进了民族团结，增强了林芝地区的稳定。三批对口支援工作的顺利开展，进一步密切了林芝与祖国内地的联系，架起了林芝与外界沟通的金桥，增强了民族团结，增强了爱国主义、集体主义和社会主义的观念，加快了林芝经济的发展，改善了群众生活，使林芝人民深切地感受到民族大团结的力量和祖国大家庭的温暖，增强了民族的凝聚力和向心力，有力地打击了达赖分裂集团和国内外敌对势力的嚣张气焰，对维护国家统一和领土完整，确保边防巩固，发挥了重要作用。

二是优化了干部结构，提高了队伍素质。对口支援工作开展以来，两省共为林芝选派了三批173名干部，他们绝大多数是党政干部，一半以上是县处级以上领导干部，先后有15名干部担任过县委书记。广东、福建两省选派的援藏干部，带来了沿海发达地区先进的思想和管理经验，对林芝地区形成一支总量适度、比例合理、动态稳定、素质较高的干部队伍，改善干部队伍的民族结构，进一步完善地县领导班子民族、文化、年龄等各项结构，促进林芝干部更新观念、开阔思路，增强领导现代化建设的能力，均具有重要意义。

三是推动了社会生产力的发展，加快了农牧区经济发展的步伐。三批现代农业示范园区的建设，增强了农牧民的科技意识，带动了科技兴地，为科学种田起到了示范作用。农业综合开发区的建设，有利于农业产业化和集约化经营，实现农业的规模效益。旅游项目的建设，壮大了旅游产业，培植了新的经济增长点，使林芝地区的旅游业向纵深方向不断推进。农牧区市场体系的建设，促进了商品流通，增强了群众的商品意识和商品观念，加速了群众脱贫致富奔小康的步伐，推动了国民经济持续快速健康发展。

四是推进了农牧区小城镇和小康示范村建设，加快了农牧民致富奔小康的进程。通过农牧区小城镇的建设，缩短了城乡差距，为全面建设小康社会铺平了道路。小康示范乡村的建设发挥了较好的示范作用，使农牧民看到了农牧区发展的光明前景，增强了农牧民致富奔小康的信心和决心。

五是加强了城乡基础设施建设，进一步优化和改善了投资环境。交通通讯等基础设施的建设，拉近了八一镇和各县城同区内外的距离，扩大了与区内外的信息交流。高标准的市政道路、县级广场建设，提高了城市的档次和品位。办公大楼等基础设施建设，改善了办公条件落后的状况。十年来，在广东、福建两省的大力支持和无私援助下，八一镇和各县城镇面貌发生了巨大的变化，灯亮了、水净了、路宽了、电话通了、城市变了，投资环境改善了。通过加大城市建设力度，极大地推动了城市经济发展，带动了农牧区经济和第三产业的迅速提升。

六是加大了人才的培养、培训力度，为实施西部大开发战略提供了人才保障和智力支持。广东、福建两省重点高校为林芝培养急需人才，改善了林芝地区人才缺乏的状况，为人才培养创造了良好的条件；派专家学者、医疗队到林芝地区开办培训班和义诊活动，促进了当地专业技术人员业务水平的不断提高；选派人员到援藏省市学习、培训、挂职锻炼，既开阔了视野，增长了知识，又解放了思想，更新了观念。

七是加强了基层组织建设和改善了基层基础工作条件，促进了社会政治局势的长治久安。通过抓乡村基层组织基础设施建设，改善了基层组织的工作、生活条件，进一步增强了基层组织的凝聚力和战斗力。通过改善政法系统的基层基础设施条件，为深入开展反分裂斗争，维护社会政治局势稳定，惩治犯罪，加大社会治安综合治理力度，为地区各项事业的发展提供了良好环境。

八是加强了社会主义精神文明建设，推动了社会的全面进步。通过抓城市建设，美化了环境，提升了城市品位。同时，也为加强社会主义精神文明建设提供了有效载体，使其成为社会主义、爱国主义和集体主义教育的阵地，成为藏汉情深的象征。通过抓医疗卫生项目建设，改善了缺医少药的落后状况和医疗服务功能弱的局面，提高了人民群众的健康水平。通过抓广播电视"村村通"建设，使广大群众听到了党中央的声音，看到了祖国山川的新变化和欣欣向荣的新气象，增强了致富奔小康的紧迫感。

（2004年7月18日讲稿）

立足区域优势　加快小城镇建设

加快小城镇建设和农房改造意义重大

小城镇作为一定区域的政治、经济、文化、教育、服务和信息中心，是农牧区经济、社会发展的重要载体，是联系城市和广大农牧区的纽带，是传统农牧业向现代农牧业过渡的桥梁，是实现全面小康社会的重要环节，也是城镇体系中不可分割的重要组成部分。加快小城镇建设，不仅是经济社会发展的客观需要，也是全面建设小康社会的必然要求，有利于集中农牧区的人流、物流，培育农牧区市场；有效整合农牧区生产要素，有效承接各地中心城镇的辐射效应，带动农牧区经济和各项事业的发展；有利于促进农牧区二、三产业的发展，使产业结构调整有所依托。随着社会主义市场经济的不断发展和产业结构调整的不断深入，加快小城镇建设已成为推进全地区城市化进程，统筹城乡协调发展，改变城乡"二元经济结构"，缩小城乡差别，确保广大农牧区局势稳定和社会进步的迫切需要。

自治区党委、政府将林芝地区列为自治区率先全面建设小康社会地区，这给林芝地区经济社会的全面发展带来了巨大机遇。加快农房改造步伐，改善农牧区面貌，提高广大农牧民群众生产生活水平，是确保林芝地区率先实现全面建设小康社会目标的重要条件。同时，也是我们认真实践"三个代表"重要思想，坚持以人为本和落实科学发展观的具体体现，更是逐步解决"三农"问题，改善农牧民群众生活条件的重要环节。

林芝地区历来高度重视小城镇建设和农房改造工作，把推进全地区镇化进程和农房改造作为推动城乡结构调整，优化生产力布局，改善农牧区面貌，促进全地区经济社会协调发展，确保全地区经济跨越式发展目标顺利实现，加快全面建设小康社会进程的重要战略步骤来进行规划并逐步付诸实施，在政策、资金、人力、财力、物力等各方面对小城镇建设和农房改造给予倾斜和支持，为加快小城镇建设和农房改造步伐创造了条件。中央第三、第四次西藏工作座谈会以来，通过各级各部门和各族群众的共同努力，小城镇建设和农房改造取得了长足发展，走在了全区前列，城乡面貌发生了深刻变化，一大批新房拔地而起，特别是去冬今春以来，随着小城镇建设和农房改造力度的不断加大，取得了十分显著的成效，农牧民群众生活质量和生存条件得到了明显改善。小城镇在辐射当地经济社会发展，改变农牧民群众思想观念，促进农副产品的流通，增加群众收入等各方面发挥着愈来愈重要的作用。

由于自然、地理和社会历史发展等诸多因素的制约，林芝地区小城镇建设和农房改造还存在许多问题：一是城镇建设空间分布不均衡，对农牧区人流、物流、资金流的聚集作用还没有充分发挥出来。二是小城镇经济缺乏产业支撑，市场发育不全，对农牧区辐射、带动作用不强，这是小城镇建设中存在的突出问题。三是小城镇建设规划滞后，没有与经济建设、社会发展、城乡建设同步规划、同步实施。四是部分小城镇配套功能不健全、综合服务功能差，管理水平低下，难以满足全面建设小康社会的需要。五是扶持小城镇建设和农房改造的配套政策和措施不健全，没有稳定的资金来源。六是规划相对滞后，特色体现不够充分，布局不尽合理。七是个别部门和个别县对小城镇建设和农房改造工作的重要性认识不足，行动迟缓、步伐缓慢、措施不力。八是用材不尽合理，资源浪费尤其是木材浪费较大。要解决这些问题，还需要进一步解放思想、与时俱进，采取切实可行、行之有效的措施，把积极引导和加快小城镇建设、推进农房改造作为进一步推动农牧区经济社会乃至全地区经济社会发展的一项重要工作抓紧抓实抓好。

立足实际、狠抓落实，不断推进小城镇建设和农房改造向纵深发展

结合经济社会发展实际和小城镇发展现状，小城镇建设和农房改造工

作要坚持以邓小平理论和"三个代表"重要思想为指导，牢固树立和认真落实科学发展观，围绕"1231"发展思路，按照十六大提出的加快小城镇建设，推动城镇化发展，全面建设小康社会的总体要求，坚持以人为本，从实际出发，抓住林芝地区被列为自治区全面建设小康社会示范地区和广东、福建两省第四批援藏工作即将开始的机遇，积极构建全地区区域城镇体系，建立城镇发展动力机制，完善小城镇基础设施和公共服务设施，制定和完善小城镇建设和农房改造优惠扶持政策，推动小城镇投融资体制改革，以国家和援藏资金投入建设配套设施，吸引更多的民间投资参与小城镇建设和农房改造，促使小城镇建设和农房改造健康快速发展。通过努力，逐步建立布局合理、层次分明、特色鲜明、设施完善、经济繁荣的区域城镇体系，带动城乡结构的调整和优化生产力布局，促进经济社会可持续发展，加快全面建设小康社会的步伐。

（一）坚持高起点规划、高标准建设，提高小城镇建设档次

规划是小城镇建设的龙头，是小城镇建设能否持续健康发展的关键。规划水平的高低，决定了小城镇建设的层次和水平。有关部门要以发展的眼光和创新的意识，充分考虑城市的长远发展、品位和档次的提升，高起点、高标准搞好小城镇建设的科学论证和长远规划。在布局上应当以经济建设为中心，以工业、商贸、特色经济、交通枢纽或车辆必停点为依托，确定好小城镇的性质、功能和基础设施建设规模，注重实效、突出特色，真正使小城镇成为连接广大农牧区和城市的平台。

（二）坚持民族特色、地域特色和时代特色相结合的原则

城市特色是城市形态、自然景观、人文积淀、建筑艺术的有机融合。建设特色小城镇是增强小城镇综合功能和赢得发展先机的重要途径。坚持民族特色、地域特色、时代特色相结合的原则，因地制宜，建设具有特色的小城镇。在规划和建设过程中，要充分考虑小城镇的自然、历史、人文和气候等特殊条件，力求做到小城镇的建筑在质量、结构、色彩、材料、装饰上与当地的自然环境和人文背景协调一致，做到既继承民族优秀的传统文化，取其精华，又与当今社会先进的科学技术相结合，提高建筑质量和设施标准，打破千篇一律、结构一致、形态相同、色彩单调的建筑局面，使小城镇建设的风格和特色更加突出。

（三）加强环境保护，建设生态型小城镇

注重加强和保护各具特色的生态环境，处理好建设与保护的关系，注

重节约土地、木材等资源，特别要注意保护基本农田，尽量利用闲置土地。同时，加强对小城镇及其周边的自然景观和生态资源的保护，加强历史文化和人文环境的建设与管理，创造良好的人居环境和生活环境。

（四）坚持非均衡发展，区别对待

在规划和建设中，应当充分考虑小城镇的长远发展，处理好近期建设和长远发展的关系，坚持把"农牧区现代化、农牧区城镇化、城乡一体化"作为基本发展目标，做到统一规划、适度超前、有序发展。结合实际，把重点放在条件好的国道、省道沿线，发展潜力大的乡镇，使之尽快形成规模，完善功能，增强实力，使其切实发挥地域经济和文化中心的作用。

（五）以提高群众生活水平为根本出发点

努力创造小城镇良好的生产、生活和发展环境，以增加农牧民收入为目标，解决好人口和就业问题，特别要处理好农牧区富余劳动力向城镇的第二、三产业合理转移，促进城乡经济社会的协调发展和相互融合。在物质生活不断提高的同时，注重精神生活的提高。有条件的小城镇要根据小城镇建设规模，建设好文化娱乐设施，适时组织农牧民群众办一些文娱活动，丰富农牧民群众的精神文化生活，不断提高进城进镇农牧民的思想道德素质和科学文化水平，促进物质文明、政治文明、精神文明协调发展。

（六）小城镇建设与农房改造相结合

坚持"统一规划、统一设计、统一建设"的原则，按照民族特色、现代气息和兼顾发展并重的方针，立足实际，加强整合，充分考虑藏民族群众的生产生活习惯，充分体现小城镇建设的时代性和农牧民群众的个性特色，对建成已久和没有发展潜力的农牧户建筑进行改造或搬迁。各县要制定和出台关于农房改造的优惠政策，鼓励和支持农牧民群众在原有的农房基础上进行改造或到小城镇建设新房，使小城镇建设和农房改造有机地结合起来。同时，帮助进城群众寻找发展致富的路子，改变群众房屋在城镇，生产在农村，生活靠土地的局面。加大小康建设力度，推动小康建设进程，以小城镇的建设与发展带动农牧民致富奔小康。适当安排一定比例的小康建设资金，吸引民间投资。有条件的县、乡镇可根据实际情况逐年适当增加小康建设资金投入，通过投资拉动，进一步带动农牧民群众加快农房改造步伐，调动农牧民群众参与小城镇建设和农房改造，全面建设小康社会的积极性、主动性。

（七）坚持制度创新，树立经营小城镇新理念

充分发挥小城镇土地资产的效益，实行土地资源市场化运作和优化配置，最大限度地盘活土地资产。建立国有土地储备制度，由政府垄断土地一级市场，对各小城镇土地分批次统一征用，对闲置的土地或低效利用的土地要有计划地统一收回或收购，依法纳入政府储备。加强对小城镇土地的宏观调控，防止短期行为，根据市场的供求关系，有计划地分期分批出让，把土地价格上涨的收益源源不断地回归政府，逐步走出一条以小城镇养小城镇，以小城镇建小城镇，以小城镇兴小城镇的经营之路。加大对农牧民进城创业所需土地的调研力度，采取既遵循政策规定，又利于农牧民进城创业的原则，方便广大农牧民，为其提供更加合理的建设用地。

（2004年7月讲稿）

浅谈增强拒腐防变能力

反腐倡廉，党心所思，民心所向。党的十六大再次把坚决防止和反对腐败作为全党的一项重大政治任务提出来。胡锦涛同志在"七一"重要讲话中深刻论述了"三个代表"重要思想的本质，即立党为公、执政为民，并强调："各级干部都要自觉接受监督，决不脱离群众，决不贪图安逸，决不以权谋私。"我们必须深刻认识反腐败斗争的艰巨性、长期性和紧迫性，以更大的决心、更有力的措施、更扎实的工作，旗帜鲜明、毫不动摇地把党风廉政建设和反腐败斗争深入进行下去。广大党员干部应该把党的事业作为毕生的追求，胸怀高远，摆脱各种羁绊，自觉抵制诱惑，不断增强自身的拒腐防变能力。

一 加强从政道德修养，牢固树立正确的世界观、人生观和价值观

"人无德不立，官无德不为"。从政道德修养是思想道德建设的重要内容，它对于加强党员干部自身及其队伍建设，增强拒腐防变能力，具有极其重要的作用。加强从政道德修养，学习是根本。只有不断加强学习，思想境界提高了，知识文化的积淀丰富了，才不会被金钱所诱，被权力所累，被美色所迷，做到深怀爱民之心，恪守为民之责，善谋利民之策，才能成为"一个高尚的人，一个纯粹的人，一个脱离了低级趣味的人，一个有益于人民的人"。大量事实证明，领导干部一旦放松了学习，放松了对世界观的改造，就很容易步入歧途，甚至最终沦为人民的罪人。

2003年，湖南省工商局原局长欧阳松因犯有受贿罪、滥用职权罪和巨额财产来源不明罪而落入法网。他在法庭上忏悔说："放松学习、放松

世界观的改造是我由人民公仆蜕变为罪犯的根本原因。自己错误地认为受党的培养教育多年，在廉政方面不会出大的问题，因而在思想上开始松懈，拒腐防变的思想防线逐渐崩溃，丢掉了全心全意为人民服务的宗旨，在改革开放和市场经济大潮的冲击下，经不起考验，栽了大跟头，最后毁了自己的一生。"正是由于放松了学习和思想改造，世界观、人生观、价值观发生了扭曲，欧阳松一步步走向犯罪深渊。前车之鉴，值得每个党员干部认真借鉴。要下苦功夫学好政治理论，尤其要学习领会邓小平理论和"三个代表"重要思想，坚持用"三个代表"重要思想武装头脑，规范言行，始终把握好人生的航向。要经常地、认真地想一想参加工作是为什么、在位应该干什么、身后应该留什么的问题，进一步正确处理好做官与做人的关系，树立正确的人生观，懂得"为官一时，做人一世"的道理，时刻以党的事业和人民利益为重，堂堂正正做人，清清白白做官，踏踏实实做事。正确处理好奉献与索取的关系，树立正确的价值观，像孔繁森、汪洋湖、任长霞等优秀干部一样，以全心全意为人民服务的崇高精神境界，正确看待名利，正确看待得失，不为个人蜗角虚名、蝇头小利而丧失党的原则，丧失自我人格，时刻铭记党和人民的利益高于一切，时刻保持一名共产党人的道德情操，做忠诚实践"三个代表"重要思想的楷模。

二　坚定共产主义理想和建设中国特色社会主义道路的信念，保持政治上的清醒

党章规定，党员干部要"具有共产主义远大理想和中国特色社会主义坚定信念"。理想信念是共产党人前赴后继、奋斗不息的精神支柱和力量源泉。对我们共产党人来说，理想信念的动摇是最危险的动摇，也是党性不纯的最严重表现。从全国、全区和林芝地区近几年查办的违纪违法案件看，尽管违纪违法的情节不同，但往往都是从丧失理想信念开始的，都经历了从量变到质变的过程。比较典型的一个例子就是河北省原副省长丛福奎，和所谓的大仙搞到一起，在家里设佛堂、佛龛，每天念经、拜佛，还给自己取了个法号。其实他也不是真信佛，而是精神空虚，从理想信念动摇发展到政治上蜕化变质，经济上贪婪受贿，生活上腐化堕落。类似这样的案例还有很多，教训也极为深刻。

坚定共产主义理想信念是每个共产党人必须具备的政治品格和素质要求，在当前改革开放和发展社会主义市场经济、腐蚀与反腐蚀的斗争异常复杂激烈的新形势下，我们每个党员干部特别是领导干部一定要始终保持政治上的清醒和坚定，认真执行"四大纪律、八项要求"，这样才抵挡得住形形色色的诱惑，永葆共产党人的革命气节，永葆人民公仆的本色。

三 正确看待和使用手中的权力，立党为公，执政为民

党员干部特别是领导干部，手中或大或小、或多或少都有点权力，如何看待和使用权力，是我们必须严肃对待的一个重要的问题，也是对我们党性的一个严峻考验。清代学者赵翼在总结历代贿赂现象后，曾得出一个结论，即"贿随权集"，意思是行贿围绕权力进行。那些送礼的、行贿的人给你送钱、送物，既不是因为你长得好看，也不是因为和你有什么感情，而是看中了你手中的权力。从这个意义上说，权力是一把"双刃剑"，它既能利民利己，也会害民害己，谁如果将人民赋予的权力异化为个人谋取私利的工具，损害人民的利益，就必然会受到人民的惩罚，沦为人民的罪人。原公安部副部长李纪周是我们党的一名高级领导干部，他就是因为对权力没有正确的认识，没有把人民赋予的权力用于为民造福，反而徇私枉法、滥用职权、大搞权钱交易，最终腐化堕落为一个被党和人民唾弃的腐败分子。他在1994年下半年至1997年两年多的时间里，利用职权，干预下级公安机关查处不法分子的走私犯罪活动，并多次收受贿赂，共计折合人民币864.8万元。在把权力变成谋利的筹码、大搞权钱交易的同时，也用权力这柄利剑为自己掘好了坟墓。他后来在《悔过书》中写道："那些商人、老板特别是那些怀着不可告人目的的不法商人，总会千方百计、不择手段地向你进攻，一不小心就会掉进他们的泥坑之中。像赖昌星等人，看中的正是我这个公安部副部长的职位和权力，并想方设法地巴结我，给我送钱送物，就是想利用我手中的权力，为他们办事。接受了他们的钱物，必然会在为他们办事的过程中失去公正、公平，甚至会拿原则和权力做交易。"

从近几年来公布查处的一些经济违纪案件中不难看到，一些干部也正是因为没有认识到权力的这种危险性，手上有点权力就忘乎所以，把权力

当成了"点金棒",把权力当成了"搂银耙",最终才栽了跟头的。每一个领导干部,手中都有一定的权力,很容易成为社会各阶层关注的焦点,不法分子在盯着你,你的下属在瞧着你,群众也在看着你,一旦将权力用错了地方,不但自己要受到党纪国法的制裁,也会带坏、带垮一个班子、一支队伍,在群众中造成不利影响,损害党的形象和威望。

四 以身作则,严于律己,做廉洁奉公的表率

修身之要,莫过于自律。坚持自律,贵在按照党政领导干部廉洁自律的有关规定,做到自重、自省、自警、自励,关键是要做到八慎。

一要慎初,谨防第一次。人生贵善始,万物始于初。领导干部从政为官,保持自身廉洁,关键在于第一次。把握好了第一次,就掌握了主动,就能在各种腐蚀诱惑面前立于不败之地。第一道防线一旦被冲破,往往会"兵败如山倒",第一道闸门一旦打开,欲望的"洪水"就会一泻千里。胡长清、李真等腐败分子正是因为没有把握住"第一次",在"下不为例"的自我安慰中一步步走向深渊的。李真曾在狱中反思自己的堕落过程时深有感触地说:"我第一次仅仅收了一条中华牌香烟和一把刮胡刀,开始收这些礼物的时候还有一点担心和不安,可第二次收到钱物时,这些担心和不安就不见了。"从一条中华牌香烟和一把刮胡刀到最终的1051万元,相差虽然很大,但正是从"第一次"开始,一收而不可止,最终将自己送上了断头台。前事不忘,后事之师。在当前市场经济条件下,一定要时刻把握住自己,认认真真地对待生活中的每个"第一次"。警惕了"第一次",就能把握住"每一次",牢固的思想道德防线就不会被突破,不正之风和腐败现象就找不到可乘之机,在廉洁与腐败、正义与邪恶的较量中,就能永远立于不败之地。

二要慎微,谨防小恶积大恶。小洞不补,大洞吃苦。千里之堤,溃于蚁穴。任何事物的发生发展都有一个由小到大、由量变到质变的过程。一些人认为,自己辛辛苦苦干工作,收一点拿一点、捞一点占一点、吃一点喝一点、玩一点乐一点,是人之常情,是小节,无伤大雅,有的认为只要不犯大错误,不搞大腐败,犯点小错误,有点小毛病,组织上也会宽容、原谅,还有的认为别人恣意腐败还能逍遥法外,自己捞点"小意思",不

算什么。这种小节无害的心理，这种放纵和侥幸的心理，足以毁掉一个干部。广东省汕尾市原副市长马红妹，平时就是这么一个不检点的人，她把自家买水果、面包、鸡蛋、油、米等用的几十元、几百元开成发票报销，致使后来胃口越来越大，发展到几万元、几十万元地将公款贪为己有。可见，小节并非无害，而是一切大害的开始。一定要在"慎微"上下功夫，不以善小而不为，不以恶小而为之，防微杜渐，去小恶以保本真，积小善以成大德。

三要慎好，谨防嗜好误前程。嗜好之心，人皆有之：一个人有点爱好是正常的，领导干部也不例外。但是，领导干部对自己的兴趣、爱好、习惯一定要善于节制，不能恣意放纵。不善节制，就有可能被别有用心的人所利用，成为不法之徒拉拢腐蚀的缺口。俗话说："苍蝇不叮无缝蛋。"有的领导干部之所以被人利用，原因之一就是自我放纵。我们都知道，胡长清爱好书法，在他刚到江西当副省长的时候，有个老板想巴结他，就弄来一幅字画，请他鉴赏，由此踏进了胡长清的家门，后来又请他题字，题字后给"润笔费"，一来二往就粘在一起了。这个老板利用胡长清手中的权力发了大财，胡长清也得了好处，还到处题字收钱，真是风光无限。但最后，照样落了个"一朝事败人头落，字随人臭掷茅坑"的结局。当今社会上各种犯罪活动有一个明显的特点，犯罪分子千方百计在党政干部中寻找自己的代理人和保护伞。利用干部的嗜好，投其所好，就是他们最常用的手段之一。厦门特大走私案主犯赖昌星有句"名言"："官场上的制度、条例再严我也不怕，最怕的是当官的没有爱好。"就凭这个"爱好"，他把包括福建省公安厅原副厅长庄如顺、厦门市原副市长蓝甫在内的200多个官员拉下了水，把十多名党的干部送上了断头台。

四要慎欲，谨防纵欲无度。欲望人皆有之，领导干部也不例外，但一定要注意节制非分的欲望。永不满足的官欲、过于强烈的权欲、贪婪无度的财欲等都是十分危险的东西，如果任其膨胀，势必会招惹大祸。我们一定要在权力、金钱、美色等各种诱惑面前常思纵欲之害，常怀律己之心，常除非分之念，不要因为贪图更多的东西，反而把本来就属于自己的东西都丢掉了。要有这样的境界：工作以高标准为目标，生活以下限为尺度，不该拿的不拿，不该吃的不吃，不该去的不去，不该享受的不享受，能做到这几条，就经得起各种考验，不断战胜自己的私欲，就能保证不犯错误，保持一身正气，一尘不染。在山西忻州地区有个国土资源局局长叫郝文山，他为政清廉、秉公办事，在金钱贿赂面前从不动心。究其原因，他说："我第一是不贪。收下不义之财，就把自己归入贪官污吏之列了。第二是不忍。送钱的大多数很可能就是儿子的伙食费或老人的冬衣钱。第三是不敢。收礼受贿、以权谋私，终要受到党纪国法的制裁。"郝文山将不贪列为自己"三不"准则之首，保持了自己的清廉本色，也为我们作出了节欲守操的表率，值得我们每一个党员干部学习、互勉。

五要慎平，谨防平流无石处。常言说，月圆总有月缺时，天晴须防天下雨。每个党员干部越是在个人成长、进步顺利的时候，越要保持清醒的头脑，不能见喜忘忧，忘乎所以，做到履平防险、浅水防深。为此，一要无病早防，不间断地学习改造，增强自身的免疫力和抵抗力。一些违法犯罪分子落马以后才明白"死去原知万事空"，才醒悟"人生最大的悲哀莫过于失去自由，人生最宝贵的东西是人的生命"。湖南省机械工业局原局长林国悌在监狱的真实感受是"面对铁门，面对寒冷的空气和漆黑的夜，在极度的寂寞和孤独中，我在狭窄的空间中来回走动。我每天都在痛苦中煎熬，深夜才能在异常疲惫中入睡，但两点多就会惊醒，一身冷汗"。二要"人病我防"，既要见贤思齐，向品德高尚的先进人物学习，又要见不贤而自省，从犯错误或犯罪者身上吸取反面教训，引以为戒，省己律身，千万不要看到别人掉到陷阱里，自己也跟着掉下去。三要"小病大防"，对自己的一些小毛病造成的后果宁可看重一些也别看轻了，对自己克服"小毛病"的意志和能力宁可看低些也别看高了。小题大做，有过即改，这是古今志士仁人修身养性的共同经验。

六要慎友，谨防被朋友拉下水。人生不能没有朋友，但作为领导干部，交什么样的朋友，该怎样交，是需要慎重考虑的。有很多领导干部在他们大权在握时，无不门庭若市，朋友多得踏破门槛，但往往也就是这些"朋友加兄弟"断送了他们的前程，毁灭了他们的家庭，使他们身陷囹圄，甚至丢掉性命。因为这些朋友是盯住了他们手中的权，想方设法巴结他们，当这些所谓的"朋友"非法利益捞足、东窗事发的时候，领导干部却成了"朋友"的牺牲品。某贪官家属曾深有感触地说："他们看中我一个老太婆什么，他们看中的是我丈夫手中的权，他的那帮兄弟朋友才不时地到我家里来。""平时与他称兄道弟的朋友，自我们进监狱之后，就没有一个人来看过我们一次。"所以，作为领导干部一定要谨慎交友、冷静交友、从善交友、选良交友、择廉交友、淡泊交友，以正确行使手中的权力。

七要慎家，谨防后院起火。家庭对个人的道德品质、价值观念、行为规范影响很大。没有一个廉洁的家庭，就很难有一个廉洁的领导。领导干部的家庭既可能是廉政的港湾，也可能成为腐败的温床。从近几年查处的大量违法违纪案件看，许多搞歪门邪道的人，都精于"曲线谋私"，绕一个弯子，从领导干部的配偶、子女和秘书那里搞"感情投资"，一些领导干部的错误也是从配偶、子女和秘书被打开缺口开始的。因此各级领导干部要在坚持以身作则、严于律己的同时，牢记"治国必先治家"和"家财不为子孙谋"的道理，自己生活和工作中的事情尽量不要让配偶来干预和决定，也不要事事都以配偶、子女的意愿为准。要注重家风教育，管好自己的配偶、子女和身边工作人员，不要放任自流，更不要包庇纵容，切实树立起良好的家风，筑牢家庭反腐倡廉的防线。

八要慎终，谨防晚节不保。善始不易，善终更难。我们党内的一些领导干部，一直清廉、公正、勤奋、辛苦地干了大半辈子，却在临近退休的时候，迷恋权力、捞取晚利，利用即将离手的权力，拼命为自己贪钱敛财，图个富度晚年、享受余生，却栽在最后一站再也起不来了，有的甚至凄凄惨惨地踏上了不归路。作为一名领导干部，一定要铭记：一日得失看黄昏，一生成败看晚节。无论干什么事情都要善始善终，决不能为了一己私利，一失足成千古恨，因晚节不保让自己遭后人耻笑，让子孙脸上蒙羞。因此，领导干部要始终保持清醒的头脑，带头严守党纪国法，要存正气、禁邪欲，耐得住寂寞，守得住清贫，要堂堂正正做人、明明白白做官、踏踏实实做事。

五 认真履行职责，推进教育、制度、监督并重的惩治和预防腐败体系的建立健全，深入推进反腐倡廉工作

要按照中纪委第三次全会的要求，建立健全教育、制度、监督并重的惩治和预防腐败的体系。要抓好教育这项基础性工作，通过采取多种形式加强思想教育和纪律教育，筑牢广大党员干部拒腐防变的思想防线；通过把思想教育和道德约束、内部管理相结合，建立健全符合本行业、本系统、本部门特点的廉洁从政行为规范和职业道德规范；通过实行廉政谈

话、述职述廉等制度，认真开展批评与自我批评，对有苗头性和倾向性的问题提前打招呼，使党员干部不犯或少犯错误。

要依靠制度预防和惩治腐败。邓小平同志曾强调说："我们过去所发生的各种错误，固然与某些领导人的思想作风有关，但是组织制度、工作制度方面的问题更重要。这些方面的制度好可以使坏人无法横行，制度不好可以使好人无法充分做好事，甚至走向反面。""制度更带有根本性、全面性、稳定性和长期性。"① 一些领导干部之所以犯错误，内因是根本，但管理体制、制度跟不上或不能有效落实也是一个关键因素，只有立足制度，完善程序规则，强化制度的约束机制，才能架设一条反腐败的高压线，有效预防和治理腐败。当前，我们在这方面的任务主要有两项：第一项是在认真做好查办违纪违法案件、纠正损害群众利益的不正之风等各项工作的基础上，以加强对人财物管理和使用的监督为重点，推行并逐步深化行政审批、财政管理、投资体制、干部人事制度"四项改革"，完善建设工程招标投标、经营性土地使用权出让、产权交易、政府采购"四项制度"，深化政务、厂务、村务"三公开"工作，加大源头治腐的力度。第二项就是以加强对各级领导机关和党员干部特别是各级领导班子主要负责人的监督为重点，加快建立规范权力运行的权力监督制约机制，防止决策失误、行为失范、权力失控。

建立健全以各级领导机关和党员领导干部特别是各级领导班子主要负责人为重点监督对象的监督制约机制。各级领导干部认识要明确，工作要到位。要明白，加强监督不是跟谁过不去，也不是对谁不信任，而是党组织对党员领导干部的严格要求和关心爱护，目的是使我们的干部不犯或少犯错误。反腐败斗争的实践也一再证明，失去监督的"一把手"很容易成为"一霸手"。如果领导干部能够自觉地接受来自党组织和各方面的监督，党组织和职工群众能够及早发现领导干部存在的问题，并及时提醒和制止，很多违纪违法案件是完全可以避免的，一些领导干部也是完全可以挽救的，不至于最后以身试法，追悔莫及。

认真学好《中国共产党党内监督条例（试行）》，深刻把握《条例》的精神实质，全面掌握《条例》的具体要求，牢固树立起自觉接受监督的意识，从党要管党、从严治党的高度，在抓好贯彻实施《条例》的同

---

① 《邓小平文选》第2卷，人民出版社1994年版，第333页。

时，坚持民主集中制，充分发扬民主，集思广益，广开言路，杜绝"家长制"作风，做自觉接受监督和主动参与监督的表率，做遵守党的纪律的模范。要带头履行监督职责，坚持按党的章程办事，按党的原则办事，坚决克服自由主义、好人主义和庸俗作风。在自觉接受监督的同时，坚持大胆工作，敢抓敢管敢负责，努力把自己负责分管的工作搞上去，使两者相互促进。党员领导干部只要能够坚持做到光明磊落、遵纪守法，就不会怕监督，也不用怕监督。

建立健全教育、制度、监督并重的惩治和预防腐败体系是一项系统工程，需要全党动手，党政齐抓共管，各部门分工负责，各级领导干部特别是"一把手"更要在严格自律、接受监督的同时，按照为民、务实和勤政、廉政的要求，坚持标本兼治、综合治理、着力治本的反腐败工作方针，根据党风廉政建设责任制的规定，切实担负起应有的责任，认真抓好管辖范围内反腐倡廉各项工作任务的贯彻落实，以反腐败斗争的实际成果取信于民。

(2004年8月4日讲稿)

在邓小平理论伟大旗帜下前进

邓小平同志是忠诚的马克思主义者，伟大的无产阶级革命家、政治家、军事家、外交家，久经考验的共产主义战士，中国社会主义改革开放和现代化建设的总设计师，邓小平理论的主要创立者，他在长期的革命和建设岁月中为祖国和人民建立了不朽的功绩。

邓小平同志早年投身革命，70多年波澜壮阔的革命生涯，是同中国共产党的创建和发展，中国人民军队的创建和发展，中华人民共和国的创建和发展，紧密联系在一起的。他是人民共和国的元勋，是20世纪中国历史上站在时代前列的伟大人物之一，是中国共产党第二代中央领导集体的核心，领导我们开辟了建设中国特色社会主义的新道路。今天我们可以自豪地说：如果没有邓小平同志，中国人民就不可能有今天的新生活，中国就不可能有今天改革开放的新局面和社会主义现代化的光明前景。

中华人民共和国成立后，邓小平同志从西南调到北京参加中央领导工作，先后担任政务院副总理、党中央秘书长和国务院副总理。在八届一中全会上，他当选为中共中央政治局常委、总书记。为社会主义制度的建立和社会主义建设的展开，为探索适合中国国情的社会主义道路，担负起繁重任务，提出了许多正确主张，进行了卓有成效的工作。

"文化大革命"是社会主义时期我们党历史上的严重错误，邓小平同志受到错误批判和斗争，被剥夺一切职务。林彪反革命政变阴谋被粉碎后，邓小平同志复出，1975年担任中共中央副主席、国务院副总理、中央军委副主席、中国人民解放军总参谋长，主持全党、全国和全军的日常工作。他力挽狂澜，强调要敢字当头，横下一条心，对"文化大革命"以来所造成的严重混乱局面，大刀阔斧地进行整顿；同"四人帮"进行了坚决的斗争。这次整顿实质上是后来改革的实验，反映了广大干部和群众的愿望，代表了党的正确领导，在短时间内就取得了显著成效。

粉碎"四人帮"、结束"文化大革命"后,中国面临着重大历史关头:能否扭转"文化大革命"十年内乱造成的严重局势,从困难中重新奋起,为中国社会主义发展开辟新的道路。邓小平同志以他的远见卓识、丰富的政治经验和高超的领导艺术,在千头万绪中抓住决定性的环节,从端正思想路线入手进行拨乱反正。他强调实事求是是毛泽东思想的精髓,反对"两个凡是"的错误观点,支持开展真理标准问题的讨论,为党的十一届三中全会的召开作了思想准备。

党的十一届三中全会,在邓小平同志的领导下,重新确立解放思想、实事求是的思想路线,确定把党和国家工作的重心转移到经济建设上来,作出实行改革开放的决策,随后又旗帜鲜明地强调必须坚持四项基本原则。这次全会,标志着新中国成立以来党和国家历史的伟大转折,开创了改革开放和集中进行社会主义现代化建设的历史新时期。

在党的第十二次全国代表大会上,邓小平同志提出"把马克思主义的普遍真理同我国的具体实际结合起来,走自己的道路,建设有中国特色的社会主义"。[①] 这是总结我们长期历史经验得出的基本结论,成为新时期指明我们前进方向的基本口号。党的第十三次全国代表大会,根据邓小平同志的思想,系统地提出了社会主义初级阶段的理论,完整地概括了党在社会主义初级阶段的基本路线。

邓小平同志领导我们制定了分"三步走",基本实现现代化的发展战略,并且确定了改革开放的全面部署。他大力支持和推动了以家庭联产承包责任制为主的农村改革,热情赞扬了乡镇企业的异军突起。他最早提出了社会主义也可以搞市场经济的思想,推进以城市为中心的全面经济体制改革,为我们开辟了一条把社会主义同市场经济结合起来,以更好地解放和发展生产力的新道路。他倡议和推动了沿海经济特区的兴办、沿海城市的开放、上海浦东新区的开放,逐步形成全面对外开放的格局。他十分关心中西部地区和贫困地区的经济发展和人民生活,要求把解决这方面问题逐步提到更加重要的位置上来。结合西藏实际,他提出"怎样对西藏有利,怎样才能使西藏很快发展起来,在中国四个现代化建设中走进前列"。"西藏具有很大的开发潜力,开发起来,前景是很好的。""中华人

[①] 《邓小平文选》第3卷,人民出版社1993年版,第3页。

民共和国没有民族歧视，我们对西藏的政策是真正立足于民族平等。"①他提出科学技术是第一生产力的新论断，提倡尊重知识、尊重人才，重视发展教育和科学、文化事业。他还反复强调，要高度重视和热情支持改革开放中群众的创造，认真总结和积极推广群众的经验。十一届三中全会以来，在以邓小平同志为核心的党中央领导下，我们国家经历了从农村改革到城市改革，从经济体制的改革到各方面体制的改革，从对内搞活到对外开放，社会主义物质文明和精神文明建设一起抓的伟大历史进程。中国的生产力得到突飞猛进的发展，人民生活得到很大的提高，国家面貌发生深刻变化，综合国力不断提高，邓小平同志在中国革命的征程中一次次复出，以他坚定的信念、非凡的业绩、杰出的风范、超人的胆识，在人民群众中树立了崇高的威望和一座永恒的纪念碑。

在人类历史长河中，每个时代都有自己的思想理论体系即所谓时代精神，邓小平理论是伟人留给我们的最为宝贵的财富。邓小平同志不仅以他的革命理论指引着我们，而且以他在长期实践中锤炼出来的革命风格感召着我们。他的崇高品格和风范，体现在他全部革命和奋斗实践活动中，体现在他"三落三起"的经历和他勇敢地开拓中国社会主义发展新道路的进程中。当他受到错误打击、处于逆境的时候，他从不消沉，总是无私无畏，不屈不挠，沉着坚韧，对党对人民无限忠诚，对我们事业的未来抱着乐观主义。他总是由此更加深刻地思索中国革命和建设的经验教训和根本规律问题，发奋要有新的更大作为。正是因为这样，他才能顺应历史和时势的要求，在经历逆境之后重新起来担当重任。特别是他在"文化大革命"中的起落，更引起他对"什么是社会主义、如何建设社会主义"的深刻反思，从而使他在十一届三中全会以后，毅然决然地领导全党全国人民开拓建设有中国特色社会主义的新道路。在开拓新道路的进程中，他尊重实践，敏锐把握时代发展的脉搏和契机，既继承前人又突破陈规，既借鉴世界经验又不照搬别国模式，总是从中国的现实和当代世界发展的特点出发去总结新经验，创造新办法。他尊重群众，时刻关注最广大人民的利益和愿望，总是把是否有利于发展社会主义社会的生产力、是否有利于增强社会主义国家的综合国力、是否有利于提高人民的生活水平作为制定路线、方针、政策的出发点和归宿。他目光远大，胸襟开阔，总是从大局着

---

① 《邓小平文选》第3卷，人民出版社1993年版，第246—247页。

眼来观察和处理各种重大问题。他崇尚实干，行动果断，在关键时刻作出的重大决策更是表现出非凡的胆略和勇气。他的风范同他的事业和思想一道，永远铭记在我们心中。

  我们缅怀邓小平同志，就是要在新世纪、新征途上，更高地举起邓小平建设中国特色社会主义理论的伟大旗帜，更好地贯彻执行党的基本路线；更加自觉地用这个理论武装头脑，统一认识、同心同德、开拓创新，战胜前进道路上的一切困难，不断把我们的工作推向前进。

（2004年8月19日讲稿）

怎样才能在西藏更好地实行民族区域自治制度

1984年5月31日，第六届全国人大二次会议审议通过了《中华人民共和国民族区域自治法》。这是我国各族人民政治生活中的一件大事，也是党和国家民族工作史上的一座丰碑。它标志着我国实施民族区域自治、依法处理民族问题进入了一个新的时期。

西藏的社会主义制度是在封建农奴制的废墟上建立起来的，旧制度遗留下来的落后的社会生产力和极度贫困的人民生活状况，严重影响了社会的繁荣与进步。西藏在1959年民主改革以前是政教合一的封建农奴制社会，不到总人口5%的农奴主控制了占总人口95%以上的农奴的人身自由和绝大多数的生产资料。在这种制度下，西藏人民不可能享有当家做主的权力。在实施了民族区域自治制度以后，处于社会最底层的农奴翻身做了主人，享有了参与国家和地方管理事务的权力。2002年，西藏93.09%的选民参加了县级直接选举，在选出的人大代表中，藏族和其他少数民族代表所占比例在自治区和地市两级达80%以上，在县、乡镇两级达90%以上。民族区域自治制度的实行，同时也开启了西藏解放社会生产力的大门，为西藏生产力的发展清除了障碍。改革开放以来，中央先后召开了四次西藏工作座谈会，就西藏经济社会发展面临的突出问题，制定了一系列特殊的优惠政策和措施，提出了"一个中心、两件大事、三个确保"的新时期西藏工作指导方针和"一加强、两促进"的历史任务，进一步加大了对口援藏工作力度，为西藏在21世纪实现跨越式发展和长治久安提供了有力保证。

民族区域自治制度的实施带来了西藏历史上最伟大、最深刻的社会变革。20年的实践证明，《民族区域自治法》的实施，有力和有效地维护了祖国统一，保障了民族平等，加强了民族团结，促进了民族自治地方经济社会的全面发展。在新的形势下，必须坚定不移地贯彻落实《民族区域自治法》，毫不动摇地坚持和完善民族区域自治制度。

坚持和完善民族区域自治制度，首要的问题是充分认识这是国家的一项基本政治制度

在多民族国家中，国家的结构形式问题关系政局稳定乃至国家命运。新中国成立之初，党在国家结构形式这个重大问题上，坚持从自己的国情出发，在各少数民族聚居的地方设立自治机关，行使自治权，也就是在实行单一制的大前提下，同时实行民族区域自治。党的十五大明确地把民族区域自治制度与全国人民代表大会制度以及共产党领导的多党合作和政治协商制度一道作为我国必须长期坚持的基本政治制度。2001 年修订的《民族区域自治法》，正式确立了民族区域自治作为国家基本政治制度的法律地位。

民族区域自治，作为马克思主义民族理论的一项基本原则不容含糊，作为国家的一项基本政治制度不可动摇，作为社会主义的政治优势不能削弱。在统一的多民族国家中，用体现社会主义本质特征，带着根本性的、全局性的、长期性的和稳定性的制度来解决民族问题，是几代中国共产党人艰辛探索、敢于创新的结果。东欧剧变、苏联解体之后，邓小平同志曾经指出："解决民族问题，中国采取的不是民族共和国联邦的制度，而是民族区域自治制度。我们认为这个制度比较好，适合中国的情况。我们有很多优越的东西，这是我们社会主义制度的优势，不能放弃。"① 以江泽民同志为核心的党的第三代中央领导集体和以胡锦涛同志为总书记的新一届中央领导集体都反复强调，必须坚定不移地坚持和完善民族区域自治制度。坚持和完善民族区域自治制度，是我们党在 21 世纪更好地凝聚和团结、带领各族人民，不断开创中国特色社会主义事业新局面的重要保证。

西藏和平解放以来，在不同的历史时期，我们党以马列主义民族理论为指导，制定和推出了一系列有利于建立西藏平等、团结、互助的社会主义新型民族关系，有利于西藏的繁荣进步，有利于西藏的改革、发展和稳

---

① 《邓小平文选》第 3 卷，人民出版社 1993 年版，第 257 页。

定，有利于建立和完善民族区域自治制度的特殊方针、政策，有力地推动了西藏民族区域自治制度的建立和发展。西藏实行民族区域自治制度，是维护祖国统一和民族团结，实现西藏人民与全国各族人民平等发展和共同繁荣进步的必然要求，也是西藏各族人民在中国共产党领导下坚持走中国特色社会主义发展道路的必然要求。

坚持和完善民族区域自治制度，根本的问题是全面贯彻落实《民族区域自治法》

《民族区域自治法》是宪法关于民族区域自治的原则规定和精神实质的具体化。特别是2001年的修订，使这一法律更加完备。《民族区域自治法》对各少数民族区域自治地方在政治、经济、文化等方面的自治权利及与中央政府的关系做了系统的规定，为西藏人民在内的全国各少数民族充分行使政治上的自治权、经济和社会发展上的自主权、民族传统文化的继承权和发展权以及宗教信仰上的自由权等各方面提供了有力的法律保障。《民族区域自治法》颁布实施以来，西藏在维护祖国统一，增进民族团结，保障西藏各族人民的平等权利，依法开展各项工作，促进西藏经济社会的快速发展，培养和壮大少数民族干部队伍和各类人才，巩固和发展社会主义民族关系等方面发挥了极其重要的作用。因此，坚持和完善民族区域自治制度，必须全面贯彻落实《民族区域自治法》。这是依法治国、建设法治国家的必然要求，是贯彻落实"三个代表"重要思想、维护国家统一和民族团结、促进实现全面建设小康社会奋斗目标、建设社会主义政治文明的必然要求，也是在具有中国特色的处理民族问题的正确道路上稳步前进的必然要求。

做好《民族区域自治法》的贯彻落实工作，一是要在思想认识上提高，进一步做好《民族区域自治法》的学习和宣传，增强广大干部群众的法律意识和法制观念。《民族区域自治法》作为国家的基本法律，不仅是国家权力机关必须遵循的行为规范，而且是保障少数民族权益的法律武器。广大党员干部尤其是各级领导干部要充分认识其在民族地区做好各项工作的重要规范作用和指导作用，带头学习贯彻，模范遵守执行。要利用各种宣传媒体和行之有效的方法，将《民族区域自治法》的宣传教育与农牧区各项工作紧密结合起来,加大在广大农牧民群众中的宣传教育力度,使其深入人心。二是必须全面正确地贯彻党的民族政策,依法妥善及时地处理好宗教问题。要认真学习贯彻落实好全区宗教工作会议精神,不断把"划清两个界线,尽到一个责任"的政策原则和工作要求落到实处。进一步加大党员干部特别是领导干部带头学习和掌握党对宗教问题和宗教工作的基本观点、基本政策的力度,引导党员干部深刻理解宗教政策的基本精神。坚持依法加强对宗教事务的管理,引导宗教与社会主义社会相适应。做好宗教工作,既要做好宗教界上层人士的工作,巩固和扩大党领导的各民族宗教界的爱国统一战线,又要做好广大信教群众的工作,团结和教育信教群众为林芝地区的社会主义现代化建设积极贡献力量。三是加强党对民族工作的领导,不断提高做好民族工作的水平。把做好民族工作的水平作为衡量各级领导班子和领导干部工作能力和领导水平的一项重要标准,从巩固改革发展稳定大局的战略高度提高做好民族工作的深刻认识,进一步增强在民族地区做好各项工作的自觉性和主动性。全面贯彻党的民族政策,就要坚持和完善民族区域自治制度,巩固和发展平等团结互助的社会主义新型民族关系,促进各民族共同繁荣进步。

坚持和完善民族区域自治制度,核心的问题是促进民族自治地方全面、协调和可持续发展。胡锦涛同志强调:"民族地区存在的困难和问题,归根结底要靠发展来解决。"坚持和完善民族区域自治制度,就是要牢牢抓住加快发展这个核心,千方百计地促进民族地方的全面、协调和可持续发展,充分体现民族区域自治制度的优越性。

第一,以科学发展观为指导推进跨越式发展,必须坚持新时期西藏工作指导思想不动摇。中央确定的"一个中心、两件大事、三个确保"的新时期西藏工作指导方针,强调经济建设这个中心,强调经济建设和维护稳定必须两手抓,强调一切工作的出发点和落脚点都要放在实现好、维护好、发展好人民群众的根本利益上,包含了以人为本和统筹兼顾的基本观点,与科学发展观的思想内涵是完全一致的。树立和落实科学发展观,就要更加全面地认识和把握新时期西藏工作的指导思想,始终坚持以经济建设为中心,始终坚持两手抓的方针,在加快发展的同时,把维护祖国统一、维护民族团结、维护社会局势的稳定工作放在突出位置抓紧抓好。

第二,以科学发展观为指导推进跨越式发展,必须坚持"三个文明"一起抓。科学发展观强调经济、政治、文化全面发展,强调物质文明、政治文明和精神文明协调发展。推进物质文明建设，不断发展生产力，目的是为政治文明和精神文明提供物质基础。推进政治文明和精神文明建设，就必须大力发展社会主义民主政治，繁荣社会主义文化，为物质文明提供政治保证和法律保障，为生产力发展提供精神动力和智力支持。在大力推进全地区经济社会跨越式发展进程中，努力实现三个文明建设的统一和协调。坚持依法执政，坚持马克思主义在意识形态领域的指导地位，大力倡导科学文明的新思想、新观念和先进的生产生活方式，满足广大人民日益增长的对现代文明的向往和追求。

第三，以科学发展观为指导推进跨越式发展，必须坚持改革创新和对内对外开放。改革开放和不断创新是推进发展的强大动力。林芝地区现在正处于跨越式发展的起步阶段，一方面，我们仍然需要中央的关怀和以对口支援省市人民为主的全国人民的大力支援，继续加强基础设施建设，加大重大项目工作力度，依靠项目投资拉动经济增长；另一方面，必须进一步加强自身产业建设，改善发展软环境，努力培育符合当地实际的新的经济增长点，增强发展的活力和后劲。坚持社会主义市场经济的改革方向，注重制度建设和体制创新，有重点、有步骤地推进改革，不断扩大搞活对内对外开放，为发展营造创业动力和氛围。要积极转变政府职能，成立"一站式"审批服务中心，同时加快制定和完善招商引资的优惠政策和具体办法，不断加大招商引资力度，以开放促发展。

第四，以科学发展观为指导推进跨越式发展，必须牢固树立以人为本的思想。以人为本是科学发展观的本质和核心，牢固树立执政为民的宗旨意识，把始终关心和服务广大人民群众作为第一职责，为群众真心诚意办实事，尽心竭力解难事，坚持不懈做好事，切实做到权为民所用，情为民所系，利为民所谋。要用正确的政绩观落实科学发展观，要自觉地把广大人民群众的根本利益作为自己思考问题、开展工作的出发点和落脚点，把更多的时间和精力用在帮助基层和群众解决实际问题上；把更多的财力和物力用在经济协调发展和提高人民生活水平上，在解决关系群众切身利益的问题中树政绩、留政绩。不能片面地只强调经济增长速度，而忽视增长的质量效益，忽视资源环境的承受能力，忽视人的全面发展。各级领导干部要忠实履行全心全意为人民服务的宗旨，把实现人民群众的利益作为追求政绩的根本目标，让广大农牧民群众不断享受发展的成果，更进一步调动人民群众的积极性，全力促进林芝地区全面建设小康社会的进程。

坚持和完善民族区域自治制度，关键的问题是大力培养少数民族干部和各类人才大力培养及任用德才兼备的少数民族干部是实行民族区域自治制度的重要途径，是一件关系全局、具有战略意义的大事。少数民族干部是我们党联系本民族群众的桥梁，是全面正确地贯彻党的路线方针政策，实行民族区域自治制度，做好民族地区工作的决定性因素，是立足民族平等，加强民族团结，实现各民族共同繁荣的骨干力量。认真落实科学的人才观，把培养少数民族干部和各类专业人才作为管根本、管长远的大事，制定周密规划，认真组织实施，持之以恒地抓下去。

为适应全面建设小康社会的需要，要按照干部"四化"方针和德才兼备的原则进一步加大少数民族干部队伍建设。重点抓好五个环节：一是扩大数量。虽然我区少数民族干部的数量较之过去有了显著提高，但与目前生产力发展水平和社会发展水平的要求仍然有较大差距，特别是在基层，少数民族干部数量不够，分布不平衡，在很大程度上制约了乡镇经济社会的发展。因此，必须进一步加大培养少数民族干部工作的力度，以满足全区各项建设事业的需要。二是提高素质。要以党校、行政学院、农业广播电视学校和对口支援省市高等学府等为载体，大力开展各种形式的教育培训，切实加强对少数民族干部综合素质的培养。选派优秀年轻干部到各级党校进行理论深造，大力开展以基础知识教育为主的学历培训，有计划、有目的地安排年轻干部到基层、内地发达地区和企业挂职锻炼或安排在重要工作岗位上，切实提高少数民族干部的政治素质和业务素质。三是改善结构。要结合社会需要和人才特点，及时调整人才需求计划，不断调整专业层次，加大对少数民族专业技术人才的培养力度，形成梯队合理、结构优化的干部队伍。同时要合理调整人才层次分布，重点充实农牧区、生产线，制定具体措施，积极鼓励少数民族优秀人才到基层工作，到企业工作。四是大力培养少数民族中高级领导干部。对于优秀的少数民族干部，要给他们多压担子，多给任务，努力创造使他们脱颖而出的良好环境，成熟一个推荐一个。五是充分信任。对于少数民族干部，应该给予他们充分的信任，大胆使用，放手使用，使他们在多个岗位上得到锻炼，在实际工作中增长才干。对于在西藏工作的汉族同志，要高度重视，加强培养，为他们创造工作的良好环境，使他们安心工作，更好地为林芝地区各项建设事业服务。

坚持和完善民族区域自治制度，最高的目的是实现国家的长治久安和中华民族的伟大复兴祖国统一、民族团结，是各族人民之福；祖国分裂、民族离乱，是各族人民之祸。我国各民族自治地方，都是中华人民共和国不可分割的一部分。实行民族区域自治，就是要更好地实现国家的长治久安和中华民族的伟大复兴。西藏自古以来就是中国领土不可分割的一部分，中央始终对西藏行使着有效的主权管辖。任何破坏和改变西藏民族区域自治制度的行为都是违反宪法和法律的，是包括广大西藏人民在内的全体中国人民所不能答应的。以达赖为首的政教合一的封建农奴制的西藏地方政权早已被西藏人民自己建立的民主政权所代替，西藏的命运和前途只能由包括西藏人民在内的全中国人民来决定。这是西藏不容否定和动摇的客观政治现实。面对达赖集团的破坏和渗透，我们必须在全区各族干部群众的思想上筑起坚决维护祖国统一、反对分裂的坚固长城。认清和揭露境内外敌对势力打着种种旗号，妄图破坏民族区域自治，破坏民族地区安定团结和祖国统一的险恶用心，高度警惕他们的渗透破坏活动，旗帜鲜明地同他们作坚决斗争，毫不动摇地坚持和完善民族区域自治制度，坚定地维护来之不易的安定团结的大好局面，实现国家的长治久安。

实践表明，坚持民族区域自治制度是解决我国民族问题唯一正确的途径，完全符合我国国情，是正确的和成功的。我国的民族区域自治制度，是在世界范围内正确处理民族问题的光辉典范，是我们党几十年来建设社会主义实践积累的一笔宝贵政治财富。

（2004年9月20日讲稿）

做好"天保"① 搬迁群众工作的几点思考

一 充分认识做好群众思想工作的重大意义

实施"天保"工程是党中央、国务院站在国家和民族长远发展的高度,着眼于经济与社会可持续发展全局作出的一项重大决策,是全面治理水患、土地荒漠化和重点地区生态环境建设的重要举措。自2000年起,自治区党委、政府决定分三年实施,将昌都"三岩"地区的贫困群众迁入林芝地区,这是自治区党委、政府结合西藏实际作出的一项重大战略决策,是一项顺应天时、符合民意、功在当代、惠及子孙的民心工程,对于建设长江上游生态屏障,推进林芝地区和昌都地区经济结构战略性调整,促进经济社会可持续发展和社会局势长治久安,实现"一加强、两促进"三大历史任务,意义十分重大。做好"天保"搬迁群众的思想政治工作,让他们真正"搬得进、留得住、富得起",成为融入当地的守法公民,是林芝地区各级党政组织和党员领导干部义不容辞的责任。深刻领会自治区党委、政府这一战略决策的重大意义,从认真实践"三个代表"重要思想和转变工作作风的高度出发,充分认识到搬迁群众的事就是我们自己的事,多做宣传教育工作,多做暖民心、聚民意的工作,以自身的实际行动,真正做到搬迁群众有所呼,我有所应;搬迁群众有所困,我有所帮;搬迁群众有所怨,我有所改。

---

① "天保",即天然林保护。

二 加大政策和法律、法规的宣传教育力度

搬迁群众到林芝地区落户，是自治区党委、政府对林芝地区的高度信任，把自治区党委、政府的工作要求落到实处是林芝地区的责任。有"天保"搬迁群众的县，应建立领导干部联系搬迁点制度，层层落实责任，把这项制度作为做好群众思想工作和解决群众热点、难点问题常抓不懈的重要工作。建立联系点制度，要根据实际情况，定期或不定期地组织强有力的工作组，深入搬迁群众中，大力开展党的政策教育，耐心细致地向他们宣传党的路线、方针、政策，特别是天然林保护政策、民族宗教政策和党的富民政策，教育他们不等、不靠、不要，依靠自身的艰苦奋斗，发展生产，与当地群众一道勤劳致富。加强普法宣传教育，教育他们学法、用法、守法。加强对村规民约的学习，进一步引导他们做奉公守法的村民。引导基层党组织充分发挥其先锋模范作用，带着感情做这一部分群众的工作，定期或不定期同他们开展谈心活动，消除他们的误解和疑虑。经常教育搬迁群众和当地群众搞好关系，互帮互助，共同致富奔小康。

三 加强对搬迁群众实用技术的培训

由于搬迁群众过去都从事牧业生产，对农业生产缺乏经验，当地党委、政府和农牧、农发、林业、建设、旅游等部门应组织技术人员举办培训班，加强对搬迁群众农牧业生产技术的培训，并积极开展蔬菜生产技术、特色种养业技术、农机安全操作技术、房屋建造技术、旅游服务知识、市场经营知识的培训和示范，切实提高搬迁群众的就业技能和致富能力。加强农牧业实用技术的培训和推广，应组织农牧业科技工作者，深入搬迁群众生产第一线，手把手地教，实打实地讲，使搬迁群众能尽快掌握技术，摆脱贫困。

四　重视人民内部矛盾的排查调处工作

应冷静分析已经发生的各类事件，从中吸取教训，认真总结经验，密切注意一些苗头性问题，深挖根源，堵塞漏洞，做到早预防、早发现、早解决，把矛盾解决在萌芽状态，解决在基层，解决在内部，防止群体性事件和违法违纪行为的发生，防止群众集体越级上访，防止群体性事件的升级和扩大，影响社会稳定。

五　关注搬迁群众反映的问题

认真听取群众的意见，有百益而无一害。群众有难处，相信政府，才会向政府反映存在的困难和问题。应牢固树立群众利益无小事的大局观念，站在讲政治、讲大局的高度，认真对待搬迁群众反映的困难和问题，带着深厚的感情去分析、去研究、去解决。只要搬迁群众反映的问题是合情合理的，我们也有能力可以办到，就应解决，决不能推诿扯皮、敷衍塞责、漠视群众疾苦。同时，解决好搬迁群众反映的困难和问题也是夯实党的群众基础、巩固党的执政地位、确保社会稳定重要的一方面。只有多做暖人心、聚民意的工作，才能真正做到把搬迁群众的冷暖挂在心间，千方百计排忧解难，扎扎实实解决问题，进一步密切党同人民群众的血肉联系，让群众实实在在地感受到党和政府的温暖。

(2004 年 10 月 10 日讲稿)

干部人事制度改革是一项重大举措

2004年3月,中央政治局会议审议通过了《公开选拔党政领导干部工作暂行规定》《党政机关竞争上岗工作暂行规定》《党的地方委员会全体会议对下一级党委、政府领导班子正职拟任人选和推荐人选表决办法》《党政领导干部辞职暂行规定》和《关于党政领导干部辞职从事经营活动有关问题的意见》等干部人事制度改革文件。五个法规文件的出台,体现了中央大力深化干部人事制度改革,推进社会主义民主政治建设的决心,标志着干部人事制度改革由局部改革、单项突破进入了综合配套、整体推进的新阶段。学习贯彻好这五个法规文件精神,对于进一步提高领导班子、领导干部的执政能力,拓宽选人视野,引进竞争机制,调动各方面积极性,促使优秀人才脱颖而出;加强干部的监督管理,规范党政领导人才的正常流动,推进领导干部能上能下、能进能出;扩大党员和群众对干部选拔作用的知情权、参与权、选择权和监督权,防止和克服用人上的不正之风等方面具有十分重大的意义。

一、拓宽选人视野,建立健全公开、平等、竞争、择优的选人用人机制。公开选拔、竞争上岗是干部选拔任用制度改革的重要成果。用《公开选拔党政领导干部工作暂行规定》和《党政机关竞争上岗工作暂行规定》两个文件着重解决以下问题:一是加大推行两项改革的力度,推进公开选拔和竞争上岗工作的经常化、制度化。两个文件进一步明确了各自的适用范围和选拔范围。公开选拔主要适用于选拔党政工作部门的领导成员,竞争上岗主要适用于选拔党政机关或工作部门内设机构的领导干部;公开选拔面向社会选拔,竞争上岗在本单位或者本系统内选拔。《公开选拔党政领导干部工作暂行规定》还明确规定了应当进行公开选拔的几种情形。二是努力提高公开选拔和竞争上岗工作的科学化水平。三是致力于拓宽视野、不拘一格选拔人才。比如:对国有企业、事业单位人员,海外留学回国人员，非公有制经济和社会组织中的人员参加公开选拔作了原则规定；根据选拔职位对人才的需求和选拔优秀年轻干部的需要，规定可以对报名人员的职务层次、任职年限等任职资格适当放宽。两个《规定》对公开选拔、竞争上岗的适用范围、选拔程序、笔试面试与考察的方法、纪律和监督等环节还进行了规范，这些具体的规定，有助于进一步提高公开选拔、竞争上岗的制度化和科学化水平。

空出的岗位，除特殊岗位外，原则上采取公开选拔和竞争上岗的方式选人用人，逐步提高公开选拔和竞争上岗的领导干部在新提拔同级干部中所占的比例，加大选拔优秀年轻干部、少数民族干部、妇女干部和党外干部的力度。

二、扩大党内民主，建立健全科学的干部选拔任用决策机制。建立健全科学的干部选拔任用决策机制，对于防止用人失察失误，抵制和纠正用人上的不正之风和腐败现象，关系十分重大。这次出台的《全委会表决办法》，就是按照党的十五届六中全会和中纪委五次全会的要求，在总结各地试点经验的基础上形成的。《全委会表决办法》明确规定，对市、县党政领导正职拟任人选和推荐人选，除亟须任用的以外，"一般应当"提交全委会无记名投票表决，并提出对党委、政府工作部门的正职人选和乡镇党政正职人选，参照本办法执行。《全委会表决办法》较好地处理了发挥常委会核心作用和常委会向全委会负责、充分发挥全委会作用的关系，较好地处理了发扬党内民主、加强党内监督和科学决策的关系，将进一步推动科学的干部选拔任用决策机制的建立健全。

三、推进干部能下能出，建立健全干部监督约束机制。在新形势下如何有效地加强对各级领导干部的管理监督，推进干部能下能出，是干部人事制度改革面临的重大课题。《深化干部人事制度改革纲要》提出，要"制定实施办法，建立和完善党政领导干部自愿辞职、责令辞职、引咎辞职等制度"。《干部任用条例》对因公辞职、自愿辞职、引咎辞职和责令辞职作了原则规定。《党政领导干部辞职暂行规定》，对四种辞职形式的适用范围、辞职条件、辞职程序等作了规范，使其更具有操作性。干部辞职制度特别是引咎辞职制度的推行，充分体现了我们党立党为公、执政为民的本质要求。

贯彻《党政领导干部辞职暂行规定》，必须把握细节，不能有丝毫的粗心大意。比如，对干部自愿辞职的，党委（党组）自接到干部辞职申请之日起三个月内予以答复；超过三个月未予答复的，视为同意辞职。再如，"由人大、政协选举、任命、决定任命的领导干部任职不满一年的"，不得辞去领导职务。这些要求和规定，需要在工作中很好地掌握和贯彻，否则将会给工作带来被动。

四、规范干部辞职"下海"，建立健全干部日常管理机制。领导干部辞职"下海"和领导干部在企业兼职，是在发展社会主义市场经济条件下出现的新情况、新问题。《关于党政领导干部辞职从事经营活动有关问题的意见》和《关于对党政领导干部在企业兼职进行清理的通知》，就这两个问题分别提出了规范管理的要求。近年来，一些地方党政领导干部辞职"下海"的人数有增加的趋势。据资料显示，从2001年1月至2003年6月，全国各地（不包括中央部委及所属单位）共有1万多名科级以上干部辞职"下海"。其中也包括一批县处级和地厅级领导干部。特别是在国有（集体）企业改制步伐加快、民营经济快速发展的新形势下，对干部辞职更需要引起高度重视，进一步规范操作程序。为规范党政领导干部辞职从事经营活动，充分发挥其积极作用，限制和减少其消极影响，这次出台的《关于党政领导干部辞职从事经营活动有关问题的意见》，重点对辞职条件、辞职程序、辞职后从业限制等作出了明确规定。文件重申了中纪委五次全会《决定》中"三年两不准"（党政领导干部辞去公职后三年内，不得到原任职务管辖的地区和业务范围内的企业、经营性事业单位和社会中介组织任职；不得从事或者代理与原工作业务直接相关的经商办企业活动）的规定，重申了县级以上（含县级）党政机关不得采用停薪留职、带薪留职等方法鼓励领导干部离职经商办企业。文件强调要加强对广大干部的理想信念教育，进一步强化对各级领导干部行使权力的监督和制约，从源头上防范因领导干部辞职"下海"诱发新的腐败行为。

党政领导干部不得在企业兼职的问题，中央有明确规定。中纪委、中组部联合下发通知，重申县处级以上党政领导干部不得在企业兼职等。这是适应完善社会主义市场经济体制要求，加强干部队伍管理的一项重要措施。

（2004年10月20日讲稿）

浅谈加强党的执政能力建设

加强党的执政能力建设，是党执政后的一项根本建设，是关系社会主义事业兴衰成败，关系中华民族前途命运，关系党的生死存亡和国家长治久安的重大战略课题。

（一）坚持发展是党执政兴国的第一要务，增强驾驭社会主义市场经济的能力

党领导人民建设社会主义的根本任务就是解放和发展生产力，增强综合国力，满足人民群众日益增长的物质文化需求。为此，必须牢固树立发展是人民群众的根本愿望，是社会主义本质和现代化建设规律的集中体现，是第一要务的思想，切实提高驾驭市场经济的能力，努力在新的起点上实现经济社会的跨越式发展。提高驾驭社会主义市场经济的能力，就是要认真学习和掌握市场经济知识，自觉按市场经济规律办事。结合实施干部教育培训工程，采取"送出去、请进来"的办法，系统地对领导干部进行市场经济知识培训，帮助领导干部深入了解市场经济的特点和规律，进一步解放思想、转变观念、拓宽思路，加快发展各项事业。坚持以科学发展观指导整个经济工作。紧抓经济建设这个中心不动摇，努力做到"五个统筹"，实现物质文明、政治文明、精神文明共同进步，经济社会全面、协调、可持续发展。同时，建立健全反映科学发展观要求的经济社会发展综合评价体系以及干部政绩评价标准、考核制度和奖惩制度，推动树立和落实科学发展观以及正确的政绩观。要根据情况的发展和变化，善于抢抓机遇、加快发展，紧紧抓住国家实施西部大开发、援藏工作力度不断加大和自治区成立40周年等历史性机遇，抓紧制定对"十一五"规划以及2020年经济社会发展总体思路的研究，明确战略思路，制定政策措施，积极推动落实，在抓住历史机遇中实现经济发展的历史性跨越。

提高驾驭社会主义市场经济的能力，必须坚持"两条腿走路"，正确处理"离不开"和"不依赖"的关系。西藏的发展离不开中央的关心和全国的支援，也离不开艰苦奋斗，发挥优势，主动建设，积极创造。为此，我们必须克服满足现状、停滞不前，甚至自满的情绪，进一步增强危机感、紧迫感、责任感。同时，要按照胡锦涛同志关于"援藏项目应突出改善农牧区生产生活条件，改善农牧民生活这个重点"的重要批示精神，把援藏工作的重心向农牧区、农牧业和农牧民倾斜。积极加强与对口援藏省市的沟通、协调，争取他们的理解与支持，不断加大援藏工作力度，增强经济发展实力。

（二）坚持党的领导、人民当家做主与依法治国的有机统一，增强发展社会主义民主政治的能力

十六届四中全会指出，坚持和发展人民民主，是党执政为民的本质要求。坚定不移地走中国共产党和中国人民自己选择的政治发展道路，坚持四项基本原则，积极稳妥地推进政治体制改革，加强社会主义民主政治建设，巩固和发展民主团结、生动活泼、安定和谐的政治局面。推进社会主义民主的制度化、规范化和程序化，支持和保证人民当家做主。坚持和完善人民代表大会制度、共产党领导的多党合作和政治协商制度，巩固和发展最广泛的爱国统一战线，建立健全重大问题决策前协商的制度，真诚接受民主党派监督，巩固同党外人士的联盟。健全民主制度，丰富民主形式，扩大公民有序政治参与，尊重和保障人权，保证人民群众依法实行民主选举、民主决策、民主管理和民主监督，依法享有广泛的权利和自由。坚持推进依法治地，提高依法执政水平，自觉在宪法和法律范围内活动。完善科学民主决策机制，建立健全重大决策的规则和程序，对于重大问题通过多种形式和途径广泛征求意见，做到集中民智，充分协商、协调，使决策建立在科学的、民主的基础之上。完善权力运行的制约和监督制度，加大政务公开力度，加强党内监督，支持和保证人大、政府专门机关、司法机关依法履行监督职能，支持和保证政协依照章程开展民主监督，强化人民群众和新闻舆论等社会监督，形成制衡机制，保证人民赋予的权力用来服务于民。

按照"总揽全局、协调各方"的原则，改革和完善党委的领导体制和工作体制。充分发挥党委对同级人大、政府、政协等各种组织的领导核心作用，发挥这些组织中党组的领导核心作用。党委支持人大、政府、政协和审判机关、检察机关依照法律和章程独立负责、协调一致地开展工作，及时研究并统筹解决他们工作中的重大问题，又通过这些组织中的党组织和党员干部贯彻党的路线方针政策，贯彻党委的重大决策和工作部署。坚持和完善民族区域自治制度，特别是领导干部中加强民族区域自治法的学习、宣传、教育，使民族区域自治法更加深入人心。

（三）坚持马克思主义在意识形态领域的指导地位，增强发展社会主义先进文化的能力

高举邓小平理论和"三个代表"重要思想伟大旗帜，牢牢把握先进文化的前进方向，不断巩固各族人民团结奋斗的共同思想基础，不断提高各族人民的思想道德素质和科学文化素质。坚持为人民服务、为社会主义服务的方向和百花齐放、百家争鸣的方针，贴近实际、贴近生活、贴近群众，繁荣文化事业，不断巩固各族人民团结奋斗的共同思想基础，提高各族人民的思想道德和科学文化素质，为建设社会主义新西藏提供强大的精神动力和智力支持。充分认识世界政治多极化、经济全球化、信息网络化给意识形态领域带来的新影响，充分认识西方敌对势力和达赖集团对我实行"西化""分化"图谋带来的挑战，充分认识多种利益群体和社会阶层的形成、发展使人们思想观念、价值取向呈现多样性带来的挑战，充分认识意识形态领域斗争的长期性、艰巨性、复杂性，切实增强忧患意识、政治意识、大局意识、责任意识，旗帜鲜明地坚持和巩固马克思主义在意识形态领域的指导地位，牢牢掌握社会主义意识形态领域的领导权和主动权。

加强精神文明建设，坚持不懈地开展爱国主义、集体主义、社会主义和科学知识、科学思想、科学方法、科学精神教育，深入开展精神文明创建活动和文明城镇、文明村镇、文明旅游风景区、文明行业创建活动。加强和改进思想政治工作，特别是加强未成年人思想道德建设，提高全地区城乡文明程度和公民思想道德素质。优先发展教育和科技事业，全面贯彻党的教育方针，深化教育体制改革，加大农村教育投入，大力推进素质教育，不断培养造就合格接班人。积极推进文化体制改革，解放和发展文化生产力，加强文化设施建设，努力创作出更多反映地方特色、弘扬时代精神、富有思想内涵和艺术魅力的精品力作。坚持党管媒体原则，增强主动性，打好主动仗，加强对报纸、广播、电视等宣传舆论阵地的建设，牢牢掌握宣传舆论主动权。同时，引导新闻媒体增强社会责任感，坚持以团结、鼓励和正面宣传为主，坚持正确的舆论导向，积极稳妥地开展舆论监督，形成良好的社会舆论氛围。

（四）坚持实现各民族共同繁荣进步，增强构建社会主义和谐社会的能力

把建立和谐社会放在重要位置，注重激发社会活力，促进社会公平和正义，增强全社会的法律意识和诚信意识。更加尊重劳动、尊重知识、尊重人才、尊重创造，充分发挥知识分子、工人阶级、广大农牧民群众推动经济社会发展根本力量的作用，鼓励和支持社会其他阶层人员为经济社会发展积极贡献力量。大力宣传和倡导建立团结友爱、和睦相处的人际关系，形成守法、守信、见义勇为、扶危济困、同舟共济的社会风尚。坚持以人为本、执政为民的思想，并将其贯穿于决策、行政、执法的每一个环节。积极推进就业和社会保障体系建设，不断改善人民生活，把就业和再就业作为经济社会发展的一项长期任务，努力通过加快发展创造更多的就业岗位。正确处理人民内部矛盾，解决好群众反映的热点、难点问题，最大限度地满足人民群众的诉求。强化制度和法制建设，积极探索解决群众利益的沟通和协商机制，从源头上防范损害群众合法权益行为的发生，把解决群众切身利益的工作纳入制度化、规范化、法制化的轨道。依法严厉打击各种违法犯罪活动，加强基层基础工作，加快建立健全社会治安防控体系，形成纵向到底、横向到边、责任到人的社会治安综合治理工作网络，把各种社会矛盾和社会不稳定因素解决在基层、解决在萌芽状态，凝聚和激励各族人民群众共同朝着率先全面建设小康社会的宏伟目标迈进。

（五）坚持反对分裂、维护祖国统一，增强应对复杂局面和保持社会稳定的能力

胡锦涛同志指出："能否确保社会长期稳定，对党的执政能力来说，既是一个重要标志，也是一个重要考验。"[①] 在反分裂斗争非常尖锐复杂，维护祖国统一的任务十分艰巨的形势下，提高应对复杂局面和保持社会稳定的能力，是党的执政建设的重要方面，也是衡量党的执政能力高低的一个重要标志。深刻认识反分裂斗争的长期性、尖锐性和复杂性，增强政治敏锐性和政治鉴别力，始终保持清醒的头脑，抓住分裂与反分裂这个维护稳定工作的主要矛盾，认清达赖集团玩弄"两手"伎俩的本质，牢牢把

---

① 胡锦涛同志在党的十六届四中全会上的讲话，2004年9月19日。

握反分裂斗争的主动权。

维护祖国统一和民族团结，保持社会局势的长治久安，关键是要坚决贯彻中央确定的对达赖集团的斗争方针和策略，增强政治敏锐性和政治鉴别力，严格落实"划清两个界线、尽到一个责任"的政策原则和工作要求，坚持不懈地开展寺庙爱国主义教育，巩固和扩大宗教成果，引导群众把时间和精力更多地放在发展生产、改善生活上。十六届四中全会《决定》指出，全面做好党的宗教工作，贯彻党的宗教信仰自由政策，依法管理宗教事务。全面贯彻党的宗教政策，进一步加强宗教工作，尊重传统的宗教活动，积极引导宗教与社会主义相适应。区党委已明确指出："我区宗教活动场所、宗教职业人员已经满足信教群众的需要，不得乱建滥招；尊重传统的宗教活动，不得搞新花样。"为此，我们必须肩负起反分裂斗争的重要职责，形成统一指挥、反应灵敏、密切配合、协同作战的能力。密切关注国际形势的变化，密切关注国际民族、宗教热点问题可能带来的影响，密切关注达赖集团和西方敌对势力相互勾结、加紧活动的新动向，增强工作的主动性和预见性，坚持主动出击，露头就打，先发制敌，牢牢把握反分裂斗争的主动权，确保安定团结的大好局面，努力实现社会的长治久安。

胡锦涛同志指出："提高党的执政能力，必须把党的建设搞好。"坚持党要管党、从严治党的方针，紧密联系加快改革发展的实践，全面加强和改进思想、组织、作风和制度建设，不断增强各级党组织的创造力、凝聚力和战斗力。

（一）以邓小平理论和"三个代表"重要思想武装全体党员，进一步提高党员的思想政治素质

加强党的执政能力建设，必须坚持不懈地用科学理论武装全体党员，不断在指导实践、推动工作上取得新成效，在提高理论思维能力、解决实际问题能力上取得新进展。一是继续兴起学习贯彻"三个代表"重要思想新高潮，用"三个代表"重要思想武装党员、群众。二是抓好广大党员的学习教育。三是建立和落实考核激励机制，把运用科学理论解决实际问题的能力纳入领导干部整个考核评价体系，作为选拔任用领导干部的重要依据。

（二）深化干部人事制度改革，加强领导班子和干部队伍建设

加强党的执政能力建设，首先要把各级领导班子建设好。以贯彻中央颁布的《公开选拔党政领导干部工作暂行规定》等五个法规性文件为契机，在继续坚持和完善民主推荐、民主测评、任前公示、公开选拔、竞争上岗、公开招录、警示诫勉等制度的同时，探索和创新制度，进一步建立考察评价机制、择优汰劣机制、任用决定机制、监督约束机制、激励保障机制、培养锻炼机制，从整体上推进干部人事制度改革。坚持"四化"方针和德才兼备标准，按照"三个离不开"和"五湖四海"的原则，加强领导班子整体功能建设，大力选拔优秀年轻干部、少数民族干部、妇女干部和党外干部，达到梯次合理、专业配套、知识互补、分工科学。加大干部异地交流任职和到上级机关、沿海发达地区、基层挂职锻炼以及单位内部交流力度，帮助干部丰富阅历、积累经验、磨炼意志、增强本领，把各方面优秀人才积聚到改革、发展、稳定的各项事业上来。

（三）建立有效机制，加强基层组织建设

党的基层组织是党的全部工作和战斗力的基础，也是党执政的组织基础。要建立工作机制，发挥基层党组织的战斗堡垒作用和广大党员的先锋模范作用。深入开展创建"五个好"村党组织、"五个好"乡镇党委和农牧区基层组织建设先进县活动，按照围绕中心、服务大局、拓宽领域、强化功能的要求，突出重点、整体推进，真正使各条战线、各个领域的基层党组织都成为坚强的战斗堡垒。根据社会生活和经济结构变化，调整组织设置，创新工作载体，搞好新经济组织、新社会组织的党建工作，健全党的基层组织体系，扩大党的工作覆盖面。以农村党支部建设为重点，大力推进村级组织建设，促进村级组织管理规范化、制度化，努力把致富能手培养成为党员，把党员培养成为致富能手，把致富能手中的党员培养成为村干部，把优秀的党员村干部培养成为村党支部书记，为党员发挥作用探索有效形式，提供广阔舞台。

（四）加强党风廉政建设，提高拒腐防变能力

坚持惩防并举，注重教育、引导和预防，建立健全监督并重的惩治和预防腐败体系，引导广大党员干部尤其是党员领导干部坚持科学的世界观、人生观、价值观和正确的权力观、地位观、利益观，坚持"两个务必"，做到"八个坚持、八个反对"，严格遵守党的"四大纪律"和"八项要求"，常修为政之德、常思贪欲之害、常怀律己之心，筑牢拒腐防变的思想防线。努力创新反腐倡廉工作机制，加强廉政法制建设，以制度规

范权力运行，约束干部从政行为，做到权力运行到哪里制度约束就延伸到哪里，腐败现象出现在哪里制度建设就追踪到哪里，以制度管人、管事、管物，以反腐倡廉的实际行动取信于民，树立起良好的执政形象。

（原载《西藏日报》2004年12月28日）

做好新形势下的思想宣传工作

思想宣传工作是党的工作的重要组成部分。做好新形势下的意识形态工作，对于加强党的领导，巩固社会主义制度，巩固社会主义政权，巩固民族区域自治制度，提高党的执政能力至关重要。

一

（一）从坚持和巩固马克思主义在意识形态领域指导地位的战略高度，深刻认识做好新形势下宣传思想工作的极端重要性

马克思主义是我们立党立国的根本指导思想。坚持马克思主义的指导地位，最根本的就是要把邓小平理论和"三个代表"重要思想作为我们党必须长期坚持的指导思想。改革开放以来的实践充分证明，只有坚持马克思列宁主义、毛泽东思想、邓小平理论和"三个代表"重要思想的指导地位，才能统一思想、集中民智、凝聚力量，才能坚持社会主义事业发展的正确方向，沿着中国特色社会主义道路不断前进。当前，面对西方资本主义腐朽思想观念的侵袭和西方敌对势力对意识形态领域的渗透，我们必须保持高度警觉，做到警钟长鸣，坚决抵御国际敌对势力和达赖集团对我国的"西化""分化"图谋。一方面，要集中力量搞发展，把经济建设搞上去。另一方面，要充分发挥思想宣传工作的强大威力，坚持用发展着的马克思主义指导改革开放和现代化建设，不断巩固马克思主义在意识形态领域的指导地位，巩固人民群众团结奋斗的共同思想基础。

（二）从率先全面建设小康社会、推进经济社会跨越式发展的战略高度，深刻认识做好新形势下思想宣传工作的极端重要性

在林芝地区率先全面建设小康社会，是自治区党委、政府根据十六大精神，紧跟时代发展需求，适时作出的重大部署，是林芝各族人民"思富裕、谋跨越、奔小康"的强烈愿望。实现这一奋斗目标，必须促进社会主义物质文明、政治文明和精神文明协调发展，在经济发展的基础上促进社会全面进步。思想宣传战线在引导广大干部群众，促进社会主义物质文明、政治文明和精神文明协调发展中担负着重大使命。为此，必须通过广泛深入的宣传，引导广大干部群众自觉把思想认识从那些不合时宜的观念、做法和体制的束缚中解放出来，克服小富即安、小进则满的思想，强化进取观念；克服地方保护、自我封闭的思想，强化开放观念。通过广泛深入持久的宣传，使率先全面建设小康社会、推进经济社会跨越式发展的宏伟目标以及全面、协调、可持续的发展观深入人心，为实现经济持续快速协调健康发展和社会全面进步，为发展社会主义先进文化，保持民主团结、生动活泼、安定和谐的政治局面做出积极贡献。

（三）从提高党的领导水平和执政能力的战略高度，深刻认识做好新形势下思想宣传工作的极端重要性

思想宣传工作是我们党的优良传统和政治优势。不论党所处的历史方位和执政条件发生什么样的变化，思想宣传工作这个政治优势都不能丢。善于做好新形势下的思想宣传工作，是加强党的执政能力建设的重要内容，也是对我们领导水平和执政能力的一个重要考验。为此，我们必须发扬思想宣传工作这个政治优势，通过扎实有力、富有成效的工作，牢牢占领思想宣传阵地，牢牢把握正确的舆论导向，牢牢掌握思想宣传工作的领导权和主动权。

（四）从促进人的全面发展的战略高度，深刻认识做好新形势下思想宣传工作的极端重要性

在发展经济的同时，推动文化繁荣，促进人的全面发展，直接关系到社会能否协调、和谐和稳定的发展，直接关系到经济发展能否具有持续的后劲和扩张力。在大力推进社会主义市场经济的今天，经济的发展特别是新的经济体制的建立和新的经济形态的形成，必然会涉及方方面面，这对于思想宣传工作提出了新的更高的要求。思想宣传工作在提高人们的思想道德素质和科学文化素质、促进人的全面发展、建立和谐社会等方面大有可为。为此，思想宣传战线要积极主动地开展工作，为经济发展、体制创新、理论创新提供精神动力和智力支持。做好宣传工作，就是要结合干部群众的思想实际和生产生活实际，深入研究回答因社会结构、利益关系、生活方式变化而带来的一系列重大理论和实际问题，在新的实践基础上不断总结并形成新的思想、理论、观念以及道德规范，引导人们正确处理竞争和协作、自主和监督、效率和公平、先富和后富、经济效益和社会效益等各种关系，自觉抵制错误思想、腐朽观念的侵蚀，从而树立起正确的世界观、人生观、价值观，形成良好的思想道德规范，更好地把各族人民的意志和力量凝聚起来，为率先实现全面建设小康社会的宏伟目标而团结一心、共同奋斗。

二

开创思想宣传工作新局面，必须不断增强工作的针对性、实效性和吸引力、感染力，切实提高思想宣传工作的水平。

第一，必须始终坚持正确的思想宣传导向。思想宣传工作是政治性、政策性很强的一项工作，把握政治导向和政治原则，是思想宣传战线一切工作的永恒主题，任何时候、任何情况下都不能有丝毫含糊和动摇。一切文化阵地、一切精神产品，必须把坚持正确导向放在首位，宣传科学理论、传播先进文化、塑造美好心灵、弘扬社会正气、倡导科学精神。坚持正确的导向，思想宣传工作必须坚持有利于党委、政府工作的开展，有利于维护人民群众的根本利益，有利于促进改革发展、保持社会稳定，注意宣传艺术，注重宣传效果；坚持为团结稳定鼓劲，以正面宣传为主。时代前进需要一种向上的主流思想来引领，社会发展需要一股强大的进步力量来推动。在率先全面建设小康社会的伟大征程中，我们必须大力弘扬符合时代发展特征、体现社会进步要求的思想道德和价值观念，使之成为当今时代的主流，成为整个社会的风尚。做好思想宣传工作还要突出重点，在多种形式和手段的运用中突出主题，在各种烘托中凸显主调，以生动活泼的形式、丰富多彩的内容，拨动人们的心弦，充分发挥典型宣传在唱响主旋律方面的领唱作用，在全社会形成崇尚先进、学习先进的良好氛围。

第二，贯彻落实"三贴近"原则。贴近实际、贴近生活、贴近群众，是党中央确定的思想宣传工作必须长期坚持的工作原则。遵循马克思主义认识论，坚持实践第一的观点，深入实际、深入生活、深入群众，准确了解实际，正确反映生活，服务和引导群众。思想宣传工作必须主动贴近群众，带着对人民群众的深厚感情，把握群众的脉搏，体现群众的意愿，满足群众的需求，讴歌群众的创造，提升群众的思想文化境界，引导群众追求更高的目标。思想宣传工作应该多反映群众的声音，多使用群众熟悉的语言，多创作群众喜闻乐见的精品，使媒体真正成为党和政府与人民群众双向联系的桥梁。思想宣传部门，必须牢固树立以人为本的思想，坚持党的群众路线，增强群众观点，自觉实现、维护和发展好群众的根本利益，随时随地了解人民群众的所思所想，敢于面对面回答人民群众提出的深层次问题，善于把科学的内容与生动的形式紧密地结合起来，把我们要说的与群众想听的紧密结合起来，这样才能使思想宣传工作增强实效性，提高工作水平，开创新的局面。

第三，增强政治意识、大局意识、责任意识和创新意识。政治意识、大局意识、责任意识和创新意识，是思想宣传工作者思想政治素质和世界观、人生观、价值观的集中体现，是做好思想宣传工作的重要保证。增强政治意识，就是牢固确立马克思主义的指导地位，坚持建设中国特色社会主义的方向，在大是大非面前始终保持思想上的清醒和政治上的坚定，发挥思想宣传工作的政治优势。增强大局意识，就是要认清大局、把握大局，正确处理局部与全局、当前与长远的关系，服从和服务于大局，做到政令畅通、步调一致。当前，最重要的大局就是牢牢抓住跨越式发展这个主题，完成"一加强、两促进"的历史任务，实现率先全面建设小康社会的奋斗目标。增强责任意识，就是爱岗敬业，尽职尽责，无私奉献，以敢为人先的精神，冲破一切妨碍发展的束缚，改革影响发展的体制弊端。思想宣传工作要大有作为，就必须增强政治意识、大局意识、责任意识和创新意识，紧跟时代、紧扣主题、团结奋斗、开拓创新。就必须牢牢掌握反分裂斗争的主动权，教育和引导广大干部群众进一步明白民族团结、社会稳定是各族人民之福，民族分裂、社会动乱是各族人民之祸，进一步增强维护社会稳定、维护民族团结的自觉性。就必须突破程式化、概念化，开展让群众乐意接受的正面宣传，运用广播、影视等现代传媒手段，使思想宣传工作始终体现时代性，把握规律性，富有创造性。

三

胡锦涛同志在全国思想宣传工作会议上强调，思想宣传战线是党的一条十分重要的战线，思想宣传工作是党和国家工作大局的重要组成部分，做好新形势下的思想宣传工作，是全党的重大政治任务。

（一）党委要切实负起领导责任

党管宣传、党管意识形态是我们党在长期实践中形成的重要原则和制度，是坚持党的领导的一个重要方面，必须始终坚持。党委必须进一步加强对思想宣传工作的领导，树立科学、全面的政绩观，把是否做好宣传思想工作、意识形态领域工作和精神文明建设工作，纳入决策目标、执行责任、考核监督"三个体系"建设之中，作为考核党委领导班子、领导干部的水平和政绩的重要依据。建立思想宣传工作领导责任制，明确抓思想宣传工作的责任人，经常听取思想宣传工作汇报，深入调查研究，了解思想动态，分析意识形态方面的形势，关注文化宣传领域倾向性的问题，有针对性地提出加强和改进工作的意见，帮助解决宣传工作中的重大问题。

（二）进一步完善齐抓共管的工作体制

思想宣传工作事关全局，需要全党全社会的共同努力。必须广泛动员党政各部门、社会各方面都来做思想宣传工作，进一步健全和完善思想宣传工作体制，协调各方面的职能作用。特别是宣传部门，必须紧紧围绕党委和政府的中心工作，加强对整个思想宣传工作的协调指导和督促检查，加强对文化宣传事业发展和文化体制改革的领导。同时，发挥新闻、广播影视、文化艺术等部门的职能作用；发挥教育部门教书育人的作用，加强对青少年的思想政治工作；发挥各人民团体的桥梁、纽带作用，真正把思想宣传工作的各项任务落实到基层、落到实处。

（三）加强宣传思想战线领导班子和队伍建设

思想宣传工作的对象是人，必须为人师表。思想宣传工作的政治性、政策性、专业性强，必须讲党性、重修养。在推进经济社会跨越式发展和率先全面建设小康社会的实践中，就需要我们按照提高素质、优化结构、改进作风、增强团结的要求，切实加强思想宣传战线各级领导班子建设，坚持干部队伍"四化"方针和德才兼备原则，把政治立场上清醒坚定、思想理论修养好、组织领导能力强、熟悉意识形态工作的优秀干部选拔到领导岗位上来，确保思想宣传战线的领导权牢牢掌握在忠于马克思主义、忠于党和人民的人手里。通过有计划的培训和实践锻炼，培育一批宣传思想工作的政治骨干、业务骨干。继续深化思想宣传战线干部人事制度改革，坚持公开、公平、公正的选人、用人机制，在实践中培养人才、选拔人才，努力建设一支政治强、业务精、作风正、纪律严的思想宣传工作队伍。

(2004年11月11日讲稿)

有效预防和处理好群体性事件

人民内部矛盾引发的群体性事件，已经成为影响社会稳定的突出问题。对此，党中央、国务院高度重视，作出了重要部署。

各种原因引发的群体性事件，已日益成为影响经济发展和社会局势稳定的又一突出隐患。导致群体性事件发生的原因是多方面的，主要表现在：一是在经济转型过程中，社会利益格局调整，群体结构分化，不同主体之间、社会各阶层之间势必产生利益的摩擦和碰撞；新旧体制交替运行，社会管理难免存在一些失控地带和混乱现象；新旧观念交替，人们的思想出现多元化趋势，各种不同的价值观念、思想认识发生不同程度的冲突混乱，从而不可避免地产生各种不安定因素。二是少数领导干部存在官僚主义和形式主义作风，工作方法简单粗暴，急功近利，脱离群众，损害了群众的利益。三是部分群众法制观念淡薄，对社会变革的承受能力较差。有些人道德水准下降，往往把局部、个人利益置于全局利益之上，极端个人利己主义膨胀；有些群众遇事往往不诉诸法律，且存在"不闹不解决，小闹小解决，大闹大解决"和"法不责众"的心理。分析原因，就是要认清形势，找出存在的问题，进一步增强宗旨意识、服务意识，带着深厚的感情做群众工作；提高依法办事、按政策办事的意识和处理复杂问题能力的水平。大量事实证明，突发性群体事件破坏正常的社会和生产生活秩序，损害党和政府的形象，危及人民群众生命财产安全和国家与社会公共利益，如果任其蔓延，势必危及改革、发展、稳定的大局，危及党的执政基础，危及国家的长治久安。为此，必须要增强政治敏锐性和政治鉴别力，从巩固党的执政基础，提高党的执政能力这个高度，始终保持头脑清醒，充分看到问题的严重性和危害性并认真加以解决。

胡锦涛同志曾指出："各地、各部门都要切实负起责任，尤其要强调把问题解决在基层。要把解决实际问题与解决思想问题结合起来，既维护人民群众的合法权益，又坚持依法办事，依政策办事，在任何情况下，都必须坚定维护社会稳定这个大局，这是国家和人民群众根本利益之所在。""鉴于一些地方群体性事件屡有发生，极需引起领导同志的重视，以利加强领导，及时妥善处置，维护社会稳定。"① 为此，我们应从政治和全局的高度，从提高党的执政能力、构建社会主义和谐社会的高度，充分认识积极预防、妥善处置群体性事件的极端重要性和紧迫性。

（一）预防和处置群体性事件，是维护社会局势稳定、率先全面建设小康社会的基本条件和保证

突发群体性事件在一定程度上干扰了正常的工作、生活和社会秩序，造成了社会不稳定的因素。要在林芝率先实现全面建设小康社会的奋斗目标，必须坚定不移地贯彻党在社会主义初级阶段的基本路线，正确处理改革、发展、稳定的关系，始终保持安定团结的社会政治局面。没有稳定，一切都无从谈起。如果不积极认真地探寻其症结所在，局部问题可能转化为全局问题，经济问题可能转化为政治问题，非对抗性问题可能转化为对抗性问题，可能成为经济发展和社会稳定的"绊脚石"。为此，要善于从政治上观察问题，始终坚定正确的政治方向、政治立场、政治观点，居安思危，增强为官一任、稳定一方、守土有责的责任感和使命感，真正把发展作为第一要务，把稳定作为第一责任。

（二）预防和处置群体性事件，是巩固党的执政地位的迫切要求

当前，经济社会蓬勃发展，成就有目共睹，但一些社会矛盾也客观存在。这些问题关系群众切身利益。解决好了，就能够有效化解各种社会矛盾，消除不稳定因素，调动广大群众的积极性，齐心协力投身经济社会的建设事业中；不重视或不能正视这些问题，就会给群众利益造成更大损害，使简单问题复杂化，导致群众不满，激化社会矛盾，影响改革、发展、稳定的大局。一定要本着立党为公、执政为民的根本宗旨，科学执政、民主执政，依法执政，从忠诚实践"三个代表"重要思想和牢固树立科学发展观、正确的政绩观的高度出发，及时解决关乎群众切身利益的热点、难点问题，使人民群众深切感受到党和政府的温暖，从而夯实党的群众基础、提高党的执政能力、巩固党的执政地位。

---

① 《论构建社会主义和谐社会》，中央文献出版社 2013 年版。

（三）预防和处置群体性事件，是加强党同人民群众血肉联系的现实需要

为政之要，以民为本。做好预防和处置群体性事件需要真挚的感情，这也是工作的首要条件和原动力。加强党同人民群众的血肉联系，是党和政府密切联系群众的重要渠道。倾听群众的呼声，采纳群众的正确意见，维护群众合法权益，是每个党员干部应尽的职责和义务。唯有真情实意为群众着想，尽心尽力为群众办事，才能及时发现事关群众切身利益的问题，才能时刻体会老百姓的感受，否则就会脱离群众，背离党的群众路线。这就要求我们本着"群众利益无小事"的原则，对人民群众饱含深厚感情，把群众的利益放在首位，把百姓的冷暖挂在心头，千方百计为群众排忧解难，真正做到"权为民所用、情为民所系、利为民所谋"。

二

群体性事件涉及面广，政策性强，处置难度大。必须从讲政治、讲大局的高度出发，结合实际、采取措施、加大力度，积极预防和处置群体性事件。

（一）做好矛盾排查调处工作，构筑矛盾排查调处防线

把矛盾排查调处工作的重点放在基层，形成经常性工作制度，坚持抓早、抓小、抓苗头、抓源头，努力做到"组织建设走在工作前，预测工作走在预防前，预防工作走在调解前，调解工作走在激化前"。充分发挥基层组织的作用，定期或不定期组织人员深入群众中及时获取、捕捉、掌握各类矛盾纠纷的信息动态，做到预警在先，苗头问题早消化；教育在先，重点对象早转化；控制在先，敏感时期早防范；调解在先，矛盾纠纷早处理。密切掌握社会动态及预警性、内幕性、深层次信息，注重分析判断，加大排查调处力度和督查工作，对排查出来的矛盾纠纷，逐一建立档案，件件落实到位。同时，把督办的内容、要求、目标、时限、效果逐一落实到人。对重大和疑难矛盾纠纷，实行挂牌督办，定期检查办理情况。建立"矛盾纠纷通报制度"，对排查出的矛盾纠纷进行分类，对落实情况进行通报反馈，做到"四排查"和及时通报，即每月开展一次定期排查，重大节日、活动期间重点排查，敏感时段超前排查，突出问题专项排查并

及时通报有关情况，做到底数清、情况明，便于开展工作。

（二）严格落实责任机制，构筑群体性事件处置防线

处置群体性事件，按照"一个矛盾纠纷、一个调处班子、一个责任人、一个处置方案、一个处置期限"的要求，建立高效规范的处置机制，把处置工作具体化。坚持预防在先、工作靠前、处置要快的原则，及时妥善处置。一旦发生群体性事件，领导干部必须靠前指挥，现场决策，不躲避群众，不上交矛盾，面对面地做好群众工作，及时妥善地化解矛盾。进一步健全人民调解组织网络，把人民调解工作的触角延伸到社会生活的各个领域，将调解范围从单一的民间纠纷向公民与法人及其他社会组织之间的纠纷拓展，做到哪里有民间纠纷，哪里就有人民调解工作。转变工作作风，变群众上访为领导下访，深入基层，调查研究，在调研中察民情、解民忧、理民事；变群众提问题为领导找问题，深入贫困村、问题多的地方了解情况，帮助群众解决一些实际困难和问题。越是群众告状多的地方，越是要敢于深入，把那里的真实情况调查清楚，对确有问题的人和事，该处理的必须依法处理，及时化解矛盾，做到顺民心、得民意、赢民心，把人民群众蕴藏的改革和建设热情引到率先全面建设小康社会的伟大实践中来。

（三）积极开展法制宣传教育，构筑提高群众法制观念的防线

大力开展法制宣传教育活动，把日常宣传与专项宣传、集中宣传与进村入户宣传紧密结合起来，引导群众学法、守法、用法。教育人民群众正确对待和处理国家与个人、全局与局部、整体利益与个人利益、长远利益与眼前利益之间的关系。破除法不责众的错误观念，教育群众不参加非法组织，不参与任何危害社会稳定的活动，引导群众按程序、用法律维护自身的合法权益。同时，加大宣传教育力度，以案释法，公开揭露组织、策划、煽动闹事者的下场，使广大人民群众充分认识参与群体性闹事的危害性，做知法、懂法、守法的公民。

（四）通力合作，构筑部门联动防线

由于群体性事件涉及面广、关系复杂，在解决过程中必须协调有关部门通力协作，各负其责，齐抓共管，形成合力。要发挥政治优势，依照政策规定，坚持个案分散解决的原则，把化解矛盾的重心放在关心人民群众的生产生活上，采取一些群众容易接受的方法，妥善解决部分困难企业、军队复转人员、农民工的实际困难，促进社会稳定。对拖欠农民工工资等案件的处理上要快立快办，及时解决并通报情况。公安等部门要及时协助做好对拖欠农民工工资逃匿者的追讨，司法部门要提供相应的法律咨询服务，工会、妇联等群团组织也要密切配合维护农民工合法权益。通过部门联动，运用法律、经济、行政、教育、宣传等多种手段将一些倾向性、苗头性的问题控制在当地和内部。

建立健全预防和处置群体性事件联席会议制度，加强调查研究工作，深入分析群体性事件的成因和演变过程，总结处置群体性事件的经验教训。同时，充分借鉴以往处理同类事件的有效办法，把工作做在前面，变被动为主动，提高预防和处置群体性事件的工作水平。进一步明确责任、细化任务、加强督查，确保预防和处置群体性事件的各项工作措施落到实处。按照属地管理、分级负责和谁主管、谁负责的原则，建立健全工作机制，严格落实责任制，对发现可能影响社会稳定尤其是可能引发群体性事件的问题，做到早发现、早报告，把矛盾和问题解决在基层，解决在萌芽状态，预防和减少群体性事件的发生。制定预防和处置群体性事件工作预案，针对不同性质、不同问题和不同地域、不同群体所引发的群体性事件，研究处置策略，制定工作预案，形成统一指挥、反应灵敏、运转高效的处置群体性事件工作机制。

进一步加强基层基础工作，把引法入寺、治安联防、人民调解、安置帮教、重点人员管理、青少年教育和管理等各项工作落到实处，促进综合治理各项措施在基层的落实，把矛盾化解在基层。保持各个群体的稳定。把影响稳定的各种问题解决在当地，做到一旦发生群体性事件能够及时控制。建立领导责任追究制，对因官僚主义作风严重，不认真执行上级决定而造成矛盾激化，发生重大群体性事件的，严肃追究第一责任人的责任。对因发生群体性事件不及时报告，不及时采取有效措施进行处置，违反规定使用警力、武器警械和强制措施，造成矛盾激化、事态扩大、社会动荡的，依法依纪严肃处理。

（2004 年 11 月 12 日讲稿）

对开创全面建设小康社会新局面的思考

党的十六大提出"在21世纪头二十年,集中力量,全面建设惠及十几亿人口的小康社会,实现经济、政治、文化的全面发展,使经济更加发展、民主更加健全、科教更加进步、文化更加繁荣、社会更加和谐、人民生活更加殷实"[①]的宏伟目标。标志我国的现代化建设进入了一个新的发展阶段,符合人民的愿望和长远的根本利益。本文就林芝地区实现全面小康的具体目标和采取的政策取向做一个分析。

一 全面建设小康社会,必须要确定增加农牧民收入的新措施

在农牧业进入战略性结构调整阶段后,农牧民增收问题凸显。新阶段增加农牧民收入,是全面建设小康社会的难点和实现小康社会的关键,是统筹城乡发展、缩小城乡差距的重要措施,同时,也是启动和扩大内需的客观要求。增加农牧民收入,第一,必须全面落实农牧区政策,鼓励农牧民加快发展。认真落实农牧区的各项经济政策,按照"谁开发、谁经营、谁受益"的原则,鼓励个人承包荒滩、荒坡、荒山,发展特色农牧业。保持粮食综合生产能力,着力提高粮食单产和品质。制定农牧区发展的优惠政策,调整和完善生产关系,广泛吸纳社会资金投入农牧区建设。打破地域界线,建立劳务市场,为农牧民提供快捷的服务。进一步建立健全劳动合同制,抓好劳动争议案件的预防、调解工作,保护进城务工人员的合

---

① 江泽民:《全面建设小康社会,开创中国特色社会主义事业新局面》(2002年11月8日),《江泽民文选》第3卷,人民出版社2006年第1版。

法权益。积极争取国家投资，确保农牧区基础设施建设的投资不断增长。援藏资金向农牧区倾斜，援藏项目应突出改善农牧区生产生活条件，提高农牧民生活水平这个重点。第二，大力开展农牧区集市贸易，疏通农牧区产品流通渠道。培育和完善农牧区市场体系，畅通农牧区流通环节，积极引导农牧民参与集市贸易，不断增强市场观念和商品意识；鼓励基层供销合作社和一切涉农企业进行农牧业产业化经营，通过抓市场、促流通，逐步建立起科技、信息、加工、销售和储运产供销一条龙服务机制，切实解决农牧民群众买难卖难的问题，努力提高农畜产品的转化率。第三，建立农村经济合作组织，带动农牧民增收致富。只要是有利于提高农牧民组织化程度和增加农牧民收入的，就鼓励放手发展。充分发挥农牧区龙头企业和经营大户、农牧区经纪人、种植养殖大户的作用，鼓励他们在自愿互利的基础上，兴办农产品加工型经济组织，实现农畜产品增值，使农牧民不仅得到生产环节上的利润，还得到加工、销售环节上的利润。重点扶持蔬菜、果品、藏猪藏鸡养殖等特色产业。继续发展小额信贷等支农信贷业务，为农牧民创办小型企业、发展种养业提供必要的启动资金。鼓励各类人才积极发展新型农牧区专业合作经济组织，鼓励行政机关、事业单位工作人员和科技人员创办农牧区新型专业合作经济组织。第四，加大科技投入，提高产出效益。加强与科研院所的合作与交流，增强对先进实用技术和优良品种的引进、消化、吸收和推广。积极发展高新技术、先进经营管理技术、农牧综合配套技术，建立科技培训基地，培养具有较高素质的农牧业技术力量和基层技术骨干、农牧民科技致富带头人。

二 全面建设小康社会，要走出产业结构调整的新路子

首先，抓好农牧业和农牧区经济结构调整。大力发展畜牧业中的奶牛、藏猪、藏鸡养殖，通过产业结构的变化来转化初级产品；优化农畜产品区域化布局，形成产业带。把农畜产品放到最适合的环境中去生产，优化资源配置，降低成本，提高质量，形成区域市场；抓住当前农畜产品供应较为充裕的机会，抓紧生态环境建设。通过这一系列的调整，使整个农牧业和农牧区经济走上一个良性、可持续和跨越式发展的轨道。其次，统筹城乡经济社会发展。统筹城乡经济社会发展是全面解决"三农"问题

的客观需要,是实现农牧区全面建设小康社会的必然趋势。培育城乡经济社会发展就是要用工业化生产方式逐步改造传统的农牧业生产方式,用城镇的生活方式改造农牧区的生活方式,实现农牧业向工业化和农牧区的城镇化转化。解决流动人口涌入城镇的盲目性,从体制、政策和有关管理制度上为他们在城镇安家落户开展生产经营创造条件。制定政策和条规,积极支持、鼓励各类企业和工商业资本进入农牧区,对工农生产方式进行改造。解决"三农"问题,既不能单纯依靠农牧区、农牧业自身的发展来解决,也不能仅依靠城镇对农牧业、农牧区的支持和帮助来解决,只能从全局上靠统筹城乡经济社会发展的思路,综合考虑城乡一体化的市场化改革。最后,全面推进农牧区小城镇建设。十六大报告指出:"农村富余劳动力向非农产业和城镇转移,是工业化和现代化的必然趋势。"只有发展小城镇,不断提高城镇化水平,才能提高农牧业劳动生产率,提高农牧民的收入水平,才能加快二、三产业的发展,从根本上解决城乡二元经济结构的问题,促进全面小康社会建设。在小城镇建设方面,一是科学规划,合理布局。对各县县城在进一步配套设施、完善功能的基础上,适度扩大县城规模,更多地注重提高城镇的文化品位,繁荣县域经济,形成城镇的辐射带动作用。对已建成的乡镇小城镇,在适当时候,可以把规模小、乡镇之间相距较近的乡村合并建镇,扩大城镇规模。引导乡镇、村企业向小城镇集中,逐步把小城镇建设成为农牧区工业化的基地,成为区域经济文化的中心。二是科学定位,突出特色。每一个地域都有它的民俗特点、风土人情、产品优势和区位优势,在规划和建设小城镇时,根据民间风情、民俗特点、产品和区位优势,建成千姿百态的建筑物,发展工业的"园区",观光旅游的景点,环境优美的城镇,努力聚集资源、劳力和资金。三是积极转移农牧区人口。全面改革城乡分割的户籍管理制度,加快建立以登记户口准入条件,与社会主义市场经济体制相适应的户籍管理制度。同时,在教育、劳动就业、社会保障等方面制定配套政策,使进城农牧民和外来经商人员在子女教育、就业、社保等方面与城镇居民享受同等待遇,形成有利于就业和创业的良好环境。

三 全面建设小康社会,要实现特色经济建设的新突破

发展特色农牧业,强化经济基础。始终坚持以转变农牧业增长方式,

发展优质、高产、高效、生态农牧业为核心，以增加农牧民收入为重点，推进农牧业的产业化。扩大经济作物种植规模，大力发展畜牧业，形成粮食作物与经济作物、种植业与养殖业协调发展的格局。在品种结构上，要大力发展优质、优势、特色产品，形成以优良品种为主导的农牧业产品体系。在生产布局上，引导优质、优势、特色农牧业产品向优势产区聚集，形成优势农牧业产品的产业带和产业链，提高效益规模。狠抓优质品牌。大力提高农牧业生产的品牌意识，积极创造特色鲜明的农牧产品品牌，把品质优良、具有一定生产规模和良好市场需求的农畜产品品牌做大做强。同时积极做好优质、高效农牧产品的冠名、注册和绿色、生态安全农牧产品的申报、认证工作，为优质、绿色、安全的农牧产品进入国内外市场开辟通道。狠抓农牧业的增值。发展农牧产品深加工，拉长农牧业生产的产业链，扩大产业规模，提高农牧产品附加值，实现农牧业高产高效。

发展特色藏医藏药业，提升竞争能力。一是加大对地区藏药生产企业和药材种植基地等高新技术的支持力度，促进其加快发展，形成新的特色经济增长点。二是广泛吸纳和运用信息技术、适用技术，加强对制药设备的改造，进一步提高产品的技术含量，提高市场竞争力和市场占有率。三是抓好藏医、藏药，特别是藏药业的发展。深挖民间配方，积极开展新药研制，促进藏药业做大做强；在坚持开发、利用、保护藏医药的前提下，大力扩大藏药材的种植面积，扶持一些藏药材种植户、种植村，使藏药材的种植形成规模，形成产业，成为农牧区发家致富的聚宝盆。四是抓好骨干企业的培育工作。抓好奇正藏药、诺迪康药业有限公司、地区藏药厂的强筋壮骨工程，使其发挥对相关产业的带动和对经济增长的拉动作用。

发展特色旅游业，造就发展亮点。立足地区生态环境优美、旅游景点众多的优势，做足山水文章，大力发展生态旅游。树立大旅游、大市场、大产业的观念，对旅游资源进行重新整合，着力改变"精品不精""缺少导游""没有专线车""标牌不显著"的现状，吸引更多游客来林芝观光旅游。加大对旅游业的引导、扶持力度，培育和发展旅游企业，鼓励各种所有制形式的企业参与旅游业经营；进一步完善旅游区域结构布局，开发和挖掘具有表现民族特色和体现民族文化内涵的景区（景点），不断提升景区（景点）的品位；继续加大旅游宣传、促销和推介力度，提高各旅游景点的知名度；开发旅游新产品，推动旅游业向更高层次发展；打造以八一镇为中心，辐射周边旅游景（区）点的特色精品生态旅游环线；积极组织和引导农牧民发展家庭旅馆、旅游纪念品制作，从事餐饮、娱乐、导游等旅游服务，使群众在推进特色旅游业的发展中得到实惠。

四 全面建设小康社会，要建立市场经济体制的新轨道

第一，深化国有企业的改革。企业是市场竞争的主体，进一步加快国有企业改革的步伐，健全企业法人治理结构，建立现代企业制度，健全产权交易规则和监管制度，保障企业的平等法律地位和发展权利。第二，努力营造有利于非公有制经济加快发展、公平竞争的体制和政策环境，毫不动摇地支持和鼓励民营经济、非公有制经济发展。坚持"政治平等、政策公平、法律保障、放手发展"的方针，积极实施"政府推动、政策促动、环境松动、能人带动、市场拉动、利益驱动"战略，"不限发展比例、不限发展速度、不限经营方式、不限经营规模"，让民营经济和非公有制经济在投资、税收、信贷、土地使用和对外贸易等方面与其他企业享受同等待遇。加大招商引资奖励力度，积极筹备招商引资洽谈会，探索有偿招商、委托招商等多元化招商形式，以招商促发展，以富商吸引投资，鼓励集体和个人通过各种渠道引进外来企业，在全社会营造招商引资的浓厚氛围。第三，放宽市场准入条件，建立健全现代市场。强化市场的统一性、开放性，放宽市场准入条件，降低门槛。只要是有利于促进经济发展、增加就业的，不论投资大小，都给予积极支持。除国家限制和禁止的领域外，凡是对公有制经济开放的项目，就对民营经济、非公有制经济开放，形成统一、开放、竞争、有序的创业空间、市场秩序，鼓励共同发展。第四，扩大对外开放，加快投资融资体制改革步伐。进一步树立开放意识、让利意识、服务意识，兑现优惠政策，落实鼓励措施，改善投资环境，积极探索特许经营、投资基金、招商引资、收购兼并等利用外资的多种方式，引导外资投向地区内重点领域、重点行业和重点县域，实现利用外资与结构调整、城市建设等方面的有机结合，逐步建立起经济社会协调发展的新机制，不断促进经济社会的全面发展。第五，转变政府职能，最大限度地排除政府对市场的不当干预，最大限度地减少政府对市场准入的管制，最大限度地推进价格市场进程，在减少政府行政审批范围的同时，强化政府对市场的监管职能。改革政府管制方式，调整管制内容，强化社

会性管理。政府管制的内容应从突出经济管理向社会管理转化,加强环境管制,保护劳动者和消费者的权益,保护困难群体的利益。经济管理主要是宏观调控,反对垄断,有效监督和加快建立统一的社会主义市场体系,建立健全社会主义市场经济秩序。

五 全面建设小康社会,必须要开创精神文明、政治文明建设的新局面

精神文明建设必须始终坚持围绕中心、服务大局,着力引导和教育广大干部群众解放思想、实事求是、与时俱进,坚决冲破一切妨碍发展的思想观念,坚决改变一切束缚发展的做法和规定,坚决革除一切影响发展的体制弊端,创造一切可以创造的条件,调动一切可以调动的积极因素,集中全地区各族人民的智慧和力量,聚精会神搞建设,一心一意谋发展,为提高人民生活水平,率先建设全面小康社会提供强大的精神动力、思想保证和智力支持。以群众利益为主,促进经济社会不断发展,使人民群众获得切实利益,促进人的全面发展。精神文明建设的全部工作都必须以群众的满意、赞成和拥护作为衡量工作成效的最高标准,在实践好、维护好、发展好群众切身利益上下功夫。在工作中,身体力行"三个代表"重要思想,把全心全意为人民服务作为工作的出发点和落脚点,始终把群众关心的焦点、热点、难点问题作为加强精神文明建设的重点。采取切实有效措施,坚决制止消极腐败现象,纠正行业不正之风,扫除"黄、赌、毒"等社会丑恶现象,坚决禁止制造和传播文化垃圾的行为。按照发展先进文化的要求,积极推进农牧区文化事业,进一步抓好科技、文化、卫生"三下乡"工作,不断丰富广大农牧民的精神文化生活。积极推进教育综合改革,统筹安排基础教育、职业教育和成人教育,使教育体系进一步完善。坚持农科教相结合的原则,真正让教育面向农牧区、为农牧区服务,全面提高劳动者素质和就业技能。把卫生工作放在重要位置,纳入地区经济社会发展规划,增加投入,改善设备,培训人才;建立重大疫病防治体系和公共卫生突发事件应急机制,加强急救医疗服务网络建设,做好重大疾病的经常性监测工作。深入开展精神文明创建活动,军民共建活动,"除陋习、讲卫生、树新风"活动,评比"五好家庭"和勤劳致富带头人

活动；每年做几件作用大、影响大、效果好的实事，让群众得到实实在在的利益，感受到精神文明建设带来的变化，从而进一步增强人民群众对改革开放和现代化建设的信心，增强对党和政府的信任。

积极稳妥地推行政治体制改革，扩大民主，健全法制，完善制度，丰富形式，扩大公民有序的政治参与，保证群众依法实行民主选举、民主决策、民主管理和民主监督的权利。健全基层自治组织和管理制度，保证群众依法管理公共事务和公益事业。采取有力措施，改革和完善决策机制、深化行政管理体制改革、深化干部人事制度改革、加强对权力的制约和监督，确保政治体制改革顺利推进。

六 全面建设小康社会，要深入开展反对分裂斗争，切实维护社会局势稳定

反对分裂，维护社会稳定，必须充分认识影响社会稳定的根源是达赖集团的分裂破坏，维护稳定的中心任务是深入开展反分裂斗争。组织广大干部群众，继续深入揭批达赖政治上的反动性和宗教上的虚伪性，剥去达赖的种种伪装，让广大群众从历史和现实的体会中认清达赖的反动本质，从亲身体会中认识到反对分裂、维护稳定是各族人民义不容辞的责任，让广大群众深切地感受到没有稳定的局面，就不可能发展，人民就不会有幸福的生活，从而自觉地反对分裂，维护社会稳定。

七 全面建设小康社会，必须推进党的建设迈上新的台阶

按照"八个坚持、八个反对"的要求，加强党的作风建设，在广大党员干部中深入开展"两个务必"的优良传统教育、理想信念教育，增强广大党员干好工作的自觉性与坚定性。进一步完善干部教育管理制度，建立领导干部廉政谈话、诫勉谈话、警示谈话制度，推进作风建设经常化、制度化、规范化。继续坚持对口扶贫、小康联系点制度和干部下乡调研制度，带头深入实际，深入基层，深入群众，大兴调查研究之风，掌握

真实情况，撰写调研报告，解决实际问题，办实事，求实效，进一步密切党群、干群关系。坚持党要管党、从严治党的方针，加强领导干部廉洁自律工作，从源头上预防腐败现象的发生。不断加强机关、企业、学校等基层单位的党组织建设，努力把基层党组织建设成为贯彻落实党的路线方针政策，宣传群众、组织群众、团结群众的坚强堡垒。

大力加强乡（镇）党委和村党支部建设，整顿"软、弱、懒、散"党支部。一是认真落实党内制度。坚持把落实党内各项制度作为加强自身建设的中心环节，建立健全《定期公开报告工作制度》《民主评议党员制度》《党委会议议事制度》《民主生活会制度》等，积极推行政务、村务和财务公开，促进基层民主政治建设的健康发展。二是切实加强党员队伍的建设。努力抓好党员的思想政治建设，利用组织生活完善队伍建设，提高党员队伍的整体素质，使每一位党员坚定信念，立足本职，努力工作，开拓进取，为率先全面建设小康社会做贡献。三是努力抓好对党员和基层干部的教育管理。以"三个代表"重要思想和党章为主教材，组织党员深入学习，引导基层党员和干部不断探索新形势下加强和改进党的建设的特点和规律；教育党员不断解放思想，更新观念，把统一思想认识向更多地解决实际问题延伸，着力解决与加快发展、扩大开放、大力发展社会主义市场经济不相适应的旧思想、旧观念，力求在解决实际问题中解放思想，在解放思想中推动发展。

八　全面建设小康社会，必须进一步巩固和发展已经取得的成果

全面建设小康社会是党的十六大在新世纪、新阶段向全党和全国人民发出的新号召。按照中央和区党委的统一部署，不断加大工作力度，继续巩固好小康建设成果，组织和动员各方面的力量，开展声势浩大的定点扶贫和小康工程建设，为群众解决生产、生活方面存在的实际困难，扶持一批养殖业、种植业大户，带动一方群众。继续坚持领导干部驻村蹲点和对口帮扶的好办法，积极为小康联系点筹集建设资金，努力改善乡村面貌，促进农牧区经济社会的全面发展。小康对口帮扶工作与小城镇建设、生态环境建设、农房改造、产业结构调整、农牧民增收、基层组织建设等工作

有机地结合起来，不断探索对口帮扶的新领域。小康工程建设注重实效性，既把物资帮扶与智力扶持结合起来，又把短期帮扶与长远发展结合起来，与地方企业互惠互利结合起来，打牢全面小康社会的坚实基础。形成千军万马下基层，群策群力理思路，千方百计谋发展，千计万策促增收的农牧区建设热潮，率先实现生产发展、生活富裕、生态良好的全面小康社会。

(原载《西藏日报》2004年2月11日)

用科学发展观指导林芝经济社会跨越式发展

（一）坚持统筹兼顾，狠抓"三农"工作

"三农"工作的核心是增加农牧民收入，越是在加快发展的情况下，越要高度重视"三农"工作，不断加大农牧业和农牧区经济结构调整力度，推进传统农牧业向现代农牧业转变，创新农牧区生产方式。

第一，调整结构扩规模，促进农牧民增收上台阶。正确处理好调整农牧业结构、增加农牧民收入和保护粮食综合生产能力的关系，抓紧粮食生产不放松，坚持结构调整不动摇，严格保护耕地，稳定粮田面积，改造中低产田，提高单产、增加总产，调动农牧民种粮的积极性。按照"稳粮油、扩林果、强畜牧、优瓜菜、上药材、活流通、壮龙头"的总体要求，优势产业优先发展，突出重点，整合资源，着力实施特色农牧业振兴、经济林果开发、高效经济作物种植、家庭副业和庭院经济并举、劳务输出促增收"五大重点"，合理调整区域产业布局，制定切合实际的《特色农牧业发展规划》，引导优势主导产业向适宜区域集中，构建特色鲜明的优势产业带和产业群。把发展藏猪、藏鸡养殖业作为特色农牧业振兴的重要突破口，抓好藏香猪原种区建设，着手藏猪品牌的冠名、注册和产权申报工作，做好藏鸡养殖基地建设，整合资金，重点扶持，连片养殖，形成规模，力争在藏猪、藏鸡特色养殖方面有大的突破；不断扩大经济林木、绿色果品等种植面积，认真编制好《经济林木发展规划》，因地制宜，突出重点，合理规划，分类指导，大力发展核桃、辣椒、花椒、西瓜、苹果、柑橘、桃、梨，以及日光大棚蔬菜、地膜玉米、藏药材等特色种植，形成经济林果区域种植、整体开发的齐聚效应；大力引进和推广优质青稞、小麦，加快发展"双低"优质油菜、优质玉米等经济作物，提高种植效益。加大农牧结合力度，大力发展饲养草料作物，促进种植业结构逐步向合理的粮、经、饲三元结构转变；继续鼓励和引导农牧民群众积极发展家庭副业和庭院经济，实行农林牧副渔并举，拓宽致富渠道，加快增收步伐；切实把劳务输出作为结构调整的重点，作为农牧民增收的重要途径，高度重视，加强引导，抓出成效。搭建政府劳务输出平台，开展劳动力资源普查工作，建立就业信息和培训机制，搞好信息对接，提高农牧民就业本领，减少盲目流动。做好农牧民施工队的组建和资质申报工作，把吸纳农牧民参与工程建设纳入制度化轨道，引导他们积极参与市场竞争，发挥典型示范作用，带动群众增收致富。

第二，突出龙头抓产业，促进农牧区经济新发展。一是在龙头企业培育上下功夫。按照办好现有龙头企业，提高素质，扩大规模，做大做强一批；结合乡镇企业二次创业发展一批；扩大对外开放，加快从区内区外引进一批；完善政策，鼓励和引导民间资本兴办一批的要求，集中精力增强壮大龙头企业，努力形成一批带动能力强、加工水平高、具有市场竞争力的龙头企业。二是在产业基地上下功夫。依托奇正藏药、诺迪康药业和龙头企业，重点抓好藏猪藏鸡、藏药、食用菌、农畜产品、水产、反季节蔬菜和经济林木等特色产业基地建设，实现龙头带基地、基地促龙头、农民增效益的良性互动。本着因地制宜、突出特色的原则，按照一个产业、一个龙头企业、一个拳头产品的模式，积极培育有一定规模的特色产业基地，努力形成一批专业乡镇、专业村、专业大户。三是在发展农牧民专业合作组织上下功夫。按照市场经济的要求，大力培育优质农畜产品营销主体，发展各类专业合作组织和农牧区经纪人，提高农畜产品进入市场的组织化程度，增加农牧民收入。鼓励农牧区能人、基层涉农单位、龙头企业等领办创办各类合作经济组织，重点发展以农牧民为主体的农畜产品营销队伍，引导群众进入市场，增强群众市场观念，加大商品流通力度，强化服务群众的功能。

第三，多种措施并举建平台，促进城镇建设上台阶。在加快城镇化发展的重要时期，必须有效引导城镇化健康发展，妥善处理城乡关系，建立逐步改变城乡二元结构的机制。把小城镇建设和农房改造作为加快城乡一体化进程的重要突破口，高起点规划、高标准建设、高效能管理，做大做强，努力塑造现代化的整体形象、窗口形象和视觉形象。对已建成的小城镇，完善配套设施、增强功能、强化管理，制定吸引人才聚集政策，提高城镇品位，逐步把小城镇建设成为乡镇企业的创办地、区域经济文化中心、农牧区市场流通主体、农牧民增收致富的平台。新建的小城镇，一是高起点规划。突出前瞻性、权威性、高起点、高水平地做好新建小城镇的长期规划。二是高标准建设。立足"山水"优势，做好"山水"文章，把得天独厚的人文、优势资源发挥出来，达到城在绿中、河绕城流、山水相映的效果。三是高效能管理。由建管并举、以建为主转变为管建并举、以管为主，坚持产业兴镇的原则，把新建小城镇培育成为乡镇企业主导型、旅游开发服务型、特色产品商贸型、沿路商品流通型等各具特色的小城镇，进一步增强辐射功能。按照"规划一盘棋、建设一张图"和"六通一改变"的要求，培育消费热点，拓宽群众消费空间，激活农牧民在生活用电、家用电器、信息通讯、文化娱乐等方面的消费需求，逐步形成以小城镇建设为核心，梯度推进村庄建设的"新房、新村、新面貌"，统筹城乡发展，拓宽消费领域，打造致富平台。

（二）坚持实施优势战略，狠抓特色经济建设

特色经济建设关键是做大做强产业，在速度、规模、效益上迈出重大步伐，形成新的经济增长点。为此，我们立足特色、打造精品，大力发展生态旅游业。实施"政府主导、社会投入、市场运作"的发展战略，进一步完善旅游资源开发机制，提高旅游资源开发品位，加大资金投入力度，实现旅游资源开发的新突破；建立和完善"政企联手、部门联合、上下联动"的旅游宣传促销机制，唱响"雅鲁藏布大峡谷旅游"品牌，打造林芝旅游整体形象，实现旅游市场开发的新突破；紧紧围绕旅游开发要素，开发具有工布特色的旅游商品，整合文化、艺术、娱乐、餐饮等资源，把旅游开发与建设藏东南生态旅游城市紧密结合起来，实现旅游整体质量的新突破。随着林芝机场的通航和青藏铁路的建设，西藏将成为全国乃至世界旅游胜地的条件逐步具备。因此，必须充分利用林芝独特的旅游资源，不断加大生态环境和人文景观的保护力度，深度开发国内外市场，大力建设具有时代特征、牵动作用大、科技含量高、参与性强、四季皆宜的旅游工程，形成具有特色和优势的旅游经营环境。高起点、高标准、高水平地开发建设一批民族特色突出、设施配套完善、服务档次较高的旅游行业，加快形成几条知名的黄金旅游线路。借助外力促发展，加快引进区内外实力雄厚的企业或个人，以独资、合资、参股等方式吸引区内外企业参与旅游景区、线路的开发、建设和经营，尽快把发展的潜力变成经济增长的动力。

强化优势、突出重点，加快发展藏药业。西藏是藏药的发源地，林芝是藏药材的聚集地，在发展藏药产业方面极具优势和潜力。奇正藏药、诺迪康药业的迅猛发展，野生丹参和菠菱瓜的成功种植，充分说明了发展藏药业的市场前景。为此，我们必须充分利用资源优势，依托奇正藏药厂、诺迪康药业有限公司、宇拓藏药有限公司等藏药生产企业，引进、运用先进技术和工艺，加快藏药产品的开发与生产，特别是新剂型、新品种的开发。同时，借鉴国内外药品研制的成功经验，选择国内和国外急需而林芝已成熟的品种，研究、开发能够充分发挥藏药药效的新品种、新剂型，适应市场需求，扩大林芝藏药在市场的份额。加快建立特色藏药材生产基地，利用独有的气候、地理优势，研究、生产"绿色药材"，建立药材资源工业原料基地和商品货源基地，推行"公司+基地+农户"的生产模式，积极发展药材精加工、深加工，使藏药材资源优势尽快转化为经济优势，逐步实现种植、加工、包装、销售一体化，提高药材质量，增加产品附加值。

（三）坚持科学规划，狠抓基础设施建设

抓好基础设施建设，缓解"瓶颈"制约，增强发展的后劲，提高发展的质量和效益。坚持统筹规划、合理安排，加强建设、注重管理，着眼整体、兼顾局部，把水利资源的开发利用和节约保护放在基础设施建设的首位。以提高防汛抗旱能力为中心，加快尼洋河、帕隆藏布、雅鲁藏布江中下游林芝段为重点的大江大河的治理和湿地保护力度。加强农田水利建设，着力改善农牧区生产条件，提高农牧业抗御自然灾害的能力。完善农牧区大型灌区的配套工程，走搞好设施建设、推广节水灌溉、改革小型水利投资有机结合的路子。按照"两横、四纵"的规划要求，加快318国道、306省道主干线和县、乡、村道路建设。继续加大八一二桥、康玉公路、八盖公路、米林至朗县油路和察瓦龙公路等项目的工作力度。加快察隅县至云南省贡山县省际通道建设，着手开辟尼洋河、雅鲁藏布江水上旅游线路，不断增加公路里程、提高公路等级、提升通过能力、增强防抗灾水平，逐步形成以八一镇为中心，以各县城为支点，以川藏公路、林邛公路、林芝机场为骨架的公路网、航空运输和水上旅游线。能源建设以大电源、大电网为重点，重点抓好巴河雪卡电站的开工建设，加快城乡二、三期电网建设和改造。对群众居住分散的乡村，加快微型电站建设，因地制宜地发展小水电、沼气、风能、太阳能等可再生能源，逐步提高通电能

力，尽快实现村村通电。加快发展固定电话网特别是农村固定电话网，继续发展移动、联通电话，提高农村电话普及率。以"村村通"和"西新工程"建设为契机，逐步解决新通电行政村通广播电视的问题，以建设卫星收转站为主，多种技术手段并用，加强对边远贫困地区，尤其是边境乡村的广播电视覆盖建设工作，提高有线电视入户率。

（四）坚持以人为本，狠抓社会事业发展

在保持经济跨越式发展的同时，必须坚持以人为本，牢固树立和贯彻落实科学发展观，进一步加大力度，推动各项社会事业全面进步。坚持科教兴地战略，加大科普工作力度，加大先进适用技术的引进和推广，着手建立"农牧业科技成果转化示范基地"实施星火科技行动，促进科技成果转化为现实生产力，提高科技成果的转化效益；坚持教育优先发展战略，继续抓好"两基"攻坚，大力推广和巩固"普九"成果。加大对教育的投入力度，重点向农牧区基础教育倾斜，加快中小学危房改造，搞好中小学校规范化建设，改善办学条件，加强师资队伍建设，提高教育水平。深化教育体制改革，实施素质教育，大力发展以培养实用技术型人才为主的中等职业教育。积极鼓励和支持社会力量办学，完善多元化办学体系，促进教育事业更快更好地发展；坚持发展群众性、公益性文化事业，继续做好西新工程、村村通工程、"2131"工程，加快县级综合文化活动中心建设，不断丰富群众的文化生活。重点面向市场发展经营性文化，鼓励多渠道资金投入，完善文化基础设施，加强文化市场管理，促进文化事业快速发展；坚持卫生监督与疾病预防体制改革并重，加大对全地区食品卫生监督检查力度，大力发展农牧区卫生事业，确保人民群众的身心健康。加快疾病预防控制体系建设，巩固完善农牧区医疗制度，继续加强对碘缺乏病、大骨节病的监测与防治，健全重大传染病防治工作的长效机制；坚持就业优先，把扩大就业放在经济社会发展更加突出的位置，强化就业再就业工作责任制，把控制失业率和新增就业岗位作为政府调控的重要指标，作为干部政绩考核的重要依据。全面落实就业再就业政策，引导全社会转变就业观念，推行灵活多样的就业形式，鼓励自谋职业和自主创业，大力发展劳动密集型产业、新兴服务业和非公有制经济，努力增加就业岗位；推进社会保障工作，继续巩固"两个确保"成果，抓好职工基本养老保险、下岗职工基本生活保障和失业保险、城镇居民最低生活保障三条保障线的衔接。

高度重视人口、资源、环境工作。加强计划生育服务网络基础设施建设，抓好以农牧区人口和城市流动人口计划生育管理与服务为重点的人口与计划生育工作，促进优生优育，提高人口素质。依法加强资源管理，合理开发利用资源，严格执行耕地保护制度，统筹安排好各类建设用地，推进国土资源有偿使用制度改革。加强自然保护区、生态功能区的管理，重点保护雅江中下游段及其支流尼洋河、帕隆藏布、察隅河流域，巴松错旅游景区、工布自然保护区、墨脱自然保护区、鲁朗林海、兹巴沟自然保护区等天然林资源。加快实施迹地更新、工程造林、封山育林、退耕还林、"三荒"造林等重点防护林建设，加大野生动物及自然保护区的建设与管理力度，加强环保执法检查，严格执行建设项目环境影响评价和监理制度，重点搞好林芝机场沿线和重点项目区的环境监控与保护。加强城镇生态环境建设，合理规划城镇建设用地，建立并严格实施城镇"绿线"管理制度。同时，抓好污水、垃圾和空气污染的治理，提高城市大气环境质量。

（五）坚持协调发展，狠抓精神文明和民主法制建设

精神文明建设和民主法制建设既是全面建设小康社会的重要内容，也是经济建设的重要保证。为此，必须狠抓精神文明建设。坚持以团结鼓劲、正面宣传为主，弘扬主旋律，打好主动仗，做好新形势下的思想宣传工作，进一步形成坚定不移抓改革、千方百计促开放、聚精会神搞建设、一心一意谋发展的浓厚氛围。在全社会深入开展爱国主义、集体主义、社会主义教育，积极倡导社会公德、职业道德、家庭美德和时代精神，为推进跨越式发展和率先全面建设小康社会提供强大的精神动力。按照"典型带动、城乡联动、全面提高"的总体要求，大力开展精神文明创建活动。一是深入开展创建文明城镇活动。以提高城镇居民的文明程度和城镇意识为重点，以文明行业、文明单位、文明小城镇、文明旅游风景区建设为突破口，促进人的素质全面提高，推动文明城镇创建活动上新水平。二是认真总结好经验、好做法，深入开展农牧区"谋跨越、奔小康"主题教育活动，结合"三下乡"活动，在农牧区大力开展"四在农家"创建活动。即富在农家、学在农家、乐在农家、美在农家。"富"是基础，"学"是条件，"乐"是动力，"美"是目标。富在农家：就是通过开发资源，培育产业，发展农牧区先进生产力，让农牧民群众富起来，夯实物质文明基础；学在农家：就是发展农牧区先进文化，组织农牧民群众学习科技、法律、市场经济以及党的方针政策等方面的知识，提高综合素质，增长致富本领；乐在农家：就是不断满足农牧民群众日益增长的精神文化生活需求，加强基层民主政治建设，丰富农牧民群众的精神文化生活，激发他们的活力和增强群众崇尚科学文明、追求社会进步、发展经济的动力；美在农家：就是以人为本，处理好人与自然的关系，把心灵美、生态美、环境美结合起来，通过"五通三改"（通电、通水、通路、通电话、通广播电视，改居住环境、改厕、改灶），建设和谐文明的新农村。

加强民主政治建设。自觉接受人大工作和法律监督，听取人大代表、政协委员以及民主人士和专家学者的意见和建议，充分发挥工会、共青团、妇联等人民团体在管理国家和社会事务中的参与、监督、协调作用，广泛汇集群众建议，提高决策的民主化、科学化水平。进一步扩大基层民主，拓展群众参与讨论、决定基层公共事务和公益事业的领域，保障农牧民群众依法管理国家和社会事务的民主权利。完善村民自治和以职工代表大会为基本形式的企业民主管理制度，推进政务、厂务、村务公开。深入学习领会行政许可法和宪法修正案的精神实质，认真实施"四五"普法规划，广泛开展法制宣传教育，增强广大干部群众的法律意识和法制观念。

（六）坚持解放思想，狠抓改革创新和对外开放

改革是加快发展的强大动力。新世纪新阶段，要坚持改革开放，就必须进一步解放思想、实事求是、与时俱进，做到一切妨碍发展的思想观念都要坚决破除，一切束缚发展的做法和规定都要坚决改变，一切影响发展的体制弊端都要坚决革除。

首先，必须大力弘扬开拓创新精神。创新是灵魂、是动力、是源泉。创新的关键在解放思想，基础在实事求是。解放思想的意识越强，实事求是的氛围越浓，社会就越有活力，发展就越有动力。在率先全面建设小康社会的伟大征程中，我们必须以开阔的视野观察世界，按先进性的要求审视自己，用改革的精神破解难题，立足新起点找差距，着眼新形势求发展。当前和今后一个时期，我们必须重点打破四种不良倾向，通过思想的不断解放，赢得经济发展的主动。一是打破故步自封——"满"的思想。要多看自己的不足，多找自身的差距，增强紧迫感和危机感。二是打破甘居中庸——"懒"的思想，奋发图强，扎实工作，不甘落后，力争一流。三是打破瞻前顾后——"怕"的思想。坚持实事求是，认准的事就要大胆开拓，与时俱进，坚决杜绝起步慢、刹车快的现象。四是打破坐而论道——"混"的思想。树立正确的政绩观，立党为公、执政为民，按照权为民所用、情为民所系、利为民所谋的标准要求，诚心诚意办实事，尽心竭力解难事，坚持不懈做好事，为率先全面建设小康社会尽职尽责、贡献力量。

其次，必须着力优化四种环境。大力发展非公有制经济，大搞招商引资，必须牢固树立环境是经济发展的第一立足点、第一增长点和第一竞争点的观念，着力在改善和优化环境上狠下功夫。一是打造宽松优越的政策环境。这是吸引投资、加快发展的基础和前提。要顺应市场经济的要求和时代发展的步伐，凡是来林芝搞项目的，只要对林芝发展有利，不违背国家的政策和法律，符合全面协调可持续的发展观，要什么政策给什么政策，能办到的事情就坚决办到。二是构建廉洁高效的服务环境。这是吸引投资、加快发展的重要因素。按照"小政府、大服务"的要求，进一步转变职能，强化服务，精简审批事项，简化审批手续，公开审批内容，规范审批程序，提高办事效率。三是精心营造诚信文明的人文环境。在全社会持续开展"倡导文明生活、争做文明市民、创建文明城市"活动，进一步打造诚信社会、诚信政府，对投资者以诚相待，与投资者交朋友，营造浓厚的亲商、安商氛围，努力打造社会管理公平公正、经济交往履约践诺、人际关系真诚相待的良好形象。四是努力创造和谐稳定的法制环境。优化林芝发展环境，必须重拳出击，重点治乱，持续保持对犯罪分子的高压态势，加强社会治安综合治理，深入开展市场经济秩序整顿，为投资者提供安全保障和良好的经营环境。

最后，必须加快对外开放步伐。把扩大开放作为发展和稳定的结合点，就必须采取"走出去、请进来"等多种方式，进一步加强同区内、区外的经济技术合作，特别是充分利用广东、福建两省的资源以及市场和人才，不断开拓新的市场和发展空间。把招商引资作为加快推进跨越式发展的一件大事抓好抓实，重点解决好办事效率低和招商项目数量少、质量差的问题。大胆创新招商引资机制，积极主动地强化招商引资工作，把招商引资作为各级干部的硬任务，建立招商引资目标责任制，完善考核办法，兑现奖惩政策，对破坏投资环境的行为予以严惩，对招商引资有功人员实行重奖，对已达成意向性的项目要做好全程跟踪服务，力争引资成功。

（2005 年 1 月 10 日讲稿）

搞好先进性教育活动　打造人民满意工程

中央决定，从 2005 年元月起，用一年半的时间，分三批在全党开展以实践"三个代表"重要思想为主要内容的保持共产党员先进性的教育活动，这是以胡锦涛同志为总书记的党中央根据新时期我们党所处环境、所肩负的历史使命和目前党员队伍的现状，经过深入调查，认真试点，作好充分准备的基础上，慎重作出的一项加强党的执政能力建设、永葆党的先进性的重大决策。先进性是马克思主义政党存在和发展的根本前提，是党得到最广大人民群众拥护的基本条件，是党的生命所系、力量所在。保持党的先进性，加强党的先进性建设，对于全面贯彻"三个代表"重要思想，加强党的建设，提高党员队伍素质，充分发挥先锋模范作用，率先全面建设小康社会具有重大的现实意义和深远的历史意义。

一

保持先进性，是马克思主义政党的根本特征，是决定党的前途命运的根本问题，是提高党的执政能力的根本建设。有了先进性，党就有了创造力、凝聚力和战斗力，就能得到人民的信任和拥护。失去了先进性，就失去了生存和发展的前提。在新的历史条件下，我们党大力加强先进性建设，决定在全党开展先进性教育活动，这是坚持用"三个代表"重要思想武装全党的战略决策，对于保证党和人民事业的兴旺发达具有决定性的作用。

加强党的先进性建设，是实践"三个代表"重要思想的内在要求。"三个代表"重要思想充分体现了党的先进性与社会发展规律的内在统一，是马克思主义在中国发展的最新成果；是党必须长期坚持的指导思想，是新时期保持党的先进性的根本体现和根本要求。胡锦涛同志明确指出："在新的历史条件下，认真学习、身体力行'三个代表'重要思想，是共产党员站在时代前列、保持先进性的根本要求。所有共产党员都要立足本职、联系实际，坚定自觉地实践'三个代表'重要思想，在自己的学习工作和社会实践中全面体现'三个代表'要求，把共产党人的先进性在社会主义物质文明建设和精神文明建设中充分发挥出来。"贯彻"三个代表"重要思想，关键在坚持与时俱进，核心在坚持党的先进性。面对新的形势和任务，广大共产党员必须始终保持党的先进性，自觉用"三个代表"重要思想的先进理论武装广大共产党员，引导广大共产党员不断把学习实践"三个代表"重要思想引向深入，在真学、真懂、真信、真用上下功夫。真学、真懂，就是进一步加深对"三个代表"重要思想的时代背景、实践基础、科学内涵、历史地位的理解，真正领会其精神实质，从思想理论上保持党的先进性。真信，就是坚信"三个代表"重要思想的科学性，长期坚持这一指导思想，并以此为保持党的先进性的根本指针。真用，就是要在实践上见成效，切实提高科学认识和分析形势的能力，把思想认识进一步统一到党中央、区党委对当前形势的分析判断上来，不断加深对党的基本理论、基本路线、基本纲领、基本经验和各项方针政策的理解和把握，不断增强贯彻执行党的路线方针政策的自觉性和坚定性；提高理论与实际相结合的能力，紧密结合国内形势的新变化，紧密结合地区的实际，紧密结合人民群众的利益和愿望，完善发展思路，加大工作力度，全力做好改革发展稳定的各项工作；提高改造主观世界的能力，自觉加强党性修养，牢固树立正确的世界观、人生观、价值观，自觉抵制各种错误思潮和腐朽思想的影响和侵蚀，永葆共产党人的先进性和纯洁性。实践证明，只有把"三个代表"重要思想具体化为指导工作的根本依据、推动工作的根本思路、抓好工作的根本动力和检验工作成效的根本标准，才能更好地把握各族人民的愿望，把握社会主义的本质，把握发展进步的关键，才能把共产党人的先进性在推动地区"一加强、两促进"的历史任务中充分发挥出来。

加强党的先进性建设，是率先实现全面建设小康社会宏伟目标的重要保证。开展先进性教育活动的目的，就是要进一步增强基层党组织和广大党员加快发展的政治责任感和历史使命感，牢固树立立党为公、执政为民，情为民所系、权为民所用、利为民所谋的思想，增强抓第一要务和建设和谐社会的能力；就是要始终保持与时俱进的良好精神状态，心系大局，立足岗位，用科学的发展观和真抓实干的工作作风创造性地开展工作，团结和带领全地区各族人民抓住机遇、克服困难、乘势而上，为推动率先全面建设小康社会进程提供坚强的政治和组织保障。

加强党的先进性建设，是加强党的执政能力建设的一项基础工程。党的十六届四中全会通过的《决定》，明确提出加强党的执政能力建设，"通过全党共同努力，使党始终成为立党为公、执政为民的执政党，成为科学执政、民主执政、依法执政的执政党，成为求真务实、开拓创新、勤政高效、清正廉洁的执政党，归根结底成为始终做到'三个代表'、永远保持先进性、经得住各种风浪考验的马克思主义执政党，带领全国各族人民实现国家富强、民族振兴、社会和谐、人民幸福"。这四个"成为"，是先进性在党的执政宗旨、执政方略、执政作风方面的体现和要求。保持党的先进性，提高党的执政能力，必须以提高党员队伍的素质和加强基层党组织建设为基础。总体上看，我们的党员队伍主流是好的，广大共产党员以孔繁森、李素芝、轮祖等为榜样，牢记全心全意为人民服务的宗旨，为党和人民的事业不懈努力，体现了"三个代表"重要思想，展现了当代共产党人的时代风采。但在新世纪、新阶段，党员队伍也存在不少同新形势新任务"不适应"、同"三个代表"重要思想和率先全面建设小康社会要求"不符合"的问题。我们就是要通过开展先进性教育活动，切实解决党员和党组织在思想、组织、作风以及工作方面存在的"不适应"和"不符合"的突出问题，提高党的执政能力、巩固党的执政地位、完成党的执政使命。

二

(一) 抓住"四个一"的总体要求，认真贯彻教育活动的指导思想

以邓小平理论和"三个代表"重要思想为指导，贯彻党的十六大、十六届三中、四中全会，区党委六届六次全委（扩大）会议和地区工作会议精神，贯彻中央、区党委保持共产党员先进性教育活动工作会议精神和胡锦涛总书记在新时期保持共产党员先进性专题报告会上的重要讲话精神，树立和落实科学发展观，按照立党为公、执政为民的要求，紧密联系

林芝地区改革发展稳定的工作实际和党员队伍建设现状,以学习实践"三个代表"重要思想为主线,以保持共产党员先进性为主题,以提高党的执政能力为着眼点,坚持党要管党、从严治党的方针,引导全地区广大党员学习贯彻党章,坚定理想信念,坚定政治立场,坚持党的宗旨,增强党的观念,密切联系群众,发扬优良传统,强化基层组织,完成光荣使命,认真解决党员和党组织在思想、组织、作风以及工作方面存在的突出问题,促进影响改革发展稳定、涉及群众切身利益的实际问题的解决,不断增强党员队伍和党组织的创造力、凝聚力、战斗力,为实现"一加强、两促进"任务和率先全面建设小康社会的宏伟目标提供坚强的政治保证和组织保证。贯彻以上指导思想,关键是要抓住一条主线,把握一个主题,明确一个着眼点,坚持一个方针。

第一,坚持以学习实践"三个代表"重要思想为教育活动的主线。把学习贯彻"三个代表"重要思想贯穿于先进性教育活动的始终,体现和落实到先进性教育活动的各个环节、各个阶段。以全面贯彻"三个代表"重要思想为根本依据,以深入学习贯彻"三个代表"重要思想为根本途径,以学习实践"三个代表"重要思想的实际效果为根本标准,组织广大党员认真学习"三个代表"重要思想,学习党的十六大和十六届三中、四中全会和区党委六届六次全委(扩大)会议精神,重点学好党章,学好中央规定的《保持共产党员先进性教育读本》《江泽民论加强和改进执政党建设〈专题摘编〉》和《西藏自治区保持共产党员先进性教育补充读本》,学好胡锦涛总书记在新时期保持共产党员先进性专题报告会上的重要讲话,把握科学内涵,领会精神实质。

第二,坚持以保持共产党员先进性为这次教育活动的主题。按照胡锦涛总书记在中央政治局常委会专题报告会上提出的坚持理想信念、坚持勤奋学习、坚持党的根本宗旨、坚持勤奋工作、坚持遵守党的纪律、坚持"两个务必"的基本要求和区党委提出的"两坚定、三坚持"的具体目标要求,结合实际,引导广大党员增强先进性意识,坚持先进性标准,实践先进性要求,塑造先进性形象。

第三,坚持以提高党的执政能力为这次教育活动的着眼点。执政能力建设是党执政后的一项根本建设,开展先进性教育活动,是加强党的执政能力建设的一项基础工程。广大共产党员应该把加强党的执政能力建设的有关要求贯穿于先进性教育活动的各个阶段、各个环节和各项工作中,在实践中进一步增强执政意识和执政本领，提高执政能力，扎扎实实做好各项工作。

第四，坚持把"党要管党、从严治党"的要求作为教育活动必须坚持的方针。党要管党、从严治党是我们党的重要原则，也是在新的历史条件下加强党的建设的重大方针。其重点是管好党员，管好干部，特别是管好领导干部，坚持高标准，体现对党员的严格要求、严格教育、严格管理、严格监督。同时，根据民主评议的情况，对征求到的群众意见和党员的一贯表现，实事求是地提出对每个党员的评价意见。对那些不履行党员义务、不完全符合党员条件的党员，要立足于严格教育和热情帮助，促使他们尽快转化为合格的共产党员。对经教育不改、不符合党员条件的党员，要根据党章和有关规定，按照正常程序进行组织处理。对违纪的党员要按照纪律处分条例的规定，给予纪律处分。

（二）抓住教育活动的具体目标要求，切实推动突出问题的解决

区党委提出的"坚定理想信念，坚定政治立场，坚持为民宗旨，坚持第一要务，坚持实干兴藏"。这"两坚定、三坚持"的具体目标要求既紧密结合西藏各级党组织和党员干部队伍实际，又完整准确地体现了中央提出的"提高党员素质、加强基层组织、服务人民群众、促进各项工作"和胡锦涛总书记提出的"六个坚持"的基本要求。开展保持共产党员先进性教育活动的目的，就是要让每一个共产党员从思想上明确，在新的历史条件下共产党员保持先进性要达到哪些基本要求，并努力身体力行。广大共产党员要重点围绕"理想信念更加坚定，政治立场更加坚定，实践两个务必更加自觉，发挥先锋模范作用更加突出，党群关系更加密切，党员作风更加优良，基层党组织更加坚强，完成使命的信心更加坚定"这"八个更加"的目标要求，加强各级党组织，提高党员修养，永葆先进性。

理想信念更加坚定。保持共产党员思想上的先进性，最重要的是牢固树立坚定正确的理想信念。实现共产主义是共产党人的远大理想和最终奋斗目标，建设好中国特色社会主义是我们的坚定信念。邓小平同志指出："为什么我们过去能在非常困难的条件下奋斗出来战胜千难万险使革命胜利呢？就是因为我们有理想，有马克思主义信念，有共产主义信念。"[1]

---

[1] 《邓小平文选》第3卷，人民出版社1993年版，第110页。

坚定理想信念，必须努力学习马克思列宁主义、毛泽东思想、邓小平理论和"三个代表"重要思想，坚持用我们党理论创新的最新成果武装头脑，不断增强党性修养，努力成为"三个代表"重要思想的坚定实践者。要胸怀共产主义理想，坚定中国特色社会主义信念，坚定不移地坚持党的领导，坚持走社会主义道路，坚持民族区域自治，不断增强共产主义必定实现的信心。

政治立场更加坚定。就是必须要在思想上、政治上、行动上自觉同党中央、区党委保持高度一致，自觉维护中央、区党委的权威和党的集中统一。坚定政治立场就是要坚持党的基本路线不动摇，坚持新时期西藏工作的指导方针不动摇，坚持中央确定的反分裂斗争方针原则不动摇，坚持维护祖国统一、维护各民族大团结的立场不动摇。在维护祖国统一、维护各民族大团结、维护西藏稳定上立场坚定、旗帜鲜明、认识不含混、态度不暧昧、行动不摇摆。坚定政治立场就是要强化政治观念，维护党的政治纪律，坚定不移地贯彻落实党的路线方针和政策，确保政令畅通。

实践"两个务必"更加自觉。谦虚谨慎、艰苦奋斗，是我们党的优良传统和作风。胡锦涛总书记指出："历史和现实都表明，一个没有谦虚谨慎、艰苦奋斗精神作支撑的民族，是难以自立自强的；一个没有谦虚谨慎、艰苦奋斗精神作支撑的国家，是难以发展进步的；一个没有谦虚谨慎、艰苦奋斗精神作支撑的政党，是难以兴旺发达的。"[①] 回顾我们党的历史，过去我们党依靠谦虚谨慎、艰苦奋斗的精神团结人民、教育人民、动员人民，取得了革命和建设的胜利。现在，要实现全面建设小康社会的宏伟目标，同样需要继续发扬谦虚谨慎、艰苦奋斗的优良传统和作风。当前，在全面建设小康社会的伟大实践中，所有共产党员都应该牢记我国的基本国情、党的庄严使命和西藏的区情，树立为党的事业和全面建设小康社会而长期艰苦奋斗的思想，保持旺盛的革命意志和坚韧的革命品格，发扬"特别能吃苦、特别能忍耐、特别能奉献、特别能战斗、特别能团结"的"老西藏精神"，带领各族群众百折不挠地创造幸福生活。始终保持昂扬向上的精神状态，在成绩面前不自满，在困难面前不退缩，戒骄戒躁、不断进取，勇于开拓、善于创新，不断把率先全面建设小康社会的伟大进

---

① 胡锦涛：《坚持发扬艰苦奋斗的优良作风，努力实现全面建设小康社会的宏伟目标》（2002年12月6日），《十六大以来重要文献选编》（上），中央文献出版社2005年版。

程推向前进。

发挥先锋模范作用更加突出。党的先锋队性质，决定了共产党员在生产、工作、学习和一切社会活动中，必须起带头、骨干和桥梁纽带作用。正像胡锦涛总书记指出的那样："一名党员的作用，对于党和人民的事业来说，就像一台机器上的螺丝钉。螺丝钉虽小，作用却不可低估。"共产党员大都在一定的岗位上承担着一些具体工作任务。这些看来平凡的工作和任务，都同实现党的奋斗目标和党的整个事业紧密联系在一起。共产党员的先锋模范作用发挥得怎样，经常地、大量地反映在本职工作上。每个共产党员，必须把自己的理想和奋斗同党和人民的事业紧密联系起来，同国家的发展和民族的前途紧密联系起来，同各项工作结合起来，立足本职，爱岗敬业，奋发进取，干一行、爱一行、钻一行、精一行，努力在平凡的岗位上做出不平凡的贡献，努力创造无愧于时代、无愧于历史、无愧于各族人民的一流工作业绩。

党群关系更加密切。党的先进性和党的人民性是完全一致的。和人民群众在一起，就能保持先进性；离开人民群众，就会丧失先进性。始终坚持全心全意为人民服务的根本宗旨，是共产党员保持先进性必须切实解决好的根本问题。要树立正确的权力观，牢记手中的权力是人民赋予的，只能用来为人民谋利益，绝不能用来谋私利。作为领导同志，必须始终为人民掌好权、用好权，自觉过好名利关，从思想上真正解决好代表谁、为了谁、依靠谁的问题。要牢记群众利益无小事的道理，努力为群众办实事、解难事、做好事。对群众生产生活面临的困难和问题，应该带着深厚的感情去帮助解决，恪尽职守，不辞劳苦，忘我工作，做一名爱民、亲民、为民的党员，把立党为公、执政为民的要求具体深入地落实到各项工作中。

党员作风更加优良。作风问题，也是党风问题。发扬优良作风，关键是要树立干实事的优良作风。要自觉遵循客观规律、人类社会发展规律、现代化建设规律，一切从实际出发，按照规律作决策，依照规律办事情，埋头苦干，扎实工作，做到讲真话、察实情、求实效、干实事，不搞形式主义、官僚主义。共产党员要树正气、顾全大局、增强团结，保持奋发有为的精神状态，努力营造"心齐、气顺、风正、劲足"的工作局面，逐步形成树正气、刹歪风、干实事的工作新机制。通过先进性教育，要让作风优良、扎实工作的能够奋发工作；让作风漂浮、不干实事的没有市场；让求真务实、真抓实干的受到鼓励；让搞歪风邪气、作风恶劣的受到批评，形成支持人干事业、鼓励人干事业、保护人干事业的良好氛围。

基层党组织更加坚强。基层组织是党的全部工作和战斗力的基础。党的先进性必然要体现在基层党组织的战斗力上。为此，我们必须进一步落实责任，健全机制，拓宽领域，促进发展，紧紧围绕深化农牧区改革，发展农牧区经济，增加农牧民收入和维护农牧区稳定开展工作。把工作重点放在加强乡村领导班子的建设，提高农牧区基层干部素质上，加大乡镇党委和村党支部建设力度，发扬民主，扩大视野，引进竞争机制，把实干型干部、干实事的干部选准配强到乡镇党委和村党支部。机关党建工作是基层党组织建设的重要方面，是做好机关各项工作的坚实保证。广泛开展争做"学习型、服务型、民主型、实干型、创新型、廉洁型"的"六型干部"活动，促进机关党建上新台阶。围绕提升企业党建工作水平，根据企业特点，创新党组织的活动形式和工作方法，提高党建工作实效，努力探索一条"为企业所需要、为党员所欢迎、为职工所拥护"的企业党建工作新路子。构建社区党建新格局，进一步整合社区党建资源，构建党建工作新机制，努力在社区服务、社会保障、化解矛盾等方面实现新突破。通过不断努力，切实做到哪里有群众，哪里就有党的工作；哪里有党员，哪里就有党的组织；哪里有党的组织，哪里就有贯彻"三个代表"重要思想的组织者、推动者和实践者。

完成使命的信心更加坚定。推进"一加强、两促进"任务和率先全面建设小康社会进程，是西藏各级党组织和广大共产党员的光荣使命，完成这一使命的关键在于发展，发展是党执政兴国的第一要务。加强先进性教育，就是要把坚持党的先进性体现和落实到发展先进生产力上去。在发展先进生产力的问题上，关键要坚持三点：一是加快发展。先进生产力是在发展中得以实现的。只有坚持发展、加快发展，才能实现先进生产力新的更大的发展，才能缩小发展的差距，实现率先全面建设小康社会的宏伟目标。千方百计引导好、保护好、发挥好广大干部群众加快发展的积极性和创造性，坚定发展的信心不动摇，咬定发展的目标不放松，牢固树立"发展是硬道理""能快就不要慢"的思想，聚精会神搞建设，一心一意谋发展，保持经济社会发展的大好形势。二是科学发展。生产力发展有其自身规律，必须按规律办事，使生产力的发展建立在科学、理性的基础之上。把发展速度与结构、质量和效益统一起来，切实转变经济增长方式，走科技含量高、经济效益好、资源消耗低、环境污染少、人力资源得到充分发挥的路子。进一步推进科教兴地和人才强地战略的实施，充分发挥科学技术第一生产力的作用，促进经济社会跨越式发展。三是改革创新。按照发展社会主义市场经济的要求，积极推进经济体制和其他各方面的改革，坚决革除一切妨碍发展的思想观念和一切影响发展的体制弊端，为先进生产力的发展排除各种障碍。

党的先进性是党的形象、党的力量和党的生命。开展先进性教育活动，是全党政治生活中的一件大事，是一项重要的政治任务。为此，必须要以饱满的政治热情、良好的精神状态、务实的工作作风，努力把各项工作做细、做实、做深，使先进性教育活动与跨越式发展共融，与提高党的执政能力共促，与加强党员干部队伍建设共建，真正把先进性教育活动打造成"人民满意的工程"。

（2005年2月21日讲稿）

坚持先进是永葆本色的先决条件

在全党开展以实践"三个代表"重要思想为主要内容的保持共产党员先进性教育活动，是继"三讲"集中学习教育活动之后，我们党加强执政能力建设、推进党的建设的新的伟大工程而采取的又一重大战略举措。在新的历史条件下，保持共产党员的先进性，就是要自觉学习实践邓小平理论和"三个代表"重要思想，坚定共产主义理想和中国特色社会主义信念，胸怀全局、心系群众，奋发进取、开拓创新，立足岗位、无私奉献，充分发挥先锋模范作用，团结带领广大群众前进，不断为改革开放和社会主义现代化建设做出贡献。

一 理想信念更加坚定，才能树立远大的共产主义理想

崇高的理想信念，始终是共产党人保持先进性的精神动力。共产主义理想和社会主义信念，是科学的理想和信念。共产党员有了这样的理想信念，就有了立身之本，就能自觉为党和人民的事业而奋斗。

坚定理想信念是党的事业不断取得胜利的根本保证。党的奋斗历程表明，共产党人坚定理想信念是党的事业不断取得成功并兴旺发展的强大动力和根本保证。80多年来，我们党靠艰苦奋斗起家，靠艰苦奋斗发展壮大，成就伟业，一个根本的原因就在于广大党员干部有着坚定的共产主义理想信念。像江姐、雷锋、焦裕禄、孔繁森、郑培民等一批优秀共产党员，他们为了党和人民的事业艰苦奋斗，无私奉献，甚至不惜牺牲生命。也正是有了这些富有坚定理想信念的共产党人，才使我们党历经艰辛而不断壮大，才使中国革命历经风雨而终于胜利，才使中国特色社会主义在坎坷的道路上不断开创新局面。总结我们党的奋斗史，邓小平反复强调了理

想信念对中国革命和建设事业的极端重要性,他说:"如果我们不是马克思主义者,没有对马克思主义的充分信仰,或者不是把马克思主义同中国自己的实际相结合,走自己的道路,中国革命就搞不成功,中国现在还是四分五裂,没有独立,也没有统一。对马克思主义的信仰,是中国革命胜利的一种精神动力。"①"我们多年奋斗就是为了共产主义,我们的理想信念就是搞共产主义。在我们最困难的时期,共产主义的理想是我们的精神支柱,多少人牺牲就是为了实现这个理想。"②"我们过去几十年艰苦奋斗,就是靠用坚定的信念把人民团结起来,为人民自己的利益而奋斗。没有这样的信念,就没有凝聚力。没有这样的信念,就没有一切。"③

坚定正确的理想信念是共产党员永葆先进性的力量源泉。在革命战争年代,无论是面对强大凶恶的敌人还是面对艰难困苦的环境,无论是在战场上还是在刑场上,坚定的共产主义理想与信念始终激励着千千万万的革命志士坚韧不拔、前赴后继地英勇斗争。1927 年 4 月 28 日,伟大的共产主义运动先驱李大钊,毫无惧色地走上了敌人的绞刑架,面对杀气腾腾的刽子手,他大义凛然地说:"不能因为你们今天绞死我,就绞死了伟大的共产主义,我们深信,共产主义在世界、在中国,必然要取得光荣的胜利。"1935 年 1 月,方志敏被捕后,坚定地表示:"敌人只能砍下我们的头颅,决不能动摇我们的信仰!因为我们信仰的主义,乃是宇宙的真理!为着共产主义牺牲,为着苏维埃流血,那是我们十分情愿的啊!"刘少奇不仅是党内理论修养的佼佼者,更是全党实践共产主义信仰的楷模。"文化大革命"中,身为国家主席的刘少奇惨遭迫害,直至死亡,仍信念不改。他留给子女们的遗嘱是:"一个革命者,生为革命,死也永远为共产主义事业,一心不变,将来,我死了以后,你们要把我的骨灰撒在大海里,像恩格斯一样。大海连着五大洋,我要看着全世界实现共产主义。你们要记住,这就是我给你们的遗嘱!"这充分体现了一名党员的共产主义情怀。

坚定正确的理想信念是共产党员保持革命气节的思想基础。我们正在进行的事业前无古人,又面临复杂的社会环境,充满挑战和风险。随着改革的深化和社会主义市场经济的发展,经济成分和经济利益、社会组织形式和社会生活方式、就业岗位和就业方式日益多样化,给人们的思想观念

---

① 《邓小平文选》第 3 卷,人民出版社 1993 年版,第 63 页。
② 同上书,第 137 页。
③ 同上书,第 361 页。

和人与人之间的关系不可避免地带来这样那样的影响，包括一些消极的影响；历史上遗留下来的腐朽落后的东西，在今天的社会生活中依然有某些存在的条件；改革中一些深层次的矛盾和问题日益凸显，有的一时还难以解决；苏联东欧剧变之后，国际共产主义运动处于低潮，西方敌对势力乘机实施"西化""分化"我国的战略图谋，千方百计地推销他们那一套政治观点、意识形态和生活方式。在西藏，还存在达赖集团的干扰破坏，不稳定的因素仍然存在，面对国际国内和地区的社会环境，我们绝大多数党员和干部对党和国家的前途充满信心，保持了共产党人和人民公仆的本色。但有的党员忘记了党的先进性标准和要求，把自己混同于一般群众。有极少数意志不坚定的人，禁不住考验，甚至走上邪路。有的人盲目推崇西方资产阶级的价值观和生活方式，滋长了拜金主义、享乐主义和极端个人主义的思想作风，沉湎于灯红酒绿。这都与"三个代表"重要思想要求和共产党员的先进性要求格格不入。究其原因，一些共产党员之所以腐化堕落，丧失了革命气节和党员的先进性，从根本上讲就是由于他们的理想信念发生了动摇。事实说明，一个党如果没有科学的理想信念，就会失去精神支柱，最终会走向垮台；一个党员干部如果没有理想信念，就等于没有灵魂，迟早会发生问题。无论哪一个共产党员，只要理想信念这一精神支柱一崩塌，就没有不走上邪路的。成克杰、胡长清之流违法犯罪，一个共同的特征，就是对党和社会主义前途失去信心，追求剥削阶级的腐朽生活方式，将人民群众的利益置于脑后，利用人民赋予的权力为个人谋私利。胡长清在悔过书上有这样一段话："党的观念淡化，入党誓言几乎忘得一干二净，头脑里也没有共产党这个概念。"原泰安市委秘书长卢胶青在交代贪污腐败问题时也说："我做这些事，就是认为走社会主义道路没有出路，早点做好变天的准备。"可见，理想信念的动摇是最根本的动摇，也是最危险的动摇；理想信念的背叛，是最可怕的背叛。江泽民同志曾郑重地指出："我们共产党人的根本政治信仰是社会主义和共产主义，世界观是马克思主义的辩证唯物主义和历史唯物主义，这是任何时候都丝毫不能动摇的。一个党员特别是领导干部，如果在思想上动摇了这些根本的东西，也就动摇了共产党人的根本政治立场，就必然偏离正确的政治方向。"[①]我们必须不断加强对党员、干部的理想教育和信念教育，加强辩

---

① 《江泽民文选》第 2 卷，人民出版社 2006 年版，第 361 页。

证唯物主义和历史唯物主义教育，推动全地区所有共产党员真正把理想信念牢固地建立在马克思主义的科学基础上，每一个共产党员都要用马列主义、毛泽东思想、邓小平理论和"三个代表"重要思想武装头脑，牢固树立马克思主义的祖国观、世界观、人生观、价值观，牢固树立共产主义理想，坚定中国特色社会主义信念，坚定不移地坚持党的领导，坚持走社会主义道路，坚持民族区域自治，确保林芝的各项事业沿着正确的政治方向前进。

二 政治立场更加坚定，才能始终与党中央、区党委保持高度一致

坚定政治立场，是我们党的阶级性的最基本特征，是由我们党的工人阶级先锋队性质决定的，是我们党团结统一的重要保证，也是我们党的一个优良传统。

政治立场更加坚定，是各项事业发展进步的重要政治保证。只有政治立场更加坚定，才能保证把党的路线方针政策，把国家的法律法规，贯彻到改革发展稳定的各项工作中去，防止各种错误思想、错误倾向的干扰，保证正确的发展方向。无数事实雄辩地证明，只有政治立场更加坚定，形成坚强的政治基础，才能团结带领各族人民为推进"一加强，两促进"历史任务和率先全面建设小康社会而共同努力奋斗。只有政治立场更加坚定，高举维护祖国统一、各民族大团结的旗帜，才能有力地打击达赖集团的分裂破坏活动，这也是检验政治立场、坚定政治立场的分水岭和根本标准。只有政治立场更加坚定，才能坚定地站在人民的立场上，站在维护党和国家、民族根本利益的立场上，实现、维护和发展好最广大人民群众的根本利益，从而最大限度地凝聚人心、凝聚智慧、凝聚力量。只有政治立场更加坚定，才能坚持把人民利益放在第一位，坚持立党为公、执政为民，始终视人民为父母、把事业当责任，保护党同人民的血肉联系。只有政治立场更加坚定，才能提高广大党员特别是党员领导干部的思想政治素质，增强政治意识、大局意识、责任意识，从而提高党的执政能力。我们一定要从发展的全局和长远的高度来充分认识坚定政治立场的重大意义，自觉坚定政治立场，永远坚定政治立场。坚定政治立场，维护政治稳定，是压倒

一切的大事，共产党员的政治立场必须做到在平时看得出来，关键时刻站得出来，生死关头豁得出来，这是共产党员保持先进性最基本的要求。

政治立场更加坚定，就是要在思想上、政治上、行动上自觉同党中央、区党委保持高度一致。全党服从中央，是维护党的集中统一的首要条件，是贯彻执行党的路线、方针、政策的根本保证，是党和人民的最高利益所在，是对共产党员最起码的政治要求。民主集中制是党的根本组织原则。每个党员都要把维护党的集中统一，严格遵守党的纪律，作为自己言论和行动的准则。任何一级组织和党员决不能对党的方针政策和重大决策阳奉阴违，搞"上有政策、下有对策"，合意的就执行，不合意的就不执行。宣传工作者必须无条件地宣传党的路线方针政策和政治观点。对于中央、区党委已经作出决定的重大政治性的理论和政策问题，绝不允许党员公开发表同中央、区党委决定相反的意见。每个党员都必须坚持党的基本路线不动摇，坚持新时期西藏工作的指导方针不动摇，自觉维护中央、区党委的权威，对有令不行的行为，一旦发现必须立即纠正，决不能放任；对违反党的纪律的行为，应当严肃查处，维护党的纪律的严肃性，确保中央、区党委政令畅通。

政治立场更加坚定，就是要坚定不移地反对分裂。达赖集团的分裂破坏活动是影响全地区稳定的主要根源。分裂就是倒退，分裂就是动乱，分裂是各族人民之祸，最终遭殃的还是老百姓。坚定不移地同达赖集团和西方敌对势力进行斗争，维护祖国统一、国家安全和社会稳定，是全地区重要的政治任务，更是中央、区党委赋予我们共产党人的光荣使命。坚持团结进步，还是容忍分裂倒退，这是判断共产党员政治立场的试金石。衡量和检验一个党员政治立场坚定不坚定，关键要看这一条。如果对于分裂的错误倾向和活动，不制止、不争辩、不斗争，就是放弃了共产党员的战斗责任，就是政治立场不坚定的表现。所有共产党员在事关维护祖国统一、维护民族团结、维护西藏稳定这个重大政治问题面前，必须坚持中央确定的反分裂斗争的方针原则不动摇，立场十分坚定、旗帜十分鲜明，认识不含混、态度不暧昧、行动不摇摆，绝不能当"两面派"，两面都讨好。对于一小撮分裂分子的破坏活动，必须敢于挺身而出，敢于进行坚决的斗争，敢于坚决予以揭露和打击，绝不能心慈手软，前怕狼后怕虎，犹豫观望，躲闪回避；绝不能怕得罪人，怕撕破脸皮，怕打击报复。同时，我们还要坚持把反对分裂、维护稳定的重点放在基层，抓好基层打牢基础、强基固本，强执政之基，固为民之本。

三　实践"两个务必"更加自觉，才能永远立于不败之地

如何进一步提高党的领导水平和执政水平，提高拒腐防变和抵御风险的能力，是新时期党的建设面临的两大历史性课题，也是我们党面临的更大的考验。当年，毛泽东把从西柏坡前往北京建立新中国，称为"进京赶考"；现在，胡锦涛将我们党带领人民全面建设小康社会，不断开创中国特色社会主义事业新局面，视为"这场考试的继续"。在新世纪新阶段，我们党要经受住长期执政、改革开放和发展社会主义市场经济的考验，就必须继续发扬艰苦奋斗的优良传统，加强和改进党的作风建设。

从国际环境看，我们必须更加自觉地实践"两个务必"。当前，国际局势发生了冷战结束以来最为深刻的变化，世界多极化和经济全球化趋势在曲折中发展，国际局势在总体缓和的基础上，局部紧张、动荡的情况仍将继续；科学技术迅猛发展；综合国力竞争日趋激烈；各种矛盾错综复杂；各种思潮相互激荡。我们要在世界多极化和经济全球化的进程中趋利避害，有效地防范和抵御各种腐朽思想的侵蚀，有效地抵御西方敌对势力对我进行"西化""分化"的政治图谋，在综合国力竞争中始终立于不败之地，就必须继续更加自觉地发扬艰苦奋斗、开拓创新的精神。

从国内情况看，我们必须更加自觉地实践"两个务必"。随着改革开放的深入和社会主义市场经济的发展，社会经济成分、组织形式、就业方式、利益关系和分配方式日益多样化，这种深刻的变化给党的建设带来了许多前所未有的新情况新问题。我国的改革开放虽然取得了巨大成就，但是仍有许多深层次的矛盾和问题没有得到根本解决，还面临各种困难和风险。同世界先进水平相比，我国的经济、科技、国防实力还存在很大差距，我们仍然面临发达国家在经济科技等方面占优势的压力。形势逼人，不进则退。党中央高瞻远瞩，洞悉目前存在的问题，再次为我们敲响了警钟。我们只有居安思危，增强忧患意识，始终保持和发扬党的优良作风，才能顺利推进改革开放和社会主义现代化建设的进程。

从具体情况看，完成率先全面建设小康社会的宏伟目标，必须更加自

觉地实践"两个务必",艰苦创业、奋力拼搏,不断深化改革,扩大开放,加快发展。同时,应当看到我们的发展与全国先进地区相比仍然存在较大差距,还有很多困难、矛盾和问题。比如:基础设施建设仍然滞后,农牧业产业化进程缓慢,特色经济离规模化、高效益的要求还有很大差距,狠抓落实的力度需要进一步加大等。我们现在的小康还是低水平的、不全面的、发展很不平衡的小康。要实现十六大提出的全面建设小康社会的奋斗目标,在全区率先实现全面建设小康社会,建设更富强、更加民主、更加文明的社会主义新西藏,要走的路还很长,肩上的担子还很重,可能遇到的困难和挑战还会很多。还应当看到,当前大部分党员的作风和精神面貌总体是好的,但也存在一些亟待解决的问题。其中一个突出的问题,就是拜金主义、享乐主义和奢靡之风有滋长蔓延的趋势,艰苦奋斗的优良传统在一部分党员干部那里被淡忘了,在少数人那里甚至被丢得差不多了。大量事实证明,在新的历史条件下,能不能更加自觉地坚持"两个务必"能不能经得起权力、金钱、美色的诱惑,对每个党员特别是领导干部,是一个很现实的考验。为此,我们必须针对这些新的情况,针对广大共产党员思想的实际,在改造世界观上下功夫,在保持党的先进性上下功夫,在密切联系群众、永远同人民群众心连心上下功夫。同时,通过深入细致的思想教育工作,要使每一个党员都真正懂得"我们党是靠艰苦奋斗起家的,也是靠艰苦奋斗发展壮大、成就伟业的"这一深刻道理;真正懂得"越是改革开放和发展社会主义市场经济,越要弘扬艰苦奋斗的精神"的深刻道理;真正懂得"发展条件越好,农牧民群众越富裕,艰苦奋斗的精神越不能丢"的深刻道理。只有这样,全体党员才能在率先全面建设小康社会的伟大征途中保持清醒的头脑,才能保持蓬勃朝气、昂扬锐气和浩然正气,才能永远立于不败之地。

四 发挥先锋模范作用更加突出,才能永远走在时代前列

党的路线、方针和政策要落实,要成为人民群众的自觉行动,必须通过党员的先锋模范作用来实现。共产党员的先进性也正是表现在身体力行党的路线方针政策、发挥骨干作用上。只有充分发挥党员的先锋模范作

用，才能更好地保证党的路线、方针、政策的贯彻执行。更重要的是党员的先锋模范作用可以引导和影响人民群众为社会主义现代化建设而奋斗。党的基本路线，说到底是为了人民，同时也要依靠人民。在现实生活中，党员正是以自己的模范行为执行党的路线、方针和政策，来影响、带动人民群众，使人民群众团结在党的基层组织的周围，与党同心同德，共同奋斗。离开了党员的先锋模范作用，党的路线、方针和政策就不会在人民群众中扎下根，也不会成为群众的自觉行动。

党员的先锋模范作用是实现党的领导和贯彻执行党的基本路线的重要保证。我们党是执政党，党的路线、方针、政策的实现要靠党的领导，要靠广大党员充分发挥先锋模范作用，身体力行。党的一切工作方针、政策都是通过广大党员实现的，有了正确的政策，如果没有人去执行，这些政策就会落空。党员只有充分发挥积极性和创造精神，党的路线、方针政策才能很好的实现。广大党员要充分认识坚持党的基本路线、坚定新时期西藏工作指导方针不动摇的重要性，坚持这条路线，也就是坚持共产主义理想，坚持全心全意为人民服务的宗旨。共产党员在坚持党的基本路线方面，必须要有坚定性和自觉性，要增强执行党的基本路线的责任感，以模范行动去宣传群众，组织群众，在群众中发挥桥梁作用、骨干作用、带头作用，把党的路线方针政策化作群众的自觉行动。全面准确地把握党的基本路线和新时期西藏工作指导方针，贯彻执行党的基本路线和新时期西藏工作指导方针，就是要牢牢抓住经济建设这个中心，促进经济社会的发展，不断造福于民。

作为党员应该始终站在改革开放和率先全面建设小康社会的最前列，充分发挥先锋模范作用，进一步解放思想，更新观念，做改革开放和率先全面建设小康社会的带头人。要当好带头人，就不能因循守旧、抱残守缺。必须按照党的思想路线方针政策，一切从实际出发，把实事求是的科学态度同开拓进取的精神结合起来，自觉投入改革开放和率先全面建设小康社会的大潮中。同时，还要把坚决贯彻执行改革开放政策同坚持党性原则结合起来，正确处理国家集体和个人之间的关系，只要对大多数人民群众的整体利益、长远利益有利，即使自己的利益暂时受到损失也必须带头执行，并以自己的无私奉献精神影响和带动群众。

党员应该立足本职工作，艰苦奋斗，在自己的工作岗位上争创一流的成绩。爱岗敬业，就是要充分发挥先锋模范作用，在行动上保持先进性。

党的先锋队性质,决定了共产党员在生产、工作、学习和一切社会活动中,必须起带头、骨干和桥梁纽带作用。正像胡锦涛总书记指出的那样:"一名党员的作用,对于党和人民的事业来说,就像一台机器上的螺丝钉。螺丝钉虽小,作用却不可低估。"共产党员大都在一定的岗位上承担着一些具体工作任务。这些看来平凡的工作和任务,都同实现党在现阶段的奋斗目标和党的整个事业紧密联系在一起。共产党员的先锋模范作用发挥得怎样,经常反映在本职工作上。每个共产党员,都要把自己的理想和奋斗同党和人民的事业紧密联系起来,同国家的发展和民族的前途紧密联系起来,立足本职、爱岗敬业、奋发进取,干一行、爱一行、钻一行、精一行,努力在平凡的岗位上做出不平凡的贡献,努力创造无愧于时代、无愧于历史、无愧于人民的一流工作业绩。每一名党员干部都应该明白,党和人民给予我们的权力,既是为党、为人民努力工作的舞台和条件,更是为党、为人民尽职尽责的责任和义务。为此,我们在工作中必须要自觉坚持科学发展观和正确政绩观,通过真抓实干,推动经济社会发展,使人民群众得到更多的利益。

五 党群关系更加密切,更好地走群众路线,服务于人民

孔繁森的可贵之处在于他把"共产党员爱的最高境界是爱人民"作为座右铭。共产党员就是要以先进模范人物为楷模,自觉做到"权大不忘责任重、位尊不移公仆心",躬行实践党的宗旨,真正把自己的人生追求融入党和人民的伟大事业之中。

密切党群关系,必须把为人民谋利益作为想问题、办事情的出发点和落脚点。实现好、维护好、发展好最广大人民群众的根本利益,是党的先进性的最高体现。为此,我们必须把实现最广大人民的根本利益作为出发点和落脚点,把人民群众"拥护不拥护、赞成不赞成、高兴不高兴、答应不答应"作为衡量标准,认真解决事关人民群众切身利益的问题。高度重视群众的生产生活问题,千方百计增加群众收入,让农牧民群众的腰包鼓起来。同时,认真落实就业再就业的各项政策措施,为群众提供更多的就业岗位,切切实实解决好困难群众的实际问题,让他们随时感受到党

和政府的关怀。

密切党群关系，必须充分相信群众，紧紧依靠群众。坚持党的从群众中来、到群众中去的根本领导方法和工作方法。相信群众的聪明才智和觉悟，尊重群众的首创精神；深入基层、深入群众，集中群众的正确意见，保证决策的正确性；深入细致地做好群众的宣传教育工作，把党的路线、方针、政策化为群众的自觉行动，动员群众为实现率先全面建设小康社会而努力奋斗。

密切党群关系，必须注意解决群众关心的热点问题。改革开放给人民群众带来了从未有过的实际利益，人民群众从自身感受中体会到了党领导的正确性，真心实意地拥护党的基本路线和各项政策。但是，由于改革处于起步阶段，还存在一些分配不公的问题，人民群众还有一些意见。为此，我们应该抓住群众关心的热点问题，从具体问题抓起，一个个地解决。特别要坚持不懈地开展反腐败斗争，认真抓好领导干部廉洁自律、纠正行业不正之风和查办群众反映最强烈的问题，搞好党风廉政建设。

六　改进作风，增强党性，努力开创党建工作新局面

江泽民同志指出："要认真总结我们党加强作风建设的历史经验和新鲜经验，抓住当前思想作风、工作作风、领导作风、学风和干部生活作风等党风方面存在的突出问题，通过全党的共同努力，认真加以解决，切实把党的作风建设提高到一个新的水平。"[①]

党的十六大提出，党员干部特别是高中级干部要带头学习和实践"三个代表"重要思想，成为勤奋学习、善于思考的模范；解放思想、与时俱进的模范；勇于实践、锐意创新的模范。"三个模范"，具有鲜明的时代特征，是对当代共产党人在思想作风和精神状态上提出的新要求。树立和发扬优良的思想作风，就必须勤奋学习、善于思考。因此，我们应该把学习马列主义理论与学习现代科技、经济、文化等方面的知识结合起来，把努力工作与善于思考结合起来，提高领导水平和工作能力。实践是最好的老师。实践的过程，既是发现问题、解决矛盾的过程，也是求索真

---

① 2001年2月，江泽民同志在海南考察工作时的讲话。

理、不断创新的过程。我们应该以一种敢为天下先的精神，致力于改革发展稳定的各项工作，不断开创各项工作新局面。

"实干兴邦、空谈误国。"作为共产党员就必须时时处处坚持重实际、说实话、务实事、求实效，牢固树立和大力发扬求真务实、雷厉风行、脚踏实地、埋头苦干的工作作风，坚定地贯彻执行中央的路线、方针、政策和区党委的指示，创造性地开展工作，扎扎实实地解决好关系改革发展、稳定全局和影响群众生产生活的各种紧迫问题，以良好的实干作风取信于民。

党员领导干部是党的事业的中坚和骨干，是党的各项工作的组织者和领导者。领导作风如何，在很大程度上决定着党的事业的兴衰成败，决定着党在人民群众中的形象和威信。改进领导作风是改进党的作风的一个重要环节，对于推进改革开放和率先全面建设小康社会进程具有重大的意义。因此，我们必须树立尊重规律、科学决策的领导作风，依法决策、依法行政，领导好经济建设和社会各项事业的发展，充分尊重客观经济规律，做到按规律办事，增强驾驭社会主义市场经济的能力。

回顾党的光辉历史，我们可以清晰地看到：学风端正，党的思想理论建设就得到加强，党员的学习效果就得到了有效保证，党和国家的各项事业就兴旺发达；学风不正，党的思想理论建设就受到削弱，党员的学习就走上邪路，党和国家的各项事业就受到损失。因此，党员干部讲学习，首先必须从党性的高度，自觉端正学风，克服"怠学"风气，努力做到"勤学""善思""活用"，见缝插针挤出时间来读书学习。与此同时，我们党员领导干部还必须从文山会海、迎来送往中摆脱出来，从繁忙的社交活动中解放出来，通过坚持不懈的学习，日积月累，终身受益。

作为共产党人，我们应该讲真话、求真学，一生不弃的追求新知、追求真理。谈到学习，必须要克服"假学"风气，努力做到"真学""真用"。所谓"假学"，就是有意无意地搞形式主义。表面上有热情、有安排、有行动，各种学习活动搞得轰轰烈烈，但心里却是学不进、不想学或是人在曹营心在汉，没有达到学习的实际效果，学用两张皮。克服"假学"现象，应该深刻认识"假学"的危害。胡长清曾对他走上犯罪道路的原因作过反省。原因之一就是他完全放松了学习和世界观的改造。他说："平时学习一点，也是应付工作之需，装潢门面。"他形容自己是"看文件一目十行，听传达一听了之"，至于他档案中的北京大学文凭及法学学位，不过是为"装潢门面"而伪造出来的。其后果真如他自己所说："由于学得少，学不进，头脑就空虚，思想就贫乏"，"成为脱缰的野马"。由于这些党员干部做不到"真学"，延误了自己的思想改造和素质的提高，造成了可悲、可耻、可叹的结局。

　　学习要讲究方法，注重实效。因此，我们还必须克服"死学"风气，努力做到"活学""活用"。所谓"死学"，就是指死记硬背，脱离实际，生搬硬套，不能学以致用，工作中满口大话、套话，不能解决实际问题，更不符合实际。学习的目的在于应用。做到"活学""活用"，应当做到"三个结合"，即坚持学习理论和指导实践相结合，坚持改造客观世界和改造主观世界相结合，坚持运用理论和发展理论相结合。基本理论和科学知识来自实践，只有紧密结合实践去学，带着实际问题去学，才能真正学懂弄通。不重视理论学习，忽视科学理论的指导意义，是不可能学好理论的。脱离实际去学习理论，在学习中不用科学理论指导研究和解决实际问题也是不可能学好理论的。所以，我们应该紧密联系"一加强、两促进"历史任务和率先全面建设小康社会宏伟目标，紧密联系自己的思想实际和工作实际，加深对科学理论和科学知识的理解，不断提高理论思维和解决实际问题的能力，努力用学习的成果指导和推动改造客观世界和主观世界的实践。

　　党员干部的生活作风同思想作风、学风和工作作风紧密相连，是关系党的形象的重要方面。一个党员干部如果生活作风不正，其他方面的作风肯定也不好，在政治上也是靠不住的。所以江泽民同志多次指出：作风问题不是小事！从毛泽东、周恩来等老一辈无产阶级革命家到焦裕禄、孔繁森等党的优秀领导干部，他们在生活作风上的特点都是律己严、家风正。相反，那些被推上审判席的少数领导干部腐化堕落的过程都是从贪图享乐开始的。可见，生活作风的腐败既是腐败现象的一个方面，又是造成更大腐败的一个重要因素。正是由于生活作风关系党的形象和命运，所以，周恩来曾经郑重地提出：领导干部要过好"生活关"。他说："物质生活方面，我们领导干部应该知足常乐，要觉得自己的物质待遇够了，甚至于过了，觉得少一点好，人家分给我们的多了，就应该居之不安。要使艰苦朴素成为我们的美德。"改进生活作风，对于党员干部来说，就应该管住小节，挡住诱惑，管住管好自己的"八小时之内"和"八小时之外"，追求健康向上的生活情趣，形成谦虚谨慎、戒骄戒躁、艰苦朴素、洁身自好的生活作风。

共产党员保持和发扬优良的生活作风,最根本的是必须培养正确的世界观、人生观和价值观。因为党员干部的生活作风是其世界观、人生观、价值观的直接表现,是其精神境界、人格品行的具体反映。在现实生活中,为什么一些党员干部不能"知足常乐",走上骄奢腐化的邪路?其中一个很重要的原因就是他们在世界观、人生观、价值观上出了问题,不能正确对待手中的权力,特权思想作祟,精神境界不高,道德水平低下。因此,要抵制骄傲自满、贪图享乐的生活作风,就必须牢记毛泽东、邓小平、江泽民和胡锦涛等领导人关于坚持"两个务必"的重要思想,自觉地加强党性锻炼,抵制各种腐朽思想的侵蚀,克服特权思想,摆正自己的位置,牢固树立全心全意为人民服务的公仆意识,努力做到吃苦在前,享乐在后,从思想上、行动上自重、自省、自警、自励,加强道德修养,赢得人民群众的尊重和爱戴。

七 基层党组织更加坚强,不断夯实党的执政基础

扩大党的工作的覆盖面,不断提高党的基层组织的创造力、凝聚力和战斗力。实践证明,一些基层党组织之所以软弱涣散,创造力、凝聚力、战斗力不强,同新形势新任务的要求不相适应,一个最基本的原因,就是这些党组织中的党员不能够很好地保持先进性,不能充分地发挥先锋模范作用。相反,一个富有凝聚力和战斗力的基层党组织,往往都拥有一批高素质的党员队伍在发挥先进性作用。因此,我们应当以先进性教育活动为契机,真正把基层组织建设成为贯彻"三个代表"重要思想的组织者、推动者和实践者,进一步加强党的基层组织建设,使两者相互促进,相得益彰。

基层党组织的领导班子是基层贯彻"三个代表"重要思想的骨干力量。为此,必须把坚持实践"三个代表"重要思想作为选拔任用干部的最重要、最根本的要求,全面提高基层党组织领导班子和干部队伍的素质,从而有力地促进和有效地保持共产党员的先进性。本着"党要管党,一管干部,二管党员"的方针,把基层干部队伍建设和党员队伍建设有机地融合在一起,积极探索新形势下党员管理的新机制、新方法。按照

"从严治党"的原则,对党员严格要求、严格教育、严格管理、严格监督,进一步建立健全各项党内生活制度和工作制度,特别是形成党员队伍自我纯洁机制,依靠制度的力量确保广大党员素质的提高和党组织凝聚力、战斗力的增强。

在先进性教育过程中,应当充分发挥先进基层党组织的示范作用,由过去侧重抓后进基层党组织的整顿,转到抓先进、抓示范与抓整顿、抓后进并举,形成抓两头、带中间的工作格局,不断开创党的基层组织建设工作的新局面。对农牧区、企业、街道社区等基层单位的党组织,应该按照"三个代表"的要求,进行规范化建设,充分发挥其引导、辐射、带动作用,实现基层党组织建设的整体推进。对于非公有制企业、社会团体、社会中介组织等新领域组建的党组织,应当积极引导,有效地开展工作,切实做到哪里有群众,哪里就有党的工作;哪里有党员,哪里就有党的组织;哪里有党的组织,哪里就有贯彻"三个代表"重要思想的组织者、推动者和实践者,不断开创基层党建工作新局面。

八 完成使命的信心更加坚定,率先实现全面建设小康社会

推动"一加强、两促进"历史任务和率先全面建设小康社会宏伟目标进程的实现,是全地区各级党组织和广大共产党员的光荣使命,完成这一使命的关键在于发展,发展是党执政兴国的第一要务、第一责任。为此,我们必须始终不渝地以科学发展观统揽全局,把坚持党的先进性切实体现和落实到促进发展的各项工作中。

首先,要把坚持党的先进性体现和落实到发展先进生产力中。生产力是最活跃最革命的因素,是社会发展的最终决定力量。人类社会的发展,就是先进生产力不断取代落后生产力的历史过程。离开了先进生产力的发展,保持党的先进性就无从谈起。发展先进生产力关键要坚持三点:一是加快发展。先进生产力是在发展中得以实现的。只有坚持发展、加快发展,才能实现先进生产力新的更大的发展,才能缩小与发达地区的差距,实现率先全面建设小康社会的宏伟目标。所以,我们必须要千方百计引导好、保护好、发挥好广大干部群众加快发展的积极性和创造性,坚定发展

的信心不动摇，咬定发展的目标不放松，牢固树立"发展是硬道理""能快就不要慢"的思想，聚精会神搞建设，一心一意谋发展，努力保持经济社会发展的大好形势。二是科学发展。生产力发展有其自身规律，必须按规律办事，使生产力的发展建立在科学、理性的基础之上。要把发展速度与结构、质量和效益统一起来，切实转变经济增长方式，走出一条科技含量高、经济效益好、资源消耗低、环境污染少、人力资源得到充分发挥的路子。要充分发挥科学技术第一生产力的作用，用科技促进经济社会跨越式发展。三是改革创新。按照发展社会主义市场经济的要求，积极推进经济体制和其他各方面的改革，做到革除一切妨碍发展的思想观念和一切影响发展的体制弊端，为先进生产力的发展排除各种障碍。

其次，要把坚持党的先进性体现和落实到发展民主政治中。党的十六大把社会主义政治文明建设，同社会主义物质文明、精神文明建设一道，确立为全面建设小康社会、实现社会主义现代化的三大目标。为此，我们必须把党的先进性体现和落实到发展民主政治上，必须坚持科学执政、民主执政、依法执政，把党的领导、人民当家做主、依法治国有机统地一起来。进一步扩大人民民主，通过健全民主制度、丰富民主形式、拓宽民主渠道，保证人民群众充分享有民主选举、民主决策、民主管理、民主监督的政治权利。积极推进依法行政进程，坚持领导带头守法、保证执法，善于用法律手段解决问题，带动全社会营造知法、守法的良好氛围。同时，还要改进和完善党的领导方式和执政方式。党的领导主要是政治、思想和组织领导，要按照总揽全局、协调各方的原则，规范党委与人大、政府、政协及人民团体的关系，积极稳妥地推进政治体制改革，着重加强制度建设，实现社会主义民主政治的制度化、规范化和程序化。

再次，要把坚持党的先进性体现和落实到发展先进文化中。能否代表先进文化的前进方向，是衡量一个政党是否具备先进性的重要标志。当今世界，各种文化思潮相互激荡，坚持什么样的文化方向，建设什么样的文化，是我们党在新时期面临的一个重大课题。所以，我们必须坚持马列主义、毛泽东思想、邓小平理论和"三个代表"重要思想在意识形态和文化建设中的指导地位，大力推进理论武装、理论创新和理论宣传工作，不断巩固各级党组织和各族人民团结奋斗的共同思想基础，始终把握先进文化的正确方向。同时，还要进一步加强思想道德建设，从尊重人、理解人、关心人入手，加强思想政治工作，引导广大干部群众正确处理个人利益与集体利益、局部利益与整体利益、当前利益与长远利益的关系；大力加强社会公德、职业道德、家庭美德建设，倡导爱国守法、明礼诚信、团结友善、勤俭自强、敬业奉献的基本道德规范，提高公民的思想道德素质。积极推进群众性精神文明创建活动，大力开展文明城镇、文明村镇、文明街道、文明社区、文明行业、文明单位、文明家庭创建活动，开展健康向上、丰富多彩和群众喜闻乐见的文体娱乐活动，不断满足人民群众多方面的精神文化需求。

最后，要把坚持党的先进性体现和落实到构建社会主义和谐社会中。构建和谐社会，是中国特色社会主义的重要目标，也是体现党的先进性的必然要求。坚持以人为本，全面贯彻尊重劳动、尊重知识、尊重人才、尊重创造的方针，注重竞争与效率，促进公平与正义，提倡谅解与宽容，最大限度地激发全社会的创造活力，使一切有利于社会进步的创造愿望得到尊重、创造活动得到支持，创造才能得到发挥、创造成果得到肯定，放手让一切劳动、知识、技能、管理和资本的活力竞相迸发，让一切创造社会财富的源泉充分涌流，形成支持人们干事业、鼓励人们干事业、保护人们干事业的氛围。妥善协调好各种利益关系，认真听取和吸纳各方面的意见特别是利益受损群体的意见，多用说服教育、示范引导、提供服务的方法做好群众工作，以民主的态度、民主的方式、民主的办法解决矛盾，为人民群众安居乐业创造稳定和谐的社会环境。

(2005 年 2 月 23 日讲稿)

构建反腐倡廉惩防体系 努力探索从源头治理腐败的新机制

胡锦涛总书记在中纪委第五次全体会议上指出：一个政党，如果不坚决反对和有效预防腐败，听任腐败现象在党内滋长蔓延，就不可能取得政权，即使取得政权后也不可能保持政权稳定。党风廉政建设和反腐败斗争关系党和国家的生死存亡。为此，我们必须认真抓好党风廉政建设和反腐败工作，构建反腐倡廉惩防体系，努力探索从源头上治理腐败的新机制，始终得到最广大人民的拥护和支持，不断提高执政能力，巩固执政地位。

一 党风廉政建设和反腐败工作是加强党的执政能力建设的重要内容

（一）加强党风廉政建设和反腐败斗争是巩固党的执政地位的必然要求

坚决反对和防止腐败，是全党一项重大的政治任务。不坚决惩治腐败，党同人民群众的血肉联系就会受到严重损害，党就有可能走向自我毁灭。世界上一些执政党丧失政权的沉痛教训一再告诫我们，党风廉政建设和反腐败斗争直接关系到执政党的生死存亡。当年毛泽东同志把执政比作"进京赶考"，要求全党坚持"两个务必"，"不当李自成"。邓小平同志十分重视研究党的执政能力问题，指出："不好好研究这个问题，不解决这个问题，就坚持不了党的领导，提高不了党的威信。"[①] 他还告诫我们："经济建设这一手我们搞得相当成功，但风气如果坏下去，经济搞成功又

---

① 《邓小平文选》第 2 卷，人民出版社 1994 年版，第 271 页。

有什么意义？会在另一个方面变质，反过来影响整个经济变质，发展下去会形成贪污、盗窃、贿赂横行的世界。我们要一手抓改革开放，一手抓惩治腐败，这两只手都要硬，在整个改革开放的过程中都要反对腐败。"①所以，巩固党的执政地位既要把经济建设扎扎实实地搞上去，又要把清除和预防腐败坚定不移地抓下去。

（二）加强党风廉政建设和反腐败斗争是提高党的拒腐防变、抵御风险能力的重要举措

进入新世纪新阶段，国内外形势发生了新的变化。世界多极化和经济全球化的趋势继续在曲折中发展，科技不断进步，综合国力竞争日趋激烈，各种思想文化相互激荡，各种矛盾错综复杂，西方敌对势力没有放弃对我国实施"西化""分化"的政治图谋，加紧进行渗透和破坏活动。个别党员领导干部理想信念动摇，严重脱离群众，世界观、人生观、价值观发生扭曲，走向腐败的深渊，给国家造成了巨大的经济损失，在社会上造成了恶劣影响。针对这种情况，党的十六大提出，加强党的执政能力建设，必须进一步解决提高党的领导水平和执政水平、提高拒腐防变和抵御风险能力这两大历史性课题。只有深入开展党风廉政建设和反腐败斗争，才能从根本上提高党拒腐防变、抵御各种风险的能力。

（三）加强党风廉政建设和反腐败斗争是提高党的执政能力建设，实现率先全面建设小康社会目标的重要保证

党的十六大精神，提出了全面建设小康社会的奋斗目标。目前，我们正处在一个发展的关键时期，新形势、新任务对执政能力建设提出了更新更高的要求。越是在大投入、大发展的时期，越是要加强党风廉政建设和反腐败工作，营造廉洁奉公、求真务实、一心为民的良好氛围和社会环境，使领导干部始终保持清醒头脑，建设一支廉政高效的干部队伍，确保经济社会健康顺利地发展。

二 构建惩治和预防腐败体系，进一步加大预防和惩治腐败工作力度，以反腐败的实际成果取信于民

惩治和防治腐败体系是一个复杂的系统工程，为此，中央颁布了

---

① 《邓小平文选》第3卷，人民出版社1993年版，第154页。

《建立健全教育、制度、监督并重的惩治和预防腐败体系实施纲要》，进一步明确了相关要求和措施。构建惩防体系，深入推进反腐倡廉工作，必须体现科学发展观的理念。一是增强服务理念，把保障改革、促进发展、维护稳定作为构建惩防体系的出发点和落脚点，作为判断和衡量工作成效的根本标准，支持改革者，帮助失误者，严惩腐败者，查处诬告者，形成干事创业的良好氛围；二是增强统筹理念，把构建惩防体系置于经济、社会发展的大局加以把握，从物质文明、政治文明、精神文明协调发展的高度加以考察，正确处理打击与防范、惩处与保护、监督与教育的关系，力求取得政治、经济、法律与社会效果的有机统一；三是增强为民理念，坚持以人为本，把立党为公、执政为民的根本要求贯穿于构建惩防体系的全过程，弘扬求真务实精神，切实解决人民群众反映强烈的突出问题，实现好、维护好、发展好最广大人民的根本利益；四是增强法纪理念，建立健全党风廉政法规制度，依纪依法严惩腐败，加强执纪执法人员的监督检查，将构建惩防体系纳入法制化轨道；五是增强创新理念，适应新形势新任务，不断推进反腐倡廉的制度创新和工作创新，努力拓宽从源头上预防和治理腐败问题的新思路、新领域，最大限度地遏制消极腐败现象；六是增强实效理念，紧密结合实际，增强构建惩防体系工作的针对性、有效性和可操作性。为此，在构建惩防体系的工作实践中，必须采取切实有效的措施，加大预防和惩治腐败的力度，在加强教育上下功夫，使领导干部自觉拒腐防变，带头廉洁自律；在完善制度上下功夫，推进反腐倡廉工作的制度化、法制化；在强化监督上下功夫，保证把人民赋予的权力用来为人民谋利益。同时，要以改革统揽反腐败各项工作，通过深化改革、创新体制，从源头上预防和解决腐败问题。

第一，加强反腐倡廉教育，筑牢拒腐防变的思想道德防线。加强教育是反腐倡廉的基础性工作，是党员干部拒腐防变的思想保证。反腐败工作应当立足于教育，着眼于防范。许多事实证明，一些党员干部犯错误，往往是从疏于教育、忽视学习、放松改造、失去信仰开始的。为此，必须打牢党员干部特别是领导干部的思想基础，筑牢思想道德防线，把党风廉政建设的宣传教育工作纳入全党宣传教育总体要求和精神文明建设的重要内容，统一规划、统一部署，做到施教于先，未雨绸缪，使党员干部自重、自省、自警、自励，自觉做到拒腐防变。领导干部的教育应当以权力观为重点，深入开展理想信念教育，保持党的先进性和纯洁性；深入开展统揽全局的大局观、正确的政绩观、执政为民的群众观教育，引导党员干部把思想和行动统一到中央、区党委的决策部署上来，把心思放在真抓实干、求实效、出实绩上来，把工作放在为群众诚心诚意办实事、尽心竭力解难事，坚持不懈做好事上来；深入开展正反两方面的典型教育，通过宣传廉洁奉公、勤政为民的先进典型，充分发挥示范引导作用，弘扬正气，鼓舞斗志，认真开展警示教育，以案明纪，引以为戒，促使党员干部增强道德约束力，经受住权力、金钱、美色的考验；针对党员在思想作风、学风、工作作风和生活作风方面存在的突出问题，按照"两个务必""八个坚持、八个反对"和"四大纪律、八项要求"，扎实开展党性党风党纪教育，增强纪律观念和廉洁从政意识。通过开展多种形式的教育，形成反腐倡廉教育的整体合力，强化宣传教育的综合效果，使广大党员干部特别是领导干部常修为政之德、常思贪欲之害、常怀律己之心，时时处处都能够符合党章的要求。

第二，加强党风廉政制度建设，建立反腐倡廉制度体系。制度具有规范性和导向作用，具有惩治和预防腐败的双重功能，是惩治和预防的有机统一。它通过规范人权、事权和财权等，使党员干部的从政行为得到有效规范；同时又通过相关规定，指明了哪些能做、哪些不能做，为党政干部从政行为方面起到了引导作用。制度带有长期性、稳定性、根本性和全局性。建立健全反腐倡廉法规制度体系，是做好反腐倡廉工作的重要保障。构建惩防体系的核心说到底也就是创新体制、机制和制度，形成用制度规范从政行为、按制度办事、靠制度管人的机制。为此，应该把制度建设贯穿于反腐倡廉工作的各个环节，体现到各个方面。做到权力运行到哪里，制度约束就延伸到哪里。一是建立健全从决策到执行全过程的科学决策和民主监督的程序和制度，进一步推进决策的科学化、民主化；二是建立健全党委常委会向全委会负责、报告工作和接受监督的制度；三是建立健全充分反映党员和党组织意愿的党内民主制度，包括完善党内选举制度，建立健全党内通报、情况反映、重大决策征求意见等制度，逐步推进党务公开；四是建立健全违纪违法行为的惩处制度，完善党风廉政建设责任制，抓住责任分解、责任考核、责任追究三个环节，进一步明确责任追究等相关制度，维护制度的严肃性和权威性；五是着眼于发展民主，积极推行政务公开、厂务公开、村务公开的监督等办事公开制度，使之更趋于规范化、民主化和科学化；六是继续完善建设工程招投标、经营性土地使用权出让、产权交易和政府采购四项制度，贯彻公开、公平、公正原则，扩大覆盖面，提高公开招标率，规范运作行为；七是以规范用权行为、防范滥用职权为重点，认真贯彻实施《行政许可法》和《全面推进依法行政实施纲要》，深化行政审批、财政管理、投资体制和干部人事制度四项改革，从源头上有效预防和治理腐败。

深入开展反腐败斗争，必须加强制度建设，充分发挥制度的保证作用。但是，再好的制度，如果不能很好地贯彻执行，也只能是形同虚设，只有严格执行了，落到实处了，制度的作用才能充分发挥出来。为此，应当进一步加强制度建设，提高遵守制度的自觉性，形成广大党员干部自觉遵守和执行反腐倡廉法规制度的良好风气，自觉把法规制度的贯彻执行作为大事来抓，增强法制观念，严格执行各项法规制度。强化对制度执行情况的督查，保证制度的有效贯彻实施。同时，对反腐倡廉法规制度的落实情况要定期督促检查，加强责任追究制，做到一切从政行为都必须依制度进行，对违反制度的行为必须追究其责任。

第三，加强对权力运行的监督制约，形成正确行使权力的有效机制。加强对权力运行的监督和制约，是有效预防腐败的关键。党的干部队伍建设的经验表明，党员干部只有经常性地接受党组织的监督和考验，接受来自人民群众的监督和考验，才不敢懈怠。在一个缺乏监督、缺乏严格纪律约束的环境中，只能产生养尊处优、碌碌无为，甚至是腐败堕落的干部。反腐治本抓源头，实质就是解决权力的监督和制约问题，是逐步形成结构合理、配置科学、程序严密、制约有效的权力运行机制问题。完善监督体制，关键是要贯彻落实《党内监督条例》。积极探索有效监督的思路和方法，推进监督工作的制度化和科学化；狠抓干部选拔、财政资金运行、国有资产管理等重点环节和重点部位，进一步拓宽监督渠道，整合监督资源，把党内监督与党外监督、组织监督与法律监督、专门机关监督与群众监督等有机结合起来，重视发挥新闻舆论等监督主体的作用，充分发挥各种监督的整体效能，不断提高监督的实效性，防止权力失控、决策失误、行为失范；注重事前监督、事中监督、事后监督，建立健全诫勉谈话制度，扩大领导干部经济责任审计的范围，建立健全审计结果的处置机制，把监督关口前移，既防患于未然，又及时发现和解决腐败问题；进一步发展党内民主，切实加强党内监督，认真落实党内监督十项制度，保证权力沿着法制化轨道运行。

第四，严肃党的纪律，加强案件查办工作，充分发挥惩治的重要作用。惩治和预防是反腐倡廉相辅相成、相互促进的两个方面。只有惩治有力，才能增强教育的说服力、制度的约束力和监督的威慑力，才能有效实现惩治和预防腐败的统一。充分发挥惩治的重要作用，要认真贯彻从严治党方针，严格执行和维护党的纪律，严肃查办违纪违法案件，保持惩治腐败的强劲势头。为此，应该以查处发生在领导机关和领导干部中滥用权力、谋取私利的违纪违法案件为重点，严厉惩处腐败分子；以解决群众反映的突出问题为重点，严肃查处发生在基层的以权谋私、与民争利的案件；严肃查处违反政治纪律的案件；严肃查处利用人事权、司法权、审批权违纪违法的案件；严肃查处工程项目中，金融、土地管理等领域以及物资和服务采购中的案件，产权交易和经营管理中国有资产严重流失的案件。对于腐败分子，应当做到发现一个，严肃查处一个。对顶风作案的必须要依纪依法从严惩处，决不能手软。通过惩处腐败分子，严肃党的纪律，切实解决党风中存在的突出问题，使广大党员干部受到教育，增强遵守党的纪律的自觉性。通过坚决查办违纪违法案件，纠正各种损害群众利益的不正之风，维护好人民群众的切身利益。通过严肃党纪政纪，克服有令不行、有禁不止和上有政策、下有对策等问题，保证党的各项政策得以正确贯彻执行；着力优化法制环境，认真解决有的部门有法不依、滥用职权、执法犯法、徇私枉法等违纪违法问题；着力优化服务环境，加强纠风专项治理和行政效能监察，强化执法监察，加大对各类投诉问题的处理力度，促进政府部门职能转变，改进作风，提高工作效率，为加快发展创造良好环境。

建立健全惩治和预防腐败体系是全党的一项重大政治任务，关系党风廉政建设和反腐败工作的全局。中央颁布《建立健全教育、制度、监督并重的惩治和预防腐败体系实施纲要》，明确了惩治和预防腐败体系的指导思想、主要目标和基本要求，是深入开展党风廉政建设和反腐败工作的指导性文件。为此，我们要按照《实施纲要》的要求，从思想认识、工作思路、工作措施上尽快适应，把惩防体系建设作为强化党的执政能力的重要组成部分，统筹规划，狠抓落实，深入开展调查研究，积极探索建立健全惩治和预防腐败体系的有效途径和方法。同时，要建立和完善工作协调机制，主动与有关部门协调沟通，群策群力，集思广益，齐抓共进，不断推动党风廉政建设和反腐败工作的整体进程，开创一个崭新的局面，以反腐败斗争的实际成果取信于民。

三 提高纪律检查工作的能力，为加强党的执政能力建设和经济社会跨越式发展做出贡献

提高纪律检查工作的能力，是形势的需要和时代的呼唤，是加强党的执政能力建设的重要组成部分和重要保证。我们必须从改革、发展、稳定的大局出发，从保持党的先进性、提高党的执政能力、巩固党的执政地位的需要出发，牢记党和人民的重托，切实增强责任感和使命感，始终坚持"两手抓"，把提高党的纪律检查工作能力与完成反腐倡廉各项任务紧密结合起来，努力提高履行职责的素质和能力，更加有效地开展反腐倡廉各项工作，为加快推进惩治和预防腐败体系建设作出努力，为经济发展、社会进步与稳定服务。

提高纪律检查工作能力，涉及很多方面，一是提高适应完善社会主义市场经济体制要求的能力，强化大局意识和服务意识，牢固树立科学发展观，围绕发展这个党执政兴国的第一要务，善于从完善社会主义市场经济体制的大格局中认识和把握反腐败斗争，改变就反腐败看反腐败的思维方式，改变一味琢磨"禁""堵""治"而忽视通过市场取向解决问题的做法。二是提高对党员领导干部特别是主要领导干部有效监督的能力，时刻牢记纪委是党内专门监督机关，监督是关键，坚决履行好有效监督这一光荣职责。三是提高依纪依法办案的能力。执纪的程序过程要体现法制精神，严格按照法律法规规定的程序、权限和手段执纪，不违法、不越权、不越位，坚持违纪面前人人平等，依纪依法严肃查处违纪违法行为。四是提高发展党内民主、维护党员权力的能力。要依法保障党员干部的民主权利，加大对侵犯党员民主权利行为的查处力度。五是提高协助党委加强党风廉政建设和组织协调反腐败工作的能力。要通盘谋划，针对反腐倡廉工作的全局性、倾向性问题，提出对策和建议，对工作中的重要问题和重要情况，要及时向党委请示、汇报，取得党委的支持和指导；充分协调各有关部门的力量，认真落实反腐倡廉工作的各项任务；加强监督检查，确保反腐败任务分解职能部门的措施到位，任务落实。

提高纪律检查工作能力，必须进一步加强纪检监察机关自身建设，全

面提高纪检监察机关领导班子和干部队伍的素质。在当前反腐败任务日趋繁重，惩治和预防腐败体系亟须构建的新形势下，我们必须自觉实践"三个代表"重要思想，切实加强理论、业务、市场经济和法律等知识的学习，不断提高思想政治素质和专业化水平。坚持与时俱进，转变思想观念，改进工作作风，创造性地开展工作。加强内部管理，把好进入关，加大轮岗交流力度，不断调整和优化干部队伍结构，全面提高干部队伍素质，保持干部队伍的活力，努力建设一支政治立场坚定、公正廉洁、纪律严明、业务精通、作风优良的纪检监察干部队伍，为推动党风廉政建设和反腐败斗争的深入开展提供组织保证。

（2005年2月27日讲稿）

实施人才战略是全面建设小康社会的重要保障

实施人才强国战略，是党中央立足于党和国家事业发展全局的战略高度，准确把握国际国内形势变化作出的一项重大战略决策，是应对日益激烈的国际竞争的客观需要和实现全面建设小康社会战略目标的重要保证。随着人力资本在经济社会发展中价值的凸显，制定与时代相适应的人才政策，培养、凝聚和开发人才并充分发挥人才的价值，是实施人才强地战略，全面建设小康社会的重要保障。

一 切实提高对人才工作极端重要性的认识

国以才立，政以才治，业以才兴。人才问题关系党和国家事业的发展，人才工作在党和国家工作全局中具有十分重要的地位。牢固树立"人才资源是第一资源"的观念，破除种种束缚人才工作发展的陈旧思想，以科学技术是第一生产力和"人人都可以成才"的人才观为指导，大力宣传人才强地战略和人才政策，动员干部群众、社会各界都来重视和支持人才工作，为推进人才工作营造良好的氛围和发展环境。党管人才主要是管宏观、管政策、管协调、管服务，形成党委统一领导，组织部门牵头负责，有关部门各司其职、密切配合，社会力量广泛参与的人才工作格局，为经济社会全面发展提供坚强的人才保障。

二 实施人才发展战略，逐步建立人才管理体制

人才工作的活力取决于体制和机制。为此，必须加强对人才工作

的宏观指导和综合协调，在实践中积极探索新机制和有效途径，制定中长期人才队伍规划，完善人才政策，加强对人才工作的管理。一要以分层分类管理为基础，坚持党政人才、企业经营管理人才、专业技术人才、非公有制经济组织人才、农牧区实用技术人才五支队伍一起抓，建立党的干部工作和人才工作统筹规划、协调发展的工作机制，建立人才工作领导机构和办事机构，配备专职人员具体负责此项工作。二要以能力和业绩为导向，遵循人才成长规律和人才资源开发规律，逐步建立科学的社会化的人才评价机制。三要以公开、平等、竞争、择优为原则，建立有利于优秀人才脱颖而出、充分施展才能的选拔任用机制。四要以市场配置人才资源为取向，打破以户口为特征的阻碍人才流动的体制性障碍，建立机制健全、运行规范、服务周到、指导监督有力的人才合理流动机制和人才柔性引进机制。五要以鼓励劳动和创造为目的，建立健全与社会主义市场经济体制相适应、与工作业绩相联系的人才激励机制和人才保障机制。六要以制度建设为保证，实行人才工作目标责任制，加强对人才工作的监督检查，把培养优秀人才的能力作为衡量领导干部能力的重要指标。

三　整合人才资源，努力做好人才资源的整体开发与综合利用

　　进一步转变观念，树立涵盖整个西藏地域的大人才观。坚持不求所在、不求所有、只求所用的原则，采取切实措施，通过多种形式，建立多种渠道，积极吸引区内外的人才为经济社会发展提供智力支持，实现人才资源共享。一是通过制定相关政策，鼓励和支持区内外的人才到林芝兼职、挂职。二是利用好现有的科技、教育资源，培训高级管理人才和专业技术人才。三是利用自然环境优势，吸引离退休高层次实用人才。四是重视非公有制经济组织人才资源的开发与利用。五是大力培训农牧区实用技术人才。总之，要通过各种方式，真正做到事业造就人才、环境留住人才、机制激励人才、法制保障人才，把各类优秀人才聚集起来，在创新中加快各项事业的发展。

四 以引进紧缺急需人才为重点，促进各类人才协调发展

人才的引进，必须着眼于人才总量的增长、人才结构的合理调配和人才素质的提高。树立大教育、大培训观念，加强人才资源能力建设，着重培养适应改革开放和现代化建设的复合型人才和各行业紧缺人才，带动人才队伍建设，尽快形成门类齐全、梯次合理、素质优良、新老衔接、充分满足经济社会发展需要的宏大人才队伍。人才建设要根据经济社会发展目标和各项事业发展的需要来确定，以重大项目和企业为平台，充分利用环境、产业、体制、待遇等优势，着力培养引进凝聚一大批忠实实践"三个代表"重要思想，善于治党理政的党政人才、熟悉国际国内旅游市场的旅游人才以及环保生态人才、城市规划人才、园林绿化人才、医疗卫生人才、文化教育人才和企业经营管理人才，重点吸引复合型人才和紧缺急需人才。同时，要在培养、吸引人才上下功夫，挤出资金开展人才工作，加快高技能人才的培养。通过实施实用人才工程和农牧民教育培训工程等方法，激励农牧区实用人才快速成长；通过制定切实可行的人才政策和措施，大力改善人才的生活待遇和工作条件，进一步稳定现有人才；通过晋升、奖励、评优、提拔、重用等物质和精神激励手段，进一步激发人才的潜能和创造力；通过完善领导干部年度综合考评、辞职、试用期、任期制等制度体系，疏通"能下""能出"渠道，以便空出职位，使各类人才有创业机会、有干事舞台、有发展空间。

五 以提供服务为基础，着力优化人才创业发展环境

对于人才工作，事业就是感召力，环境就是吸引力，服务就是凝聚力。在坚持党管人才的原则下，依法加强对人才的管理，积极推进行政管理体制改革，创新管理方式，改变管理理念，把人才工作的重点更多地放到搞好服务上来，变"管人"的思想为服务的思想。制定吸引高层次人才优惠政策，围绕人才培养、评价、使用、流动、激励、保障等基本内

容，完善人才服务的政策体系，努力营造良好的政策环境。采取有力措施，改善工作条件，拓展创业舞台，增强创业保障，激发创新活力，营造良好的工作创业环境。同时，在生活上多关心，最大限度地满足各类人才身心健康、相互交流和学习提高的需求，营造良好的学习生活环境。

加大人才工作力度，创新人才工作体制和机制既是当务之急，又是一项长期的任务。我们要始终坚持解放思想、实事求是、与时俱进的思想路线，做到总体规划、统筹兼顾、重点突破。坚持把是否有利于促进人才的成长，是否有利于促进人才的创新活动，是否有利于促进人才工作和经济社会发展相协调作为深化人才工作改革的出发点和落脚点。坚决破除那些不合时宜、束缚人才成长和发挥作用的观念、做法和体制，使人才工作更好地适应经济社会发展的要求，就一定能够推动人才工作再上新台阶，开创新局面，更好地为全面建设小康社会服务。

(2005年3月3日讲稿)

深入开展保持共产党员先进性教育活动 加速推进林芝地区全面建设小康社会进程

先进性是马克思主义政党的基本特征,也是马克思主义政党的生命所系、力量所在。党的建设的根本目的就在于坚持党的先进性。在新的历史条件下,继续保持党的先进性,关系到党执政能力的提高,关系到党执政地位的巩固,关系到党和人民事业的兴旺发达,关系到国家的长治久安。回顾我们党80多年的历史和西藏和平解放以来的发展历程,无论是革命时期,还是建设和改革时期,党都始终走在工人阶级的前列,走在全体中国人民的前列,走在整个中华民族的前列。归结到一点就是:我们党始终代表了中国先进生产力的发展要求,代表了中国先进文化的前进方向,代表了中国最广大人民的根本利益,具有并始终保持了马克思主义政党的先进性。中央决定从今年1月开始在全党范围内开展以实践"三个代表"重要思想为主要内容的保持共产党员先进性的教育活动,这同以毛泽东、邓小平和江泽民同志为核心的党的三代中央领导集体关于加强党的先进性建设的理论和实践是一脉相承的。开展好先进性教育活动,对于我们党在改革开放和发展社会主义市场经济历史条件下始终保持先进性,具有十分重大的现实意义和深远的历史意义。

开展先进性教育活动是实践"三个代表" 重要思想的内在要求

党的先进性首先是理论上的先进性。党的十六大把"三个代表"重要思想同马克思列宁主义、毛泽东思想、邓小平理论一道确立为我们党必须长期坚持的指导思想,实现了党在指导思想上的又一次与时俱进,对党和国家的发展具有十分重大的意义。

"三个代表"重要思想是马列主义、毛泽东思想、邓小平理论的继承和发展，是我们党的立党之本、执政之基、力量之源。党的十三届四中全会以来，江泽民同志根据国际国内形势的新变化，根据我国改革开放和现代化建设面临的新问题和新任务，根据我们党肩负的历史使命和党自身建设的实际，在深刻总结党的全部历史特别是党执政以来的历史经验，并借鉴其他国家马克思主义执政党执政的经验教训的基础上，提出了"三个代表"重要思想。"三个代表"重要思想是同马克思列宁主义、毛泽东思想、邓小平理论一脉相承而又与时俱进的科学体系，是马克思主义在中国发展的最新成果。"三个代表"重要思想，抓住了代表中国先进生产力的发展要求、代表中国先进文化的前进方向、代表中国最广大人民的根本利益这个决定党的历史地位的根本性问题，对党如何不断提高领导水平和执政水平、不断增强抵御风险和拒腐防变能力这两大历史性课题以及党怎样才能始终保持先进性的问题作出了科学的回答，揭示了我们党的立党之本、执政之基和力量之源。"三个代表"重要思想是加强和改进党的建设、推进我国社会主义自我完善和发展的强大理论武器。

坚持用"三个代表"重要思想武装全党是保持党的先进性的根本。实践"三个代表"重要思想，核心是坚持党的先进性。林芝地区每一名党员特别是党员领导干部，都要把学习贯彻"三个代表"重要思想作为提高思想政治素质和理论水平的根本途径，作为提高领导水平和执政能力的根本途径，在兴起学习贯彻"三个代表"重要思想新高潮活动取得成功经验的基础上，进一步丰富和发展"四结合"（把学习与地区经济发展结合起来；与自身的思想和分管工作结合起来；与实施"1231"发展思路和率先全面建设小康社会结合起来；与创新思路、提出建设性意见结合起来）的学习方法，切实在真学、真懂、真信、真用上下功夫。深刻认识学习贯彻"三个代表"重要思想的重大意义，不断深化学习内容，系统掌握"三个代表"重要思想的时代背景、实践基础、科学内涵、精神实质和历史地位；大力弘扬理论联系实际的学风，努力掌握马克思主义的立场、观点和方法，认真研究解决改革发展稳定过程中存在的突出矛盾和问题，认真研究解决群众普遍关注的生产生活问题，认真研究解决各级党组织和党员干部中存在的"不适应""不符合"问题，把"三个代表"重要思想贯彻到建设林芝、发展林芝、稳定林芝的各个领域，体现在党的建设的各个方面，成为推动新发展、开创新局面的强大精神动力。只有这样，广大党员才能成为"三个代表"重要思想的坚定实践者，才能把共产党员的先进性在率先全面建设小康社会的伟大实践中充分发挥出来。

开展先进性教育活动是加强党的执政能力建设的一项基础工程

以史为鉴，可知兴替。20世纪80年代末，苏联共产党在执政74年后失去执政地位，退出历史舞台，世界社会主义处于低潮。透过苏联共产党的执政历史，我们可以看到，苏联共产党的自身建设保守僵化，党的执政方式故步自封，党的先进性完全丧失，是导致苏联共产党下台的关键因素。我们党也出现过"文化大革命"这样的严重危机，给党、国家和各族人民带来了严重灾难，使党的建设和社会风气受到严重破坏，一些党员的马克思主义信仰和社会主义信仰受到严重削弱。忘记历史就意味着背叛，无论是苏联解体、东欧剧变，还是"文化大革命"，我们都应该从中汲取经验和教训，应该警钟长鸣。

现在，我们党执政时间越来越长，党所处的历史方位也发生了变化，党内也随之产生了一些新情况和新问题。个别党员意识和党性观念退化；组织观念和纪律意识弱化；奉献精神和宗旨观念淡化。一些党员干部变得飘飘然，忧患意识、危机意识淡化，贪图安逸，不思进取，甚至沉溺在迎来送往中乐此不疲，在灯红酒绿中流连忘返，在升官发财中煞费苦心，最终走向腐败堕落的深渊，让人民为之痛心，感到痛恶。从西藏看，党在西藏执政已近40年。但是由于西藏特殊的政治历史原因，党执政后，分裂与反分裂的斗争从来没有停止过。坚决反对分裂是我们党在西藏执政面临的最尖锐课题，我们各级党组织和广大党员始终处在反分裂斗争的风口浪尖上，经受着应对复杂局面的严峻考验。从林芝地区看，党员队伍的主流是好的，广大党员立场坚定、旗帜鲜明、艰苦奋斗、开拓进取，在改革发展的各项工作中，在突发事件和关键时刻经受住了考验，发挥了先锋模范作用，是一支有战斗力，值得依赖的队伍。但是也存在不少"不适应""不符合"的问题。一些党员理想信念动摇，党员意识和执政意识淡薄；一些党员干部的事业心和责任感不强，推动经济社会发展的决心不大，思想作风不端正，工作作风不扎实；一些党员领导干部理论水平不高，业务素质不强，素质和能力同所肩负的责任和任务不相适应，有的甚至以权谋私、腐化堕落；一些党的基层组织凝聚力、战斗力不强，软弱涣散、作用发挥有限。这些问题如不认真加以克服和解决，就会严重损害党同人民群众的血肉联系，严重影响党的先进性和执政成效，损害党和人民的伟大事业。

　　这次中央决定在全党开展保持共产党员先进性教育活动，目的就是要让每一个共产党员从思想上明确，在新的历史条件下共产党员保持先进性要达到哪些基本要求，并努力身体力行实践这些要求。《中共中央关于在全党开展以实践"三个代表"重要思想为主要内容的保持共产党员先进性教育活动的意见》明确提出，开展先进性教育活动，要达到提高党员素质，加强基层组织，服务人民群众，促进各项工作的目标要求。1月14日，在中央举办的新时期保持共产党员先进性专题报告会上，胡锦涛总书记明确提出了在新的历史条件下保持共产党员先进性必须做到"六个坚持"。西藏自治区党委针对西藏实际，提出了"坚定理想信念，坚定政治立场，坚持为民宗旨，坚持第一要务，坚持实干兴藏"的具体目标要求。林芝地委根据中央和区党委的精神，结合林芝实际，提出了"理想信念更加坚定，政治立场更加坚定，实践'两个务必'更加自觉，发挥先锋模范作用更加突出，党群关系更加密切，党员作风更加优良，基层党组织更加坚强，完成使命的信念更加坚定"的目标要求。这些要求，与加强党的执政能力建设的根本要求是一致的，是紧密相连的，是不可分割的。对于林芝地区来说，开展先进性教育活动就是要提高党员队伍的整体素质，加强基层党组织，密切党同人民群众的血肉联系，进一步凝聚起全地区各级党组织和广大党员的智慧和力量，团结带领全地区各族人民深入持久地开展反分裂斗争，同心同德地沿着"1231"发展思路，建设更加团结、更加民主、更加富裕、更加文明的社会主义新林芝。归根结底就是要提高党的执政能力，巩固党在林芝的执政基础，完成党在林芝的执政使命。

开展先进性教育活动是实现全面建设小康社会的重要保证

　　全面建设惠及十几亿人口的更高水平的小康社会，是我们党立足国情，根据亿万人民的共同意愿提出的宏伟目标，是我们党必须担负起的历史任务，也是新形势下把党的先进性和社会主义制度的优越性落实到发展先进生产力、发展先进文化、实现最广大人民根本利益上来的必然要求。根据自治区党委、政府的要求，林芝地区于2003年提出了率先全面建设小康社会的目标。要完成这一历史任务，机遇与挑战并存、希望与困难同在。在党中央、国务院的亲切关怀下，在自治区党委、政府的正确领导下，在广东、福建两省的无私援助下，我们团结带领全地区各级党政组织和广大干部群众，深入贯彻新时期西藏工作指导方针，紧紧围绕"一加强、两促进"三大历史任务，坚定不移地沿着"1231"发展思路，不断解放思想、实事求是、与时俱进，取得了城镇建设日新月异，特色经济突飞猛进，社会局势日趋稳定的辉煌业绩，地区上下呈现出经济发展、社会稳定、民族团结、边防巩固、人民安居乐业的大好局面。然而，林芝地区与内地发达地区和区内兄弟地（市）相比，差距仍然很大，困难依然很多。

面对新形势、新任务，林芝地委、行署紧紧围绕自治区党委、政府的工作思路和工作部署，立足当前，着眼长远，确立了继续沿着"1231"发展思路，用科学发展观统领经济社会发展全局，立足"九个坚持"，狠抓"九件大事"，做到"五个加强"，加速一个进程，全面推动地区整个经济工作取得新的更大发展的2005年工作总要求。即坚持统筹兼顾，狠抓"三农"工作；坚持优势战略，狠抓特色经济建设；坚持科学规划，狠抓基础设施建设；坚持以人为本，狠抓社会事业发展；坚持协调发展，狠抓精神文明和民主法制建设；坚持解放思想，狠抓改革创新和对外开放；坚持协调沟通，狠抓对口支援工作；坚持全面小康，狠抓对口帮扶工作；坚持主动治理；狠抓维护稳定工作。大力加强干部队伍建设、各级领导班子建设、基层组织建设、作风建设和党风廉政建设，进一步增强机遇意识，营造创业氛围，凝聚各方力量，调动积极因素，加速推进率先全面建设小康社会进程。要落实好这一要求，我们必须以开展先进性教育活动为契机，大力弘扬实事求是、求真务实的作风，谦虚谨慎、艰苦奋斗精神和敢于实践、锐意创新的勇气。

一是要有实事求是、求真务实的作风。在目前这个关键时期，需要的是实干的精神、实干的作风和实干的人才，就是要"实干兴藏"。我们必须立足区情、地情，一切从实际出发，为了人民的利益，抓住不放，一抓到底；必须踏踏实实，雷厉风行，埋头苦干，扎实工作，一步一个脚印。要积极推行"一线工作法"，真正做到领导在一线指挥，干部在一线创业，措施在一线落实，办法在一线研究，问题在一线解决，作风在一线转变，经验在一线总结，典型在一线推广，矛盾在一线化解，水平在一线检验。通过开展先进性教育活动，使全地区广大党员干部进一步提高素质，转变作风，具备发现问题的办法，化解矛盾的手段，解决问题的能力，求真务实的态度，做到工作目标切实，工作措施扎实，工作作风务实，能够通过实实在在的努力，促进发展，造福群众，真正做到立党为公、执政为民。

二是要有谦虚谨慎、艰苦奋斗的精神。2002年底，胡锦涛总书记在西柏坡考察时指出："我们取得的成绩就只是在伟大征途上迈出的坚实一步，要完成十六大提出的全面建设小康社会的奋斗目标，要完成基本实现现代化，把我国建设成为富强民主文明的社会主义国家的历史任务，要不断开创中国特色社会主义事业新局面，我们要走的路还长得很，我们肩负的任务还很艰巨，我们可能遇到的困难和挑战还会很多，我们必须始终谦虚谨慎、艰苦奋斗。"[①] 始终保持谦虚谨慎、艰苦奋斗的作风，是共产党员保持先进性的重要体现。每一名共产党员都要牢记我们的国情、区情和地情，牢记肩负的庄严使命，牢记全心全意为人民服务的宗旨，树立为党和人民长期艰苦奋斗的思想，要继续和弘扬"老西藏精神"，按照为民、务实、清廉的要求，牢记"两个务必"，严格遵守党的"四大纪律、八项要求"，做到"八个坚持、八个反对"。要保持旺盛的革命意志和坚韧的革命品格，保持昂扬向上的精神状态，自觉加强党性锻炼，弘扬艰苦奋斗的作风，坚持勤俭发展、勤俭办一切事情，成绩面前不自满、困难面前不退缩，不骄不躁、不断进取，扎扎实实地做好各项工作。要树立正气，反对邪气，力求做到重实际、说实话、务实事、求实效，坚持不图虚名、不抢风头、不作文章、不出乱子的"四不"工作方针，把功夫下到抓落实上，把心思凝聚到事业上，把感情倾注到群众身上，脚踏实地工作，俯首为民办事，坚决杜绝搞脱离群众、不切实际的"形象工程""政绩工程"。

三是要有敢于实践、锐意创新的勇气。与时俱进与先进性在本质上是

[①] 胡锦涛：《坚持发扬艰苦奋斗的优良作风，努力实现全面建设小康社会的宏伟目标》（2002年12月6日），《十六大以来重要文献选编》（上），中央文献出版社2005年版。

共通的。党的十六大报告进一步明确指出，贯彻"三个代表"重要思想关键在坚持与时俱进。与时俱进，就是党的全部理论和工作要体现时代性，把握规律性，富于创造性。与时俱进地保持共产党员先进性是党对我们每个党员的基本要求，是时代的呼唤，是历史的总结。我们只有坚持与时俱进，才能不断完善适应林芝发展社会主义市场经济要求的各方面的体制，制定适合林芝生产力发展要求的政策，进一步解放和发展生产力；只有坚持与时俱进，才能在各种思想文化相互激荡，人民群众思想活动选择性和差异性明显增大，意识形态领域的斗争异常激烈的情况下，对涌现出来的各种时代性问题作出科学的、创造性的回答和解决，创造适合时代特点、反映时代精神的先进文化；只有坚持与时俱进，才能牢固树立人民群众是历史创造者的观点和全心全意为人民服务的观点，真正把实现、维护和发展最广大人民的利益作为出发点和归宿，作为衡量一切工作和方针政策的最高标准，使党真正代表最广大人民的根本利益，永远得到人民的拥护，永远立于不败之地。

（原载《西藏日报》2005年3月21日）

优势地区加快发展要牢牢把握六个关键问题

一 优势地区加快发展，关键要树立全局意识

林芝地区作为优势地区加快发展，并充分发挥其示范、辐射、带动作用，这是一个大战略，是一个实现全区经济社会科学发展、加快发展、跨越式发展的大战略。这就要求我们在今后的工作中，必须树立全局意识，自觉地把林芝的发展纳入全区经济社会发展大局。具体地讲，树立全局意识，就是要胸怀全局，协调各方。正确处理全局与局部的关系，努力把林芝地区的发展放在全区、全国的大背景中去谋划、去思考、去实践、去创新；树立全局意识，就是要认清形势，把握方向。面对区内外飞速发展的环境，面对新的形势，全地区各级党政组织特别是领导干部一定要善于审时度势，把握方向，超前谋划，始终保持清醒的头脑，以全局的观念、战略的眼光、开阔的视野、开放的思维，找准发展定位，创新发展举措，丰富发展内涵；树立全局意识，就是要善谋大事，抓住重点。林芝的工作千头万绪，需要我们在纷繁复杂的矛盾中抓住主要矛盾和矛盾的主要方面。如果我们不分轻重缓急，眉毛胡子一把抓，工作平均用力，整天忙忙碌碌，不但非常辛苦，也不可能取得预期的效果。这就需要我们把主要的时间和精力投入事关林芝全局工作的大事中，投入影响改革发展稳定的大事中，投入关系群众利益的大事中，始终坚持树立大局、把握全局、加快发展的决心不动摇；树立全局意识，就是要总揽全局，协调各方。要认真贯彻民主集中制的原则，善于集中大家的智慧，作出正确的决策，对决定过的事情，要凝聚大家的力量，坚决落实到位。充分调动方方面面的积极

性，善于协调方方面面的力量，形成凝心聚力护大局，一心一意为大局的浓厚氛围。

二　优势地区加快发展，关键要解放思想、与时俱进

当前，制约林芝发展的最大障碍仍然是思想解放不够，一些旧思维、旧框框、旧作风仍在相当程度上阻碍着生产力的发展。因此，必须继续突出解放思想、实事求是、与时俱进的思想路线教育，以创新精神带领全地区各族人民群众投入率先全面建设小康社会的运动中。

解放思想是推进优势地区加快发展的重要前提。优势地区加快发展，必须认真贯彻党的十六大精神，不断解放思想、与时俱进。坚持用实践检验真理，用"三个有利于"和"三个代表"判断是非得失，自觉地把思想认识从那些不合时宜的观念、做法和体制中解放出来，从对马克思主义错误的和教条式的理解中解放出来，从主观主义和形而上学的桎梏中解放出来。树立强烈的危机意识，在成绩面前要保持清醒头脑，多与先进比差距，多为竞争作准备，以脚踏实地、持久不懈的创业精神保持林芝良好的发展态势。树立强烈的机遇意识，时刻注意观察形势，敏锐地发现机遇，先人一步抓住机遇，千方百计创造机遇，不断推动林芝地区经济的跨越式发展和各项工作的创新。

解放思想是实现优势地区加快发展的重要保证。改革开放20多年来，我们国家有三次思想大解放：第一次是十一届三中全会，拨乱反正，开展了实践是检验真理唯一标准的讨论，确立了实事求是的思想路线，进行了改革开放；第二次是邓小平同志南方谈话，解决了姓资姓社的问题，强调了发展才是硬道理；第三次是党的十五大，解决了公有制和私有制与分配制度的问题。每一次思想大解放，都大大地促进了社会变革，促进了生产力的巨大发展。实践证明，思想早解放、早发展；大解放、大发展。当前，影响林芝地区加快发展的思想障碍，主要有三个方面：一是因观念滞后产生的思想障碍。个别部门和领导安于现状，按部就班，墨守成规，对新思想、新事物，怀疑多于接受，畏难多于分析，观望多于实践。二是因狭隘利益驱动产生的思想障碍。四处伸手，雁过拔毛，部门壁垒，条块分割，成天叫改革，但改革一旦触及自身利益，就停滞不前。三是因为境界

不高产生的思想障碍。好大喜功，追求形式，爱做表面文章，取得一点成绩就沾沾自喜，遇到一点困难就怨天尤人，碰到一点难题就束手无策；自己不想干、不敢干、不会干，也不愿别人干，即使别人干起来也是冷嘲热讽，品头论足，甚至横加指责，等等。进入新时期、新阶段，这种封闭保守的思想如果再不采取措施，切实加以解决，势必会影响率先全面建设小康社会的伟大实践，成为林芝地区经济社会加快发展的"绊脚石"。因此，我们要在竞争中赢得主动，就必须以"三个有利于"为标准，做到动手早、行动快，认准了就大胆地试、大胆地闯，扫除一切阻碍改革开放的思想障碍，打破封闭，实行全方位、多层次、宽领域的对外开放；就必须树立正确的政绩观，立党为公、执政为民，以热情的态度、宽广的胸怀、让利的精神、优质的服务，为优势地区加快发展营造良好的环境，为率先全面建设小康社会尽职尽责、贡献力量。

解放思想是优势地区加快发展的动力源泉。我们要把加快对外开放步伐，作为解放思想的出发点和落脚点。采取"走出去、请进来"等多种方式，进一步加强同区内、区外的经济技术合作，特别加强与广东、福建两省的合作，不断开拓新的市场和发展空间。把招商引资作为加快推进跨越式发展的一件大事抓好抓实，大胆创新招商引资机制，积极主动地强化招商引资工作，对破坏投资环境的行为予以严惩，对招商引资有功人员实行重奖，对有意向性的项目要做好全程跟踪服务，力争引资成功。紧紧围绕今年林芝机场即将建成试航，加快推出一批有吸引力的招商引资项目，广泛引进资金、技术、人才，加快优势资源的开发利用，使其成为经济增长的亮点，成为跨越式发展的重要支撑。

三　优势地区加快发展，关键要发展科学

（一）科学发展，必须准确把握科学发展观的时代背景和精神实质

重视发展是毛泽东、邓小平、江泽民三代领导人既一脉相承又与时俱进的一贯思想。毛泽东同志从辩证唯物主义和历史唯物主义的哲学高度，把马克思主义基本原理同中国实际紧密结合起来，科学地制定了一整套具有中国特色的新民主主义革命理论、路线、方针、政策，领导党和人民经过艰苦卓绝的斗争取得了新民主主义革命的胜利，并且开始了在"一穷

二白"的国度进行社会主义革命和建设的艰苦探索；面对我国社会主义现代化建设遭受严重挫折、拉大了同发达国家本已缩小的差距的情况，邓小平力挽狂澜，拨乱反正，坚持解放思想、实事求是的思想路线，通过实现党的工作重心的转移、"一个中心、两个基本点"基本路线的制定和实施，逐步廓清了我国社会主义建设持续、健康、快速发展的道路；当世界和中国即将进入 21 世纪的时候，江泽民审时度势，丰富和发展了毛泽东、邓小平关于发展的思想，提出了"发展是党执政兴国的第一要务"的观点，使我们党的发展观进入了一个新的境界。

进入新世纪、新阶段，以胡锦涛同志为总书记的新的中央领导集体，继续推进我们党对发展问题的认识。2003 年 4 月 5 日，胡锦涛总书记在广东考察时指出，要坚持全面的发展观。7 月 28 日，在全国防治"非典"工作会议上指出，要更好地坚持协调发展、全面发展、可持续发展的发展观。10 月中旬，党的十六届三中全会明确提出了"坚持以人为本，树立全面、协调、可持续的发展观，促进经济社会和人的全面发展"，强调按照"五个统筹"的要求，推进改革和发展。2004 年 3 月 10 日，胡锦涛总书记在中央人口资源环境工作座谈会上发表讲话，阐述了科学发展观的深刻内涵和基本要求。具体地讲，科学发展观，是坚持以人为本，全面、协调、可持续的发展观。所谓以人为本，就是要把人民的利益作为一切工作的出发点和落脚点，不断满足人们的多方面需求和促进人的全面发展；所谓全面，就是要在不断完善社会主义市场经济体制，保持经济持续快速协调健康发展的同时，加快政治文明、精神文明的建设，形成物质文明、政治文明、精神文明相互促进、共同发展的格局；所谓协调，就是要统筹城乡协调发展、区域协调发展、经济社会协调发展、国内发展和对外开放；所谓可持续，就是要统筹人与自然和谐发展，处理好经济建设、人口增长与资源利用、生态环境保护之间的关系，推动整个社会走上生产发展、生活富裕、生态良好的文明发展道路。

（二）科学发展，必须正确认识林芝地区经济发展的特点和规律

早在 1995 年，自治区党委、政府就明确提出"林芝地区要率先进入小康，各项工作走在全区前列"。在这一精神指引下，"总体小康"期间，林芝地区确立了以小康工程统揽全局，以城带乡，以乡促城，城乡一体化协调联动发展的总体思路，制定了《林芝地区 1999—2001 年小康建设规划》，实施了定点帮扶制度和定点扶贫制度。从 1995 年开始至 2002 年初，

经过近8年的"总体小康"建设,林芝地区各族人民基本实现了由贫困走向温饱,由温饱步入小康的历史性转变。但这样的"总体小康"同全国、全区一样,只是低水平的、不全面的、发展不平衡的小康状态。在全国这样一个大的形势下,2002年11月,根据邓小平同志关于分阶段、有步骤实现我国现代化的战略思想和十五大关于实现第三步战略目标的展望,十六大明确提出了21世纪头20年是我国一个重要战略机遇期的重大判断,提出了全面建设小康社会的奋斗目标。围绕十六大的决策部署,紧跟时代发展需求,自治区党委、政府又适时作出了林芝地区和拉萨市为率先全面建设小康社会的试点地区的重大部署,今年又作出了"优势地区加快发展"的重要指示,这充分体现了自治区党委、政府对林芝地区率先发展、超前发展的殷切期望,3次大的决策和部署既一脉相承,又与时俱进。

根据党的十六大和区党委的重大决策部署,2003年以来,地委、行署团结和带领全地区各级党政组织和广大干部群众,迅速掀起了率先全面建设小康社会的热潮。成立了率先全面建设小康社会领导小组,出台了《林芝地区2002—2020年全面建设小康社会规划》,确立了地区级8个小康示范乡镇和113个小康示范村,建立了地级党员领导干部对口联系一个村和70多个单位、部门对口帮扶小康示范村制度,开展了农牧区"谋跨越、奔小康"主题教育活动。全面建设小康社会在林芝地区探索性地实践,极大地促进了经济社会的跨越式发展。目前,地区上下逐步形成了党政军民齐心协力,社会各族各界积极参与,农牧民群众奋勇当先的率先全面建设小康社会的浓厚氛围。

在正确认识林芝地区经济发展特点和规律的同时,我们还必须把握当前面临的大好形势、机遇和优势:一是西部大开发战略的实施、扶贫开发工作的延续以及国内外生产要素的西移,必将极大地推进经济社会的跨越式发展,西部地区必将也正在成为经济发展的热点。二是林芝地区气候条件优越,区位优势明显,自然生态富集,有肥沃的土地、丰富的水能资源、全国少有的森林资源、品种繁多的动植物资源和高品位的旅游资源,巨大的开发潜力,丰富而独特的资源,是我们加快发展的重要基础条件。三是有中央的亲切关怀、区党委的正确领导和广东、福建两省的无私援助,是我们加快发展的强大动力。四是中央第四次西藏工作座谈会确定的21世纪初西藏工作指导方针和"一加强、两促进"的历史任务,为各项工作指明了前进的方向。五是经过历届地委、行署班子和全地区各族干部群众的努力，林芝各项经济指标、经济综合实力和体制机制活力都得到了明显增强，经济社会发展已经进入了全面建设小康社会的新阶段，为我们打下了很好的基础。六是改革开放的实践为我们锻炼培养了一支政治坚定、锐意开拓、掌握现代科技知识、善于开创新局面的干部队伍。特别是广大基层干部群众，始终保持一种永不满足、奋力争先的锐气，一种顽强拼搏、攻坚克难的精神，一种埋头苦干、艰苦创业的劲头，为我们奠定了坚实的组织基础。七是林芝地区广大干部群众在长期革命和建设的实践中，培养了特别能吃苦、特别能战斗、特别能忍耐、特别能团结、特别能奉献的"老西藏精神"，凭着这种精神，我们克服了重重困难，把过去贫穷落后的林芝建成了经济发展、社会进步、局势稳定、民族团结、边防巩固、人民安居乐业的新林芝，这是我们加快发展的精神动力。八是随着青藏铁路的建成和林芝机场的正式通航，条件不断改善，机遇接踵而至，经济结构、社会结构和人们的思想观念必将发生革命性的变化，等等，这些都是我们实现"优势地区加快发展"的力量所在、信心所在。

（三）科学发展，必须把握发展新思路

2003年以来，新一届地委、行署领导班子，在充分调研论证、集中民智、反复酝酿的基础上，科学地提出了"1231"发展新思路。即紧紧围绕经济建设中心，加快小城镇建设和基础设施建设，大力发展特色农牧业、生态旅游业和藏药业，率先实现全面建设小康社会的奋斗目标。经过近3年的实践证明，"1231"发展思路符合十六大要求，切合林芝实际，体现了林芝地区各族人民群众思富裕、谋跨越、奔小康、求发展的强烈愿望，得到了全地区各族干部群众的一致拥护和赞同，赢得了自治区党委、政府的充分肯定。今后一段时间乃至更长的时期，我们一定要紧紧抓住"1231"发展思路不放松，咬定优势地区加快发展和率先实现全面建设小康社会的奋斗目标不放松，立足解决当前发展中的困难和问题，着眼于实现更高境界、更高层次的发展，居安思危，开拓创新，努力工作，聚精会神搞建设，一心一意谋发展。

（四）科学发展，必须锲而不舍地抓好基础设施建设和生态环境建设

林芝地区恢复成立时间晚、基础弱、底子薄，要实现区党委提出的"优势地区加快发展"的重托，必须锲而不舍地率先抓好基础设施建设。一是交通建设。继续加快318国道、306省道主干线和县、乡、村道路建设。要加大工作力度，争取国家投资，不断增加公路里程、提高公路等级、提升通过能力、增强防抗灾水平，逐步形成以八一镇为重心、各县城为支点、川藏公路、林邛公路、林芝机场为骨架的公路网、航空运输和水上旅游线。二是能源建设。要以大电源、大电网为重点，兼顾抓好边远、群众居住分散乡村的微型电站建设，因地制宜地发展小水电、沼气、风能、太阳能等可再生能源，逐步提高通电能力，尽快实现村村通电。三是水利建设。以提高防汛抗旱能力为重心，加快尼洋河、帕隆藏布、雅鲁藏布江中下游林芝段为重点的大江大河的治理力度。要加强农田水利建设，着力改善农牧区生产条件，提高农牧业抗御自然灾害的能力。继续完善农牧区大型灌区的配套工程，突出抓好人畜饮水、农田灌溉主渠道、江河防洪堤等。四是通信建设。加快发展固定电话网特别是农村固定电话网，进一步提高农村电话普及率。要以"村村通"和"西新工程"建设为契机，加强对边远贫困地区，尤其是边境乡村的广播电视覆盖工作，提高有线电视入户率。

在率先加快发展的同时，我们必须高度重视生态环境建设，实现可持续发展。林芝地区自然资源丰富，生态环境优美，是人类不可多得的原始林区之一，一旦破坏将对人类造成重大影响。因此，一定要充分认识保护生态环境、走可持续发展之路的重大意义，切实采取得力措施，保护好我们现有的自然生态，为人类的发展做出我们积极的努力和应有的贡献。重视可持续发展，确立新的发展观，是明智之举、必由之路，要正确处理生产发展、生活富裕与生态良好的辩证关系，教育和引导广大干部群众保护和建设好周边的生态环境，从身边做起，从自己做起，以自身的实际行动为率先加快发展提供不竭的动力资源。

（五）科学发展，必须毫不动摇地抓好"三农"工作这个重中之重

按照"稳粮油、扩林果、强畜牧、优瓜菜、上药材、活流通、壮龙头"的部署要求，以农牧业增产、农牧民增收为核心，在稳定粮食生产能力的基础上，从提高质量和效益入手，调整农作物种植面积，扩大经济作物种植面积，积极调整种植结构；以"二园一带一基地"建设为重要突破口，深入、扎实、细致地做好可行性研究和总体规划等前期工作，加大对外宣传力度，吸引各类企业特别是民营企业聚集，争取社会各界支持，加大民间资本注入，大手笔地发展园区经济；充分发挥林芝地区气候好、氧气足的优势，以米林农场为基地，逐年扩大生产规模，力争把藏东南建设成为全区的"果园""菜园"和"花园";着重抓好工布江达县错高藏香猪、察隅大米、花生、甜玉米、朗县花椒、核桃、波密天麻、松茸、米林花卉、墨脱石锅、竹编等富有林芝特色的农副产品生产规模,要有战略眼光,立足当前,着眼长远,抓紧做好优质、高效农副土特产品的冠名、注册和绿色、生态安全农牧产品的申报、认证工作,为优质、绿色、安全的农牧产品进入国内外市场开辟通道,从源头上杜绝无形资产的流失;大力扶持龙头企业的发展,做到在龙头企业的培育上下功夫,在产业基地上下功夫,在发展农牧民专业合作组织上下功夫,实现龙头带基地、基地促龙头、农民增效益的良性互动。

(六) 科学发展,必须因地制宜地发展特色产业

优势地区加快发展,必须从本地的实际出发,着眼于发挥自身的优势和潜力,开发优势资源,走发展特色产业的路子。2003年以来,林芝地区提出了要大力发展特色农牧业、生态旅游业和藏药业,这是林芝地区的三大特色产业。今后的关键是把特色产业做大做强,形成新的经济增长点。发展特色农牧业,面向市场、依靠科技,加大结构调整力度,多生产优质、高效的特色农牧产品。

林芝地区最大的优势在旅游,旅游的特色在自然生态。我们有雅鲁藏布大峡谷、国家森林公园、国家地质公园等一大批品位高、密度大、在国内外享有较高知名度的旅游资源。这些旅游资源是吸引游客的巨大磁石,是子子孙孙的不竭财源,是林芝全面建设小康社会的叩门砖。我们要努力把林芝建设成集山水风光、工布民俗风情、历史文化于一体的旅游胜地。所以在今后的工作中,一定要采取措施,抓好落实,努力实现旅游业发展的"三突破"即:实施"政府主导、社会投入、市场运作"的发展战略,进一步完善旅游资源开发机制,提高旅游资源开发品位,加大资金投入力度,实现旅游资源开发的新突破;建立和完善"政企联手、部门联合、上下联动"的旅游宣传促销机制,打造"雅鲁藏布大峡谷旅游"品牌,树立林芝旅游整体形象,实现旅游市场开发的新突破;紧紧围绕旅游开发要素,开发具有工布特色的旅游商品,整合文化、艺术、娱乐、餐饮等资源,把旅游开发与建设藏东南生态旅游城市紧密结合起来,实现旅游整体质量的新突破。随着林芝机场的通航和青藏铁路的建成,林芝地区成为旅游胜地的条件将逐步具备。我们要充分利用林芝独特的旅游资源,不断加大生态环境和人文景观的保护力度,深度开发国内外市场,大力建设具有

时代特征、牵动作用大、科技含量高、参与性强、四季皆宜的旅游工程，变"淡季"为"旺季"，形成具有林芝特色和优势的旅游经营环境。

林芝是藏药材的聚集地，林下资源十分丰富。要突出重点、突出特色，积极推进产业化，形成规模，形成品牌，形成效益。我们一定要充分利用林芝地区藏药材品种比较齐全、资源十分丰富的优势，依托奇正藏药厂、诺迪康药业有限公司、宇拓藏药有限公司等在林芝地区办厂的机遇，引进、运用先进技术和工艺，加快藏药产品的开发与生产，特别是新剂型、新品种的开发。要加快建立特色藏药材生产基地，并与藏药企业相衔接，建立药材基地和商品货源基地。利用独有的气候、地理优势，研究、生产"绿色药材"，推行"公司+基地+农户"的生产模式，积极发展药材精加工、深加工，使藏药材资源优势尽快转化为经济优势，逐步实现种植、加工、包装、销售一体化，提高药材质量，增加产品附加值。依托"一园一带一基地"建设，重点抓好生物科技产业园区的规划和建设，发展壮大园区经济，尽快实现从单兵突进到产业集群的历史性转变。

四　优势地区加快发展，关键要构建和谐林芝

新时期、新阶段，优势地区加快发展，构建和谐林芝，要自觉做到"七个坚持"。

（一）构建和谐林芝，要坚持以科学发展促进和谐

发展是硬道理，是党执政兴国的第一要务，也是社会和谐之根基。发展与和谐是互为因果的，因为和谐而发展，又因为发展而和谐。社会矛盾和问题的存在，重要原因是经济不发达、社会不进步，要解决这些矛盾和问题，只有采取发展的办法。而发展又必须讲科学，不科学的发展，不仅不会带来和谐，反而造成不和谐。因此，我们要率先发展、加快发展，必须坚持以人为本、树立全面协调可持续的科学发展观来促进和谐。

（二）构建和谐林芝，要坚持以发扬民主促进和谐

社会和谐离不开社会政治民主。民主有利于统筹各方，广纳群言，兼顾利益；有利于调动各方面的积极性，化消极因素为积极因素，团结一切可以团结的力量，形成生动活泼的政治局面；有利于我们做到科学执政、民主执政、依法执政，提高党的执政能力。发展社会主义民主政治，保证

人民群众依法行使民主权利，使人民群众和各方面的积极性、主动性、创造性更好地发挥出来，促进各种社会政治关系的和谐，是构建社会主义和谐社会的重要保证。

（三）构建和谐林芝，要坚持以搞好法治促进和谐

社会不稳定、不和谐的原因，有相当一部分问题是出在法治上，也就是说没有严格地依法办事、依法办案，有的是因为漠视法制，法律意识淡漠。因此，要实现和谐，必须加强法制建设。构建社会主义和谐社会，必须健全社会主义法制，落实依法治国的基本方略，充分发挥法制在促进、实现、保障社会和谐方面的重要作用。要加强法制宣传教育，传播法律知识，弘扬法制精神，增强全社会的法律意识，形成法律面前，人人平等、人人自觉守法用法的社会氛围。

（四）构建和谐林芝，要坚持以增进团结促进和谐

团结出战斗力，团结出生产力，团结也是和谐的前提。社会是个大家庭，社会要和谐，要求大家庭的每一个成员都要以团结为重，和睦相处。从大的方面讲，党政军要团结，党群要团结，军民要团结，民族要团结（汉族与藏族要团结，藏族与汉族要团结，少数民族之间也要团结）。从小的方面讲，邻里要团结，人与人之间要团结。只有这样才能达到全社会的团结与和谐。

（五）构建和谐林芝，要坚持以弘扬文明促进和谐

文明与和谐密不可分，社会和谐是社会文明的标志，社会文明是社会和谐的基础。发展社会主义先进文化，建设社会主义精神文明，是提高全民族的素质、构建社会主义和谐社会必不可少的智力支持、精神动力和思想保证。很多不和谐的问题，根源于不文明。所以要在全社会广泛开展社会公德、职业道德、家庭美德的教育，在农牧民群众中积极倡导爱国守法、明礼诚信、团结友善、勤俭自强、敬业奉献的基本道德规范，培养良好的道德品质和文明风尚，在农牧区深入扎实地开展"美在农家、学在农家、乐在农家、富在农家"的精神文明创建活动，用文明开路来促进和谐。

（六）构建和谐林芝，要坚持以兼顾公平促进和谐

不公平是不和谐的原因之一。各级党委、政府要把群众的利益放在首位，切实维护好最广大人民群众的根本利益，采取得力措施，建立长效机制，为社会的公平创造良好的条件和环境。现在收入差距拉大，城乡差别

扩大，分配不公等严重影响社会和谐。林芝现有16万人口，其中，农牧民有11万人口，去年农民人均纯收入达2846元，是近年来增长最快的一年，但与城市居民收入相比差距仍较大。近年来，发展劳务经济，加大劳务输出力度，是地委、行署所大力提倡的，更是当地农牧民增加现金收入的有效途径之一，我们要采取加强培训、提高劳动力的竞争力、加强有组织地输出等措施，切实维护务工农民的权益，维护稳定，促进和谐。

（七）构建和谐林芝，要坚持以解决矛盾促进和谐

一要选好"切入点"。解决社会矛盾，应当从处理好党和政府同人民群众的关系入手。结合先进性教育活动的开展，从群众反映最强烈的问题改起；从群众最关心的事情做起；从融洽与群众的感情上着力。二要把握"关键点"。把握关键点是我们常讲的要善于抓主要矛盾和矛盾的主要方面。具体来说，就是要根据诱发矛盾的主要起因，有针对性地采取措施，尽量从源头上减少矛盾的产生。三要抓好"着力点"。抓好着力点是要着力提高新形势下处理和化解社会矛盾的能力。处理和化解社会矛盾的工作，其实质是做群众工作。所以我们要不断提高新形势下处理和化解社会矛盾的能力，提高做好新形势下群众工作的能力。

五 优势地区加快发展，关键要坚持"实干兴地"

坚持实干兴地是一种政治品格，是一种工作作风，也是一种执政能力。各级党政组织必须把坚持"实干兴地"作为重要职责，大力弘扬"负重奋进、务实开拓、团结拼搏、敢于率先"的林芝精神，深谋讲实干之举，大兴争一流之风。坚持"实干兴地"，就是要认识规律，把握规律，严格按客观规律办事。林芝地区作为优势地区，要加快发展，必须坚持科学精神和科学态度，不断认识规律，把握规律，科学民主地作出符合实际和规律的决策，严格按规律办事，在实践中开辟加快发展的新路；坚持"实干兴地"，就是要一切从实际出发，创造性地开展工作。各县、各部门、各单位的情况千差万别，即使同一地方、同一部门、同一单位，不同时期也会有不同的情况，不能拿一个框子去生搬硬套。必须正确认识区情、地情，结合实际贯彻落实区党委和地委的决策部署，明确改革发展的目标任务，制定相应的政策措施，采取正确的方法步骤，把人心和力量凝

聚起来，把干部群众的积极性、创造性充分发挥出来；坚持"实干兴地"，就是要以强烈的使命感、责任感、事业心，把区党委关于优势地区加快发展的要求切实落到实处。抓落实，要有一股狠劲、一股韧劲，敢于碰硬，敢啃硬骨头，看准的事要抓住不放，一抓到底，不见成效决不罢休。抓落实，要把维护和实现最广大人民的根本利益作为一切工作的出发点和落脚点，从人民群众最现实、最关心、最直接的问题抓起，使人民群众在加快发展中不断得到越来越多的实惠。抓落实，要坚持统筹规划、从长计议、量力而行、分步实施，不提脱离实际的高标准，不喊哗众取宠的空口号，不搞劳民伤财的假政绩；坚持"实干兴地"就是要讲实话、鼓实劲、办实事、求实效。讲实话，就是要有一说一、有二说二，有喜报喜、有忧报忧。要光明磊落、忠诚老实，以对党和人民高度负责的精神讲实话，以科学精神和科学态度讲实话。要让讲实话的人"吃香"，让讲假话、虚话的人没市场。鼓实劲，就是要确定目标、制定规划、出台政策、部署工作、坚定信心、鼓舞斗志，坚持统筹兼顾、积极稳妥。那些脱离实际、好高骛远的"假、大、空"，不计成本、哗众取宠的"形象工程"，急功近利、贻害无穷的"政绩工程"，各种各样的形式主义、官僚主义，都必须坚决反对。办实事，就是要把各项工作落到实处，一诺千金，言出行随，说到做到，多做少说。成事之要在于实干，不干，半点马列主义也没有。有的人贪图安逸、无所作为，喊得多、干得少；有的人满足现状、不思进取，"以会议落实会议，以文件落实文件"；有的人心浮气躁，好大喜功，做表面文章，干面子活，这些都是不干实事的表现，极不可取。求实效，就是要在解决改革发展稳定的重点难点问题和切实关心群众利益上下真功夫、见真成效。

六 优势地区加快发展，关键要加强党的建设

办好林芝的事情，关键在党，关键在人。就是要更加重视各级领导班子和干部队伍建设，发挥好地方党委的政治核心作用，基层党组织的战斗堡垒作用和共产党员的先锋模范作用。

（一）加强领导班子和干部队伍建设，切实提高领导水平和执政能力

要把党的思想理论建设放在首位，不断把学习贯彻"三个代表"重

要思想引向深入。要坚持德才兼备、注重实绩、群众公认的原则，认真贯彻执行《干部任用条例》，把德才兼备、实绩突出和群众公认的优秀人才选拔到领导岗位上来，注重培养选拔优秀年轻干部和党外干部、妇女干部。要突出抓好领导班子思想政治建设，开展创建"团结、干事、开拓、廉洁"好班子活动，引导各级领导班子、领导干部树立和落实科学发展观和正确的政绩观、群众观，把提高执政能力体现和落实到具体工作中去。要建立健全科学的领导体制和工作机制，完善领导班子的议事和决策机制，健全集体领导和个人分工负责相结合的制度，提高决策的科学化、民主化水平，从而不断提高领导班子和领导干部的执政能力。

（二）加强基层党组织建设，充分发挥战斗堡垒作用

党的基层组织是党全部工作和战斗力的基础。全地区各级党组织一定要按照"抓基层、打基础"的要求，不断拓宽新时期党组织活动的内容，建立健全党在基层的活动网络，逐步完善以乡镇党委为核心、以村党支部为基础、以各级党组织为网络、以全体党员为主体、社会团体及农牧民群众共同参与的党建新格局。要加强农牧区发展党员工作，特别注意在那些长期没有发展党员、党的力量比较薄弱的乡村发展党员，进一步壮大党的力量。要本着围绕经济抓党建、抓好党建促经济的原则，认真搞好"双向"培养活动，努力把党员培养成为致富能手，把致富能手培养成为党员，把致富能手中的党员培养成为村干部，把优秀的党员村干部培养成为村党支部书记，不断提高全体党员带领群众脱贫致富的本领。与此同时，要在全地区探索性地开展"百干扶百村、千干扶千户"的扶贫脱贫新机制，把开展先进性教育活动和"进百家门、知百家情、暖百家心、解百家难、帮百家富"活动以及"领导挂点、部门包村、干部包户、党员蹲点"等制度有机地结合起来，进一步增强党的执政能力建设。

（三）加强党风廉政建设，深入开展反腐败斗争

要认真落实党风廉政建设责任制，标本兼治、综合治理、惩防并举、注重预防，努力探索建立健全教育、制度、监督并重的惩治和预防腐败体系和工作机制。以实际行动，自觉做到以解决群众反映的突出问题为重点，坚决纠正损害群众利益的不正之风；以查处领导干部中滥用权力、谋取私利的违法违纪案件为重点，严厉惩处腐败分子。要加强示范教育和警示教育，表彰勤政廉政典型，督促各级党员尤其是领导干部加强党性修养，牢记"两个务必"，自觉做到"八个坚持、八个反对"。

要加强廉政法制建设，真正形成用制度规范从政行为、按制度办事、靠制度管人的有效机制，使党的各级组织和党员干部的权力受到有效的监管和制约，从源头上预防和治理权力腐败，不断提高党风廉政建设和反腐败斗争的成效。

（2005年6月3日讲稿）

开展"树援藏干部形象"活动有感

前不久，中共中央政治局委员、中央组织部部长贺国强同志、西藏自治区党委领导分别就广东、福建两省援藏干部在先进性教育活动中开展"树援藏干部形象"活动作出重要批示。贺国强同志批示："粤闽援藏干部结合援藏工作实际，开展'进藏为什么？在藏干什么？在藏得什么？离藏留什么？'的专项活动保持共产党员先进性，很有针对性，体现了见实效的精神。"自治区党委领导批示："广东、福建两省援藏干部在地委领导下，围绕开展保持共产党员先进性教育活动，广泛开展'树援藏干部形象'的教育，有特色、有针对性，望注意总结。"两省援藏干部应认真学习、深刻领会批示精神，进一步增强责任感和使命感，切实把思想和行动统一到中央和区党委的部署要求上来，从实践"三个代表"重要思想、加强党的执政能力建设的高度，结合正在开展的保持共产党员先进性教育活动，进一步增强开展"树援藏干部形象"活动的积极性、主动性和创造性，做到"六个树立"，不断把学教活动引向深入。

第一，树立政治立场坚定的良好形象。在西藏，坚决反对分裂、维护祖国统一和民族团结，是广大人民群众根本利益之所在，是压倒一切的政治任务，也是对一名党员干部最起码的要求。进入"后达赖时期"，反分裂斗争出现了一些新情况、新问题，形势更加错综复杂，斗争更加尖锐激烈，较量更加惊心动魄。全体援藏干部应充分认识反分裂斗争的长期性、复杂性和尖锐性，坚定政治立场，加强党性修养，时刻保持清醒的头脑，切不可麻痹大意、掉以轻心，更不能丧失警觉、上当受骗，切实增强政治敏锐性和鉴别力。自觉在政治上、思想上、行动上与党中央、区党委和地委保持高度一致，自觉做到认识不偏差、思想不含糊、态度不暧昧、行动不摇摆。

第二，树立执政为民的良好形象。有牢固的群众观点，才能有扎实的为民行动。全体援藏干部应牢固树立人民群众是历史创造者的观点、全心全意为人民服务的观点、权力是人民赋予的观点、对党和对人民负责的观点、群众利益无小事的观点。坚持个人利益永远服从于党和人民的利益，坚持把实现好、维护好、发展好林芝最广大人民群众的根本利益作为各项工作的出发点和落脚点，切实把心思用在工作上，情感贴在民心上，作风落实在求实上，成绩记在集体上，立党为公、执政为民，切实做到情为民所系、权为民所用、利为民所谋。

第三，树立艰苦奋斗的良好形象。艰苦奋斗必须注重实干。要脚踏实地、埋头苦干，杜绝一切形式主义，做艰苦扎实、深入细致的工作，以真抓实干的工作作风承诺和践行对党和国家、对人民的责任和使命。艰苦奋斗必须尊重科学，尊重具体的工作原则和运行规律，使艰苦奋斗不仅成为思想上的宝贵财富，而且也成为在工作中的理性行为。艰苦奋斗必须讲求实效，要把群众是否真正受益、得实惠作为艰苦奋斗的重要标准来衡量，切实做到奋斗过程与奋斗效果的辩证统一。与此同时，还要牢固树立长期艰苦奋斗的思想，多思多想，多谋善断，集思广益，努力提高自身素质，以昂扬的精神状态保持共产党员的先进性。

第四，树立团结协作的良好形象。团结是我们做好一切工作的重要前提和根本保证。团结出凝聚力、战斗力、生产力。讲团结，事关改革发展稳定大局，是一个重大的政治问题。每个援藏干部都要以党和人民的事业为重，视团结为生命，既讲党性原则，也讲感情友谊，工作上互相理解、互相支持，求同存异，同心协力。要带头贯彻民主集中制，带头发扬民主，带头执行决议，带头加强沟通，带头以诚相待，大事讲原则，小事讲风格。要用自身的实际行动，自觉地做到与受援单位领导班子成员真正成为政治上志同道合的同志，思想上肝胆相照的知己，工作上密切配合的同事，生活上相互关心的挚友。同时，还要注重援藏干部内部之间的团结，注重两省援藏干部之间的团结，讲党性、顾大局、齐心协力、步调一致，共同做好对口援藏工作。

第五，树立廉洁自律的良好形象。要牢记"两个务必"和"为民、务实、清廉"的要求，树立"自重、自省、自警、自励"意识。"自重"，就是要充分认识自己的价值，不人云亦云或随波逐流，廉洁奉公、勤政为民、艰苦创业、无私奉献；"自省"，就是要自觉地以道德修养的标准和行为规范为镜子，对照检查自己的思想灵魂和言行举止，及时改正自身的缺点和错误;"自警",就是要自我告诫、警钟长鸣,充分认识新形势对我们的严峻考验,居安思危,严格要求自己,严厉约束自己,时刻警示自己。"自励",就是要始终坚持用高标准激励自己,追求远大的人生理想和崇高的精神境界,要志存高远,激流勇进,做到无愧于历史,无愧于党和人民,无愧于这个时代。

第六,树立求真务实、与时俱进的良好形象。一是要继续发扬解放思想、实事求是的精神。要坚持一切从实际出发,使思想和实际相符合,使主观与客观相一致,坚持把解放思想、实事求是贯穿于援藏工作的全过程。二是要继续发扬紧跟时代、勇于创新的精神。要善于把握客观情况的变化,及时总结和研究援藏工作中的新情况、新问题,不断从实践中汲取营养,改进工作。三是要继续发扬知难而进、一往无前的精神。要勇于面对工作中可能出现的各种艰难险阻,以乐观的姿态、顽强的精神、科学的态度、正确的方法战胜困难和挑战。四是要继续发扬实干兴地、务求实效的精神。要大力倡导讲实话、办实事、求实效的风气,在解决改革发展稳定的重点、难点问题和切实关心群众利益上下真功夫、见真成效。五是要继续发扬淡泊名利、无私奉献的精神。在行动上要一身正气、两袖清风,堂堂正正;在工作上要任劳任怨,不计名利得失,不计荣辱进退,吃苦在前,享受在后。

当前,林芝地区正处于率先全面建设小康社会的关键时期,援藏工作责任重大,使命光荣。援藏工作者们要以中央和区党委领导同志的重要批示为契机,以更加饱满的热情,更加务实的作风,扎扎实实地开展好"树援藏干部形象"学习教育活动,不断加强援藏干部的自身建设,确保教育活动取得实效,为林芝地区加快发展和率先全面建设小康社会做出援藏干部应有的贡献。

(2005年6月8日讲稿)

关于坚持和完善人民代表大会制度的思考

坚持和完善人民代表大会制度，加强和改进人大工作，是发展社会主义民主政治、建设社会主义政治文明的必然要求；是依法治国、建设社会主义法治国家的必然要求，也是保证人民当家做主、实现党和国家长治久安的必然要求。新的形势下，加强和改进人大工作，必须充分认识坚持和完善人民代表大会制度的极端重要性，毫不动摇地坚持、完善人民代表大会制度，努力使社会主义民主更加完善，社会主义法制更加完备，依法治藏方略得到全面落实。

加强和改进人大工作，是坚持我国根本政治制度的必然要求。人民代表大会制度是我们党领导人民在长期的革命和实践中，把马克思主义基本原理同中国国情相结合，进行人民政权建设的经验总结，是我们党坚持以马克思主义为指导，在国家制度上的伟大创造，这是党领导人民当家做主的最好组织形式。党的十一届三中全会以来，人民代表大会制度得到了进一步坚持、完善和发展，形成了以宪法为核心的民族区域自治法、组织法、选举法等社会主义法律体系。它从国家政权形态上确认了人民当家做主的地位，从组织上体现了人民是国家的主人，从制度上保证了人民行使管理国家事务的权利。它体现了社会主义的本质特征和核心内容，是我们党对国家事务实施领导的一大特色和优势。人民代表大会制度正式建立以来，通过半个世纪的实践，特别是改革开放20多年来的实践，充分说明这个制度符合中国实际，体现人民意志，得民心，顺民意，有利于国家兴旺发达。人民代表大会制度作为我国的根本政治制度，在发展社会主义民主政治、保证实现人民当家做主方面表现出了巨大的优越性。

加强和改进人大工作，是推进依法治地、率先全面建设小康社会的迫切需要。党中央把依法治国确定为党领导人民治理国家的基本方略，这是我们党领导方式和执政方式的深刻变化和重大发展，标志着我国社会主义民主法制建设进入了一个新的历史时期。依法治国是发展社会主义市场经济的客观要求，具体到地方，就是依法管理好本行政区域内的政治、经济、文化事业和社会生活。我们要实现优势地区加快发展和率先全面建设小康社会的奋斗目标，进一步深化改革，扩大开放，加快发展，就必须十分重视发挥人大的作用。支持人大及其常委会严格依照宪法和法律以及民族区域自治法的规定，依法行使权力、履行职责。保证人大正确行使对重大事项的决定权，不断推进决策的民主化和科学化，更好地把党的主张通过法定程序转化为国家意志，并成为全体人民的共同行动；加强与代表和人民群众的联系，畅通民主渠道，汇聚人民智慧，最大限度地调动各族人民群众的积极性和创造性，顺利推进全面建设小康社会的进程。

加强和改进人大工作，是密切党群关系的重要形式。人大及其常委会作为人民行使管理国家权力的机关，行使各项职责都与践行"三个代表"重要思想密切相关。人民代表大会制度通过人民代表对国家事务的广泛参与，代表人民的利益和群众的呼声。牢固树立全心全意为人民服务的宗旨，保持党同人民群众的血肉联系，是我们党坚持立党为公、执政为民的本质要求。人民代表大会是党了解民情、反映民意、集中民智的重要桥梁和纽带。

党的十六大报告明确指出，要坚持和完善人民代表大会制度，保证人民代表大会及其常委会依法履行职能，保证立法和决策更好地体现人民的意志。所以，我们必须自觉地把保证和支持人大依法行使职权，作为加强人大工作的重要内容，各级人大及其常委会也要在自觉接受党的领导的前提下，认真履行职责，做到"五个加强"，努力把人大工作提高到一个新的水平。

（一）加强法律监督和工作监督

人大及其常委会的监督，是作为国家权力机关的最高层次的监督，也是最具法律效力的监督。这种监督既是一种对权力的制约，又是对"一府两院"工作的支持和促进。要妥善处理好人大和"一府两院"的关系。从本质上讲，人大及其常委会与"一府两院"都是党领导下的国家机关，分工不同，但目标是一致的。因此，人大与"一府两院"，虽然是监督与被监督的关系，但必须注意相互补台，相互支持，监督从本质上讲就是补台和支持。所以，各级人大及其常委会要围绕改革、发展、稳定的大局和地方事务中重大而长远的事项，有重点地加强对"一府两院"的监督。

同时要尊重他们的职权，不干涉、不代替"一府两院"的行政工作和司法活动。要不断强化人大及其常委会监督主体意识，规范监督范围，改进监督方法，拓宽监督渠道，把对法律、法规实施情况的监督放在重要位置，坚持有计划地开展执法监督检查，重点解决好有法不依、执法不严、违法不究和以权代法、贪赃枉法等问题。把社会反映的热点、难点问题作为监督工作的重点认真抓好，确保党的路线方针政策和各级党委的安排部署得到贯彻落实。

（二）加强和完善民主决策机制

依法决定重大问题，是各级人大及其常委会的一项重要职权，也是实现党的领导和人民当家做主有机结合的有效形式。各级党委应支持人大及其常委会依法行使重大问题的决定权，完善深入了解民情、充分反映民意、广泛集中民智、切实珍惜民力的决策机制，推进决策科学化、民主化。各级人大在行使重大问题决定权时，把人民当家做主和党的意图有机结合起来，围绕党委的重大工作部署，选择人民群众最为关心的经济社会发展中的重要问题，通过法定程序适时作出决定，由政府组织实施。各级政府和同级人民法院、人民检察院，要认真贯彻执行人大的决议、决定。同时，一年一度的代表大会是人民代表集体行使决定经济和社会发展重大事项的权力，履行管理经济、政治、文化和社会各项事业职责的重要活动，平时代表们居住分散，集体行使职权的机会很少，应该安排充分的时间让他们行使法律赋予自己的权力，而绝不能以时间紧、工作忙、资金紧为理由，影响代表依法履行管理国家社会事务、管理经济和文化事业的职责。

（三）加强和改进选举任免程序

民主选举和依法任免国家机关工作人员，是社会主义民主的重要内容。要在坚持党管干部原则的前提下，严格按照法律和有关规定，实现党内工作程序和人大及其常委会法定程序的有机结合。对应由人代会选举的干部，要提交大会充分酝酿讨论，依法组织好大会选举；对应由人大常委会任免的干部，党委应向人大常委会党组通报推荐人选的情况和推荐理由。各级人大都必须坚持和维护党管干部的原则。党委经过认真考核，把合格的行政、司法干部人选推荐给人大，由人大依法选举、任免，这体现了党的领导和依法办事相结合的原则。党委推荐人选是经过充分酝酿，并在组织部门严格考察后，由党委集体讨论决定的。所以，应当相信党委，尊重党委，同时也要严格按照法律程序办事。

（四）加强调查研究工作

调查研究是人大工作的基本方法，是做好人大工作的基本功。地方人大的地位和性质决定了人大工作必须认真搞好调查研究。没有调查研究就不可能正确行使宪法和法律赋予人大的职权。若胸中无数，缺乏依据，盲目拍板，导致决策失误是非常有害的。审议报告时就报告论报告，仅作表态性发言，或发言抓不住事物的本质，提不出有见解的意见、建议，是不能提高审议质量的。这就需要人大工作者一定要深入基层、深入群众，加强调查研究，倾听群众呼声，反映群众意见，努力为群众排忧解难，充分发挥人大及其常委会联系群众、反映民意、解决矛盾的主要民主渠道作用。在履行职责的各项工作中，要坚持体现人民的意愿和要求，代表和维护人民的根本利益。要认真受理人民群众来信来访和申诉、控告、检举，切实负责地督促和解决反映出来的重大问题。人大工委要配合地方有关职能部门妥善解决和处理好拖欠农民工工资、劳务纠纷和执法不公等方面的申诉、控告，及时化解社会矛盾。要坚持廉洁自律，坚决反对腐败，维护国家机关的良好形象。克服形式主义和官僚主义，关心群众疾苦，切实维护人民群众的权益，努力为群众办实事、办好事。

（五）加强乡镇人大工作

乡镇是我国最基层的一级政权组织，加强乡镇人大闭会期间的日常工作，对于推进基层民主法制建设，把大量的人民内部矛盾解决在基层，具有极大的现实意义。工作中，一是要切实改变对县以上人大工作关注多、研究多、宣传多，而对乡镇人大的重视不够的现象，彻底扭转乡镇人大形同摆设的局面。二是要加强乡镇人大工作制度建设。乡镇人大上有上级人大及其常委会，下又直接面对群众，工作涉及范围广、任务重。乡镇人大必须结合各自实际，创造性地将实践中积累的经验变成工作制度，有效地行使职权，提高效率，充分发挥作用。三是要按照组织法的规定和要求，严格执行乡镇换届选举相关规定，规范法律程序和工作程序，依法认真履行宪法和法律规定的职权。四是要积极有效地开展乡镇人大的监督工作。各乡镇人大闭会期间，要积极组织代表活动，既要有组织、有计划地对乡镇政府领导开展述职评议，又要有重点、有针对性地对一些行政村贯彻执行《村民委员会组织法》的情况进行执法检查，把乡镇人大对事的监督和对人的监督结合起来，增强监督的力度和效果。五是要增强乡镇人大工作的自信心和战斗力。各县级人大常委会要把加强对乡镇人大工作的指导提上重要议事日程，列入每年的工作计划，分阶段、有计划地推进乡镇人大工作。开展执法检查、工作评议等工作时要做到上下联动、共同实施。乡镇人大组织开展大规模、有力度的监督活动，上级人大常委会要派人现场指导。各县级人大常委会要定期或不定期地召开本县乡镇人大工作经验交流会，同时逐步建立乡镇人大工作考评办法，建立和完善乡镇人大工作激励机制，对人大工作开展卓有成效的乡镇给予表彰，对工作热情高，具有开拓创新精神的人大工作者给予奖励。

坚持和依靠党的领导，是人大工作坚持正确方向的前提，是做好人大工作的根本保证，是任何情况下都不可动摇的一条原则。各级党委应高度重视新形势下的人大工作，切实加强和改善党对人大工作的领导。

第一，要把人大工作提上重要议事日程。人大工作是党的全部工作的重要组成部分，各级党委都应该把人大工作列入总体布局，统一部署，抓好落实。工作中，凡是重大活动、重要会议都要有人大领导参加；涉及全局的重大决策应事先征求人大的意见；重大问题、重点项目建设都要自觉地接受人大依法监督。要健全党委领导人大工作的制度和机制，根据各自的经济社会发展情况，按照人大的职权范围和工作方式，向本级人大常委会党组提出任务和要求，并加强督促检查，抓好工作落实。要定期听取人大工作汇报，了解掌握人大工作情况，讨论研究人大工作中的重大问题。要保证党委始终发挥总揽全局、协调各方的领导核心作用，确保民主与法制建设必须在党的领导下进行。

第二，要不断加强代表工作。各级人大代表，是各级地方国家权力机关的组成人员。代表整体素质如何，作用发挥得如何，直接关系到人大工作的成效。加强和改进代表工作，不仅是各级人大及其常委会的职责，也是各级党委的重要责任。各级党委在推荐人大代表人选工作中，要注重代表的政治业务素质和依法行使代表职权的能力，把代表的广泛性和先进性结合起来，逐步改善代表结构，提高代表素质。要建立健全代表培训制度，进一步增强代表人民当家做主的意识，密切保持同人民群众的联系。要组织代表深入了解民情，积极反映民意，做人民的忠实代言人。担任各级领导职务的代表，要积极参加代表活动，带头履行好代表职责。

第三，要加强对人大工作的宣传。各级党委以及宣传舆论部门，要把对人大制度和人大工作的宣传，作为党的宣传工作的一项重要任务，本着贴近实际、贴近群众、贴近生活的"三贴近"方针，加强对人大制度和民主法制的宣传。所谓"贴近实际"，就是要贴近人大工作的实际，贴近人大及其常委会行使职权的实际，贴近民主法制建设的实际，贴近人民当家做主的实际；所谓"贴近群众"，就是要在宣传内容、形式、手段上便于群众接受，要吸纳群众有序参与人大宣传工作，以群众的评价为人大宣传工作的根本标准；所谓"贴近生活"，就是要善于寻找人大宣传工作与人民群众现实生活的最佳结合点。要采取多种方式和渠道，在全地区广大干部群众中广泛宣传人民代表大会制度的优越性，宣传人民代表大会制度的地位和作用，宣传人大及其常委会的工作。

第四，要重视人大及其常委会的自身建设。加强人大及其常委会的自身建设，是加强和改进人大工作的一项重要内容。各级党委应该高度重视人大及其常委会的自身建设，使人大常委会的人员构成、机构设置、工作条件与担负的责任和任务相适应。要根据人大的工作性质和工作特点，进一步优化人大常委会和工作委员会班子的年龄、知识和专业结构。要高度重视和解决人大工作中存在的实际困难和问题，认真调查研究，重点改善基层人大基础设施和办公条件，从经费保障、基础建设、代表的生活待遇等方面，建立健全工作保障机制，确保人大工作顺利运转。各级人大及其常委会，要大力推进工作制度化、规范化进程。各级人大常委会组成人员，要自觉加强政治理论和法律业务知识的学习，特别是要加强对宪法和法律的学习，努力提高各级人大及其常委会组成人员特别是新进人大工作的同志依法行使职权的水平和能力。要通过深入地学习，认清自己所肩负的重大责任和历史使命，增强做好人大工作的光荣感和使命感，以与时俱进的思想观念和奋发有为的精神状态，切实履行好自己的神圣职责，全身心地投入人大工作中。要按照干部"四化"方针和德才兼备的原则，努力建设一支具有坚定的政治方向、较高的法律素养、密切联系人大代表和人民群众的干部队伍。

第五，人大及其常委会要自觉接受党委的领导。坚持党的领导是人大行使职权、开展工作的根本保证。各级人大及其常委会必须强化坚持党的领导的观念，把坚持党的领导同充分发扬民主、依法行使职权有机地统一起来，自觉接受党委的领导，服从党委的决定。在积极履行宪法法律赋予的职权时，要善于把党的主张通过法定程序变为国家意志，动员人民去贯彻执行。要服从、服务于党委工作大局，围绕党的中心工作安排和部署人大工作。人大常委会组成人员中的党员和人大代表中的党员，要把对党负责和对人民负责统一起来，坚决贯彻党的路线方针政策，坚决执行党委的决议、决定，充分发挥先锋模范作用，保证党的主张和意图顺利实现。

（2005年7月6日讲稿）

西藏自治区成立 40 周年有感

1965 年 9 月 1 日，西藏自治区第一届人民代表大会第一次会议在拉萨隆重召开，宣告西藏自治区正式成立，标志着西藏建立了人民政权。西藏自治区的成立，是西藏社会历史发展的必然趋势，是西藏各族人民梦寐以求的迫切愿望，是马克思主义民族理论与西藏民族问题实际相结合的产物，是中国共产党解决民族问题的伟大创举，是西藏历史上社会制度跨度最大、最广泛、最深刻、最彻底、最先进、最根本的伟大变革。

40 年来，在中国共产党的正确领导下，西藏实现了社会制度的历史跨越，取得了社会主义革命、建设和改革开放事业的辉煌成就。党的十三届四中全会以后，西藏经历"一个转折点、两个里程碑"的生动实践，进入了经济发展最快、社会局势稳定时间最长的好时期。国民经济稳健运行，农牧业生产蓬勃发展，基础产业迅猛兴起，改革开放力度加大，第三产业方兴未艾，通信手段显著改进，城镇建设日新月异，生态建设不断加强，和谐西藏正在形成，一个全新的社会主义新西藏巍然屹立在世界屋脊，展现出政通人和、百业俱兴、经济发展、社会进步、民族团结、局势稳定、边防巩固、人民安居乐业的强大生命力。

西藏自治区成立 40 年，是中国共产党领导西藏各族人民翻身解放、扬眉吐气、当家做主的 40 年；是在党中央关怀、全国支援下，全面建设社会主义政治、经济、文化和社会各项事业的 40 年；是西藏社会生产力空前解放和提高、经济社会跨越式发展、社会财富日益丰富的 40 年；是西藏优秀传统文化得到弘扬、社会主义先进文化不断发展、社会各项事业日新月异的 40 年；是西藏各族人民得到实惠、生活水平显著提高的 40 年。

西藏 40 年来的发展进步充分说明，没有中国共产党就没有社会主义新西藏，就没有社会主义新林芝。坚持党的领导，坚持走社会主义道路，坚决维护祖国统一和民族团结,是西藏繁荣昌盛的政治保证;高举邓小平理论和"三个代表"重要思想伟大旗帜,坚持党的基本路线和新时期西藏工作指导方针,解放思想、实事求是、与时俱进,是西藏改革发展稳定的思想基础;坚持以经济建设为中心,把中央的路线、方针、政策与西藏实际紧密结合,大力推进改革开放,不断解放和发展社会生产力,是振兴西藏的必由之路;巩固和发展平等团结互助的社会主义新型民族关系,促进各民族共同繁荣进步,紧紧依靠广大人民群众,调动一切积极因素,是西藏各项事业发展进步的力量之源、胜利之本。

40年来,特别是林芝地区恢复成立20年来,我们坚定不移地贯彻落实党的民族宗教政策和民族区域自治制度,各族人民在政治、经济、文化和社会生活各个方面依法行使权力,巩固发展了平等、团结、互助的社会主义新型民族关系。大力培养少数民族干部,一大批内地干部来到林芝工作,以藏族为主体的干部队伍茁壮成长,在改革开放、经济建设、维护稳定中充分行使宪法和法律赋予的自治权利,以主人翁的姿态积极参与管理国家和地方事务,为实现林芝经济社会的跨越式发展发挥着极其重要的作用。尊重信教群众的宗教信仰自由,依法加强对宗教事务的管理,巩固和扩大寺庙爱国主义成果,大力宣传科学与文明,逐步淡化宗教的消极影响,积极引导宗教与社会主义社会相适应。各族人民在林芝社会主义革命和建设事业中,互助友爱、相濡以沫、情同手足。

40年来,特别是林芝地区恢复成立20年来,我们始终把加快经济发展、改善人民生活、实现各民族共同繁荣进步作为各项工作的根本出发点和落脚点,在发展经济、治穷致富等方面做了大量的工作。中央第三、第四次西藏工作座谈会召开以后,地委、行署团结带领全地区各族人民,以邓小平理论、"三个代表"重要思想和党的基本路线为指导,不断解放思想、实事求是、与时俱进,开创了经济快速发展、社会明显进步的新局面。地区生产总值连续10年保持在15%以上的发展速度,经济发展基础逐步夯实,农业基础地位不断增强,产业经营迈出重大步伐,国有企业焕发勃勃生机,民营企业稳步发展壮大,第三产业尤其是民俗旅游业快速成长,城乡居民收入大大提升,人民生活水平大大提高,生活质量显著改善,实现了由贫困走向温饱、由温饱迈入小康的历史性转变。

40年来,特别是林芝地区恢复成立20年来,我们坚持稳定压倒一切的思想,抓住分裂与反分裂这个维护稳定工作的主要矛盾,坚定正确的政治方向、政治立场、政治观点，对一切苗头性、倾向性问题，保持高度的政治鉴别力和政治敏锐性，有针对性地做好各项工作。坚持不懈地在政治、思想、教育、文化等各个领域全面开展反分裂斗争，深入揭批达赖集团在政治上的反动性和宗教上的虚伪性，逐步铲除达赖集团分裂活动的思想和社会基础。立场坚定、旗帜鲜明地维护祖国统一，加强民族团结，坚决有力地打击了各种分裂破坏活动，反分裂斗争进入了主动治理阶段。不断加强民主法制建设、基层政权建设和社会治安综合治理，形成了纵向到底、横向到边、责任到人的社会治安综合治理工作网络，努力把各种社会矛盾和社会不稳定因素解决在基层、解决在萌芽状态，保证了社会政治局势的持续稳定，为经济建设和改革开放的顺利进行创造了良好的环境。

40年来，特别是林芝地区恢复成立20年来，我们大力加强精神文明建设，坚持不懈地开展爱国主义、集体主义、社会主义和科学知识、科学思想、科学方法、科学精神教育，深入开展精神文明创建活动和文明城镇、文明村镇、文明旅游风景区、文明行业创建活动。加强和改进思想政治工作，切实加强公民特别是未成年人思想道德建设，提高全地区城乡文明程度和公民思想道德素质。优先发展教育和科技事业，全面贯彻党的教育方针，深化教育体制改革，加大农村教育投入，大力推进素质教育，不断培养造就合格接班人。大力推进文化体制改革，解放和发展文化生产力，加强文化设施建设，努力生产出更多反映林芝特色、弘扬时代精神、富有思想内涵和艺术魅力的精品力作。本着团结、鼓劲和正面宣传为主的原则，坚持正确的舆论导向，积极稳妥地开展舆论监督，形成了良好的社会舆论氛围，树立起林芝对外改革的良好形象。

40年来，特别是林芝地区恢复成立20年来，我们之所以取得了令人瞩目的辉煌成就，是党中央、国务院亲切关怀的结果，是自治区党委、政府正确领导的结果，是全国各族人民特别是广东、福建两省大力支持和无私援助的结果，是勤劳朴实的林芝各族干部群众团结一致、艰苦奋斗、不断进取的结果，是驻林芝人民解放军、武警部队和公安干警在维护稳定、促进发展方面发挥坚强柱石作用的结果。

回顾40年光辉历程，心潮澎湃，令人鼓舞；展望21世纪发展前景，豪情满怀，信心倍增。为此，我们将按照党的十六大制定的21世纪头20年的宏伟蓝图，围绕自治区党委、政府新时期新阶段的战略部署，林芝地区各级党政组织和广大干部群众正以饱满的热情、昂扬的斗志、进取的精神，奋勇迈进优势地区加快发展和率先全面建设小康社会的伟大征程，力争到2018年在全区率先实现全面建设小康社会的宏伟目标，使经济更加发展、民主更加健全、科教更加进步、文化更加繁荣、社会更加和谐、人民生活更加殷实。

实现这一奋斗目标，必须高举邓小平理论和"三个代表"重要思想伟大旗帜，紧密团结在以胡锦涛同志为总书记的党中央周围，坚持党的基本理论、基本路线、基本方针不动摇，从社会主义初级阶段和我们的基本地情出发，以"三个有利于"和邓小平同志"关键是看怎样对西藏人民有利，怎样才能使西藏很快发展起来，在中国四个现代化建设中走进前列"的论断作为根本标准，以此来判断是非，统一思想。始终不渝地用邓小平理论和"三个代表"重要思想武装党员、干部的头脑，教育广大人民群众，不断增强贯彻执行党的基本路线的自觉性和坚定性，不断增强走建设中国特色社会主义道路的信心，不断开创林芝改革开放和现代化建设的新局面。

实现这一奋斗目标，必须坚持和完善民族区域自治制度。牢固树立"汉族离不开少数民族，少数民族离不开汉族，各少数民族之间也相互离不开"的思想，不断巩固和发展平等、团结、互助的新型民族关系；全面正确地贯彻党的宗教信仰自由政策，依法加强对宗教事务的管理，积极引导宗教与社会主义社会相适应，贯彻"划清两个界限、尽到一个责任"的政策原则，最广泛、最充分地团结一切可以团结的力量，调动一切可以调动的因素，共同致力于建设社会主义新林芝的伟大实践；积极稳妥地推进政治体制改革，大力加强社会主义民主政治建设，巩固和发展民主团结、生动活泼、安定和谐的政治局面；突出抓好人才资源开发，满腔热情地为各类人才创造合适的发展机会，采取更加灵活有效的措施，大力培养和使用少数民族干部和各类专业人才，积极引进外来急需人才，不断适应林芝地区改革开放和现代化建设的需要。

实现这一奋斗目标，必须树立全局意识和大局观念，认真学习、深入贯彻区党委提出的优势地区加快发展的目标要求，自觉地把林芝的发展纳入全区经济社会发展大局，以全局的观念、战略的眼光、宽广的视野、开放的思维，找准发展定位、创新发展举措、丰富发展内涵，通过优势地区的加快发展，并充分发挥我们应有的辐射、示范和带动作用，推动经济社会不断向前发展。

实现这一奋斗目标，必须紧紧围绕新时期西藏工作指导方针不动摇，坚决拥护区党委制定的一系列推动西藏经济社会发展进步的重大政策措施，坚定不移地沿着地区"1231"发展思路，牢固树立和贯彻落实科学发展观，切实按照"五个统筹"的要求，始终把发展这个第一要务、提高经济整体实力、改善和提高人民群众生活水平放在一切工作的首位，不断解放思想、实事求是、与时俱进，顺应市场需求，着眼群众增收，全力打造西藏江南极具优势的特色农牧业、生态旅游业和藏药业，努力推动经济跨越式发展和社会事业全面进步。

实现这一奋斗目标，必须努力构建社会主义和谐林芝，注重激发社会活力，促进社会公平和正义，增强全社会的法律意识和诚信观念。大力宣传和倡导建立团结友爱、和睦相处的人际关系，形成守法、诚信、见义勇为、扶危济困、同舟共济的社会风尚。始终坚持以人为本、执政为民的思想观念，并贯穿于决定、行政、执法的每一个环节，心里装着群众，时刻想着群众，凡事为了群众，切实维护好、实现好、发展好最广大人民群众的根本利益。突出抓好就业和社会保障体系建设，不断改善人民生活，把就业和再就业作为经济社会发展的一项长期任务，努力通过加快发展创造更多就业岗位。

实现这一奋斗目标，必须正确处理改革、发展和稳定的关系，进一步提高政治鉴别力和政治敏锐性，充分认清达赖集团祸藏乱教的反动本质，深入持久地开展反分裂斗争，进一步落实社会治安综合治理的各项措施，严厉打击敌对势力的分裂破坏活动和各类违法犯罪行为，扎实做好保持社会政治局势稳定的各项工作。认真研究和解决改革开放中出现的新情况、新问题，及时化解各种社会矛盾，在稳定的社会政治环境下推进改革和发展，以改革和发展促进社会政治稳定，为优势地区加快发展和率先全面建设小康社会做出应有的努力和贡献。

实现这一奋斗目标，必须按照党的十六大和十六届三中、四中全会精神，落实"三个代表"要求，全面加强党的思想建设、组织建设和作风建设，着力抓好党的基层组织建设，努力增强党组织的凝聚力、战斗力和号召力。必须深入贯彻中央关于保持共产党员先进性教育活动的部署，正确把握先进性教育活动的指导思想、目标要求和基本原则，认真落实区党委关于"两坚定、三坚持"和地委"八个更加"的要求，切实开展好林芝地区先进性教育活动，永葆共产党员的青春和活力。必须按照权为民所用、情为民所系、利为民所谋的要求，立党为公、执政为民，把全心全意为人民谋利益作为我们的根本宗旨和行为准则，深入群众，体察民情，时时处处坚持重实际、说实话、务实事、求实效，脚踏实地，开拓进取，团结和带领人民群众圆满完成历史赋予我们的责任。

40年的辉煌业绩激励我们不懈奋斗，21世纪的美好前景召唤我们再创辉煌。我们相信，有党中央、国务院的亲切关怀，有自治区党委、政府的正确领导，有广东、福建两省的大力援助，有各族人民的共同努力，一定能够把林芝的未来描绘得更加绚丽多彩。

（2005年8月23日讲稿）

大力实施科教兴地战略

中央第三次西藏工作座谈会召开以来，林芝地委、行署团结带领全地区各级党政组织和广大干部群众，高举邓小平理论和"三个代表"重要思想伟大旗帜，始终坚持"一个中心、两件大事、三个确保"的新时期西藏工作指导方针，紧紧围绕"一加强、两促进"三大历史任务，乘着改革开放和西部大开发的东风，以科学发展观统领经济社会发展全局，不断解放思想、实事求是、与时俱进，经济社会保持了跨越式发展的强劲势头。经过多年的不懈努力，地区教育优先发展的战略地位日益巩固，教育事业长足发展。主要表现在：教育投入逐年增多，办学条件日趋改善；学校布局日趋合理，教育资源不断优化；基础教育稳步发展，"两基"攻坚加速推进；队伍建设不断加强，教学质量明显提高；教育改革不断深化，素质教育扎实推进，职业教育加快发展。

在推进教育事业加快发展的实践中，有以下几点体会。

加快发展教育，必须切实加强领导。各级党政组织和教育行政部门在推进经济社会跨越式发展的进程中，进一步提高了对实施"科教兴地"战略的认识，切实加强领导，成立了由党委、政府主要领导亲自挂帅的"两基"工作领导小组，把"两基"攻坚作为"领导工程""一把手工程"常抓不懈，把教育发展纳入了地、县、乡经济社会发展的总体规划、年度工作计划、目标管理责任制，逐级签订教育目标管理责任书，做到了责任到人、措施到位、工作落实，为教育优先发展提供了强有力的组织保障和制度保障。

加快发展教育，必须全力支持教育。教育是一项系统工程，必须聚万众之心，举全地之力。为凝聚全社会力量都来支持教育事业，进一步落实好各部门在发展教育事业上的责任，这几年，我们建立了各部门教育联系点制度，使各部门担负起对教育发展规划、经费投入、制度保障、教育改革、"两基"攻坚、职教发展等方面的统筹管理职能，形成了政府统筹、部门分工合作、全社会齐抓共管的工作机制，全力推动教育的改革与发展。目前，全地区各级党委、政府重视教育，领导干部狠抓教育，社会各界支持教育，人民群众关心教育，教职员工热爱教育的社会氛围正在形成。

加快发展教育，必须加大教育投入。为加快缓解硬件不足、设施落后对教育发展的瓶颈制约，我们进一步强化了以项目促发展意识，紧紧抓住西部大开发、中央关心、自治区重视和对口援藏的宝贵机遇，拓宽了争取项目的渠道，加大了争取项目的力度，增加了教育资金投入。既积极争取国家财政和自治区财政支持，又把教育纳入受援重点，引导援藏资金向教育倾斜。与此同时，我们克服地方财政紧张的困难，逐年增加地县财政教育经费，努力整合各种教育资源，充分调动各方积极性，大力推进中小学规范化建设，尤其是加大了对农牧区学校的配套改造力度，使林芝地区各类学校的办学条件得到了较大改善。

加快发展教育，必须深化教育改革。不断完善"在国务院领导下、由地方政府负责、分级管理、以县为主"的农村义务教育管理体制，强化县级政府的管理责任，明确并落实乡镇在普及义务教育中应尽的职责，狠抓基础教育，"两基"攻坚取得了突破性进展。坚持以素质教育为中心、以提高教学质量为目标，深化课堂教学改革、学校管理改革、教育人事制度改革，完善了教育考评制度，优化了师资配备，加强了教育信息化建设，强化了教育科研，促进了教育整体水平的提高。我们十分注重改革办学体制，坚持走多元化的办学路子，提倡和鼓励民间办学、能人办学、合作办学，努力调动各方面办学的积极性，大力支持民办教育事业。

加快发展教育，必须转变思想观念。牢固树立大教育思想，坚持统筹各级各类教育协调发展，在着力抓好基础教育的同时，适应社会需求，进一步加强了职业教育、成人教育和幼儿教育。紧紧围绕促进就业和服务"三农"，积极深化职业技术教育改革，加快了职业技术教育发展步伐，初、中级职业技术教育与培训并举的职业技术教育格局正在形成。《林芝地区关于加快发展职业技术教育的意见》即将出台，全地区的职业技术教育正在逐步走向规范化、制度化，各行业、各部门参与职业技术培训的积极性不断增强、力度不断加大，各类职业技术培训日益频繁、规模日益扩大，职业技术教育在整个教育体系中的地位显著提高，对经济社会加快发展的贡献不断增大。

"十一五"时期是实现优势地区加快发展、率先全面建设小康社会、构建社会主义和谐社会的重要战略机遇期。发展科技教育和壮大人才队伍，是提升林芝地区竞争力的决定性因素。要实现加快发展的目标，必须深入实施科教兴地、人才强地战略。以自治区成立40周年为新的起点，认真学习、全面贯彻落实中央政治局会议和《中共中央国务院关于进一步做好西藏发展稳定工作的意见》（中发〔2005〕12号）精神，牢牢把握"一个中心、两件大事、三个确保"新时期西藏工作指导思想的丰富内涵，真正把思想认识统一到中央的重大决策和部署上来，进一步增强责任感、使命感和紧迫感，把握形势、抢抓机遇，乘势而上，坚持教育优先发展，全面实施素质教育，普及和巩固义务教育，大力发展职业教育，深化教育体制改革，加快教育结构调整，促进各级各类教育协调发展，努力建设学习型社会，为林芝地区经济社会的跨越式发展，提供强大的智力支持和人才支撑。

（2005年10月16日讲稿）

全面加强执政能力建设　努力构建
社会主义和谐西藏

一　加强党的执政能力建设事关全局，具有重大的现实意义和深远的历史意义

执政能力建设是党执政后的一项根本建设，不断提高党的执政能力，不仅是时代发展的必然要求，更是我们党所处的历史地位、所肩负的历史任务的内在要求。

第一，加强党的执政能力建设，是我们党正确应对所面临的严峻挑战、顺利完成所肩负的历史使命的现实需要。进入新世纪新阶段，国际国内形势发生了深刻变化，我们党的执政也面临一系列新情况、新问题、新挑战。党要带领全国各族人民全面建设小康社会，实现推进现代化建设、完成祖国统一、维护世界和平与促进共同发展这三大历史任务，在中国特色社会主义道路上实现中华民族的伟大复兴，就必须坚持解放思想、实事求是、与时俱进，以改革的精神大力加强党的执政能力建设，不断提高党的领导水平和执政水平。

第二，加强党的执政能力建设，是苏联、东欧国家共产党丧失政权的惨痛教训给我们的历史昭示。20世纪80年代末90年代初，世界上一些共产主义老党、大党相继丧失政权，这一惨痛教训告诉我们，无产阶级政党夺取政权不容易，执掌好政权尤其是长期执掌好政权更不容易。我们要确保千百万革命先烈流血牺牲打下的红色江山永不变色，确保中国特色社会主义伟大事业不断发展，确保党始终为人民执好政、掌好权，就必须增强居安思危的忧患意识，加强党的执政能力建设，使党的执政能力不断得

到提高、执政地位不断得到巩固。

第三，加强党的执政能力建设，是进一步提高党的领导水平和执政水平的迫切要求。在半个多世纪的执政实践中，我们党始终高度重视并不断从各方面加强执政能力建设。总的来看，当前我们党的执政能力同党所担负的重任和使命是适应的。但是，面对错综复杂的国际国内形势，面对改革发展稳定的繁重任务，面对前进道路上各种风险和挑战，党在思想观念和执政理念、领导方式和执政方式、领导体制和工作机制以及党员干部队伍素质和能力等方面，还存在一些不适应新形势新任务的需要、不符合"三个代表"重要思想和全面建设小康社会要求的问题，如果不下大气力抓紧解决，必然会影响党的执政成效。

二 加强党的执政能力建设，必须大力加强思想政治建设

思想政治建设决定了我党执政的根本方向，加强党的执政能力建设首先要加强思想政治建设。一是必须强化理论武装。当前，重点要深入学习贯彻"三个代表"重要思想。学习贯彻"三个代表"重要思想要从局限于对三句话的理解，转变到对整个科学体系的把握上来，努力在武装头脑、指导实践、推动工作上取得实效，努力培养从政治角度看问题的能力和习惯，自觉做到坚定理想信念、坚定政治立场；树立正确的世界观、人生观、价值观、政绩观、权力观、利益观；讲政治、讲正气、讲大局，明确政治方向，站稳政治立场，遵守政治纪律，增强政治敏锐性，提高政治鉴别力，在思想上、行动上自觉与党中央保持高度一致。二是必须转变作风。我们每一名党员干部都应该努力实践"三个代表"重要思想，保持共产党员的先进性，时刻牢记自己是执政党的一员，自己的一言一行、一举一动，都关系着执政党的形象，密切关注、敏锐把握中央不同时期的路线方针政策，迅速反应、及时跟进、令行禁止、快速见效，始终掌握工作主动权；都应该积极察民情、解民忧，为人民群众诚心诚意办实事，尽心竭力解难事，坚持不懈做好事；都应该培养高尚的政治品格。始终做到眼界宽广、胸襟开阔、淡泊名利、坚持原则、虚怀若谷，做到一身正气、一尘不染，以高尚的政治品格凝聚人

心、形成合力。三是必须完善领导体制和工作机制。要按照民主集中制要求，积极推进以民主、法治为核心的各项改革，构建起科学的领导体制和工作机制，使党的各项工作和活动纳入制度化、程序化、规范化的轨道，做到用制度规范党员干部的言行，用制度规范党内政治生活，用制度保证党在思想上政治上的集中统一。

三 加强党的执政能力建设，必须抓好发展这个党执政兴国的第一要务

发展是党执政兴国的第一要务，更是各级党委、政府的第一责任。提高党的执政能力，首先要提高党领导发展的能力。就林芝地区而言，在具体工作中必须做到"三个善于"。

（一）善于抓住机遇。能否抓住机遇、促进发展，是地方党委执政能力高低的重要表现。当前，林芝地区面临着西部大开发战略的深度实施、扶贫开发工作的延续以及国内外生产要素的西移；广东、福建两省援藏力度不断加大、援藏方式不断创新、援藏领域不断拓宽、援藏内涵不断丰富；青藏铁路的建成和林芝机场的正式通航，发展条件将进一步改善，经济结构、社会结构和人们的思想观念必将发生革命性的变化等，这些难得的历史机遇。我们只有科学地分析和判断形势，做到既充分抓住顺境中的机遇又敏锐捕捉困境和转折中的机遇，做到乘势而上、迎难而上，千方百计培育和拉长自身优势，才能推动经济更好更快地发展。

（二）善于科学地确定发展思路。确定发展思路，既要着眼未来又要兼顾当前，既要借鉴外地经验又要结合本地实际，既要树立远大目标又要遵循客观规律。2003年以来，新一届林芝地委、行署领导班子，在充分调研论证、集中民智、反复酝酿的基础上，科学地提出了"1231"发展新思路。即：紧紧围绕经济建设中心，加快小城镇建设和基础设施建设，大力发展特色农牧业、生态旅游业和藏药业，率先实现全面建设小康社会的奋斗目标。经过3年的实践证明，"1231"发展思路符合十六大要求，切合林芝实际，体现了全地区各族人民群众思富裕、谋跨越、奔小康、求发展的强烈愿望，得到了全地区各族干部群众的一致拥护和赞同，赢得了自治区党委、政府的充分肯定。今后一段时

间乃至更长的时期，我们将紧紧扭住"1231"发展思路不放松，咬定优势地区加快发展和率先实现全面建设小康社会的奋斗目标不放松，立足解决当前发展中的困难和问题，着眼于实现更高境界、更高层次的发展，引导好、保护好、发挥好干部群众的热情和积极性，凝聚各方面的力量，不断开创工作新局面。

（三）善于推动工作落实。对于地方党委来讲，执政能力很大程度上体现为执行能力。一切工作归根结底要靠扎扎实实地抓好落实。抓落实，就是要有一股狠劲，有一股韧劲，看准的事要扭住不放，一抓到底，不见成效决不罢休；就是要从人民群众最现实、最关心、最直接的问题抓起，使人民群众在加快发展中不断得到越来越多的实惠；就是要坚持统筹规划、从长计议、量力而行、分步实施，不提脱离实际的高标准，不喊哗众取宠的空口号，不搞劳民伤财的假政绩。

四 加强党的执政能力建设，必须加强基层党组织建设

党的基层组织是党的全部工作和战斗力的基础，肩负着动员组织、团结带领群众把党的路线方针政策落到实处的重任。我们必须根据基层党组织建设面临的新情况、新问题，改进工作方式，创新活动内容，扩大覆盖面，增强凝聚力，使基层党组织能够充分发挥作用。一要推进基层党组织的规范化建设。注重建立健全统一高效、运行有序的基层组织工作机制，把基层党组织建成坚强的战斗堡垒。二要扩大基层组织覆盖面。坚持"一手抓组建，一手抓作用发挥"，以发展党员和组建党组织为基础，以发挥党组织和党员作用为重点，加强新型社会组织党建工作，不断扩大党的群众基础和组织基础。三要抓好对后进基层党组织的整顿和帮扶。及时整顿软弱涣散、不起作用的党组织，提高基层党组织的整体水平，促进基层各项工作的均衡发展。四要加强党员队伍建设。一方面要积极扩大党员队伍，坚持标准，保证质量，除在传统领域做好发展党员的工作外，积极稳妥地做好在新的社会阶层中发展党员的工作；另一方面要抓好党员的教育管理，重点做好对流动党员、下岗失业职工党员和退休职工党员的管理工作，充分发挥党员的先锋模范作用，永葆党员先进性。

五 加强党的执政能力建设，必须改进党的作风，塑造良好的执政形象

执政党的形象事关党的威望，事关事业的兴衰成败，事关执政地位的巩固。树立良好的执政形象必须切实抓好作风建设，必须坚持实干兴藏。坚持实干兴藏，就是要认识规律，把握规律，严格按客观规律办事。必须坚持科学的精神和科学的态度，科学民主地作出符合实际和规律的决策，严格按规律办事；坚持实干兴藏，就是要一切从实际出发，创造性地开展工作。必须正确认识区情、地情，明确改革发展的目标任务，制定相应的政策措施，采取正确的方法步骤，把人心和力量凝聚起来，把干部群众的积极性、创造性充分发挥出来；坚持实干兴藏，就是要讲实话、鼓实劲、办实事、求实效。讲实话，就是要有一说一、有二说二，有喜报喜、有忧报忧。鼓实劲，就是要确定目标、制定规划、出台政策、部署工作、坚定信心、鼓舞斗志，坚持统筹兼顾、积极稳妥。办实事，就是要把各项工作落到实处，一诺千金，言出必行，说到做到，多做少说。求实效，就是要在解决改革发展稳定的重点难点问题和切实关心群众利益上下真功夫、见真成效。

六 加强党的执政能力建设，必须构建社会主义和谐社会

西藏经过50多年的开发与建设，特别是改革开放20多年的发展，发生了翻天覆地的变化。面对新形势、新任务，我认为必须从以下几个方面狠下功夫，构建社会主义和谐西藏。

(1) 必须加快发展步伐，为构建和谐社会提供物质基础。在西藏这样一个欠发达的民族地区，加快发展，把经济建设搞上去，是全区广大干部群众的殷切期盼，也是构建和谐社会的当务之急。我们必须以科学发展观为指导，立足优势，围绕市场，积极培育和开发名牌产品，发展特色经济，实现可持续发展。

（2）建立健全社会利益协调机制，努力促进社会各阶层各群体的和谐。构建和谐社会，必须从妥善协调、统筹兼顾社会各方面利益入手，正确处理人民内部矛盾。要积极听取广大群众的意见，找准最大多数人的共同利益和不同阶层、不同群体利益的平衡点，把有限的资金更多地用于解决群众的困难和问题，给他们更多的关心和帮助。

（3）全面落实科学发展观，努力促进经济发展与社会事业的和谐。改革开放以来，西藏各项社会事业发展虽然取得了较大成绩，但从总体上看，经济发展和社会发展依然存在"一条腿长、一条腿短"的问题。我们必须坚持以人为本，从促进人的全面发展出发，加快科技、教育、文化、卫生等各项社会事业的发展。

（4）切实加强思想道德建设，努力促进人际关系的和谐。构建和谐社会，离不开公民文明素质和社会文明程度的提高。我们应该围绕社会主义思想道德体系，以提高人们的思想道德素质为重点，继续大力推进群众性精神文明创建活动，倡导基本道德规范，弘扬中华民族传统美德，在全社会形成昂扬向上、奋发有为、各得其所、和谐相处的良好环境。

加强党的执政能力建设，构建和谐西藏的历史任务光荣而艰巨。面对新形势、新任务，我们决心紧密团结在以胡锦涛同志为总书记的党中央周围，高举邓小平理论和"三个代表"重要思想伟大旗帜，按照自治区党委、政府关于林芝工作的一系列决策部署，特别是自治区领导今年4月在林芝考察调研时作出的"优势地区加快发展"的重要指示精神，以这次理论研讨会为动力、为契机，自觉做到"七个坚持"，即：坚持以科学发展促进和谐；坚持以发扬民主促进和谐；坚持以搞好法制促进和谐；坚持以增进团结促进和谐；坚持以弘扬文明促进和谐；坚持以兼顾公平促进和谐；坚持以解决矛盾促进和谐，努力构建和谐林芝，为我区完成"一加强、两促进"历史任务、全面建设小康社会和构建社会主义和谐西藏，做出林芝地区应有的努力和贡献。

（原载《西藏发展论坛》2005年第4期）

尊重群众意愿维护群众利益
大力推进社会主义新农村建设

　　党的十六届五中全会明确提出，要按照生产发展、生活宽裕、乡风文明、村容整洁、管理民主的要求，坚持从各地实际出发，尊重农民意愿，扎实稳步推进新农村建设。这是我们党在深刻分析当前国际国内形势、全面准确把握我国经济社会发展阶段性特征的基础上，从党和国家事业发展全局的高度提出的一项重大历史任务。建设社会主义新农村，是时代赋予我们的神圣使命，是历史赋予我们的重要责任，顺应发展需求，反映人民意愿。对于推动林芝地区经济社会跨越式发展，实现"一加强、两促进"三大历史任务和率先全面建设小康社会宏伟目标，巩固党在林芝的执政基础和执政地位等方面，具有十分重大而深远的意义。

　　"十一五"时期是大有作为、各项事业继续大发展的重要时期，也是扎实推进社会主义新农村建设、率先全面建设小康社会、构建社会主义和谐社会的关键时期。为稳步推进新农村建设，自治区党委、政府严格按照中央的决策部署，作出了切合西藏实际的"实施农牧民安居工程"的重大决定，并以此为重要突破口，全面推动西藏的社会主义新农村建设。推进社会主义新农村建设，需要我们以新的姿态、新的风貌、新的作风、新的业绩，狠抓机遇、乘势而上，打好优势仗，唱好特色戏，为实现区党委确定的战略目标和宏伟蓝图，扎实工作、多做贡献。

一 建设社会主义新农村，必须充分认识社会主义新农村建设的重要意义

　　建设社会主义新农村，是一项惠及亿万农民、确保国家长治久安的战

略举措。我们必须从讲政治、讲大局的高度出发，以对党、对人民事业高度负责的态度，充分认识建设社会主义新农村的重要意义，切实把思想认识统一到中央、区党委的决策部署上来，把具体行动落实到各项工作中去。

（一）建设社会主义新农村，是贯彻落实科学发展观的必然要求

科学发展观是新世纪、新阶段推进党和国家事业全面、健康、协调发展的重大战略思想。党的十六届五中全会明确提出，建设社会主义新农村，是新阶段"三农"工作的总方向、总纲领、总抓手，是经济建设、政治建设、文化建设、社会建设和党的建设在农村工作中的具体体现，是贯彻落实科学发展观的生动实践。全面落实科学发展观，就是要保证占人口大多数的农牧民群众参与发展进程、共享发展成果。如果我们忽视农牧民群众的迫切愿望和切身利益，农村经济社会发展长期滞后，就不可能实现全面协调可持续的发展，科学发展观就无法得到全面落实。建设社会主义新农村，就应当深刻认识建设社会主义新农村与落实科学发展观的内在联系，更加自觉、主动地投身社会主义新农村建设，促进经济社会尽快转入科学发展的良性循环轨道。

（二）建设社会主义新农村，是确保国民经济平稳较快发展的必然要求

近年来，在党中央、国务院的亲切关怀下，在自治区党委、政府的正确领导和广东、福建两省的大力支持下，通过林芝地区各级党政组织的艰苦奋斗，生产总值连续10年保持了15%以上的发展速度，其中人均GDP已达14413元。农村集中了数量最多、潜力最大的消费群体，是实现经济增长最可靠、最持久的动力源泉。通过扎实稳步推进社会主义新农村建设，可以拉动农村的投资建设，加快农村经济发展，拓展群众的就业门路，增加群众收入，从而有效增加经济总量，推动全地区经济持续、快速、健康发展。

（三）建设社会主义新农村，是确保现代化建设顺利推进的必然要求

胡锦涛总书记在省部级主要领导干部建设社会主义新农村专题研讨班上指出，我国总体上已进入以工促农、以城带乡的发展阶段。温家宝总理指出，建设社会主义新农村是全面建设小康社会和推进现代化的必然要求。当前，林芝地区同全国、全区一样，已进入城镇化快速发展的阶段。2001—2005年，全地区投资近3.7亿元，新建和完善农牧区小城镇36

个，"十五"末城镇化率达到29.8%，小城镇人口达到4万多人，走在了全区的前列。实践证明，工农、城乡之间的协调发展，是现代化建设成功的重要前提。只有较好地处理工农、城乡之间的关系，经济社会才能迅速发展，才能较快地迈进现代化行列。建设社会主义新农村，需要我们把实现农业和农村经济的可持续发展、城镇与农村协调发展、逐步缩小城乡差距，作为社会主义新农村建设的切入点，把农村发展纳入整个现代化进程，一手抓市场化、城镇化建设，一手抓社会主义新农村建设，切实做到社会主义新农村与城镇化同步推进，逐步走一条城镇与农村共同繁荣的现代化道路，使各族人民共享现代化成果。

（四）建设社会主义新农村，是率先全面建设小康社会的必然要求

新中国成立以来，我们党对建设社会主义新农村进行了不懈探索，在不同时期曾多次提出过建设社会主义新农村的任务和要求。特别是进入20世纪80年代后，伴随着农村改革的推进，我们党再次提出建设社会主义新农村，并不断丰富其内涵。党的十六届五中全会进一步明确提出建设社会主义新农村，并以中央1号文件的形式向全社会公开发表，这与我们党改革开放以来提出的农村改革发展的目标，在战略思想上是一脉相承的，同时又有着鲜明的时代特征。就林芝而言，相对全区其他地市来说，是自然条件最好、优势较多的地区，理应在社会主义新农村建设中走在前列，为全区树立典型、作出榜样，这就需要我们在实际工作中，必须把推进社会主义新农村建设与率先全面建设小康社会结合起来，与优势地区加快发展结合起来，与实现"一加强、两促进"三大历史任务结合起来，充分发挥自身优势，找准着力点和切入点，进一步增强做好新农村建设的自觉性和主动性，切实担负起率先建设社会主义新农村的历史重任。

（五）建设社会主义新农村，是构建和谐林芝的必然要求

农村稳定是整个国家和社会稳定的基础，农村和谐是整个社会和谐的基础。农业丰则基础强，农民富则国家盛，农村稳则社会安。构建和谐林芝，是地委、行署按照自治区党委关于"平安西藏"的决策部署，紧密结合实际作出的重大决定。要取得社会主义新农村建设的良好开局，必须加强和谐林芝建设。当前，林芝地区农牧区社会关系总体上是健康、稳定的，呈现出农牧业增效、农牧民增收和农牧区稳定的大好局面，但也存在一些不容忽视的矛盾和问题。建设社会主义新农村，加快农村经济社会发展，有利于更好地维护农牧民群众的合法权益，缓解农村的社会矛盾，减少农村不稳定因素，为构建和谐林芝、平安林芝、小康林芝打下坚实基础。

二 建设社会主义新农村，必须准确把握社会主义新农村建设的总体要求

建设社会主义新农村，必须按照"生产发展、生活宽裕、乡风文明、村容整洁、管理民主"的20字总要求，全力打造经济建设、政治建设、文化建设、社会建设和党的建设五位一体的发展布局，使各级党政组织真正成为社会主义新农村建设的推动者、组织者、实践者、维护者和发展者。

（一）成为生产发展的推动者，就是要推进现代化农业建设，强化社会主义新农村建设的产业支撑

生产发展是社会主义新农村的物质基础，新农村建设的首要任务是生产发展，发展是硬道理，发展是我们党执政兴国的第一要务，离开了生产发展，社会主义新农村建设将会成为空谈。林芝有很好的气候条件、良好的生态环境、富集的自然资源，这为我们大力发展现代化农业提供了先决条件。在林芝，要实现生产发展，推进产业化进程，需要各级党政组织和广大干部群众，大力解放和发展农村生产力，不断增强农牧业和农牧区经济的实力和竞争力。必须始终不渝地坚持立足林芝实现粮食基本自给的方针，稳定发展粮食生产，着力提高粮食综合生产能力。必须加快农牧业科技进步和技术推广体系建设，深入实施农牧业科技入户工程，提高科技入户率和对农牧业经济增长的贡献率。必须合理调整农牧业生产结构，大力发展特色农牧业、生态旅游业、藏医药业，不断提高自身的"造血"功能。必须建立和健全龙头带基地、基地促龙头、群众增效益的良性互动机制，努力实现农牧业区域化布局、企业化经营、特色化发展。

（二）成为生活宽裕的组织者，就是要促进农牧民持续增收，夯实社会主义新农村建设的经济基础

"生活宽裕"是社会主义新农村建设的核心目标。近年来，林芝地区农牧民人均纯收入一直位居全区第一，2005年农牧民人均纯收入达2723元，比全区平均水平高出近700元。这个数字是令人鼓舞、催人奋进的。

在林芝，要实现"生活宽裕"，夯实经济基础，必须认真落实国家、自治区已经实施的良种、种粮补贴政策，严格执行每年新增的教育、卫生、文化等事业经费主要用于农村的规定，不断加大对农业和农村工作的投入力度，扩大公共财政覆盖农牧区的范围，强化政府对农牧区的公共服务。必须大力发展农村二、三产业，积极开拓农牧民外部增收潜力，不断壮大县域经济。必须继续毫不动摇地鼓励、支持非公有制经济发展，坚持"不限发展比例、不限经营方式、不限经营规模"的原则，认真落实各项优惠政策，为民营经济的大发展、快发展创造良好条件。必须加强农村劳动力技能培训，引导农村富余劳动力向非农产业和城镇有序转移，千方百计增加农牧民的工资性收入。必须加大扶贫开发和对口帮扶力度，因地制宜地实施整乡、整村的扶贫开发方式，继续对缺乏生存条件的贫困人口实行易地扶贫，对丧失劳动能力的贫困人口实行救助制度。必须统筹安排好国家资金、财政资金、社会资金和援藏资金，把农牧民最关心的交通、用水、用电等热点问题作为重点，解除农牧民持续增收的后顾之忧，为群众拓宽增收渠道提供有力服务，为农牧区持续增收提供重要平台。

（三）成为乡风文明的实践者，就是要大力发展农村社会事业，建设社会主义新农村精神文明主阵地

"乡风文明"的本质就是要大力加强社会主义精神文明建设，所涵盖的内容领域宽、范围广。农牧民是建设社会主义新农村的主体，提高农牧民的综合素质，是建设社会主义新农村的重要保证。在林芝，要实现"乡风文明"，推动社会全面进步，必须加强社会主义精神文明建设，加大对农牧民的培训力度，积极培育造就有文化、懂技术、会经营、善管理的新型农牧民。必须把加快发展农牧区教育事业纳入国民经济发展总体规划，进一步加大投入力度，优化资源配置，改善办学条件，提高教学质量，确保2007年"两基"目标圆满完成。必须大力发展农村文化事业，加强地区图书馆、县文化馆和乡镇文化站、村文化室建设。积极扶持农牧区业余文化队伍，鼓励农牧民兴办文化产业，丰富农村业余文化生活，并树立一批文化底蕴丰厚、民风淳朴、团结和睦、经济繁荣、环境优美的"文明村庄"典型。必须不断加强农村公共卫生和基本医疗服务体系建设，逐步建立健全农村养老、医疗、低保等社会保障体系。必须弘扬以爱国主义为核心的民族精神和以改革创新为核心的时代精神，依据国家法律法规，制定切合实际的乡规民约，破除陈规陋习，依法管理宗教活动，努力营造一个人民群众安居乐业、物质文化生活丰富多彩、人与人和谐相处的良好氛围。

（四）成为村容整洁的维护者，就是要搞好村镇规划，创建良好环境卫生的社会主义新农村

"村容整洁"是建设社会主义新农村的重要内容。搞好农牧民安居工程，一定要把握好：规划是基础，一定要高标准；设计是关键，一定要合理；建设是重点，一定要保质量；管理是主题，一定要跟上。在林芝，要实现"村容整洁"，必须切实按照区党委的部署要求，突出前瞻性、权威性、高起点、高水平地做好新建村镇的长期规划。必须加强农村基础设施建设，加大对农村道路、安全饮水、农村能源、改厨改厕等设施的投入，完善电力、广播、通讯等配套设施建设，使农村基础设施不断改善，供水系统快捷卫生，电力设施安全齐备。必须加强农村环境建设，开展农村生活垃圾、沟渠水塘、院落畜圈的清洁整治，加强危旧房屋更新改造，创造良好的生态环境和优美的生活环境。必须坚持地委、行署提出的"注重实效，不搞形式主义；量力而行，不盲目攀比；民主商议，不搞强迫命令；突出特色，不强求一律；引导扶持，不包办代替；严格政策，不乱占耕地；因地制宜，不好高骛远"的原则，进一步加大力度，集中力量，收拢拳头，整合资金，强化服务，全力打造"农牧民安居工程"，在目前已完成8200户农房改造的基础上，力争用3年时间，整合各方资金10亿多元，完成12432户农房改造，使全地区90%以上的农牧民住上安全、舒适、适用的新房。

（五）成为管理民主的发展者，就是要加强农村民主政治建设，为社会主义新农村建设提供坚强的政治和组织保障

"管理民主"是建设社会主义新农村的重要政治保证。在林芝，要实现"管理民主"，必须结合保持共产党员先进性教育活动的开展，充分发挥基层党组织的领导核心作用，引导广大农牧区党员学习贯彻《党章》，坚定理想信念，坚持党的宗旨，不断发展和扩大农村基层民主，健全村党组织领导的充满活力的村民自治机制，坚持群众路线，学会与群众商量办事，不断增强做好新时期、新阶段农村工作的本领。必须进一步完善"一事一议"制度，搞好村务公开、政务公开和财务公开，逐步建立农民自我管理、自我服务、自我教育、自我监督的机制，教育引导农民依法行使民主权利。必须适应新形势的发展需求，不断增强集体经济服务功能，按照"民管、民办、民受益"的原则,大力发展各类农村合作经济组织,提高农业的组织化程度。必须加强农村法制建设,加大法制宣传和教育力度,使依法办事和依法行政的理念深入人心,切实保障农民的合法权益。必须加强农牧区社会治安综合治理,妥善处理各种社会矛盾,建设平安乡村,创造人民群众安居乐业的社会环境。

三 建设社会主义新农村,必须切实加强对社会主义新农村的领导

建设社会主义新农村,是一个全局性的重大课题,是一项综合性的浩大工程,需要全社会共同参与,合力推进,整体联动,努力使建设社会主义新农村成为全党全社会的共同认识和共同行动。

(一) 建设社会主义新农村,着力强化党委政府的推动作用

充分发挥党政组织的领导作用,是建设社会主义新农村成功的根本保证。推进新农村建设,需要我们不断建立党委领导、政府主导、农牧民主体、部门协同、社会参与的工作机制。需要我们抽调精干力量,配强工作骨干,组建专门班子,加强统一领导,搞好组织协调。需要我们全面落实工作责任,严格实行党政"一把手"负总责,分管领导具体抓,部门领导协助抓,真正建立起一级抓一级、一级带一级、一级促一级、层层抓落实的工作格局。需要我们细化目标、实化任务、硬化措施、强化责任、主动投入、积极参与,切实把各项政策措施落到实处,把建设成果体现在基层。需要我们把推进社会主义新农村建设摆到重要位置、列入议事日程,抓好调查研究,抓好总体部署,抓好规划制定,抓好组织实施。需要我们从实际出发,切实加强工作调度,搞好督促检查,增强工作指导的科学性和实效性,确保社会主义新农村建设的各项任务真正落到实处。

(二) 建设社会主义新农村,着力强化先进典型的引导作用

实践证明,办点示范、典型引导是促进工作落实的一种有效方法。在推进林芝地区社会主义新农村建设过程中,必须坚持以点带面,搞好办点示范,充分发挥先进典型的引导作用。必须把新农村建设示范点与各级领导的工作联系点、基层组织建设联系点、小康建设示范点等有机

结合起来，突出重点，注重实效。必须优先在农牧民群众积极性高、班子力量强、发展基础好的村布点，注重在不同层次、不同类型、不同条件的村布点，不断增强典型的指导性，真正体现选点的代表性。必须按照高起点规划、高标准推进、高效率运作的要求，组织专门力量，将办点示范的责任落实到人头，将工作任务分解到时段，努力把试点村建设成为样板村，真正发挥示范作用。必须在办点示范的基础上，及时总结办点经验，充分挖掘先进典型，积极向外推介宣传，不断强化试点单位在制订规划、推进工作、健全制度、加强管理等方面的示范引导作用，切实为推动面上工作提供有益借鉴，促进林芝地区社会主义新农村建设的整体推进。

（三）建设社会主义新农村，着力强化社会各界的共建作用

"三农"发展的状况，关系到社会全体成员的共同利益。"三农"兴，才有国家兴、社会兴，自觉关心"三农"，自觉支持社会主义新农村建设，是每个有社会责任感、有爱国心的社会人士达到高尚道德情操的表现。因此，建设社会主义新农村，需要我们动员各方面力量广泛参与，充分发挥社会各界的共建作用。需要我们因势利导，加大宣传力度，积极鼓励党政机关、人民团体、企事业单位和社会各界人士、志愿者投身新农村建设，实施乡村结对帮扶工程，形成参与社会主义新农村建设的强大合力。需要我们采取多种有效方式，积极引导人才、技术和资金等资源流向农牧区，积极倡导农商对接、农科对接和城乡对接，切实畅通社会参与的通道，充分搭建社会参与的平台。需要我们高度重视舆论宣传工作，采取得力措施，切实做到报纸有文、电视有影、广播有声，努力在全社会营造关心、支持、参与社会主义新农村建设的浓厚氛围。

（四）建设社会主义新农村，着力强化基层组织的基础作用

农村基层党组织是党在农村全部工作和战斗力的基础，是推进社会主义新农村建设的基本保障。建设社会主义新农村，我们必须积极探索新形势下加强基层组织建设的新途径和新方法，不断夯实党执政的组织基础。必须把开展保持共产党员先进性教育活动与建设社会主义新农村的实践结合起来，通过教育促使党员带头建设社会主义新农村，通过新农村建设让更多的党员发挥应有的带头作用。必须深入开展富在农家增收入、学在农家长智慧、乐在农家爽精神、美在农家展新貌的创建活动，使基层干部真正成为"三农"工作的明白人、党的政策的执行人、致富增收的带头人，使基层班子成为团结带领农牧民群众发展经济、创建文明、脱贫致富的坚强核心，进一步提高农牧区基层党组织的凝聚力、战斗力和号召力。

（原载《西藏日报》2006 年 4 月 27 日）

为全面落实科学发展观提供有力保障

科学发展观是指导发展的世界观和方法论，全面落实科学发展观，必须从思想上、组织上、作风上和制度上提供有力的保障。

从思想上提供保障。全面贯彻落实科学发展观，关键是要进一步用科学发展观武装头脑，使之真正被广大干部群众所掌握，真正把它贯穿于经济社会发展的全过程，落实到经济社会发展的各个环节，努力把科学发展观的要求转化为谋划发展的正确思路，转化为促进发展的政策措施，转化为领导发展的实际能力，确保实现科学发展。用科学发展观武装头脑，首先，必须加强科学发展观的学习教育，把广大党员干部的思想认识统一到科学发展观上来。把学习贯彻科学发展观同学习贯彻构建社会主义和谐社会、加强党的执政能力建设和先进性建设、建设社会主义新农村、树立社会主义荣辱观等一系列重大战略思想结合起来。其次，要大力宣传和普及科学发展观，使科学发展观家喻户晓、深入人心。最后，深化对科学发展观的研究，同时还要结合实践，研究新情况、新问题，总结新经验，不断推进理论创新。

从组织上提供保障。贯彻落实科学发展观，关键在党，关键在人。加强党的执政能力建设和先进性建设，为贯彻落实科学发展观提供有力保证。继续推进党的建设新的伟大工程，加强党的执政能力建设和先进性建设，不断提高党的领导水平和执政能力，为贯彻落实科学发展观提供有力保障。一方面，把树立和落实科学发展观同加强党的执政能力建设紧密结合起来。在运用科学发展观指导经济社会发展的实践中不断提高党的执政能力；另一方面，把树立和落实科学发展观同加强党的先进性建设紧密结合起来。围绕推动经济社会又快又好发展，把先进性建设的要求贯穿于党的建设新的伟大工程的各个方面，为贯彻落实科学发展观提供有力保障。

从作风上提供保障。从作风上保障科学发展观的贯彻落实，必须大力弘扬求真务实精神，大兴求真务实之风。求真务实，就是要坚持一切从实际出发，实事求是，不断深化对事物本质的认识，把握事物发展的规律，把握真理，坚持和发展科学理论；就是要用科学理论指导实践、推动工作，取得实实在在的成效，并在实践中检验真理和发展真理。深入基层、深入群众，加强调查研究，总结和运用广大干部群众在改革开放和现代化建设实践中创造的成功经验，进一步把握我国社会主义建设的客观规律，进一步增强用科学发展观统领经济社会发展全局的本领。坚持一切从实际出发，因地制宜，因时制宜，确定符合实际的发展战略、发展目标、发展规划和发展重点，把经济社会发展的各项任务落到实处。牢记"两个务必"，全面落实"八个坚持、八个反对"的要求，大力提倡艰苦奋斗、自强不息、与时俱进、开拓创新的精神，坚决反对形式主义、官僚主义，认真解决思想作风、学风、工作作风、领导作风和干部生活作风方面的突出问题，使全体党员特别是领导干部始终以良好的精神状态做好改革发展稳定的各项工作。

从制度上提供保障。要建立起一整套保证科学发展观得到落实的体制机制和制度，从制度上保障科学发展观的贯彻落实。加快建立相关的制度保障和符合科学发展观要求的经济社会发展综合评价体系，认真考虑各项政策措施是否符合全面协调可持续发展的要求，是否符合最广大人民的根本利益，使科学发展观真正成为衡量各项工作的尺度。牢固树立和坚持正确的政绩观。坚持创造政绩是为了发展、为了造福人民的观念，把实现人民群众的利益作为追求政绩的目的。凡是符合科学发展观、能够推动科学发展的事情就全力以赴地去做，不符合的就毫不迟疑地去改，真正使促进发展的各项工作都经得起历史和人民的检验。建立符合科学发展观要求的干部考核指标和考核办法，努力形成促使广大干部想干事、会干事、干成事的导向，促进科学发展观的贯彻落实。

（原载《西藏日报》2006年9月26日）

光辉的历程　闪光的足迹
——庆祝林芝地区恢复成立 20 周年①

今年，是林芝地区恢复成立 20 周年。20 年来，在中国共产党的领导下，在党的民族区域自治政策的光辉照耀下，沿着"一个转折点、两个里程碑"的光辉历程，伴着西部大开发的号角，林芝地区实现了经济社会发展的新跨越，走出了一条拼搏之路，谱写了一曲奋进之歌，描绘了一幅争先之图。回顾 20 年来的奋斗历程，展望未来和谐美好的发展前景，更加坚定了我们在党的领导下，坚持走中国特色社会主义道路，坚持民族区域自治制度的信心和决心，更加鼓舞着我们在率先全面建设小康社会、构建社会主义和谐林芝的康庄大道上不断迈出新的步伐。

一

"林芝"，藏语意为"太阳的宝座"，位于西藏自治区东南部，地处雅鲁藏布江中下游，素有"西藏江南""东方瑞士"之美称。全地区辖 7 县 54 个乡（镇）526 个行政村，总面积 11.7 万平方公里，边境线长 1006 公里。奔腾不息的雅鲁藏布江和尼洋河养育了以藏族为主，包括汉、回、怒、门巴、珞巴等民族和僜人在内的 16.5 万勤劳智慧的各族人民。西藏和平解放 55 年来，林芝地区经历了建立、撤销、再建立几次大的演变。1960 年 1 月，正式成立塔公地区专员公署，同年 2 月改名为林芝地区专员公署，1964 年 6 月撤销，1986 年 2 月 1 日恢复成立。在这片美丽富饶的土地上，大自然的鬼斧神工留下了许多令人叹为观止的"杰作"。这里

---

① 与时任林芝地区行署专员赵合共同撰写。

有全国最大的原始林区，有世界第一的雅鲁藏布大峡谷，有优美的南迦巴瓦峰，有中国最大的海洋性冰川阿扎冰川，有世界独一无二的千年古柏，有为雪域江南增添生机的白唇鹿、赤斑羚、黑颈鹤……名山圣水、雪域生灵交相辉映、和谐相处，构成了一幅绚丽壮观的天然画卷。

在这片美丽富饶的土地上，演奏了一曲曲各族人民艰苦创业的动人乐章。古有工布人民世代称颂的英雄人物阿吉杰布；近有赵尔丰奉旨进军驻守西藏的足迹；现有中国人民解放军十八军进藏留下藏汉团结的美名；当代有各族人民团结奋斗，率先全面建设小康社会的伟大创举。

在这片美丽富饶的土地上，有古老纯朴的民风民俗，有源远流长的汉、藏、门巴、珞巴等民族的艺术瑰宝，有独具风格的工布各兄弟民族的风俗民情，有独具匠心的工艺美术。先辈们在改造自然的活动中，留下的灿烂文明依然璀璨夺目。

二

20年来，在党中央、国务院的亲切关怀下，在自治区党委、政府的正确领导下，在全国各族人民特别是广东、福建两省人民的大力支持和无私援助下，林芝各族干部群众高举邓小平理论和"三个代表"重要思想伟大旗帜，沿着新时期西藏工作指导方针指引的道路，乘着改革开放和西部大开发的春风，坚持以经济建设为中心，不断深化改革、扩大开放，团结一心、艰苦奋斗，与时俱进、开拓创新，全地区经济持续快速健康发展，城乡面貌日新月异，社会稳定、民族团结、边防巩固，各族人民安居乐业，各项事业都欣欣向荣。

——经济建设突飞猛进，人民生活显著改善。20年来，林芝地区紧紧围绕经济建设这个中心，始终把加快经济发展、改善人民生活、实现各民族共同繁荣发展作为各项工作的根本出发点和落脚点，在发展经济、治穷致富等方面做了大量工作，实现了人民群众从贫困走向温饱、由温饱迈向小康的历史性转变。新时期新阶段，林芝地区紧紧围绕自治区党委、政府关于林芝地区要"率先发展"的决策部署，始终坚持"1231"发展思路，在地区上下掀起了全面建设小康社会的热潮极大地促进了经济社会的跨越式发展。全地区生产总值连续10年保持了15％以上的增长速度，

2003年和2004年增长速度均达到17%以上，农牧民人均纯收入年均增速保持在12%以上。1986—2005年，全地区生产总值累计完成150亿元，2005年达到24.5亿元，比1986年增长37倍，人均生产总值达到近1.5万元，比1986年增长28倍。

——农牧业生产能力显著增强，基础地位不断巩固。林芝地区坚持把农牧业放在经济工作的首要位置，以农牧民增收为核心，不断加强农牧业基础设施建设，促进农牧业生产方式转变，提高农牧业综合生产能力，加快农牧区经济发展。2005年，全地区农牧业总产值实现5.8亿元，比1986年增长9倍；农牧民人均纯收入达到2723元，比1986年增长6倍。农牧业产业化建设不断加强，初步形成了以工布江达县错高乡、林芝县百巴镇、布久乡和米林县派镇、扎绕乡为主的藏猪、藏鸡养殖基地；以林芝县米瑞乡、波密县松宗镇、倾多镇、易贡乡和察隅县上察隅镇为主的优质粮油生产基地；以朗县洞嘎镇、仲达镇为主的花椒、辣椒、核桃、野桃和优质小麦生产基地；以米林农场为主的高原瓜果生产基地。虫草、松茸、野生菌等林下资源得到初步开发，2005年多种经营收入实现2.6亿元。农牧区富余劳动力得到有效转移，2005年劳务输出2.3万人次，实现劳务收入近5000万元。

——工业活力不断增强，经济效益明显提高。基本建立起了包括能源、森工、建材、制药、采矿、酿酒、民族手工业、食品加工等多个门类、富有林芝地域特色的现代工业体系，培育了奇正藏药等全国知名企业品牌。1986—2005年，全地区工业总产值累计达到27.5亿元。2005年，全地区实现工业总产值3.3亿元，比1986年增长24倍；发电量7659万千瓦时，比1986年增长4倍；生产中成药703吨，实现产值近2亿元；乡镇企业发展到140家，总产值达到1.5亿元。

——第三产业发展迅猛，市场经济繁荣兴旺。1986—2005年，全地区第三产业增加值累计达到69.9亿元，其中2005年实现12.1亿元，比1986年增长93倍；接待国内外游客43.5万人次，实现旅游收入1.3亿元；个体工商户发展到5215家，实现社会消费品零售总额4.3亿元，比1986年增长17倍，居民消费品价格总指数为102.3。

——产业建设深入推进。特色经济发展迅速。依托资源优势，强化产业建设，坚持走绿色、无公害发展道路，藏猪、藏鸡、核桃、花椒、辣椒、水果、蔬菜、花卉等高原特色农牧业规模不断扩大。全面实施建设生态旅游大地区战略，旅游服务设施进一步完善，生态旅游业逐步成为地区支柱产业。雅鲁藏布大峡谷等世界级旅游品牌唱响区内外，初步开发了10条旅游线路和"三带七区"140多个景点，农牧民群众参与旅游的热情高涨，民族手工艺品加工、家庭旅馆业等快速发展。充分发挥野生药材资源优势，藏药业初具规模，已研制开发藏药品种23个，藏药产业正在逐步发展壮大。

——投资力度不断加大，基础条件明显改善。1986—2005年，全地区累计完成固定资产投资95亿元。以交通、通信、能源为重点的基础设施建设步伐不断加快。目前，全地区公路通车里程达到3429公里，乡、村通车率均达到78%。林芝机场的竣工通航，拓宽了地区交通业的新领域，揭开了地区交通史的新篇章。全地区水电装机容量达到30222千瓦，乡镇通电率达到83%，村通电率达到68%。通信事业实现了跨越式发展，基本实现了县县通光缆（除墨脱县外）、乡乡通电话的目标，城市电话普及率达到90%，农牧区电话普及率达到57%。

——改革开放步伐加快。招商引资成效显著。农牧区改革深入推进，"两个长期不变"政策进一步巩固，农牧区税费改革不断深化，粮食购销市场初步开放；国有企业改革取得显著成效，现代企业制度基本建立；财政管理体制逐步完善，投融资改革收到成效；地县两级政府机构改革全面完成；市场经济秩序不断改善，对外经贸、招商引资工作成效明显，与各兄弟省市特别是广东、福建两省的经济文化交流与合作日益密切。2005年，全地区落实引资项目127个，实际到位资金3.6亿元，自产产品出口200万美元。

——财政收入大幅增长，地方财力显著增强。财政管理体制改革不断深化，坚持开源节流，巩固骨干财源，夯实基础财源，培育新型财源，挖掘潜力财源，优化支出结构，创新理财机制。1986—2005年，全地区财政收入累计达到8.3亿元。2005年，全地区财政一般预算收入达到1.3亿元，比1986年增长35倍；实现税收1.4亿元，比1986年增长42倍。金融体制改革扎实推进，金融对地方建设支持力度不断增强，2005年全地区金融机构存款余额达到29亿元，贷款余额9.2亿元，比1986年分别增长105倍和1180倍。

——城乡统筹协调发展，小城镇建设一马当先。基本形成了以城带乡、以乡促城、城乡协调发展的新格局，小城镇建设成为全区的亮点。截至 2005 年，地区驻地八一镇城市建成区面积达到 11 平方公里，比 1986 年扩大 10 倍，已由当年一个偏僻落后的小村落发展成为一座现代气息与民族特色交相辉映的高原城市。全地区共投资 9.3 亿元，建成小城镇 36 个，建筑面积 134 万平方米；投资 7.4 亿元，改造农房 8264 户，建筑面积 122 万平方米，农牧区旧貌换新颜，农牧民正以崭新的姿态，昂首阔步迈向小康社会。

——援藏工作不断深化，十年援藏成绩斐然。中央第三次西藏工作座谈会以来，广东、福建两省省委、省政府共选派 255 名能力强、素质高、作风好的干部援助林芝地区 7 县 1 场 20 多个地直单位的工作，投入援藏资金 19 亿多元，建设项目 1000 多个。援藏干部的到来，加强了干部队伍的力量，改善了干部队伍结构，提高了干部队伍素质，带动和影响了当地干部群众，密切了民族情谊。援藏项目的建设，改善了农牧区生产生活条件，促进了城乡一体化进程，增强了地区的综合经济实力和发展后劲，产生了极大的经济和社会效益。

——教育事业全面发展，现代教育体系初步形成。坚持把教育事业放在优先发展的战略地位，狠抓基础教育，普及义务教育，加强扫盲教育，拓展职业教育。全地区现有各级各类学校 179 所，其中，中等职业技术学校 1 所、高级中学 1 所、初级中学 9 所、小学 67 所、教学点 100 个、公办幼儿园 1 所，现有专任教师 1858 人。全地区"普六"人口覆盖率达到 100%，"普九"人口覆盖率达到 70%，扫盲人口覆盖率达到 95%。目前，已初步形成了幼儿教育、小学教育、中学教育、中等职业技术教育等比较完备的现代教育体系。

——科技事业稳步发展，科技贡献率逐步提高。积极推进技术创新，普及科学知识，依靠科技促发展、促增收。全地区现有科技人员 3600 人，科技成果向现实生产力的转化步伐加快，科技对地区经济增长的贡献率达到 40%、科技知识普及率达到 60% 以上，科学技术在现代化建设中的第一生产力作用越来越突出。

——文化事业繁荣发展，精神文明建设成效显著。全地区现有文化活动中心（馆、站、室）427 个，民族艺术团、图书馆各 1 个，新华书店 4 个，电视台、电视转播台 8 座，有线电视转播台 8 座，调频广播转播台 8 座，中波转播台 1 座，广播电视收转站 211 座，广播收转站 83 座，有线电视站 73 座，电视单收站 178 座，全地区广播电视覆盖率分别达到

89.5%和92.5%。大力开展"文明林芝从我做起""改陋习、讲卫生、树新风"和"五好家庭"等精神文明创建活动,加强思想道德建设,弘扬以爱国主义为核心的民族精神和以改革创新为核心的时代精神,弘扬集体主义、社会主义思想,群众追求积极、健康、向上的精神文化生活成为时尚。

——卫生事业全面加强,城乡卫生网络日趋完善。全地区现有公共卫生医疗机构74个,公共医疗卫生从业人员833人,每千人拥有卫生技术人员4.2人、床位3.4张,农牧区医疗服务网络基本形成。突发公共卫生事业医疗救助体系基本建成,疾病预防控制体系得到加强。坚持优生优育,提高人口素质,人口与计划生育工作扎实推进,人口出生率为11‰,自然增长率为8.3‰。人民群众健康水平显著提高。

——社会保障事业稳步发展,保障体系逐步健全。城镇居民养老、失业和医疗等社会保障工作扎实推进,养老、失业、医疗、工伤等社会保险覆盖面不断扩大。坚持劳动者自主择业、市场调节就业、政府促进就业的方针,实施积极的就业政策,大力推进就业再就业工作,城镇登记失业率控制在3.3%,人民群众劳动和就业权利得到有效保护。救灾救济工作不断加强,社会救助体系基本健全,人民群众基本生产生活得到有效保障。

——坚持可持续发展,生态环境得到有效保护。高度重视生态环境的保护与建设,坚持走生产发展、生活富裕、生态良好的可持续发展道路。退耕还林、迹地更新、防沙治沙、植树造林等工作深入开展,建成了雅鲁藏布大峡谷国家级自然保护区、慈巴沟国家级自然保护区、工布自然保护区和巴松错国家森林公园、色季拉国家森林公园,自然保护区总面积达3.2万平方公里,占实际控制面积的42%。

——党的民族政策全面落实,党的宗教政策深入人心。在爱国主义和民族团结的旗帜下,各族人民共同团结奋斗、共同繁荣发展已成为时代的主题,平等、团结、互助、和谐的社会主义民族关系进一步巩固和发展,林芝地区各族人民在建设团结、民主、富裕、文明、和谐的社会主义新林芝的伟大实践中,互助友爱,情同手足。全面贯彻落实党的宗教政策,依法加强对宗教事务的管理,积极引导宗教与社会主义社会相适应,充分保障各族人民的宗教信仰权利,巩固和扩大寺庙爱国主义教育成果,有力地维护了正常的宗教秩序。

——反分裂斗争不断深入，社会治安综合治理稳步推进。始终坚持稳定压倒一切的思想，坚持不懈地在政治、思想、教育、文化等各个领域全面开展反分裂斗争，深入揭批达赖集团政治上的反动性、宗教上的虚伪性和手段上的欺骗性，逐步铲除达赖集团分裂活动的思想和社会基础。坚持"主动出击，露头就打，先发制敌"的方针，坚决有力地打击各种分裂破坏活动，牢牢把握反分裂斗争的主动权。坚持打防结合、预防为主，干群结合、依靠群众的方针，深入开展"严打"整治斗争，广泛开展基层安全创建和平安建设活动，全面落实社会治安综合治理的各项措施，建立社会治安综合治理长效机制，为经济建设和改革开放营造了良好的社会环境。

——军政团结带动军民团结，双拥共建结硕果。以建设林芝、发展林芝、巩固边防、建设边疆为目标，坚持面向基层、双向互动，深入推进军政、军民团结，双拥共建工作取得丰硕成果。2004年，林芝地区被评为全区双拥模范地区，7县均被评为全区双拥模范县，米林、察隅、波密3县被评为全国双拥模范县。双拥共建工作的扎实开展，巩固了边防，推动了地区经济的跨越式发展，促进了社会局势的长治久安，为构建和谐林芝奠定了坚实的基础。

——党的建设扎实推进，党的执政地位不断巩固。基层党组织建设不断加强，干部队伍不断发展壮大。截至2005年底，全地区共有党组织962个，党员13251名；共有各类干部6130人。其中，妇女干部2639人，占干部总数的43.1%；少数民族干部3707人，占干部总数的60.5%。全地区具有大学本科以上学历的干部1059人，具有大专学历的干部2420人，分别占全地区干部总数的17.2%和39.4%。通过深入开展"两个务必"的优良传统教育、"四观""两论"教育和保持共产党员先进性教育，广大党员履行职责、完成使命的自觉性与坚定性进一步增强，党群、干群关系进一步密切，基层党组织的凝聚力、战斗力和号召力进一步增强，党员的先锋模范作用进一步发挥，党的优良传统和作风进一步弘扬。各级党组织和广大党员干部在改革的关键时刻、现代化建设的重要时期和反对分裂的紧要关头，发挥了任何力量都不可替代的坚强作用，受到了全地区各族人民的衷心拥护。

三

林芝地区恢复成立以来的 20 年，是林芝各族人民改天换地、艰苦创业的 20 年，是林芝地区发展史上流光溢彩、铸造辉煌的 20 年。20 年来，林芝社会主义革命和建设事业之所以取得令人瞩目的辉煌成就，是党中央、国务院亲切关怀的结果，是自治区党委、政府正确领导的结果，是全国各族人民特别是广东、福建两省大力支持和无私援助的结果，是勤劳朴实的林芝各族干部群众团结一致、艰苦奋斗、开拓创新、不断进取的结果，是驻林芝人民解放军、武警部队和公安干警在维护稳定、促进发展方面发挥坚强柱石作用的结果，是各族各界爱国人士与地委长期合作、肝胆相照，荣辱与共，发挥积极作用的结果。

20 年的风雨历程和艰辛探索给予了我们宝贵的启迪，这就是：只有在中国共产党的领导下，在祖国大家庭中，坚定不移地走社会主义道路，坚持民族区域自治制度，才能有繁荣文明的新林芝；只有坚持党在社会主义初级阶段的基本路线和中央确定的新时期西藏工作指导方针，以科学发展观统领经济社会发展全局，才能续写社会主义现代化建设宏伟壮丽的新篇章；只有坚持解放思想、实事求是的思想路线，立足实际，创造性地开展工作，才能推进经济社会的健康快速发展，保持社会局势的长治久安；只有坚定地凝聚和依靠广大人民群众的力量，齐心协力，团结奋斗，才能攻坚克难，无往不胜，不断夺取率先全面建设小康社会的新胜利。

回顾 20 年的光辉历程，我们心潮澎湃，欢欣鼓舞；展望 21 世纪发展前景，我们豪情满怀，信心倍增。按照党的十六大制定的 21 世纪头 20 年的宏伟蓝图，围绕自治区党委、政府新时期新阶段的战略部署，林芝地区各级党政组织和广大干部群众正以饱满的热情、昂扬的斗志、进取的精神，在率先全面建设小康社会的伟大征程中奋勇迈进，力争到 2018 年在全区率先实现全面建设小康社会的宏伟目标，使经济更加发展、民主更加健全、科教更加进步、文化更加繁荣、社会更加和谐、人民生活更加殷实。

为实现这一奋斗目标，必须坚持党的领导、坚持社会主义制度。高举邓小平理论和"三个代表"重要思想伟大旗帜，紧密团结在以胡锦涛同志为总书记的党中央周围，坚持党的基本理论、基本路线、基本方针不动摇，从社会主义初级阶段和林芝地区的实际出发，以"三个有利于"和邓小平同志"关键是看怎样对西藏人民有利，怎样才能使西藏很快发展起来，在中国四个现代化建设中走进前列"的论断作为根本标准，以此来判断是非，统一思想。始终不渝地用邓小平理论和"三个代表"重要思想武装党员干部的思想，教育广大人民群众，树立和落实科学发展观，不断增强走中国特色社会主义道路的信心，不断开创林芝地区改革开放和现代化建设的新局面。

为实现这一奋斗目标，必须坚持和完善民族区域自治制度。牢固树立"三个离不开"的思想，不断巩固和发展平等、团结、互助、和谐的社会主义民族关系；全面正确地贯彻党的宗教信仰自由政策，依法加强对宗教事务的管理，积极引导宗教与社会主义社会相适应；贯彻"划清两个界限，尽到一个责任"的政策原则，最广泛、最充分地团结一切可以团结的力量，调动一切可以调动的因素，共同致力于建设社会主义新林芝的伟大实践；积极稳妥地推进政治体制改革，大力加强社会主义民主政治建设，巩固和发展民主团结、生动活泼、安定和谐的政治局面；大力培养和使用少数民族干部和各类专业人才，积极引进外来急需人才，不断适应林芝地区改革开放和现代化建设的需要。

为实现这一奋斗目标，必须始终坚持新时期西藏工作指导方针不动摇。坚决拥护区党委制定的一系列推动西藏经济社会发展进步的重大政策措施，坚定不移地沿着地区"1231"发展思路，牢固树立和贯彻落实科学发展观，切实按照"五个统筹"的要求，始终把发展这个第一要务、提高经济整体实力、改善和提高人民群众生活水平放在一切工作的首位，不断解放思想、实事求是、与时俱进，顺应市场需求，着眼群众增收，全力打造"西藏江南"极具优势的特色农牧业、生态旅游业和藏药业，努力推动经济跨越式发展和社会事业全面进步。

为实现这一奋斗目标，必须树立全局意识和大局观念。认真学习、深入思考、坚决贯彻落实区党委张庆黎书记关于"打好优势仗，唱好特色戏"和发挥"四大优势"（资源优势、区位优势、气候优势、工作优势），用好"三个力量"（中央支持的力量、广东和福建援藏的力量、自身的力量），做好"四篇文章"（林的文章、水的文章、药材的文章、旅游的文章），实现"三个突破"（经济发展速度和人均 GDP 实现新突破、财政收入实现新突破、农牧民生活水平实现新突破)的重要指示精神，自觉地把林芝的发展纳入全区经济社会发展大局，以全局的观念、战略的眼光、宽广的视野、开放的思维，找准发展定位、创新发展举措、丰富发展内涵，通过优势地区的加快发展，充分发挥我们应有的辐射、示范和带动作用，在推动全区经济社会不断向前发展中做出应有的贡献。

为实现这一奋斗目标，必须努力建设社会主义和谐林芝。注重激发社会活力，促进社会公平和正义，增强全社会的法律意识和诚信观念。始终坚持以人为本、执政为民的思想观念，并贯穿于决定、行政、执法的每一个环节，心里装着群众，时刻想着群众，凡事为了群众，切实维护好、实现好、发展好最广大人民群众的根本利益。突出抓好就业和社会保障体系建设，不断改善人民生活，把就业和再就业作为经济社会发展的一项长期任务，努力通过加快发展创造更多的就业岗位。

为实现这一奋斗目标，必须正确处理改革、发展和稳定的关系。进一步提高政治鉴别力和政治敏锐性，充分认识达赖集团祸藏乱教的反动本质，深入持久地开展反分裂斗争，进一步落实社会治安综合治理各项措施，严厉打击敌对势力的分裂破坏活动和各类违法犯罪行为。扎实做好保持社会政治局势稳定的各项工作。认真研究和解决改革开放中出现的新情况、新问题，及时化解各种社会矛盾，在稳定的社会政治环境下推进改革和发展，以改革和发展促进社会政治稳定。

为实现这一奋斗目标，必须全面推进党的建设新的伟大工程。全面加强党的执政能力建设和先进性建设，巩固和扩大先进性教育活动成果，坚持并不断完善保持党员先进性的长效机制，着力抓好党的基层组织建设，努力增强党组织的凝聚力、战斗力和号召力。按照权为民所用、情为民所系、利为民所谋的要求，立党为公、执政为民，时刻牢记全心全意为人民服务的根本宗旨，深入群众，体察民情，时时处处坚持重实际、说实话、务实事、求实效，脚踏实地，开拓进取，团结和带领人民群众圆满完成历史赋予我们的重责。努力培养造就一支高素质的各族干部队伍，高度重视和做好培养、选拔、使用少数民族干部工作，建设一支政治坚定、业务精通、善于领导改革开放和社会主义现代化建设、深受各族群众拥护的高素质的少数民族干部队伍。

20 多年的光辉历程波澜壮阔，20 多年的奋斗足迹光彩照人，20

多年的发展变化举世瞩目。她犹如一座座丰碑，耸立在林芝各族人民的心中。我们将更加紧密地团结在以胡锦涛同志为总书记的党中央周围，珍惜历史经验，珍惜大好形势，珍惜宝贵机遇，开拓创新，乘势而上，为实现各民族共同繁荣发展和率先全面建设小康社会的宏伟目标而努力奋斗！

（原载《西藏日报》2006年9月21日）

立足林芝实际　搞好安居乐业

党的十六届五中全会明确提出,建设"生产发展、生活宽裕、乡风文明、村容整洁、管理民主"的社会主义新农村是我国现代化进程中的重大历史任务。2005年底,自治区党委、政府作出了"实施农牧民安居工程"的重大决定,并以此为突破口,全面推动西藏社会主义新农村建设。中央和自治区的重大决策部署,为我地区的新农村建设勾画了新的蓝图,指明了前进的方向。作为优势地区之一的林芝,要按照中央和自治区的部署要求,立足实际,抢抓机遇,乘势而上,搞好安居乐业,努力在全区率先实现建设社会主义新农村的目标。

一　必须充分认识建设社会主义新农村的重要意义

建设社会主义新农村,是党中央统揽全局、着眼长远、与时俱进作出的重大决策,是一项惠及亿万农民、确保国家长治久安的战略举措。我们必须从讲政治、讲大局的高度出发,以对党、对人民事业高度负责的态度,充分认识在林芝地区建设社会主义新农村的重要意义。

(1) 建设社会主义新农村,是贯彻落实科学发展观的生动实践。科学发展观是新世纪、新阶段推进党和国家事业全面、健康、协调发展的重大战略思想。建设社会主义新农村,是经济建设、政治建设、文化建设、社会建设和党的建设在农村工作中的具体体现。在林芝全面落实科学发展观,就是要保证占人口大多数的农牧民群众参与发展进程、共享发展成果。建设社会主义新农村的目标任务与科学发展观的要求在本质上是一致的,我们必须深刻认识两者之间的内在联系,更加自觉、主动地投身社会主义新农村建设,促进林芝经济社会尽快转入科学发展的良性循环轨道。

（2）建设社会主义新农村，是推进经济又好又快发展的有效途径。近年来，林芝地区生产总值始终保持在 15% 以上的发展速度，农民人均收入和人均 GDP 均位居全区前列。但要真正落实好区党委书记张庆黎同志"通过 3 年努力，力争使林芝地区经济发展的速度继续走在全区前列，经济总量的位次往前提升一位，人均生产总值位列全区第一位"的指示精神，需要我们花更大的力气、下更大的功夫。通过社会主义新农村建设，可以拉动农村的投资建设，加快农村经济发展，拓展群众的就业门路，增加群众收入，从而有效增加经济总量，推动全地区经济又好又快发展。

（3）建设社会主义新农村，是率先全面建设小康社会的必然要求。自治区党委、政府历来高度重视林芝工作、关心林芝发展，先后作出了"林芝地区要率先进入小康、各项工作走在全区前列""把拉萨市和林芝地区作为率先全面建设小康社会的试点地区""优势地区加快发展"三次大的决策部署。认真落实区党委、政府的决策部署，切实做好林芝工作，需要我们把新农村建设与率先全面建设小康社会结合起来，与优势地区加快发展结合起来，与实现"一加强、两促进"三大历史任务结合起来，发挥自身优势，找准着力点、突破切入点，担负起率先建设社会主义新农村的历史重任。

（4）建设社会主义新农村，是建设和谐林芝的有力保证。构建社会主义和谐社会的过程，就是在妥善处理各种矛盾中使社会不断前进的过程。常言道，农业丰则基础强，农民富则国家盛，农村稳则社会安。建设社会主义新农村，加快农村经济社会发展，有利于更好地维护农牧民群众的合法权益，缓解农村的社会矛盾，减少农村不稳定因素，为建设小康林芝、和谐林芝、平安林芝打下坚实基础。

二 必须准确把握社会主义新农村建设的总体要求

林芝地区要率先实现建设社会主义新农村目标，必须按照"生产发展、生活宽裕、乡风文明、村容整洁、管理民主"的 20 字总要求，争做生产发展的推动者、生活宽裕的组织者、乡风文明的实践者、村容整洁的维护者、管理民主的发展者。

（1）争做"生产发展"的推动者，就是要深化"乐业"内涵，强化产业支撑。新农村建设的首要任务是生产发展，离开了生产发展，社会主义新农村建设将会成为空谈。在林芝，要实现"生产发展"，必须深化"乐业"内涵，强化产业支撑，大力解放和发展农村生产力，不断增强农村经济的实力和竞争力；大力实施农牧业科技入户工程，提高科技入户率和对农牧业经济增长的贡献率；大力发展特色农牧业、生态旅游业、藏医药业，不断提高自身的"造血"功能；大力发展龙头企业，建立和健全龙头带基地、基地促龙头、群众增效益的良性互动机制，努力实现农牧业区域化布局、企业化经营、特色化发展；大力发展"非农"产业，多栽摇钱树，广开致富路，引导和带领农牧民群众闯市场、换脑子、练胆子、创路子、赚票子，帮助广大农牧民过上现代、文明、富裕、和谐的新生活。

（2）争做"生活宽裕"的组织者，就是要拓宽"增收"渠道，夯实经济基础。"生活宽裕"是社会主义新农村建设的核心目标。在林芝，要实现"生活富裕"，必须拓宽"增收"渠道，夯实经济基础，毫不动摇地加大对农业和农村工作的投入力度，扩大公共财政覆盖农牧区的范围，强化政府对农牧区的公共服务；毫不动摇地发展农村二、三产业，积极开拓农牧民外部增收潜力，不断壮大县域经济；毫不动摇地鼓励、支持非公有制经济发展，为民营经济的大发展、快发展创造良好条件；毫不动摇地抓好农村劳动力技能培训，引导农村富余劳动力向非农产业和城镇有序转移，千方百计增加农牧民的工资性收入；毫不动摇地解决通路、通电、通水、通广播、通电视、通邮等农牧民群众最关心的热点、难点问题，解除农牧民群众的后顾之忧，为农牧区持续增收提供重要平台。

（3）争做"乡风文明"的实践者，就是要强化"服务"职能，发展社会事业。"乡风文明"涵盖了农村社会事业的各个方面，所涉及的内容多、领域宽、范围广。农牧民是建设社会主义新农村的主体，提高农牧民的综合素质，是建设社会主义新农村的重要保证。在林芝，要实现"乡风文明"，必须强化政府"服务"职能，发展社会事业，着力加强社会主义精神文明建设，加大对农牧民的培训力度，积极培育造就有文化、懂技术、会经营、善管理的新型农牧民，努力营造一个人民群众安居乐业、物质文化生活丰富多彩、人与人和谐相处的良好氛围；着力发展农牧区教育事业，优化资源配置，改善办学条件，提高教学质量，为新农村建设提供人才保障；着力发展农村文化事业，加强乡镇文化站、村文化室建设，努力树立一批文化底蕴丰厚、民风淳朴、团结和睦、经济繁荣、环境优美的"文明村庄"典型；着力加强农村公共卫生和基本医疗服务体系建设，逐步建立健全农村养老、医疗、低保等社会保障体系。

（4）争做"村容整洁"的维护者，就是要加大"安居"力度，创建美好乡村。"村容整洁"是建设社会主义新农村的重要内容，也是农牧民安居工程的主要目标之一。区党委书记张庆黎同志指出，搞好农牧民安居工程，规划是基础，一定要高标准；设计是关键，一定要合理；建设是重点，一定要保质量；管理是主题，一定要跟上。在林芝，要实现"村容整洁"，必须在落实好自治区要求的基础上，坚持"注重实效，不搞形式主义；量力而行，不盲目攀比；民主商议，不搞强迫命令；突出特色，不强求一律；引导扶持，不包办代替；严格政策，不乱占耕地；因地制宜，不好高骛远"的原则，切实抓好以游牧民定居、扶贫搬迁和农房改造为重点的农牧民安居工程，力争通过3年的努力，使全地区90%以上的农牧民住上安全、舒适、适用的房屋，实现农牧民"安居"，并以此为突破口，进一步加强农村饮水、道路、通电、通信和广播电视等配套设施建设，不断推动农牧民生产生活条件和农牧区整体面貌的改善。

（5）争做"管理民主"的发展者，就是要强化"执政"理念，规范村级组织建设。"管理民主"是建设社会主义新农村的重要政治保证。在林芝，要实现"管理民主"，必须进一步强化"执政"理念，规范村级组织建设，加强村"两委"班子建设，完善完善"一事一议"制度，搞好村务公开、政务公开和财务公开，逐步建立农民自我管理、自我服务、自我教育、自我监督的机制，教育引导农民依法行使民主权利；进一步增强集体经济服务功能，按照"民管、民办、民受益"的原则，大力发展各类农村合作经济组织，提高农业的组织化程度；进一步加强农村法制建设，加大法制宣传和教育力度，使依法办事和依法行政的理念深入人心，切实保障农民的合法权益；进一步加强农牧区社会治安综合治理，妥善处理各种社会矛盾，建设平安乡村，创造人民群众安居乐业的社会环境。

三　必须切实加强对社会主义新农村建设的领导

建设社会主义新农村，是一个全局性的重大课题，是一项综合性的浩大工程，需要全社会共同参与，合力推进，整体联动，共同行动。率先实现社会主义新农村目标，认识是前提，措施是保障，领导是关键。

加强对社会主义新农村建设的领导，就是要着力强化党委、政府的推动作用。不断建立党委领导、政府主导、农牧民主体、部门协同、社会参与的工作机制，抽调精干力量，配强工作骨干，组建专门班子，加强统一领导，搞好组织协调。

加强对社会主义新农村建设的领导，就是要着力强化先进典型的引导作用。坚持以点带面、以面促点，切实把新农村建设示范点与各级领导的工作联系点、基层组织建设联系点、小康建设示范点等有机结合起来，突出重点，注重实效，将办点示范的责任落实到人头，将工作任务分解到时段，努力把试点村建设成为样板村，真正发挥示范作用。

加强对社会主义新农村建设的领导，就是要着力强化社会各界的共建作用。广泛动员各方面力量参与，充分发挥社会各界的共建作用，积极鼓励党政机关、人民团体、企事业单位和社会各界人士、志愿者投身新农村建设，形成参与社会主义新农村建设的强大合力。

加强对社会主义新农村建设的领导，就是要着力强化基层组织的基础作用。积极探索新形势下加强基层组织建设的新途径和新方法，不断夯实党执政的组织基础，通过一系列的教育培训，促使基层干部真正成为"三农"工作的明白人、党的政策的执行人、致富增收的带头人，使基层班子成为团结带领农牧民群众发展经济、创建文明、脱贫致富的坚强核心。

（原载《西藏通讯》2007年8月）

"五个扎实"推进率先全面建设小康社会

胡锦涛总书记"6·25"重要讲话高屋建瓴、主题鲜明、内涵丰富、思想深刻，科学分析了当前我国面临的新形势新任务，全面阐述了以邓小平理论和"三个代表"重要思想为指导、深入贯彻科学发展观的基本要求，深刻回答了党和国家未来发展的一系列理论和实践问题，为党的十七大胜利召开奠定了重要的政治、思想和理论基础。"6·25"重要讲话提出了一系列新思想、新观点、新论断，贯穿了辩证唯物主义和历史唯物主义，标志着我们党对中国特色社会主义的认识达到了新的高度。我们在学习讲话过程中，必须准确把握中国特色社会主义的新境界，毫不动摇地坚持和发展中国特色社会主义；必须准确把握"四个坚定不移"的新经验，自觉地贯穿到各项工作中；必须准确把握科学发展观的新内涵，切实推动林芝科学发展；必须准确把握全面建设小康社会的新部署，增强推进改革开放伟大事业的责任感和紧迫感，明确推进各项事业发展的着力点；必须准确把握党的建设的新要求，切实加强党的建设新的伟大工程。学习贯彻"6·25"重要讲话精神，目的是要把广大干部群众的思想和行动统一到讲话精神上来，根本是要把广大干部群众的智慧和力量凝聚到率先全面建设小康社会的伟大事业中，关键是要以讲话精神为指导，举全林芝之力，调动各方面积极因素，切实做到"五个扎实推进"，努力在全区率先全面建设小康社会，着力构建小康林芝、平安林芝、和谐林芝。

一 扎实推进经济又好又快发展，为率先全面建设小康社会奠定坚实的物质基础

狠抓首要任务，确保以安居乐业为突破口的社会主义新农村建设取得

新进展。要坚持安居与乐业并举，采取得力有效措施，从人、财、物等方面上加大支持力度，切实把农牧民安居工程这件关系经济跨越式发展和社会长治久安的大事抓紧抓好，确保到2008年底，全地区90%以上的农牧民住上安全、舒适、适用的新房。要依托科技进步，切实加强特色产业的建设与发展，在乐业富民上取得新突破。按照"一产上水平，二产抓重点，三产大发展"的经济发展战略，重点之中抓重点，特色之中找特色，优势之中挑优势，进一步加快特色农牧业、藏药业、生态旅游业等特色优势产业的发展，打特色牌，唱特色戏，在重点上下功夫，在特色上做文章，在优势上见实效，在富民上求突破。

狠抓基础设施建设，确保发展条件不断改善、发展后劲不断增强。抢抓青藏铁路通车、林芝机场通航的大好发展机遇，借助广东、福建两省支援的强大东风，进一步加大交通、能源、通信等基础设施建设力度，有效缓解"瓶颈"制约，不断改善跨越式发展的条件。要围绕项目做文章。把前期工作做深、做细、做实，把争取上级理解、支持的工作做到位、做到家，确保论证一个成功一个，成功一个上报一个，上报一个批准一个。

狠抓解放思想、改革开放，确保发展动力不断增强。率先全面建设小康社会、建设西藏经济强地的奋斗目标，要求我们必须加大解放思想力度，提高改革开放水平。我们必须树立全局意识，自觉地把林芝的发展放在全区、全国的大背景中去谋划、去思考、去实践，跳出林芝看林芝，依托独特的气候资源优势，大发展、快发展，并充分发挥示范、辐射、带动作用，为促进全区经济社会不断向前发展做出林芝地区应有的努力和贡献。必须毫不动摇地鼓励、支持和引导非公有制经济发展，促进民营经济大发展、大提高。必须进一步树立开放意识、市场意识、服务意识，扩大对外开放，加大招商引资力度，在加强领导、优化投资环境、激活动力上实现新突破。

二 扎实推进民主法制建设，为率先全面建设小康社会提供有力的政治保证

坚持党的领导、人民当家做主与依法治国的有机统一，积极推进社会主义民主政治建设，丰富民主形式，扩大公民有序的政治参与。支持人大

依法行使职权，加强各级人大机关、制度、队伍建设。坚持和完善中国共产党领导的多党合作和政治协商制度，保证人民政协发挥政治协商、民主监督和参政议政作用。支持工会、共青团、妇联等人民团体依照法律和各自章程创造性地开展工作，充分发挥其组织群众、引导群众、服务群众、维护群众合法权益的作用。不断完善民主选举、民主决策、民主管理、民主监督机制，完善政务、厂务、村务等办事公开制度，依法保障公民各项民主权利。不断增强公务人员依法行政的意识和能力。坚持司法为民，加强司法监督，促进司法公正。深入开展"五五"普法教育，形成全社会崇尚法治、遵守法律、依法办事的良好风气。

三 扎实推进和谐文化建设，为率先全面建设小康社会注入强大的精神动力

以构建社会主义核心价值体系为根本，始终坚持马克思主义在意识形态领域的指导地位，大力弘扬以爱国主义为核心的民族精神和以改革创新为核心的时代精神，筑牢全地区各族人民团结奋斗的共同思想基础。坚持正确舆论导向，把宣传党的主张与反映人民心声统一起来，唱响主旋律，打好主动仗。深入开展"以热爱祖国为荣，以危害祖国为耻"以及"团结稳定是福、分裂动乱是祸"和"三个离不开"的思想教育活动，用社会主义荣辱观引领社会风尚。广泛开展"文明林芝从我做起"群众性精神文明创建活动，营造社会和谐人人有责、和谐社会人人共享的局面。加大广播电视"西新工程""村村通"工程和电影"2131"工程等宣传文化工程建设力度，加强基层文化阵地建设，以正在开展的广东文化会展中心群众自发性娱乐活动为载体，在全地区范围内积极开展群众性、民族性文化体育活动，活跃基层文化生活。

四 扎实推进社会建设，为率先全面建设小康社会创造和谐稳定的环境

要坚决贯彻中央确定的反分裂斗争的工作方针，按照区党委的部署，

紧紧依靠群众，坚持重心下移，进一步深化寺庙爱国主义教育，严密防范和严厉打击一切分裂破坏活动。继续在广大干部群众中深入开展揭批达赖集团活动，不断提高各族群众对达赖分裂主义谬论的识别和抵制能力。强化军警民联防机制，加强边境管控，坚决打击非法出入境行为。切实加强社会治安综合治理，扎实开展平安创建活动，完善社会治安防控体系，依法打击各种违法犯罪活动，维护人民生命财产安全和正常的生产生活秩序。要高度重视人民内部矛盾纠纷的排查调处工作，不断完善信访预警机制、应急处置等工作机制。高度警惕和严厉打击分裂主义分子和其他敌对势力插手利用人民内部矛盾进行破坏和捣乱。

要不断加强社会事业建设，使经济发展成果更多地体现到改善民生上。始终坚持教育优先发展战略，巩固提高"两基"攻坚成果，不断加强师资队伍建设，提高教育质量和水平。加快农牧区医疗卫生服务体系和医疗卫生队伍建设，有效改善农牧区卫生服务设施和农牧民就医条件。实施积极的就业政策，健全就业服务网络，切实做好扩大就业工作，加强对零就业家庭和大学毕业生就业的指导服务工作。进一步完善城乡最低生活保障制度，扩大保险覆盖面，努力做到应保尽保。切实加强民政工作，有效实施抗灾救灾、扶贫抚优、社会福利、拥军优属等工作。

要切实做好统战、民族、宗教工作。坚持高举爱国主义和社会主义伟大旗帜，发挥统一战线在促进社会和谐中的独特优势，最大限度地团结一切可以团结的力量，调动一切可以调动的积极因素，共同为建设和谐西藏贡献力量。认真贯彻党的民族政策，坚持和完善民族区域自治制度，牢牢把握共同团结奋斗、共同繁荣发展的主题，鼓励各民族相互学习、相互帮助，不断巩固和发展平等、团结、互助、和谐的社会主义民族关系。全面贯彻党的宗教信仰自由政策，依法管理宗教事务，坚持独立自主自办的原则，积极引导宗教与社会主义社会相适应。

五 扎实推进党的自身建设，为率先全面建设小康社会筑牢坚强的领导核心

要完成率先全面建设小康社会的奋斗目标，必须坚定不移推进新时期党的建设伟大工程，使我们党始终成为林芝各族人民的主心骨，始终成为

林芝经济社会发展的坚强领导核心。

始终把思想政治建设摆在突出位置。要坚持用党的最新理论成果武装广大党员干部，不断提高广大党员的思想政治素质，以思想上的不断解放、理论上的不断提升、观念上的不断更新，坚定走中国特色社会主义道路的信念，坚定加快发展、率先发展、协调发展、和谐发展的决心和信心。

努力建设高素质的领导班子和干部队伍。注重在改革发展稳定的实践中考察和识别干部，努力把各级领导班子建设成为"政治坚定、求真务实、开拓创新、勤政廉政"的坚强领导集体。认真实施《公务员法》，以思想政治建设为根本，以能力建设为重点，努力建设一支政治上靠得住、工作上有本事、作风上过得硬、人民群众信得过的公务员队伍。要大力培养和使用少数民族干部、妇女干部和优秀年轻干部，对那些长期在条件艰苦、工作困难的地方工作的干部要格外关注，对那些不图虚名、踏实干事的干部要多加留意，对那些埋头苦干、注重为长远发展打基础的干部不能亏待。重视培养使用长期在藏干部，发挥援藏干部作用。坚持党管人才的原则，大力加强党政人才、企业经营管理人才和专业技术人才三支队伍建设，积极创造有利于各类人才脱颖而出、健康成长、发挥才干的良好环境。

扎实做好基层党建工作。紧紧围绕和服务于社会主义新农村建设，以深入开展"三级联创"活动为载体，大力加强农牧区基层党组织建设，不断提高带领群众脱贫致富奔小康的能力。逐步实现党组织工作规范化、村民自治法制化和民主监督程序化，进一步健全村党组织领导下的村民自治机制。切实加强新经济组织、新社会组织党建工作，扩大组织覆盖面，增强工作影响力，充分发挥党组织的政治领导核心作用。加强党员队伍管理，建立健全党员长期受教育、永葆先进性的长效机制。

切实改进党的作风。按照"八个坚持、八个反对"和倡导"八个方面"良好风气的要求，重点加强领导干部的作风建设，使各级领导干部切实增强忧患意识、公仆意识和节俭意识，真正做到为民、务实、清廉。坚持标本兼治、综合治理、惩防并举、注重预防的方针，大力推进教育、制度、监督并重的惩治和预防腐败体系建设。坚决查办违法违纪案件，坚决惩治腐败分子。加强政风行风建设，坚决纠正损害群众利益的不正之风，切实维护人民群众利益。认真落实党风廉政建设责任制，进一步形成反腐倡廉的强大合力。

（原载《西藏通讯》2007年11月）

学习贯彻胡锦涛总书记"6·20"重要讲话精神　努力做好社会科学和藏学研究工作

6月20日，胡锦涛总书记在人民日报社考察工作时，同人民日报社编委会全体成员、各部门主要负责人和一线编辑记者代表进行座谈并发表了重要讲话。胡锦涛总书记的讲话，体现了我党一贯高度重视意识形态和舆论引导工作的优良传统，站在新的历史方位和时代发展的高度，综观国内外形势的新变化、新实践，以科学发展观的方法，总结思想宣传战线工作的新经验，抓住思想宣传工作面临的主要问题和主要矛盾，对进一步正确把握原则和方向，搞好舆论引导工作，把思想宣传以及整个意识形态领域的各项工作推上新台阶作了极其重要的指示。胡锦涛总书记的重要讲话，是进一步做好意识形态领域当前和今后工作的航标，是广大思想宣传战线党员领导干部必须把握的工作准则。

胡锦涛总书记的"6·20"重要讲话，对于思想宣传战线工作意义重大，对于同是意识形态领域的社科工作也有着重要的指导意义。哲学社会科学是人们认识世界、改造世界的重要工具，是推动历史发展和社会进步的重要力量，在意识形态领域中具有很强的引导作用。认真学习领会胡锦涛总书记的重要讲话精神，结合西藏实际和我区社会科学战线、藏学研究的工作，落实自治区主要领导的重要指示，不断推进舆论引导工作的良性发展，打好意识形态领域的主动仗，形成全社会的大宣传工作格局，我们应当努力做好五个方面的工作。

一　进一步认识哲学社会科学工作的地位和作用

哲学社会科学具有科学和意识形态双重属性，我们党历来高度重视哲学社会科学的科学研究及其在意识形态中的作用。哲学社会科学的研究能力和成果是综合国力的重要组成部分。在全面建设小康社会、开创中国特色社会主义事业新局面、实现中华民族伟大复兴的历史进程中，哲学社会科学具有不可替代的作用，哲学社会科学在思想宣传和舆论引导工作中具有基础性的作用。胡锦涛总书记强调指出，做好新闻宣传工作，关系党和国家工作全局，关系改革和经济社会发展大局，关系国家长治久安。这"三大关系"把意识形态各项工作在思想宣传和舆论引导上的重大意义明确地、清晰地予以阐述，强调了我们工作的战略高度、战略意义、战略价值。当前，我区正处在改革发展的关键时期，经济社会生活和政治生活都在发生深刻变化，许多重大理论和实际问题需要哲学社会科学去研究、探索和回答。与此同时，在经济全球化进程不断加快的背景下，西方发达国家利用其经济实力和科技方面的强势地位，大力对外传播资产阶级意识理论和价值观，导致各种思想文化相互激荡，意识形态斗争尖锐复杂，坚持马克思主义在意识形态领域指导地位的任务更凸显。西藏哲学社会科学战线在改革开放30多年的历程中，取得了较好的成绩，为我区思想宣传工作做出了较大的贡献。但对照胡锦涛总书记的重要讲话精神，我们还不能完全适应形势发展的需要，不能适应改革发展提出的现实要求，不能适应维护祖国统一、反分裂斗争的迫切需要。无论在人文学科对知识增长和价值引领方面，社会科学对解释现象和解决问题的效能方面，或是在基础研究提出新问题、探索新领域、提供新知识、创建新理论方面，还是在应用研究把握新情况、提供新思路、提出新建议、运用新办法等方面，甚至在培养合理梯队的科研团体等方面都存在一定问题。西藏社会科学院作为哲学社会科学研究的主要机构，在诸多现实问题面前应当怎么办，是我们必须要认真思考，寻求突破的重大问题。

自2004年1月中央下发《关于进一步繁荣发展哲学社会科学的意见》以后，自治区党委在2005年1月提出了《关于进一步繁荣发展我区哲学社会科学的意见》，自治区主要领导多次就我区哲学社会科学事业的发展作出重要批示和指示，提出指导性意见。所有这些，充分体现了自治区对贯彻落实党中央关于繁荣发展哲学社会科学精神的高度重视，同时，也是对我区哲学社会科学工作者的鞭策、支持与鼓励。极大地增强了我们做好哲学社会科学研究工作的信心和勇气，也增强了我区哲学社会科学工作者的紧迫感、使命感和责任感，更增强了工作的主动性、积极性和自觉性。

按照中央有关意见精神，贯彻自治区党委、政府的重要指示，西藏社科院领导班子通过明晰办院思路，确立了"兴院之本、立院之基、强院之路"的办院方针，以此进一步推动西藏社科院乃至我区哲学社会科学的繁荣发展，积极配合思想宣传战线的工作。

"合作办院、开放办院"是兴院之本。西藏社科院立足于自身科研实际，努力整合全区乃至全国的藏学研究力量和研究资源，形成合力，通过跨学科、跨区域性的重大战略性课题研究，努力改变我区哲学社会科学整体落后状况，为高高举起藏学研究旗帜打开一个新的局面，以提高西藏社科院在国内外的影响力。

传统藏学研究和优势学科发展是立院之基。传统基础理论研究，是传承、发展和弘扬西藏民族传统文化与历史的根本，只有做好了"存史"，才能更好地"咨政、育人、解惑"；只有使传统藏学研究、基础理论研究与实践中的重大理论和现实问题结合起来，才能真正地高高举起藏学研究的旗帜。

应用性、对策性研究是强院之路。应用对策研究，是西藏社科院作为自治区哲学社会科学研究的主要机构发挥参谋智库作用的主渠道。在加强传统藏学和基础理论研究的同时，要不断加大为现实服务的研究力度，进而对我区经济社会发展起到积极的促进作用。

自治区哲学社会科学"十一五"规划和西藏社科院"十一五"科研规划实施以来，西藏社科院的工作思路越来越清晰，科研方向越来越明确，良好的工作局面正在逐渐形成。自2007年开始，西藏社科院陆续启动了部分重大合作课题以及数十个传统、现实研究课题。作为哲学社会科学和藏学研究的阵地作用得以不断加强，科研人员和干部职工的认识也趋于统一并不断提高。特别是在今年"3·14"事件和近一段时间以来的反分裂涉藏外宣斗争和对内宣传上，西藏社科院科研人员，表现主动积极，在涉外宣传、对外交流等方面发挥了不可替代的作用。

胡锦涛总书记讲话中要求，我们"在打牢全党全国各族人民团结奋斗的共同思想基础方面发挥积极作用，在传播社会主义核心价值体系方面发挥积极作用，在为推进党和国家事业发展凝聚强大精神力量方面发挥积极作用，在营造健康向上、丰富生动的主流舆论方面发挥积极作用，在促进社会和谐方面发挥积极作用"。胡锦涛总书记所提出的要发挥"五个方面"的积极作用，进一步明确了社会科学研究工作在全面贯彻党的十七大精神、夺取全面建设小康社会新胜利、开创中国特色社会主义事业新局面中所处的重要地位和肩负的历史责任。

二 必须坚持党性原则，牢牢把握正确舆论导向

党性原则和正确的舆论导向是一个重大的方向性问题，正确地加以认识和把握，具有重大现实意义。党的十六大、十七大以来，全区思想宣传战线围绕深入学习宣传十六大、十七大精神，在宣传思想文化工作、建设社会主义核心价值体系、兴起社会主义文化建设新高潮，在维护祖国统一、反对分裂、加强对外宣传工作、加强和改进新形势下宣传思想文化工作等方面都取得了成绩。最主要的经验就是坚持了党性原则和正确的舆论导向。

胡锦涛总书记在人民日报社考察工作时指出，"要牢固树立政治意识、大局意识、责任意识、阵地意识，把坚持正确导向放在新闻宣传工作的首位，坚持团结稳定鼓劲、正面宣传为主，唱响主旋律，打好主动仗，更加自觉主动地为人民服务、为社会主义服务、为党和国家工作大局服务"。这"四种意识"是工作要求，"三种服务"是工作目标，必须全面贯彻执行。

这些年来，西藏社科院在贯彻落实进一步繁荣发展哲学社会科学和藏学研究方面取得了可喜的成绩，全院工作呈现出前所未有的新气象、新面貌、新局面。在通过对全院情况进行广泛深入调研的基础上，院党委于2006年底提出了"三股风""三贴近"和"一个转变"的办院指导思想。"三股风"，即在繁荣发展我区哲学社会科学的工作中，进一步确立马克思主义的指导地位；西藏社科院的工作尤其是科研工作要紧紧围绕区党委、政府的中心任务和工作重心开展；在工作中要坚持"三个离不开"和"五湖四海"原则，搞好团结，培养团队精神，做到大事讲原则，小事讲风格。"三贴近"，即社科院工作要贴近现实、贴近决策和贴近区党委、政府的中心工作。"一个转变"，即全体工作人员要实现工作状态从自发到自觉的转变。这些都充分体现了原则与导向在西藏社科院"班子"集体中的统一，是坚持党性原则和把握舆论导向的关键。

西藏社科院全体科研人员和广大干部职工按照院党委提出的"三股风""三贴近"和"一个转变"的办院指导思想，把科研方向定位于我们党提出的社会主义文化大发展大繁荣的主题思想，站在党和人民的立场上想问题、做研究。体现了原则与导向在全院广大科研人员和干部职工思想、行动上的统一。

总结这些年来的经验，西藏社科院作为区党委、政府的"思想库""服务部"的功能定位，已初步具有西藏特点的内涵，可以归纳为"高举旗帜、维护稳定、服务发展、人才兴院、注重成果、创新机制"，这个内涵体现在四个方面：一是针对党和国家工作大局的需要，把社科院建设成为国家战略服务的"思想库"，强化学术底蕴和理论积累，不断地为发挥这一功能提供源头活水；二是针对区党委和政府工作重心的需要，把社科院建设成为自治区中心任务提供智力支撑的"服务部"，积极承担自治区的重大研究课题，不断地为发挥这一功能提升应用决策研究的能力和社会影响力；三是针对高高举起藏学研究旗帜的需要，把社科院建设成为我区的藏学研究中心，积极利用国内外学术资源，不断地为发挥这一功能搭建一个高层次的学术交流与合作平台，扩大学术影响；四是针对繁荣发展哲学社会科学目标任务的需要，把社科院建设成为社科和藏学研究人才的积聚基地和培养摇篮，加大人才培养力度，为社科和藏学研究提供人才保障。

通过继续做好这四方面的工作，把西藏社科院建成一个具有中国特色、西藏特点的藏学研究基地。通过这个基地，进一步繁荣发展我区哲学社会科学，真正高高举起藏学研究的旗帜。通过高举这面旗帜，充分发挥西藏社科院在意识形态领域和学术领域打好反分裂斗争的主动仗，进一步提高我们反对分裂、维护稳定、促进发展的能力与水平，更好地发挥西藏社科院作为自治区党委和政府的"思想库""服务部"的功能与作用。坚持这一功能定位，使党性原则和正确的舆论导向体现在社会科学和藏学研究之中。

三 增强危机意识和阵地意识，认清我们肩负的重大责任

长期以来，西藏维护祖国统一和反分裂斗争形势错综复杂，有时候甚

至十分尖锐。西藏一直是帝国主义侵略、瓜分中国的重要目标。新中国成立后，国际敌对势力阻挠西藏和平解放，策动西藏武装叛乱，支持达赖集团搞"西藏独立"。苏东剧变后，他们又把"西藏问题"作为对中国实施"西化""分化"战略的重要突破口。国际敌对势力的根本目的，就是企图搞乱西藏，进而推翻中国共产党的领导和社会主义制度，改变西藏的颜色、地位和中国版图。国际敌对势力把西藏作为"西化""分化"我国的突破口的政治图谋始终没有改变；达赖集团图谋分裂祖国，坚持"西藏独立"，妄图推翻共产党的领导、推翻社会主义制度、否定民族区域自治的立场始终没有改变。

我区意识形态领域一直就是西方敌对势力和达赖集团进行渗透的主要目标，也是我们捍卫祖国统一，维护民族团结，反对分裂的主战场。这个阵地极其重要，我们一定要有危机意识、阵地意识、责任意识，坚决打好意识形态领域里反分裂斗争的主动仗。同时，坚持马克思主义一元化的指导，反对在意识形态领域中一切有害于和谐社会建设的观点、思潮，有针对性地做好宣传工作。哲学社会科学既是科学又具有意识形态性。我区哲学社会科学工作者的阵地意识只能加强，不能放松。

胡锦涛总书记指出："新闻舆论处在意识形态领域的前沿，对社会精神生活和人们思想意识有着重大影响。当今社会，随着经济社会快速发展和科技不断进步，信息传递和获取越来越快捷，新闻舆论的作用越来越突出。做好新闻宣传工作，关系党和国家工作全局，关系改革和经济社会发展大局，关系国家长治久安。我们要充分认识新闻宣传工作的重大意义，更好地发挥新闻宣传工作在推动经济发展、引导人民思想、培育社会风尚、促进社会和谐等方面的重要作用。""我们既要抓住机遇、乘势而上，不断推动经济社会又好又快发展，又要迎接挑战、居安思危，时刻准备应对各方面的困难和风险。特别值得注意的是，当前，世界范周内各种思想文化交流、交融、交锋更加频繁，'西强我弱'的国际舆论格局还没有根本改变，新闻舆论领域的斗争更趋激烈、更趋复杂。在这样的情况下，新闻宣传工作任务更为艰巨、责任更加重大。"作为哲学社会科学工作者，我们肩负着重大的社会责任。

在今年拉萨发生的"3·14"严重暴力犯罪事件中，西藏社科院按照党中央、区党委关于反分裂斗争的指示精神和工作部署，迅速行动，采取组织召开座谈会、撰写理论文章、组织有关专家学者接受各类媒体采访、录制专题节目等多种方式，主动开展声讨揭批和回击活动，在大外宣工作中，我院专家学者以极强的说服力，征服了国外媒体和读者，得到了国家外交外事外宣部门的高度赞扬，体现了在反分裂斗争中社科藏学工作不可替代的作用。今后还要加大力度，继续做好现实和对策研究，配合大外宣，为自治区的工作大局和中心任务服好务。

四　坚持以人为本，增强对现实问题的研究

我区社科研究要在意识形态领域中起到基础性的作用，必须坚持马克思主义的指导地位。要用马克思列宁主义、毛泽东思想、邓小平理论和"三个代表"重要思想、科学发展观统领哲学社会科学工作，善于把马克思主义的基本原理同中国具体实际相结合，把马克思主义的立场、观点和方法贯穿到哲学社会科学工作中，用发展着的马克思主义指导哲学社会科学，决不能搞指导思想多元化。

西藏社科院作为自治区唯一的一个专门从事社会科学和藏学研究的学术机构，按照胡锦涛总书记的要求，"要坚持把实现好、维护好、发展好最广大人民的根本利益作为新闻宣传工作的出发点和落脚点，坚持贴近实际、贴近生活、贴近群众，把体现党的主张和反映人民心声统一起来，把坚持正确导向和通达社情民意统一起来"，"激励全体人民信心百倍地创造美好生活"。作为社科研究工作者，必须牢固树立服务意识、亲民意识，深入基层，贴近生活，与时代合拍，与群众合脉，对现实社会上存在的难点、热点问题以及国际国内舆论近期关注的焦点问题，作出真实的、客观的阐释。胡锦涛总书记在"6·20"重要讲话中提出，要"不断提高舆论引导的权威性、公信力、影响力"。我们应当尽力改进表现手法上还不够灵活、达不到理想效果的状况，努力提高社会科学在现实问题研究中的观察力、透视力、判断力，不断提高研究成果的公信力、感染力和权威性。

党的十七大为我国构建和谐社会、以科学发展观统领社会主义建设事业勾画了一幅宏伟蓝图。我们要紧紧围绕自治区党委、政府的中心工作，紧紧围绕推动科学发展、促进社会和谐稳定，推动全区经济又好又快发展这个主题，努力走出一条有中国特色、西藏特点的发展路子等方面，做好

社科研究工作，为建设小康西藏、平安西藏、和谐西藏提供理论和智力支撑。

五 切实抓好队伍建设，增强社科战线的凝聚力和战斗力

努力做好我区社科研究工作，实现区党委提出的，要"由我们高高举起藏学研究旗帜"的目标任务，关键在班子、在队伍、在人才。胡锦涛总书记在人民日报社考察工作时强调指出，"必须切实抓好队伍建设，增强凝聚力和战斗力"。抓好队伍建设，努力建设一支赤胆忠心，能征善战的高素质队伍，是当前我区搞好社会科学和藏学研究工作的重要任务。

加强队伍建设，要大力加强领导班子建设。搞好班子建设，要贯彻中央的指示，按照自治区的要求，院领导班子要做到思想政治坚定、组织协调具备、业务工作熟悉，做到勤政廉政、富有创新精神。还要建立一套适用于社科研究特点的机制，把优秀干部选拔到领导岗位上来，确保社科研究工作的领导权牢牢掌握在忠于马克思主义、忠于党、忠于人民的人手里；确保始终坚持正确的舆论导向，在推动经济发展，引导社会舆论，培养社会风尚，促进社会和谐等方面发挥社科研究的巨大作用。

加强队伍建设，要坚持马克思主义价值观，继续深化"三项学习教育"活动，当前，要开展好"反对分裂、维护稳定、促进发展"的主题教育活动，引导广大社科研究工作者不断提高思想政治水平、增强业务本领，努力建设一支政治强、业务精、作风正、纪律严的队伍。广大科研工作者是战斗在前沿阵地的生力军，既要有过硬的思想觉悟，又要有精湛的业务能力，还要有正派的工作作风和职业道德，努力做到多出成果、快出成果、出好成果。

加强队伍建设，要加强对中青年骨干的培养锻炼，采取各种措施，大力培养造就合格的科研工作接班人。中青年骨干是事业的中坚与希望，关系到事业的继往开来、承前启后、兴旺发达的大问题。要让他们到实践中去，到最需要的工作岗位上去磨砺、去锻炼，不断提高他们的政治和业务能力，使其成为政治上可靠，基本功扎实，关键时候拿得出、用得上的科研人才。

加强队伍建设，要按照区党委提出的要做好"事业留人，感情留人，

机制留人"工作。繁荣发展哲学社会科学是时代的迫切需求，是中央的重大决策，留住和吸引人才，充分调动和发挥他们的积极性，是我们的职责所在。我们要转变观念，解放思想，以人为本，注重人才资源的开发和建设，尽力克服困难，体制上不能解决的问题，尽可能通过机制搞活，以稳定西藏哲学社会科学和藏学人才队伍，真正做到藏学研究的旗帜由我们高高举起。

在自治区党委、政府的高度重视下，通过深入学习贯彻落实胡锦涛总书记的重要讲话精神，通过全院和全区社科人的共同努力、扎实工作，我们的哲学社会科学和藏学研究事业一定会有更大发展，我们的社会科学和藏学研究事业一定大有可为。

（原载《西藏日报》2008年7月19日）

凝聚人心　汇集力量　为跨越式发展和长治久安尽职尽责

——学习贯彻中央第五次西藏工作座谈会精神体会

2010年1月18—20日,党中央、国务院在北京召开了第五次西藏工作座谈会。会议全面贯彻党的十七大和十七届三中、四中全会精神,认真总结了中央第四次西藏工作座谈会以来西藏发展稳定取得的成绩和经验,全面分析了西藏工作面临的形势和任务,明确了当前和今后一个时期西藏工作的指导思想、目标任务和工作重点。中央第五次西藏工作座谈会,是在我国全面建设小康社会进入关键阶段、西部大开发战略实施10周年、西藏跨越式发展进入关键阶段、反分裂斗争尖锐复杂的形势下,党中央召开的一次十分重要的会议。我有幸亲自参加了这次会议,深切感受到了党中央、国务院对西藏工作的高度重视和对西藏各族人民的特殊关怀。

中央第五次西藏工作座谈会召开以后,自治区党委对学习贯彻这次会议的精神高度重视。1月24日,自治区召开全区党员领导干部大会,集中传达学习中央第五次西藏工作座谈会精神。2月23—24日,自治区党委理论学习中心组又在拉萨召开学习会,集中学习贯彻中央第五次西藏工作座谈会精神。4月15—17日,自治区召开党委工作会议,又一次深入学习贯彻中央第五次西藏工作座谈会精神,全面部署我区推进跨越式发展和长治久安的各项工作。通过参加一系列会议以及认真学习中央第五次西藏工作座谈会召开之后党中央、国务院下发的有关文件的精神,体会颇深。

一 调动一切积极因素，汇集力量，大力推进西藏跨越式发展

2001年6月，党中央、国务院在西藏和平解放50周年之际召开了第四次西藏工作座谈会。这次会议上，江泽民同志明确指出，对于西藏这样的地区，可以而且应该采取跨越式发展的战略。10年间，在自治区党委、政府的正确领导下，在对口援助部门的大力帮扶下，在全区各族人民的共同努力下，西藏的跨越式发展取得了重大进展。

中央第五次西藏工作座谈会在对中央第四次西藏工作座谈会召开后，西藏发展进步取得的显著成就、积累的新的重要经验进行全面分析总结的基础上，胡锦涛总书记指出，经过民主改革50年特别是改革开放30多年来的不懈努力，西藏已经实现了基本小康，西藏发展已经站在新的历史起点上。这是对目前西藏发展的阶段性特征的总体描述。同时，在对西藏存在的社会主要矛盾和特殊矛盾进行分析的基础上，胡锦涛总书记明确指出，西藏存在的社会主要矛盾和特殊矛盾决定了西藏工作的主题必须是推进跨越式发展和长治久安。

关于推进西藏跨越式发展，中央第五次西藏工作座谈会提出明确要求：要更加注重改善农牧民生产生活条件，更加注重经济社会协调发展，更加注重增强自我发展能力，更加注重提高基本公共服务能力和均等化水平，更加注重保护高原生态环境，更加注重扩大同内地的交流合作，更加注重建立促进经济社会发展的体制机制，使西藏成为重要的国家安全屏障、重要的生态安全屏障、重要的战略资源储备基地、重要的高原特色农产品基地、重要的中华民族特色文化保护地、重要的世界旅游目的地。胡锦涛总书记的讲话，对西藏在新的历史条件下继续推进跨越式发展提出了新的、更高的要求，总结起来就是七个"更加注重"。今后，西藏在推进跨越式发展的进程中，要将这七个"更加注重"作为工作重点进行全面突破；与此同时，胡锦涛总书记的讲话明确指出了推进西藏跨越式发展的目的，总结起来就是六个"重要的"，具体为"两个安全屏障、两个基地、一个保护地、一个目的地"，当前西藏继续推进跨越式发展，要以这六个"重要的"为总的奋斗目标。

中央第五次西藏工作座谈会提出要"坚持走有中国特色、西藏特点的发展路子",这为今后一个时期西藏的跨越式发展指明了方向、提出了明确要求。我认为,推进西藏的跨越式发展,就必须要坚持走有中国特色、西藏特点的发展路子。"有中国特色、西藏特点"的发展路子是在总结西藏经济社会发展历史经验的基础上总结出来的;是中国共产党领导下的,以马克思主义为指导的,人民民主专政的社会主义发展道路;是以经济建设为中心,努力建设小康西藏、富裕西藏的发展道路;是坚持改革开放,努力建设开放型新西藏的发展道路。只有坚持这条路子,西藏的跨越式发展才能有思想保证,才能沿着正确的方向前进;只有坚持这条路子,西藏的跨越式发展才能围绕中心,才能实现最终的奋斗目标;只有坚持这条路子,西藏的跨越式发展才能顺利进行,才能有坚实的外部保障。

推进西藏的跨越式发展,还要坚持以科学发展观为指导,在推进跨越式发展的进程中实现经济发展方式的根本转变。去年底,我在中央党校进行了短期的学习,主要内容是转变经济发展方式和经济结构调整。通过这次集中学习,我深刻感受到,对于像西藏这样发展比较落后的民族地区,以科学发展观为统领,推动经济发展方式转变,意义更为重大。西藏不仅要加快跨越式发展的步伐,同时,还要在产业结构、城乡结构、经济增长的动力、生态环境保护等方面逐步实现经济发展方式的转变。只有这样,我们的跨越式发展才能更加符合最广大人民群众的根本利益,才能更加符合整个国家发展的全局利益,才能更加符合可持续发展的要求,才是真正的跨越式发展。

二 凝聚人心,打好反分裂斗争主动仗,全力确保西藏长治久安

中央第五次西藏工作座谈会在对当前西藏的社会主要矛盾进行分析的同时,又指出西藏还存在各族人民同以达赖集团为代表的分裂势力之间的特殊矛盾。这一特殊矛盾的存在,决定了我们在经济社会实现跨越式发展的同时,还面临要展开与达赖集团的反分裂斗争。

社会稳定与经济发展互为条件,社会稳定可以为经济发展提供坚实保障;反过来,经济发展可以促进社会稳定。在西藏,反对达赖集团的各种

分裂破坏活动,全力确保社会的长治久安,是实现经济社会跨越式发展的重要保障。长期以来,达赖集团不间断的干扰和破坏活动增加了西藏经济社会发展的隐性成本,这也是西藏自治区与内地其他省份发展经济面临的最大区别之一。2008年,达赖集团再次策划、煽动和制造了拉萨"3·14"事件,给广大人民群众的生命财产造成了巨大损失,给西藏的社会稳定造成了极大威胁。由此可见,达赖集团的分裂破坏活动对西藏经济社会发展的负面影响是巨大的。

从本质上来看,达赖集团是影响西藏社会稳定的总根源。全力确保西藏实现长治久安,核心在于反对达赖集团进行的各种分裂破坏活动。中央第五次西藏工作座谈会召开以后,中央下发的有关文件中对达赖集团做了明确定性,指出达赖集团是代表旧西藏政教合一封建农奴主阶级残余势力、受国际敌对势力支持和利用、破坏西藏发展稳定、图谋"西藏独立"的分裂主义政治集团。这样的定性,符合达赖集团的一贯立场和表现,对达赖集团的性质做出了全面、深刻的分析和认识。同时,中央指出,对达赖集团的斗争,要高举维护社会稳定、维护社会主义法制、维护人民群众根本利益、维护祖国统一、维护民族团结的旗帜,坚持旗帜鲜明、针锋相对、掌握主动、争取人心、强基固本的方针。这为我们今后开展反分裂斗争指明了方向、明确了任务。

反对达赖集团的分裂破坏活动,确保西藏的长治久安,关键在于打牢反分裂斗争的群众基础。西藏发展的历史反复证明,广大人民群众是反对分裂、维护社会稳定的坚强柱石。打牢群众基础,首先要坚持以经济建设为中心不动摇,不断满足广大人民群众日益增长的物质文化需要。其次,要深入开展社会主义核心价值体系宣传教育,弘扬社会主义先进文化,普及科学知识,使各族干部群众不断增强中华民族意识、国家意识、法制意识、公民意识。最后,要向广大人民群众揭露达赖集团的分裂本质,使他们逐步认识到达赖集团是影响西藏社会稳定和实现长治久安的总根源,坚定跟党走的决心和信心。

反对达赖集团的分裂破坏活动,确保西藏的长治久安,还要正确处理好各种人民内部矛盾。近年来,随着西藏经济社会跨越式发展步伐的不断加快,各种利益关系调整加剧,人民内部矛盾开始显现。这些问题和矛盾,从本质上讲,属于人民内部矛盾。因此,要时刻保持对人民高度负责的精神和敏锐的警惕性,将各种内部矛盾消灭在萌芽状态。

三 发挥哲学社会科学的重要功能，为西藏实现跨越式发展和长治久安提供智力支持

哲学社会科学在经济社会中具有重要的特殊功能。在西藏，哲学社会科学战线是推进西藏跨越式发展和长治久安的一支重要力量。2008年8月，自治区党委书记张庆黎在社科院调研时就曾指出，哲学社会科学战线在西藏发展的各个时期，为自治区党委和政府做好各项工作提供了决策的参考和科学的依据，为促进全区各项事业的发展提供了良好的智力支持，为党和政府发挥了"思想库""服务部"的功能，为促进西藏社会稳定和加快发展发挥了积极的作用。

中央第五次西藏工作座谈会的召开，为在新时期、新阶段进一步繁荣发展西藏的哲学社会科学事业提供了难得机遇。中央第五次西藏工作座谈会，进一步明确了西藏工作的指导思想、发展战略、目标任务和政策措施。全国"两会"期间，胡锦涛总书记再次参加西藏代表团的审议，对贯彻落实中央第五次西藏工作座谈会精神、推进西藏跨越式发展和长治久安提出了新的更高的要求。自治区党委、政府对贯彻落实这次座谈会精神进行了动员和部署，制定了一系列符合西藏实际的改革措施。

结合个人的学习体会，与中央第四次西藏工作座谈会相比，在新的历史条件下，中央第五次西藏工作座谈会上产生了许多新提法、新认识、新论断，值得我们哲学社会科学战线上的广大专家学者认真学习、深刻领会、深入研究。贯彻落实好这次会议的精神，哲学社会科学界担负着时代的使命，需要尽快进行安排并完成新课题的研究任务，出一批好成果、有用的成果，为自治区党委和政府落实会议精神提供决策的理论依据和实施的对策。

一是研究党在西藏工作的新理论。有了理论上的深入透彻的认识，才能为指导实践发挥正确的作用。中央第五次西藏工作座谈会，高度概括了党中央关于加强西藏工作的一系列重要思想，深入研究发展稳定的深层次问题，深化了对跨越式发展和长治久安规律性的认识，就西藏工作的历史方位、指导思想、发展战略、目标任务等，形成了一系列重要观点、重要认识、重要论断，构成了一个完整的治藏、稳藏、兴藏思想理论体系。哲

学社会科学界要对这一思想理论体系进行深入学习、认真研究分析，为全社会准确解读中央关于西藏工作的一系列新的理论或治藏方略提供智力支持。二是要深入研究推进跨越式发展的相关理论和具体举措。中央第五次西藏工作座谈会对推进西藏跨越式发展进行了全面部署，推进西藏的跨越式发展涉及全区各行各业、各个领域和系统，哲学社会科学界要根据中央对推进跨越式发展的基本要求，研究跨越式发展的相关理论；研究进一步推进跨越式发展的具体对策；研究如何实现 2015 年、2020 年发展目标的具体对策。三是要研究推进西藏长治久安的相关理论和具体对策。中央第五次西藏工作座谈会对推进西藏实现长治久安进行了全面部署，实现长治久安是中央稳边固疆思想的重要核心，是全社会共同的重大责任。哲学社会科学界要根据中央对推进长治久安的要求，展开相关的理论研究，使全社会对实现长治久安有更高的理性的认识；要研究实现西藏长治久安的具体对策。

与此同时，要充分发挥哲学社会科学的重要功能，在意识形态领域展开与达赖集团针锋相对的斗争。长期以来，达赖集团为达到分裂祖国的目的，在进行疯狂的暴力破坏活动的同时，加紧在意识形态领域对我进行思想文化渗透。他们一直从事反动舆论宣传，打着"民族""宗教""保护传统文化""保护生态环境"等旗号，大肆攻击我党的各项政策和建设成就。在与中央的多次接触商谈中，提出所谓的"大藏区""高度自治"等要求，说到底，仍然是谋求西藏的独立。我区哲学社会科学战线的广大专家、学者长期关注这些问题，并有着深入的研究成果。因此，我们要充分发挥哲学社会科学工作者的特殊作用，为反分裂斗争提供积极而有效的舆论和学术支持。

中央第五次西藏工作座谈会像一阵春风，吹拂着西藏欣欣向荣的大地，滋润着西藏各族人民的心田。我们坚信，在中央第五次西藏工作座谈会精神的指引下，在自治区党委、政府的坚强领导下，在西藏各族人民的共同努力下，西藏一定能与全国一道实现全面建设小康社会的宏伟目标，为我国早日实现现代化和中华民族的伟大复兴做出应有的贡献！

（原载《西藏日报》2010 年 5 月 1 日）

穿越历史时空　开创美好未来
——《西藏百年史研究》系列丛书序一

西藏自古以来就是中国不可分割的一部分。在长期的历史发展过程中，汉、藏、蒙古、满、回等兄弟民族共同开拓了祖国的疆土，缔造了统一的国家，组成了相互依存、同甘共苦、和睦共处的民族大家庭。

长期以来，历代中央政权一直对西藏地方行使着主权。元朝中央把西藏地方划为13万户，并由宣政院统一管理。其后的历代中央政权也都致力于西藏地方的治理，积极捍卫国家领土的完整；历代中央均在西藏设有管理机构，制定章程并派员进藏督办地方事务，任免西藏地方机构的僧俗官员等。

在残酷、黑暗的封建农奴制统治下，西藏广大农奴和奴隶过着极端贫困、悲惨的生活。百余年来，帝国主义者玩弄种种阴谋诡计，企图阻止中国中央政府在西藏地方行使主权，妄图侵占西藏这一中国的神圣领土，使西藏广大农奴和奴隶堕入了更加痛苦的深渊。在帝国主义的引诱和扶植下，西藏统治集团中的少数亲帝分子走上了分裂祖国、鼓吹西藏"独立"的邪路。在帝国主义分子的唆使和蛊惑下，他们发布破坏汉、藏民族关系的布告，赶走清朝驻藏军队，驱逐国民政府蒙藏委员会驻藏办事处人员，千方百计试图摆脱中央政府的管理，割断与中央的联系。他们违背中央政府制定的"不得私自与外国来往"的法规，擅自与帝国主义分子勾结，妄图依靠外部势力实现"独立"的罪恶图谋。他们在西藏内部大肆迫害倾向中央政府的爱国人士，使之有的被革职、抄没家产，有的被迫害致死，有的被迫逃往祖国内地。第九世班禅大师曲吉尼玛在生命安全受到严重威胁的情况下，忍痛离开自己的寺院，在内地生活了15年，后在青海省含恨圆寂，最终未能实现返回西藏的愿望。

纵观中国近代历史，我们既要看到清季中央和国民政府的腐朽无能，同时也应看到清季中央和国民政府为维护对西藏的主权所做出的努力：清朝末年派官员进藏查办藏事，为治理西藏继续进行了一些改革，深受广大僧俗人民的欢迎；慈禧太后、光绪皇帝接见第十三世达赖喇嘛土登嘉措，并封他为"诚顺赞化西天大善自在佛"，因其两次擅离拉萨，中央政府曾两次褫革其封号，后又予以恢复；中央政府应噶厦的请求，替西藏方面向英帝国支付赔款250万卢比，粉碎了英帝离间西藏地方与祖国的隶属关系的阴谋；1913年底，亲英的西藏地方政府代表夏扎·班觉多吉在臭名昭著的"西姆拉会议"上提出西藏"独立"等非法要求，在包括西藏人民在内的全国人民的极力反对下，国民政府代表拒绝在会议条约的正文上签字，使英帝国主义及西藏分裂势力的阴谋未能得逞；在国民政府的感召下，达赖喇嘛派人到南京设立了"西藏驻京办事处"，并派代表参加了在南京召开的国民大会；国民政府册封九世班禅曲吉尼玛为"护国宣化广慧大师"，任命班禅大师为"西陲宣化使"；派遣参谋本部次长黄慕松到拉萨向十三世达赖喇嘛圆寂致祭，册封达赖喇嘛为"护国弘化普慈圆觉大师"，批准出生在青海省的拉木登珠继任为第十四世达赖喇嘛，派遣蒙藏委员会委员长吴忠信到拉萨主持第十四世达赖喇嘛的坐床典礼；批准青海灵童官保慈丹为九世班禅大师的转世灵童，派遣蒙藏委员会委员长关吉玉主持第十世班禅的坐床典礼；国民政府在拉萨设立了蒙藏委员会办事处，开办了诊疗所、气象测候台和小学，并拟在交通、教育、贸易等方面帮助西藏，促进西藏近代化建设，等等。这些努力，是中央政府对西藏行使主权的具体体现，是对帝国主义和西藏上层反动势力分裂活动的有力回击，致使西藏"独立"阴谋化为泡影，维护了国家对西藏的主权。在国家积贫积弱、深受帝国主义欺凌、"西藏独立"鼓噪甚嚣的年代，世界上从未有任何一个国家的政府承认西藏是一个"独立"的国家。

1949年中华人民共和国成立，经过协商，中央人民政府与西藏地方政府于1951年5月在北京签订了《中央人民政府和西藏地方政府关于和平解放西藏办法的协议》，从此西藏历史掀开了新的一页。经过和平解放、驱逐帝国主义势力、平息叛乱、民主改革、成立西藏自治区、社会主义革命和建设、改革开放等，西藏人民同全国各族人民一道，正在从事中国特色社会主义现代化建设的伟大事业。

西藏和平解放后，特别是改革开放以来，在党中央、国务院的亲切关怀和支持下，我国的藏学研究事业得到了突飞猛进的发展，并在国际上占据了举足轻重的地位。研究队伍逐步壮大，研究内容不断深入，研究成果日益丰富，许多成果在质与量方面都有新的突破。西藏自治区的藏学研究事业是全国藏学研究事业的重要组成部分，改革开放以来，不仅建立了专门的藏学研究机构，而且大专院校和有关单位也建有藏学研究部门。西藏的藏学研究事业坚持以辩证唯物主义和历史唯物主义为指导，冲破神学的桎梏，反对唯心，坚持唯物，摒弃迷信，崇尚科学，逐步实现了从侧重基础研究向为现实服务的应用研究的转变。与此同时，研究的范围也在不断拓宽，从原先着重于古代史、宗教、语言等相对狭窄的范围，逐步拓展到现在的政治、经济、文化、军事、教育、体育、科技等全方位的研究，并取得了很多喜人的成果，一些成果在国内外产生了较大影响。

历史是现实的一面镜子。以史为镜，可以使我们在前进的路上走得更好、更稳、更快。《西藏百年史研究》以时间为经，以事实为纬，全面梳理西藏近现代百年历史，以整体的视角分析研究百年来西藏在发展道路上的探索与实践，以现代的视角回望深思百年来西藏与祖国关系的历史渊源与融合，以全球的视角前瞻揭示世界格局变化对西藏发展的影响与西藏的前景。《西藏百年史研究》将为人们展现一幅西藏从黑暗走向光明、从落后走向进步、从贫困走向富裕、从专制走向民主、从封闭走向开放的历史画卷。

德国哲学家雅斯贝尔斯说："如果我们放弃历史，那么对历史的每一次超越都成了幻觉；世界周围没有道路，历史周围没有道路，而只有一条穿越历史的道路。"我们期望通过《西藏百年史研究》，让大家体味这条穿越历史道路的艰难曲折，从中汲取智慧与力量，为创造更加美好的小康西藏、平安西藏、和谐西藏而共同努力。

（原载《西藏研究》2011年第5期）

和平解放：西藏跨越式发展的历史起点
——纪念西藏和平解放 60 周年

1951 年 5 月 23 日，中央人民政府和西藏地方政府签订《关于和平解放西藏办法的协议》（以下简称"十七条协议"），标志西藏实现和平解放。西藏和平解放是西藏地方历史上一个划时代的转折点，也是中国现代史和中国革命史上的一个重大历史事件。以和平解放为历史起点，60 年来，在中国共产党的正确领导下，在中央的特殊关怀和全国各族人民的大力支援下，通过各族干部群众的艰苦努力，西藏经济社会驶入了跨越式发展的快车道，正在走出一条有中国特色、西藏特点的发展路子。

一 和平解放是西藏社会前进的必然选择

和平解放前的西藏，实行的是政教合一的封建农奴制度。西藏的封建农奴制始于 10 世纪，至 13 世纪前后已普遍确立，经过元明清等中央封建王朝统治者的不断扶持，这个制度不断得到强化和完善。其中，乾隆五十八年（1793 年），在清军平定廓尔喀侵略之后，清朝中央政府制定和颁行了《钦定藏内善后章程二十九条》，标志着清朝中央政府对西藏地方的主权管辖和行政治理发展到了新的阶段，达到了一个封建王朝对地方社会通过特有制度进行治理历史的巅峰。[1] 作为封建制度的特殊形式，与典型的封建制度相比，西藏的封建制带有浓厚的奴隶制色彩，是一种更为落后的社会生产关系。西藏的封建农奴制，最典型的特征是政教合一，即世俗的

---

[1] 廖祖桂、李永昌、李鹏年：《〈钦定藏内善后章程二十九条〉版本考略》，中国藏学出版社 2006 年版，前言第 1 页。

政治权力与藏传佛教的神权紧密结合，对农奴和奴隶实行人身和精神上的双重控制和压迫。具体表现为，占西藏人口不到5%的官家、贵族和寺院上层僧侣三大领主，基本占有西藏的全部耕地、牧场、森林、山川以及大部分牲畜；而占西藏人口95%以上的农奴和奴隶，却极少占有土地和其他生产资料，没有人身自由，不得不依附于领主的庄园为生或充当世代家奴，遭受强制的乌拉差役、租税和高利贷三重剥削，生活在死亡线的边缘。① 三大领主可以把农奴进行赠送、转让、抵押。农奴的子女世代为奴，从属于领主。农奴结婚，事先要征得双方领主的同意，生下孩子后，男孩归男方领主，女孩归女方领主所有。除差役外，农奴们还要承担上百种名目繁多的经常性的和临时性的税赋。高利贷是当时三大领主剥削农奴的重要手段之一，通常借钱的年利息在10%、20%甚至30%，借粮的利息是借四还五或借五还六。农奴的债务有子孙债和连保债。旧西藏的法典把人分为三等九级。下等人触犯了上等人就要处以刑罚。可以说，和平解放前的西藏，社会制度十分落后，等级森严，广大农奴没有基本的人权可言，个人命运极其悲惨。

　　直到20世纪中叶和平解放前，西藏仍然实行的是这种残酷、野蛮、黑暗、落后的封建农奴制度。从社会发展的规律看，这种属于上层建筑范畴的落后的社会制度严重阻碍了经济社会的发展，这种落后的生产关系严重阻碍了社会生产力的发展。从经济方面看，原始落后自给自足的自然经济占绝对优势，仅有的手工业生产基本上属于家庭副业性的生产，产品主要是满足农奴主的需要和农奴的生产生活的需要，而不是为了出售；农牧区产品的交换也只在一定季节性的市场、采取以物易物的方式进行，城镇商业主要是供应僧俗领主生活和宗教活动的需要。② 西藏作为一个区域性的社会，其经济停滞不前，成为死水一潭。从政治方面看，把持着西藏地方统治权的政治集团——"三大领主"只顾榨取人民的血汗，他们根本不顾社会的发展与进步及人民的生存状况。从社会方面看，对外封闭，与世隔绝，社会结构单一，流动性极弱，基本没有现代意义上的社会事业发展。从文化方面看，宗教文化取代了教育以及其他文化，极大地禁锢着人们的精神意识，整个社会处于僵化窒息的状态。从民生方面看，占95%

---

① 国务院新闻办公室：《西藏的现代化发展》（2001年11月），《西藏自治区人民政府新闻办公室、国务院新闻办公室西藏专题白皮书汇编》，人民出版社2005年版。
② 多杰才旦、江村罗布：《西藏经济简史》（上），中国藏学出版社2002年版，第38页。

的人基本没有生产资料,没有人身自由,挣扎在死亡线上。正如已故的全国政协副主席阿沛·阿旺晋美所言:"那个时候,我和一些上层开明人士都认为照这样子下去,用不了多久,农奴死光了,贵族也活不成,整个社会就得毁灭。"西藏延续上千年的封建农奴制度走到了尽头,"寿终正寝"成为必然。

中国社会呼唤着变革,西藏人民盼望着解放。历史进入20世纪中叶,世界和中国都在发生巨大的变化,特别是1949年中华人民共和国的成立,改变了中国社会和各族人民的命运,也一定要改变西藏社会和西藏人民的命运,长期停滞不前的西藏社会必将迎来新的曙光,获得新生,西藏解放已是大势所趋。

1. 和平解放成为西藏跨越式发展的历史起点

进入近代以来,由于清王朝的腐败无能,西方国家凭借"坚船利炮"打开了中国的国门。以1840年第一次鸦片战争为标志,中国由封建社会逐渐沦为半殖民地半封建社会。在这样的大背景下,虽然西藏仍然固守着封建农奴制度,但以英国为首的西方国家却图谋将西藏从中国分裂出去。1853年,在英帝的指使下,亲英势力把持的尼泊尔政府借口西藏地方官吏虐待尼商,武装侵入聂拉木、吉隆等地。1888年英帝发动了第一次侵藏战争,侵占了西藏的热纳、隆吐山和则利拉等地。1904年英国又发动了第二次侵藏战争,侵略军占领了拉萨后,强迫签订了《拉萨条约》。其后,美国也插手西藏事务,干起妄图分裂中国的勾当。可以说,从那以后,围绕着维护祖国统一问题,西藏的分裂与反分裂的斗争从来都没有停止过。

1921年中国共产党成立,并领导中国革命不断向前推进。1949年10月1日,在中国共产党的领导下,经过28年的艰苦努力,宣告了中华人民共和国的成立。这是100多年来中国历史的一个具有伟大意义的里程碑,也是中华五千年历史中一个伟大的里程碑。它结束了鸦片战争以来中国的半殖民地半封建社会,结束了两千多年的封建专制制度,结束了极少数压迫者、剥削者统治广大劳动人民的历史,结束了国家四分五裂、征战不休和人民生活贫困、生灵涂炭的局面。西藏作为中国神圣领土不可分割的一部分,只有与全国一道完成反帝反封建的新民主主义革命的双重历史任务,中国的新民主主义革命才算彻底完成,西藏才能进入社会主义革命的新阶段。因此,毛泽东主席说:"西藏革命要分两步走:第一步,走民主的道路。第二步，走社会主义道路。"其中，西藏的民主革命又要分反帝和反封建农奴制度两步走。要完成西藏民主革命的艰巨任务，使西藏进入社会主义建设的历史新时期，西藏获得解放是前提、是基础。只有西藏实现解放，民主革命才能在西藏顺利进行，广大的农奴才能摆脱受剥削、受压迫的悲惨命运，西藏的发展进步才能真正有希望。

西藏的和平解放，实现了西藏民主革命的第一重任务即反帝任务，将帝国主义势力驱逐出了西藏，使西藏摆脱了帝国主义势力的侵略及其政治、经济羁绊，为西藏的发展进步开辟了新的道路。与此同时，西藏的和平解放，维护了国家的主权、统一和领土完整，实现了全国各民族的团结和西藏内部的团结，为西藏与全国一起实现共同进步和发展创造了基本前提。西藏的和平解放，使祖国大陆全部得到解放。而后，经过平息叛乱、民主改革，于1965年9月成立了西藏自治区，西藏人民走上了社会主义康庄大道。但是，由于社会历史、发展条件等诸多因素，西藏属于全国落后的地区之一，要赶上祖国其他地区的发展水平，就必须实现跨越发展。

三 "十七条协议"为西藏跨越式发展创造了条件

西藏的和平解放，经过了曲折的历史过程。一方面，中央政府坚持和平民主团结建国的政治主张，希望通过符合各族人民利益的和平方式解放西藏；另一方面，新中国成立前后，在帝国主义的挑唆下，西藏地方政府中的亲帝分裂分子加紧了分裂步伐，妄图将西藏从祖国分裂出去。最终，在中央人民政府英明正确的领导下，在以阿沛·阿旺晋美等为代表的西藏爱国上层的积极努力下，中央人民政府和西藏地方政府经过谈判协商，签订了"十七条协议"。"十七条协议"的签订，是一个伟大的历史创举，是中国共产党取得执政地位后吸取历史上和外国的经验教训，将马克思主义关于民族问题的基本原理同处理好中国的民族实际问题、与西藏具体情况紧密结合的产物。"十七条协议"的签订，为西藏跨越式发展创造了先决条件。

跨越式发展是在一定历史条件下落后者对先行者走过的发展阶段的超常规的赶超行为。西藏跨越式发展是基于西藏的各种条件下奋力赶上祖国其他地区发展的超常规活动。"十七条协议"签订后，为西藏跨越式发展创造了六个方面的条件。第一，确定了跨越式发展的主体条件。这个主体条件就是西藏各族人民充分享受着祖国大家庭的温暖，西藏有人民解放军守卫边防，有在中央人民政府领导下实行民族区域自治的权利，有在国家主权保护下的邻邦友好关系环境，等等。这样一个主体条件是跨越式发展的坚实基础，西藏虽然落后，但具备了上述这些条件才有跨越式发展的可能。第二，获得了跨越式发展的经验和机遇条件。"十七条协议"写道，自解放战争以来，"国内各民族除西藏及台湾外，均已获得解放。在中央人民政府和各上级人民政府直接领导之下，各少数民族均已充分享受民族平等的权利，并已经实行或正在实行民族区域自治"。全国各地民族区域自治的实行给西藏提供了成熟的经验，使西藏在民族区域自治的道路上不走弯路，民族区域自治的实行激发了西藏各族人民走跨越式发展道路的积极性、主动性和自觉性。同时，新中国的统一为国家的发展带来了前所未有的机遇，也为西藏地区的跨越式发展带来了前所未有的机遇。没有解放西藏，没有国家实现新的统一就不可能有这种机遇。第三，提供了跨越式发展的优势条件。在相对落后的地区实现跨越式发展，要有相对的优势条件。和平解放为西藏实现跨越式发展提供了优势条件，这就是中央人民政府"帮助各少数民族发展其政治、经济和文化教育的建设事业"，"依据西藏的实际情况，逐步发展西藏民族的语言、文字和学校教育"。"依据西藏的实际情况，逐步发展西藏的农牧工商业，改善人民生活。"第四，提供了跨越式发展的引擎条件。跨越式发展需要一个强大的引擎拉动才能奏效。西藏跨越式发展的引擎就是中国共产党和中央人民政府的正确领导，尤其是有了像毛泽东这样的各族人民衷心爱戴的领袖的英明领导，中央历代领导集体都关心西藏，使西藏的发展真正实现了飞跃。第五，提供了跨越式发展的创试条件。跨越式发展要锁定一个高标准的大目标。"十七条协议"实际上明确了这个目标，即"打倒了各民族共同的内部敌人——国民党反动派，驱逐了各民族的共同的外部敌人——帝国主义侵略势力"，"顺利地清除帝国主义侵略势力在西藏的影响，保卫国防，使西藏民族和西藏人民获得解放，回到中华人民共和国大家庭中来，与国内其他各民族享受同样的民族平等的权利，发展其政治、经济、文化教育事业"，这实际上是建设一个新西藏的目标，为了这个目标就要大胆地实验、大胆地创造。这个目标是可以实现的，因为有祖国做强大的后盾，有各兄弟省区的发展带动，西藏跨越式发展就有了物质力量的保证。第六，奠定了跨越式发展的关键条件。也就是说,一个社会实现跨越式发展要有各种条件,而最关键的条件则是社会制度的保障条件。"十七条协议"规定"对于西藏的现行政治制度,中央不予变更",但在十一条中清楚地写明:"有关西藏的各项改革事宜,中央不加强迫。西藏地方政府应自动进行改革,人民提出改革要求时,得采取与西藏领导人员协商的方法解决之。"这一条明确了西藏社会的制度必须要变革,要西藏地方政府顺应人民要求自动变革,西藏的政治制度不变是暂时的,从长远看、从人民的期待看,西藏的政治制度必须变革,只是时间的迟早问题,而不是变与不变的问题。社会制度的改革必然带来整个社会的重大变化,跨越式发展才有可靠的基础。

"十七条协议"签订后,西藏和平解放在艰难曲折中最终得以实现,历史已过60年,时间越是久远,它对西藏社会产生的作用、对西藏跨越式发展创造的一系列条件就越是清晰。

四　社会制度的变革为西藏社会全面跨越式发展奠定了关键性条件

《中国人民政治协商会议共同纲领》总纲中的规定:"中华人民共和国为新民主主义即人民民主主义的国家,实行工人阶级领导的、以工农联盟为基础的、团结各民主阶级和国内各民族的人民民主专政,反对帝国主义、封建主义和官僚资本主义,为中国的独立、民主、和平、统一和富强而奋斗。"西藏作为新中国的一个重要组成部分,要"反对帝国主义、封建主义和官僚资本主义,为中国的独立、民主、和平、统一和富强而奋斗"。所以,西藏和平解放后至1959年3月,中国人民解放军进驻西藏,守卫边防,驱逐帝国主义势力,实现了祖国大陆的统一;十世班禅回到了西藏,实现了西藏民族内部的团结;设立中央人民政府驻西藏代表,体现了中央人民政府对西藏地方的政治管理,实现了中央对西藏外事的统一,废除了不平等条约;成立西藏自治区筹备委员会,为西藏实行民族区域自治奠定了基础。在党中央的领导下,西藏工委和西藏军区在中央财力和全国兄弟省市的大力支持下,有重点地进行经济建设。修筑了举世闻名的康藏、青藏公路,建成了当雄机场,改变了西藏历史上交通闭塞的状况;国家在西藏建立了银行、邮电、贸易和交通运输等国有经济;建立了十几个工矿企业,开创了西藏现代工业;国家对整个西藏经济实行帮助扶持政策,如无偿发放农具,免费给牲畜防治疫病,发放无息农贷和低息手工业贷款以及救灾款、救济款等,大量收购畜产品;同时办学校,培养藏族干部,开办医院给群众免费治病等。总的来说,这一时期,由于两种制度、两种政权并存,西藏只能进行有限的重点建设,整个经济的发展还落后于全国。[1] 和平解放后,西藏社会期待着较快的发展,但旧制度和旧政权的存在却阻挡着这种发展。

1959年3月10日,西藏上层反动集团为了永远维持封建农奴制度,分裂祖国,悍然撕毁"十七条协议",发动全面的武装叛乱。3月20日驻藏解放军部队奉命对叛乱武装的攻击进行反击,迅速平息叛乱。3月28日周恩来总理发布国务院命令,解散西藏地方政府,由西藏自治区筹委会行使西藏地方政府的职权,协助解放军进行平叛,并在西藏开展民主改革运动。1959年始,西藏进行了一场以土地改革为核心的轰轰烈烈的民主改革运动。西藏的民主改革,是中国新民主主义革命的重要组成部分。通过实行民主改革,西藏完成了民主革命的第二重任务,即反封建任务。通过民主改革这场伟大的社会变革,摧毁了旧西藏"三大领主"统治势力和封建农奴社会的经济基础,废除了"三大领主"对广大农牧民的人身役使与经济剥削;昔日的百万农奴获得了人身自由和生存权、发展权,劳动人民成为国家的主人;各级人民组织和基层政权相继建立,藏族干部和知识分子队伍不断发展;推动了西藏地区各项公益事业的发展,国家对西藏各方面的支援惠及广大人民群众。在短短几年中,西藏地区的社会面貌发生了历史性的变迁。[2]

经过自治区筹委会近十年的艰苦工作,1965年9月正式成立西藏自治区。西藏自治区的成立,是中国共产党的民族政策的光辉胜利。它标志着国家的进步统一和国内各族人民的团结更加巩固,标志着西藏地方在共产党领导下以工农联盟为基础的人民民主专政进一步巩固,标志着西藏民主革命的基本结束,实现了西藏从封建农奴主土地所有制转变到农牧民个体所有制后,进入了社会主义革命和社会主义建设的新时期。[3] 经过平息叛乱、民主改革、自治区成立,社会主义制度逐步确立起来,西藏社会实

---

[1] 多杰才旦、江村罗布:《西藏经济简史》,中国藏学出版社1995年版,第85—87页。
[2] 郝时远:《民主改革:西藏社会制度的历史跨越》,《光明日报》2009年1月22日。
[3] 解放西藏史编委会:《解放西藏史》,中共党史出版社2008年版,第522页。

现了制度的跨越性变革，结束了两种制度、两种政权并存的局面，从此，西藏跨越式发展排除了原有地方制度和政权组织的阻碍，具备了新的良好的社会条件，西藏各族人民在跨越式发展的道路上创造了一个又一个的伟大奇迹。

五　和平解放60年来西藏的发展成就斐然

和平解放60年来，在中国共产党的正确领导下，在中央的特殊关怀和全国人民的无私支援下，经过全区党政军警民的艰苦努力，西藏经济社会实现了跨越式发展，取得了举世瞩目的巨大成就。

经济实现了跨越式发展。和平解放前，西藏经济以农牧业为主，生产力发展水平十分低下，处于封闭的自给但不能自足状态。仅有的手工业多为家庭作坊式，加工工艺落后。对外贸易方面，西藏输往邻近地区的商品基本上是农牧土特产品。和平解放60年来，在中央的大力扶持下，依靠自身的资源优势，西藏已初步形成具有地方特色的现代产业体系，对外贸易实现了新发展。特别是"十一五"以来，西藏大力实施"一产上水平、二产抓重点、三产大发展"的经济发展战略，特色农畜产品加工业、高原生物和绿色食（饮）品业、优势矿产业、藏医药业、民族手工业、特色旅游业等特色优势产业发展取得显著成就。"甘露藏药""拉萨啤酒""5100矿泉水"等一批具有较高知名度的高原特色品牌已获得国家驰名商标称号。2010年，甲玛铜多金属矿正式投产并在香港成功上市；华新水泥二期工程竣工；新增的20万吨拉萨青稞啤酒生产线建成投产并远销美国。2010年，在国际市场需求回暖的有利条件下，在中央和自治区制定的各项扶持政策的推动下，西藏进出口总额达8.36亿美元，创历史新高。啤酒、矿泉水、水泥等自产工业品出口能力不断增强，对外贸易拉动西藏经济增长的水平明显提升。从经济总量来看，"十一五"时期，西藏生产总值连续突破300亿元、400亿元和500亿元三个大关，2010年达到507.5亿元。

各项社会事业实现了全面进步。由于旧西藏实行残酷黑暗的封建农奴制度，不可能有现代意义的社会事业的发展。和平解放60年来，随着社会主义制度在西藏的建立，在中央的特殊关怀下，包括现代教育、医疗卫生、社会保障、公共文化等在内的各项社会事业获得了全面进步。现代教育方面，西藏在全国率先实现覆盖城乡的免费义务教育，基本普及九年义务教育、基本扫除青壮年文盲的目标顺利实现。医疗卫生方面，农牧民医疗制度全面建立；建成了72个县卫生服务中心和682个乡镇卫生院，覆盖城乡的医疗卫生服务体系逐步完善；所有县、乡、村医疗机构配备了基本医疗设备；妇幼保健、优生优育工作进一步加强，孕产妇和婴儿死亡率进一步下降；传染病、地方病监测防治工作不断加强，突发公共卫生事件应急处置能力逐步增强，全区实现了基本消除碘缺乏病目标。社会保障方面，以养老、医疗、工伤、失业、生育五大保险和社会救助、救济等为主的社会保障体系逐步完善。西藏率先实现了新型农村养老保险全覆盖；最低生活保障制度实现了城乡全覆盖。公共文化方面，建成149个乡镇文化活动站、2000个行政村农家书屋，县县有综合文化活动中心，文化信息资源共享工程服务网络实现县级覆盖；文化遗产保护工作进一步加强，目前，西藏已有联合国教科文组织人类非物质文化遗产代表作2项（格萨尔、藏戏），国家级非物质文化遗产代表作60项，优秀传统文化得到继承和弘扬。

人民生活发生了翻天覆地的变化。和平解放前，在"三大领主"的压迫下，广大农奴的生活极其困苦连基本的生存权都难以保障，在几百年中人口几乎没有增长。和平解放60年来，在中央的特殊关怀和全国人民的无私支援下，西藏人民的生活发生了翻天覆地的巨大变化。截至2010年第六次全国人口普查统计，西藏总人口达到300万人，是和平解放时期的2倍多；人口预期寿命由旧西藏的35.5岁，增长到现在的67岁，增加了近1倍。城镇居民收入稳定增长，企业职工工资正常增长机制初步形成，最低工资标准平均达到900元。农牧民人均纯收入连续8年保持两位数增长，2010年突破4000元，达到4138.7元；城镇居民人均可支配收入达到14980元。"十一五"时期，以安居乐业为突破口的社会主义新农村建设取得重大进展。累计投入资金170亿元，农牧民安居工程惠及27.5万户、143万农牧民。基本实现村村通电话，广播电视人口综合覆盖率分别达到90.3%、91.4%，乡镇通邮率达到85.7%，农牧区碘盐覆盖率达到91.2%。

生态环境保护事业取得长足发展。和平解放前，西藏的山川、河流、森林等都归"三大领主"私有，生态环境处于一种自然发育状态，根本谈不上科学合理的保护与开发。和平解放60年来，随着国家对生态环境保护事业发展投入力度的不断加大以及广大民众环保理念的不断提升，在中央政府的主导下，西藏的环境保护事业取得了长足发展。以实施西藏生态安全屏障保护与建设规划为标志，西藏的生态环境保护进入了科学规划、整体推进、保护与建设并重的新阶段。在全国率先启动了西藏草原生态保护奖励机制试点。截至"十一五"末，西藏已建立各级各类自然保护区47个、生态功能保护区21个，植树造林172.1万亩，防沙治沙64万亩，退耕还林58.5万亩，退牧还草5911万亩，有效保护了西藏重要的生态区域。

国家对西藏建设的投入力度不断加大。根据和平解放时西藏的发展实际，按照"十七条协议"的要求，和平解放60年来，中央举全国之力建设西藏，加快经济社会发展。解放初期，基于西藏当时的经济条件，毛主席就指示"进军西藏，不吃地方"，"一面进军，一面建设"。民主改革后，中央在西藏实行稳定发展的特殊政策，让翻身农奴休养生息，发展生产。改革开放以来，中央先后召开五次西藏工作座谈会，为帮助西藏发展制定出台优惠政策、安排项目。长期以来，西藏财政支出的90%以上依靠中央的补助收入。可以说，没有国家的大力投入，就没有西藏今天的发展局面。1994年中央第三次西藏工作座谈会确立了对口支援西藏的新机制，十多年来，对口支援省市和单位为西藏的发展投入了大量的人力、物力、财力，充分体现了全国人民对西藏发展的大力支持。按照中央第五次西藏工作座谈会提出的新要求，今后一个时期，中央和对口单位对西藏的支援力度将进一步加大。

结 束 语

和平解放西藏，是发生在20世纪50年代中国的一个重大历史事件。这一事件承接着历史，拓展着现在，开启着未来。和平解放，是西藏实现跨越式发展的历史起点。60年来，在这一事件奠定了西藏社会发展与进步、民族团结与繁荣、人民幸福与安康的坚实基础上，西藏的经济社会实现了伟大的跨越，西藏各族人民用"短短几十年"的时间，创造了跨越上千年的"人间奇迹"。2010年1月，中央召开第五次西藏工作座谈会，对推进西藏跨越式发展和长治久安作出战略部署，是西藏工作历史上又一个重要的里程碑。以这次会议召开为标志，西藏的发展站在了新的历史起点上。我们坚信，在中国特色社会主义发展大道上，在探索有中国特色、西藏特点的发展路子中，西藏一定能与全国各族人民一道实现全面建设小康社会的宏伟目标。

（原载《西藏研究》2011年第3期）

发展哲学社会科学和藏学研究事业
为西藏文化建设发挥重要作用

——学习贯彻党的十八大精神体会

党的十八大报告对我国今后一个时期内经济建设、政治建设、文化建设、社会建设和生态文明建设作出了重大部署，五大建设是发展中国特色社会主义的重要内容，也是西藏全面建成小康社会必须抓好的五方面工作。在学习宣传贯彻落实党的十八大精神中，各行各业要在五大建设中积极发挥作用，为完成党的十八大提出的各项任务而努力。党的十八大报告给哲学社会科学提出了明确的任务，指明了发展方向。西藏哲学社会科学和藏学研究是文化建设的一支重要力量，应在文化建设中担负使命，着力推出党和政府、社会需要的丰富成果，在文化大发展大繁荣中尽到责任，增强对经济社会发展的引导能力，为推进跨越式发展和长治久安、全面建成小康社会提供智力支持和精神动力，在推进社会主义文化强国建设中做出贡献。

一 哲学社会科学和藏学研究是西藏文化建设的一个重要组成部分

文化是一个国家和民族的灵魂。文化的发展推动民族的发展，文化的繁荣促进民族的繁荣。文化建设在建设中国特色社会主义总布局中占有十分重要的地位。西藏文化属于中华文化不可分割的重要组成部分，是发展中国特色社会主义文化事业的重要内容。西藏在落实建设中国特色社会主义总布局中，应从自身实际出发高度重视文化建设。

哲学社会科学是文化的重要组成部分，以马克思主义为指导的中国哲学社会科学体系，无疑是凝聚全国各族人民在党的领导下，夺取中国特色社会主义建设事业全面胜利和实现中华民族伟大复兴的重要智力和精神支撑。在西藏，哲学社会科学和藏学研究在文化建设中有着十分重要的作用，是西藏文化建设的重要组成部分。因此，发展哲学社会科学和藏学研究事业对于西藏文化建设具有重大意义。

首先，哲学社会科学和藏学研究是西藏文化建设应有内容。哲学社会科学不仅包括哲学学科，也涵盖了诸多相关文科学科，如政治学、社会学、经济学、历史学、宗教学、民族学等，以及与物理学、生物学等学科的交叉学科。和平解放以来，西藏以马克思主义为指导，开展了哲学社会科学研究工作，逐渐建立起政治学、历史学、宗教学、民族学等多学科研究，研究事业不断发展壮大。哲学社会科学所涉及的学科与研究内容均属于精神文化的范畴，与新闻出版、广播影视、文学艺术事业相比，哲学社会科学创造的是学科思想、理论和主张等人类社会高层次的精神产品，对其他形式的文化具有思想引领的作用，居于精神文化的高层次。藏学是我国新兴的一个学科，藏学研究涉及历史、宗教、文化、政治、经济等多个方面，是一个复杂的研究系统。从本质上说，藏学研究是上层建筑，属于哲学社会科学的一个范畴，也是西藏文化的一个重要组成部分。自治区党委、政府从建设重要的中华民族特色文化保护地、振兴藏学研究的需要出发，提出了努力把西藏打造成国际藏学研究中心的战略目标。这一目标就是从文化和文化建设角度提出的。

文化建设是一项重要的社会事业，包括多个方面的具体内容。如社会主义核心价值体系建设、公民道德素质提高、人民精神文化生活的满足、文化整体实力和竞争力的增强等。当前，西藏的文化建设包括社会主义核心价值体系的建设、确保意识形态领域的安全、文化事业的繁荣发展、文化产业的做大做强等多个方面。在推进西藏的社会主义文化建设中，发挥哲学社会科学重要作用是必然的。其一，哲学社会科学本身就是人类文化殿堂中宝贵的精神财富。哲学社会科学是对人类社会现象高度的理论概括，是一个民族理论思维的重要体现。发达的哲学社会科学，是一个国家文化中文化繁荣的支柱和重要标志。其二，哲学社会科学是文化中能够直接应用于政府部门或其他决策者制定政策和指导实践的重要知识和思维工具。从各级政府到公司企业、文化部门以及城镇农村社区，都在自觉或不自觉地利用哲学社会科学中如经济学、管理学、教育学、社会学、心理学等学科的研究成果和方法来制定和执行决策。哲学社会科学是社会实现科学发展的基础和保证，是大文化创造力的源泉。其三，哲学社会科学虽然是一种高度理论性的知识，但它不仅仅属于专业研究者，现代社会随着人们受教育程度的普遍提高，哲学社会科学的知识和思维逐渐向社会扩散，成为人们工作生活文化的一部分，成为提高人们文化水平的重要来源。由此可见，西藏文化建设必须推进哲学社会科学和藏学研究事业的繁荣。

其次，哲学社会科学和藏学研究能够为西藏的文化建设发挥积极作用。本质上讲，哲学社会科学和藏学研究都属于上层建筑范畴，是人们认识世界、改造世界的重要工具，是推动历史发展和社会进步的重要力量。从理论指导实践的角度来看，二者都发挥着认识世界、传承文明、创新理论、咨政育人、服务社会的重要功能。在西藏，全面推进经济建设、政治建设、文化建设、社会建设和生态文明建设，是进行中国特色社会主义的伟大实践，走有中国特色、西藏特点的发展路子的重要进程。文化建设作为这一重要进程中的有机组成部分，非常重要。哲学社会科学和藏学研究由于具有上述重要功能，因此，能够在西藏五大建设的总布局中发挥重要作用。繁荣发展西藏的哲学社会科学和藏学研究事业，能够为西藏在2020年与全国一道实现全面建成小康社会的宏伟目标提供精神动力；能够为发展具有西藏特色的民主政治提供思想保证；能够为加强西藏的社会建设提供有重要价值的参考；能够为大力推进西藏的生态文明建设提供有力的智力支持。

二 哲学社会科学和藏学研究要为西藏文化建设引领方向

党的十八大报告提出，加强社会主义核心价值观建设要"牢牢把握意识形态工作领导权和主导权，坚持正确导向，提高引导能力，壮大主流思想舆论"。这就要求哲学社会科学和藏学研究要发挥积极作用。哲学社会科学是文化的重要组成部分，在文化建设中是一种引擎力量。哲学社会科学和藏学研究要发挥"引领风尚、教育人民、服务社会、推动发展"的作用，应做好以下几方面工作。

首先要坚持"二为"方向。即坚持为人民服务、为社会主义服务的方向。哲学社会科学和藏学研究都是研究性的创作。党的十七届六中全会指出:"正确创作方向是文化创作生产的根本性问题,一切进步的文化创作生产都源于人民、为了人民、属于人民。"西藏哲学社会科学和藏学研究的创作生产也应当是源于人民、为了人民、属于人民。所以,哲学社会科学和藏学研究工作者必须牢固树立人民是历史创造者的观点,坚持以人民为中心的研究导向,热情讴歌西藏改革开放和社会主义现代化建设的伟大实践,生动展示西藏各族人民创造历史的辉煌业绩和追求现代文明的精神风貌。哲学社会科学和藏学研究工作者应牢记为人民服务、为社会主义服务的神圣职责,坚持正确的研究立场,在发扬学术民主中,认真对待和积极追求研究成果的社会效果,弘扬真善美,贬斥假恶丑,把学术探索融入实现中华民族伟大复兴的事业之中。

其次要引领社会价值观。社会主义核心价值体系是兴国之魂,是社会主义先进文化的精髓,决定着中国特色社会主义发展方向。社会主义核心价值体系建设是文化建设首要问题。改革开放以来,西藏和全国一样,经济结构和社会利益格局都发生变化,随之社会价值观也呈现出多元多样的特点,在意识形态领域还存在与社会主义核心价值体系不相符合的思想、思潮。近年来,由于西方反华势力和达赖集团进行文化思想渗透,民族主义思潮冲击着西藏意识形态的安全,冲击着人们的思想意识。因此,西藏哲学社会科学和藏学研究要以社会主义核心价值体系为统领,将之贯穿于整个研究过程,形成符合社会主义核心价值体系要求、指导西藏经济社会发展与进步的相关成果,引领全社会的思想观念和价值观导向,使维护国家统一、增强中华民族团结、促进经济社会发展和社会和谐、建设现代文明成为西藏社会的主流思想舆论,成为凝聚西藏各族人民发展中国特色社会主义的强大精神力量。哲学社会科学和藏学研究在贯彻落实党的十八大精神过程中,要围绕在全社会倡导富强、民主、文明、和谐,倡导自由、平等、公正、法治,倡导爱国、敬业、诚信、友善,积极培育社会主义核心价值观开展研究,为进一步加强社会主义核心价值体系建设提供学术支持。

最后要把好文化安全关。当前西藏处于文化建设的重要时期,文化建设既是十八大部署的五大建设的重要内容,也是其他四大建设的思想基础和智力支撑。在西藏文化建设中,文化安全至关重要,尤其是在推进文化大发展大繁荣中,我们要进一步改革文化体制,促进文化产业成为国民经济发展的支柱性产业,建设公共文化服务体系等。其中,文化产品生产及其供给是个重大问题。对于哲学社会科学和藏学研究来说，其推出的研究成果就是文化产品，哲学社会科学和藏学研究工作者必须为社会提供维护国家文化安全的产品，这是最基本的要求。不仅如此，而且哲学社会科学和藏学研究工作者还要积极参与维护社会文化安全工作。近年来，党和政府大力推进文化大发展大繁荣工作，区内外很多企业参加文化产业的发展，积极开发文化产品，这是增加文化产品供给、繁荣文化内容的需要。但是文化产业和文化产品繁杂，有良有莠，对社会发展尤其是对人们的社会风尚和精神追求产生着较大的影响。党政有关部门应对文化产业予以引导，对文化产品予以把关，建立文化产业准入机制和文化产品评估机制，从源头上保证文化安全。在保障文化产业和文化产品安全中，哲学社会科学和藏学研究工作者要积极发挥作用，建议有关文化部门吸纳本地哲学社会科学和藏学研究工作者参与文化产业准入和文化产品评估工作，确保西藏文化安全、意识形态安全。

三 哲学社会科学和藏学研究要为西藏文化建设做出应有贡献

党的十七届六中全会和十八大把哲学社会科学摆在了国家文化建设的重要位置，要求更好地发挥认识世界、传承文明、创新理论、咨政育人、服务社会的重要功能，建设哲学社会科学创新体系，发展哲学社会科学，并将其列在新闻出版、广播电视、文学艺术等文化事业之前。这就更加明确了哲学社会科学在文化建设中的重要地位和主要任务。近年来，自治区党委高度重视哲学社会科学工作，自治区党委贯彻落实十七届六中全会的《实施意见》中提出，要"推进哲学社会科学创新发展"。自治区第八次党代会提出，要"坚持加强对西藏重大理论、历史和现实问题研究，推动哲学社会科学和藏学研究的繁荣发展"，赋予哲学社会科学和藏学研究重任。

党的十八大从加强社会主义核心价值体系建设、全面提高公民道德素质、丰富人民精神文化生活、增强文化整体实力和竞争力等四个方面，对扎实推进社会主义文化强国建设作出了重要部署。西藏提出了由文化资源大区向文化发展强区的战略转变目标。哲学社会科学和藏学研究要按照中央和自治区党委关于文化建设的一系列部署和安排，加强研究工作，推出党和政府、社会需要的优秀成果，以自身的繁荣发展为文化建设尽到责任、付出努力。

第一，要按照中央对五大建设的要求，研究西藏五大建设的重大问题。当前，着力推进经济建设、政治建设、文化建设、社会建设和生态文明建设，既是西藏全面建成小康社会的重要任务，也是西藏促进经济社会发展、朝着实现社会主义现代化目标前进的重要任务。西藏哲学社会科学要从区情实际出发，以社会主义初级阶段西藏经济社会发展所处的位置为依据，深入研究五大建设的思路和对策，为走有中国特色、西藏特点的发展路子出谋划策，提供决策参考，增强夺取中国特色社会主义新胜利的勇气和自信，与全国人民一道，全面建成小康社会，实现社会主义现代化和中华民族的伟大复兴。

第二，要按照中央第五次西藏工作座谈会的部署要求，深入研究西藏推进跨越式发展的重大问题。在科学发展的轨道上实现跨越式发展，确保到2020年与全国一道实现全面建成小康社会的宏伟目标，是党和国家对西藏的重托，也是西藏各族人民的共同愿望和根本利益。党的十六大以来，在中央的亲切关怀下、在全国人民的大力支持下、在西藏各族人民的共同努力下，西藏跨越式发展取得了显著成就，为全面建成小康社会奠定了坚实的基础。但是与全国其他地区相比较，经济社会发展还相对缓慢，经济社会相对落后的状况还没有完全改变，社会事业总体发展仍然滞后，工业化、信息化、城镇化、农业现代化水平较低，城乡、区域之间发展不平衡、不协调问题依然突出。哲学社会科学要以科学发展观为统领，深入研究西藏特殊的区情，科学分析经济社会发展的阶段性特征，不断深化对在科学发展轨道上推进跨越式发展的规律性认识，着力破解经济社会发展中的难题，为在新的历史起点上继续推进跨越式发展出思路、出措施，以理论研究成果促进跨越式发展的实践活动。

第三，要按照中央第五次西藏工作座谈会的部署要求，深入研究西藏推进长治久安的重大问题。西藏地处祖国的西南边疆，又处于反分裂斗争的第一线，维护国家统一和安全，稳边固疆，确保长治久安，是各族人民肩负的重大政治责任。在西藏经济社会发展的关键时期，西方反华势力和达赖集团的破坏也愈加激烈，西藏在意识形态领域反渗透、反分裂的斗争任务十分艰巨而繁重。哲学社会科学要深入研究反分裂斗争的重大历史和现实课题，积极探索在创新社会管理中实现维护社会稳定和长治久安的路径与方法，形成谋长久之策、行固本之举的全局性对策，为维护国家安全和社会的长治久安建言献策。

第四，要按照中央对党的建设的新要求，研究西藏全面提高党的建设科学化水平的重大问题。和平解放以来，党成为西藏革命、建设和改革开放时期坚强的领导核心，党的领导是西藏各项事业发展的根本保证。党的建设是西藏工作的一项重要任务。新时期，党在西藏的工作面临各种挑战，党的建设摆到了更加突出的位置。西藏要按照党的十八大要求，以改革创新精神全面推进党的建设新的伟大工程，全面提高党的建设科学化水平；全面加强党的思想建设、组织建设、作风建设、反腐倡廉建设、制度建设，增强自我净化、自我完善、自我革新、自我提高的能力，建设学习型、服务型、创新型的马克思主义执政党，确保党始终成为中国特色社会主义事业的坚强领导核心。哲学社会科学要深入研究党在西藏执政所面临的新形势新任务，科学总结党在西藏执政的历史经验和现实经验，系统研究提高党的建设科学化水平的基本内涵和有效途径，不断深化对党的建设的规律性认识，以务实的研究成果服务于西藏的党建工作。

第五，要适应国际国内形势发展，不断加强藏学研究。近年来，藏学研究在国际国内广泛开展起来。一些西方国家的藏学专家广范围、多学科对我国一区四省藏区和藏民族历史文化、现实发展进行全方位、系统化研究，推出较多的研究成果，对国际藏学界和我国藏学界产生较大的影响；一些国家的藏学专家还将其研究成果为本国政府干涉中国西藏事务提供依据和参考。相比之下，我国藏学研究与国际藏学研究还有一定的差距，藏学主导权和话语权仍被西方国家一些藏学家所掌控。藏学的故乡在中国，主导国际藏学研究是中国藏学发展的目标，需要藏学界付出艰辛的努力。西藏藏学研究要深入研究藏民族的历史、语言、文学、艺术、宗教以及经济社会发展等有关历史演进和现实发展的内容，要为国家更好地发展西藏和其他藏区，更好地治理西藏和其他藏区，实现整个藏区和全国其他地区经济、政治、文化一体化发展提供战略性思路和政策依据。

党的十八大报告是中国特色社会主义的政治宣言，是党和国家今后发展的行动纲领，认真学习、深刻领会、准确把握十八大精神，就是要落实在具体行动上。西藏哲学社会科学和藏学研究工作者要把十八大报告中关于对哲学社会科学提出的各项要求认真学习好、深刻领会好、准确把握好，在党的十八大精神指引下，加强自身建设和发展，大力推动社会主义先进文化、中华民族共有文化和西藏特色文化的繁荣发展，为西藏的文化建设做出应有的贡献。

(原载《西藏日报》2012年12月8日)

新常态下西藏面临的机遇与
挑战及应对之策

2014年5月，习近平总书记在河南省考察时提出了"新常态"概念。之后，在2014年中央经济工作会议上，习总书记对我国经济发展进入新常态做了系统阐述。新常态，是习总书记运用中国特色社会主义理论体系对我国目前发展阶段作出的科学判断，将我们对中国特色社会主义的认识提到了新水平。新常态下，我国经济社会发展呈现了新特征。西藏地处祖国西南边陲，是边疆民族地区、集中连片贫困地区、反分裂斗争的第一线和主战场，在我国的经济发展和国家安全战略中具有举足轻重的作用。面对新常态，西藏既面临一系列难得机遇，也将迎来众多更加艰巨的挑战，需要积极应对。

一 面临的机遇

(一) 中央的特殊关心一如既往

西藏在整个国家大局中的战略地位十分重要。长期以来，中央对于西藏的发展给予了特殊关心。特别是改革开放以来，先后召开五次西藏工作座谈会。每次座谈会之后，都要针对当时西藏发展面临的主要矛盾和突出问题制定出台相应的优惠政策和灵活措施。并且随着五次会议的相继召开，中央形成了一系列支持西藏发展的特殊制度安排。今年是西藏自治区成立50周年，中央将召开第六次西藏工作座谈会。按照以往惯例，会后党中央、国务院将下发相关文件，使中央对西藏的特殊关心上升到党的绝对意志、国家的绝对意志的层面。可以预见，在新常态下，虽然我国经济增长将换挡回落，但中央对西藏的特殊关心只会加强，不会减弱，将长期坚持,一如既往地坚持。这是西藏发展始终具有的政治优势。

(二) 对口支援进一步加强

对口支援政策是一项十分重要的由中央政府主导、各支援单位(17个省市、17家央企)积极参与的协调区域均衡发展的制度安排。对口援藏资金、项目投入是中央投资的重要补充,对推动西藏的快速发展注入了强大动力,做出了积极贡献。据统计,自1994年中央第三次西藏工作座谈会正式确立对口支援西藏政策20年以来,各对口援藏单位累计实施援藏项目7615个,投入援藏资金260亿元。2014年中央召开的对口支援西藏工作20周年电视电话会议强调指出:"进一步完善全方位、多层次、宽领域的对口支援西藏工作格局,推进西藏跨越式发展和长治久安。"可以预见,在未来一个时期,随着对口支援机制的进一步优化,对口支援西藏的力度将不断加大。

(三) 特色优势产业发展潜力大

在新常态背景下,很多发达省市面临产业结构调整的压力。站在西藏角度看,由于工业经济发展少,基本不存在调整产业结构、工业经济转型升级、淘汰落后产能等结构调整的问题。相反,近年来,在中央的大力支持和对口支援单位的支援下,西藏的特色优势产业发展很快,具备了一定的发展基础。总体来看,西藏的旅游文化产业、清洁能源产业、天然饮用水产业、藏医药业、高原特色农产品加工业等,都符合国家产业转型升级的方向,未来的发展潜力很大。

(四) 周边的外交环境进一步优化

西藏的边境线长,与南亚的印度、尼泊尔等国接壤,经贸往来的历史十分悠久。近两年来,在习总书记提出的打造周边命运共同体的周边外交战略的指引下,我国与南亚邻国的高层交往频繁,外交关系持续改善。

与尼泊尔方面。2014年以来,西藏地方认真贯彻新时期周边外交的基本方针,与尼泊尔的交往十分频繁。2014年以来,西藏地方有多位领导赴尼泊尔进行访问。同时,尼泊尔也有多位国家领导对西藏地方进行了友好访问。在实际操作层面,2014年西藏航空有限公司与尼泊尔航空企业携手成立"喜马拉雅航空公司",为进一步促进西藏与尼泊尔区域贸易合作和旅游文化交流打下了坚实基础。西藏地方的一些边境口岸也在大力建设之中。

与印度方面。近两年来,两国的高层交流进一步加强,经济合作更为紧密。对于我国倡导的孟中印缅次区域合作机制，印度方面也给予了积极回应。

对于西藏地方而言，在新常态下，我国与尼泊尔、印度关系的持续改善和加强，使周边的外交环境得到进一步优化，特别是国家层面"一带一路"战略的大力推进、孟中印缅经济走廊的打造以及西藏地方环喜马拉雅经济合作带、面向南亚大通道的建设，必将对地方贸易和文化旅游业发展产生积极影响，对改善经济结构能够产生一定的积极作用。

二　面临的挑战

（一）实现全面建成小康社会的目标任务艰巨

习总书记强调："加快民族地区发展，核心是加快民族地区全面建成小康社会步伐"，"小康不小康，关键看老乡"。今后一个时期，是西藏实现全面建成小康社会各项目标的关键时期、攻坚时期。相关的统计数据表明，西藏的生态建设、民生改善指标、经济发展指标与中部地区相比，都存在一定差距。与东部发达地区相比，差距更为明显。总体而言，西藏实现全面小康社会建设指标任务艰巨。在新常态下，如果西藏不能继续保持跨越式发展的态势，全面建成小康社会的指标任务很有可能无法实现。如果西藏无法完成全面建成小康社会指标任务，将会对全国全面建成小康社会的质量造成一定程度的影响。

（二）"三驾马车"共同拉动经济的局面一时难以形成

受发展阶段的制约，长期以来，西藏的经济发展主要依靠投资拉动。不可否认，扩大投资对于像西藏这样一个欠发达地区而言，在增加地方财政收入、改善基础设施条件、加快特色优势产业发展、保障和改善民生、扩大社会消费等方面具有积极作用。但也应当看到，由于长期依靠国家投资拉动，西藏的自我发展能力提升较慢、地方的生产辅助能力不强、自我平衡能力弱。受城镇化率低、消费市场小、消费成本高、消费渠道不健全等影响，消费对经济增长的拉动作用仍然十分有限。对外贸易受整体贸易环境影响，虽有所扩大，但对整个经济的贡献很小。总体而言，新常态下，西藏经济结构转型的压力很大，投资拉动型的经济增长模式在短期内不会发生根本改变。

(三) 经济增长和社会发展不协调的问题突出

20世纪90年代初期以来,西藏的经济一直保持高速增长的态势,生产力得到了很大提高。但也应看到,随着西藏总体发展水平的不断提升,城乡之间、区域之间发展不平衡和社会不同阶层之间收入差距较大的问题也越来越凸显。2014年,全区人均GDP仅为全国平均水平的62.9%,农村居民人均纯收入仅相当于全国平均水平的70%,并呈现逐步扩大的趋势。从宏观角度看,发展差距和收入差距的扩大既不利于发展成果全民共享目标的实现,也不利于国民经济的良性循环和持续平稳增长。同时,也不利于社会的公平正义、和谐稳定。目前,整体而言,西藏基本公共服务能力和均等化程度都比较低,是社会建设中存在的突出问题,在新常态下,社会建设是需要着力加强的重点。

(四) 贫困问题仍然十分突出

西藏是全国唯一的省级集中连片贫困地区,截至2014年底,西藏仍有贫困人口32.7万,接近全区乡村人口的14%,呈现出大分散小集中、贫困程度深、致贫原因复杂(生态环境十分脆弱、生存条件异常恶劣、自然灾害频发、人口受教育程度低、基础设施和社会事业发展滞后等)、返贫率高、治理难度大、扶贫开发成本高等地域性特征。西藏作为集中连片特困地区远离内地大城市,不可能走城市群带动的道路,依靠内生动力发展的难度也很大。新常态下,贫困问题将得到党和政府的高度重视,西藏从根本上解决贫困问题面临难得历史机遇。但也应当看到,西藏的贫困人口多,贫困程度深,形成贫困的原因复杂,解决西藏的贫困问题也面临诸多挑战。

(五) 草原生态文明建设任务繁重

根据中央对西藏的战略定位,西藏要建设成为我国重要的生态安全屏障。西藏共有各类天然草场12.3亿亩,占西藏国土总面积的68%,占全国天然草场总面积的1/5,位居各省区之首。但长期以来,由于对草原生态建设的重视程度不够,草原生态保护面临着草原生态退化日趋严重、草原畜牧业服务体系薄弱、灾害风险大等突出问题。受全球气候变化的影响,以及超载过牧,西藏天然草地退化日趋严重。草原生态退化已影响到草原生态安全和草原畜牧业的可持续发展。同时,牧区旱灾、雪灾、鼠虫害和毒害草灾害频发,加剧了草原退化、沙化和盐渍化程度,对草原生态保护提出了新的挑战和要求。而西藏畜牧业防灾抗灾能力弱,灾害防御体系建设严重滞后，给畜牧业发展和牧民生命财产造成较大损失。牧民一旦遇灾就很难恢复生产，少则三五年、多则七八年才能恢复到灾前生产和生活状态。

三　西藏应对新常态的对策建议

新常态下，西藏的发展既面临新机遇，也面临新挑战。为了确保中央"四个全面"战略布局在西藏的实施，提出以下对策建议。

（一）积极推动各类改革

党的十八大、十八届三中全会对全面深化改革作出了一系列部署。新常态下，西藏利用现有的各类"政策红利"的空间已越来越小，只有积极推动各类改革，才是适应新常态、重塑新动力的根本途径。下一步，我们要积极推动财政制度的深化改革，力争尽早建立机制化、法制化的一般性转移支付制度，使中央对西藏的纵向转移支付长期化、稳定化，实现逐年稳步扩大。同时，要充分认识西藏生态安全在国家整体发展大局中的重要地位，加快生态文明制度建设步伐，积极推动建立内地省市向西藏的横向生态补偿制度。

（二）进一步优化对口支援体制机制

2014年召开的中央民族工作会议明确指出要"发挥好中央、发达地区、民族地区三个积极性，对边疆地区、贫困地区、生态保护区实行差别化的区域政策，优化转移支付和对口支援体制机制，把政策动力和内生潜力有机结合起来"。2014年召开的对口支援西藏工作20周年电视电话会议也指出"要充分认识和把握对口支援西藏工作的长期性、群众性、科学性，大力实施经济援藏、教育援藏、就业援藏、科技援藏、干部人才援藏，进一步完善全方位、多层次、宽领域的对口支援西藏工作格局，推进西藏跨越式发展和长治久安"。新常态下，西藏应积极推动对口支援体制机制的改革完善，使其真正发展成为一项横向财政转移支付制度。如，推动国家层面制定出台《对口支援欠发达地区管理办法》，使对口支援法制化。

（三）要进一步调整各种优惠政策的着力点

在新一代信息技术、高速交通网络大发展的背景下，西藏应及时调整中央出台的众多优惠政策的着力点，使其发挥最大绩效。一是要加快推进西藏高速交通网络和信息通信网络的建设，改进其与其他地区的连接性，促进西藏与其他地区一体化、互融式发展。二是继续加大对教育、医疗卫生、就业、公共文化、社会保障、住房等基本公共服务方面的投入力度，切实改善各族群众的生产生活条件。三是要加强对民族文化和特色民族资源的保护，并利用政府购买服务、产业发展基金等需求激励政策加强对文化产业的扶持，使其成为西藏新的经济增长点。四是要高度重视区域差距、城乡差距问题。对像昌都市、阿里地区这样的发展落后地区，要实施差异化的财政转移支付政策。积极争取国家对这些地区实施资源开发的优惠政策，将矿产资源的产权及其产生的收益更多地赋予地方政府和当地居民。五是加大生态建设和环境保护的支持力度，重点是草原生态环境保护和建设，继续加强建设以草原生态植被恢复为主的草原生态治理建设项目，适度提高退牧还草、退牧还林的补偿标准，建立健全草原畜牧业防灾减灾体系，加强草原畜牧业科技服务体系建设，全面推进有关生态工程建设，尽快扭转生态退化的趋势。

（四）要努力打赢新时期的扶贫攻坚战

扶贫开发事业，关系到西藏能否同全国一道实现全面建成小康社会宏伟目标。新常态下，发展的成果要更多地惠及广大民众，特别是作为全面建成小康社会短板的贫困人口。面对新常态，西藏要紧紧围绕精准扶贫这一方略，向贫困宣战，努力打赢新时期的扶贫攻坚战。一要建档立卡，为精准扶贫打好基础。二要驻村帮扶，为精准扶贫提供"滴灌"管道。三要突出工作重点，为精准扶贫创造良好环境。四要培育"雨露计划"、扶贫小额信贷、易地扶贫搬迁等扶贫品牌，为精准扶贫构建平台。五要继续增加投入，为精准扶贫整合更多资源。六要动员各方社会力量，为精准扶贫注入新能量。

(2015年中央党校省部级干部"中国特色社会主义理论体系"
高级研修班（第5期）毕业论文)

西藏和平解放时期党的统一战线政策的成功实践

在长期的革命实践中，中国共产党创造性地形成了一套完整的有中国特色的统一战线的理论和政策。1939年10月，毛泽东在《共产党人发刊词》一文中，把"统一战线，武装斗争，党的建设"概括为中国共产党在中国革命中战胜敌人的三大法宝。统一战线、武装斗争与党的建设在中国革命中发挥了重大的作用。在西藏和平解放65周年之际，我们回顾与重温那段改变西藏各族人民命运的历史，深感党的统一战线理论和政策在和平解放西藏过程中发挥了重大作用。西藏和平解放时期，党的统一战线政策得到成功实践，西藏各项工作的开展与党的统战工作密不可分。

一 统战工作先行，迎来西藏和平解放的伟大胜利

近代以来，在帝国主义的侵略下，中国逐渐沦为半殖民地半封建社会，西藏与祖国的其他地区一样，没能幸免于难，深陷于帝国主义的侵略和羁绊之下。1949年当新中国建立的时候，西藏地区仍然实行的是政教合一、僧侣贵族专政的封建农奴制，是以封建领主所有制和农奴对三大领主人身依附关系为基础的封建压迫剥削制度。落后、腐朽的社会制度和帝国主义的侵略，使西藏人民遭受双重灾难，社会矛盾进一步加剧，西藏社会长期处于停滞和缓慢发展的状态。党中央、毛主席非常关心西藏，特别是关心苦难深重的西藏人民。正因如此，中央确定了"和平解放西藏"的方针。落实这一方针，完成解放西藏的任务，统战工作至关重要，做好上层宗教和爱国人士的工作能发挥关键性作用。和平解放西藏时期，毛主席等中央领导人亲自参与统战工作，主要开展了争取宗教爱国人士的工

作。最先做的是十世班禅的工作，1949年6月，毛泽东致电彭德怀要注意保护班禅。10月1日，中华人民共和国成立，留居青海的班禅额尔德尼·确吉坚赞致电毛泽东和朱德，表示拥护中央人民政府，希望早日解放西藏。11月23日，毛泽东、朱德复电班禅："西藏人民是爱祖国而反对外国侵略的，他们不满国民党反动政府的政策，而愿意成为统一富强的各民族平等合作的新中国大家庭的一分子。中央人民政府和中国人民解放军必能够满足西藏人民的这个愿望。"中央人民政府和西藏地方代表和谈西藏解放事宜期间，班禅自西宁抵达北京协商和平解放西藏问题，参加了"五一"观礼，受到毛泽东的接见。5月28日，班禅发表声明并致电毛泽东拥护和平解放西藏办法的协议。西南局、西北局动员西康省和青海省的宗教爱国人士进藏开展劝和工作。格达活佛以西南军政委员会主任委员、西康省人民政府副主席身份，带着中央批准的十项政策与西藏地方政府谈判的条件，不顾个人安危，前往西藏，在昌都开展工作遭到上层反动分子嫉恨，被英国特务毒害。格达活佛为西藏的和平解放作出了积极的贡献。西北局、西北军区组建了由塔尔寺当才活佛、隆务寺夏日仓活佛等八人组成的劝和代表团，从青海进藏，劝说达赖喇嘛和西藏地方当局迅速派代表同中央进行商谈，最后只有四人到达拉萨开展工作。

在统战工作中，当时最重要的是争取了在西藏地方政府中有很大影响力的民主爱国人士阿沛·阿旺晋美的工作。在昌都解放前，时任昌都总管的阿沛·阿旺晋美多次致电噶厦停战，主张与中央人民政府进行和平谈判。昌都战役时，阿沛撤离昌都，并下令停止抵抗，派人与解放军联系。十八军善待藏军俘虏，给他们宣传党的民族宗教政策，发放回家路费和粮食，为伤病人员及其家眷发放了骡马和物资，他们回拉萨后做了积极的宣传。解放军的做法感动了阿沛，他给达赖写信，劝说其与中央人民政府进行和平谈判。党的统战工作和解放军的行为对阿沛影响很大，他深明大义，从大局出发，敦促达赖，转达中央人民政府和毛泽东主席和平解放西藏的意图，要求噶厦速派代表进京谈判，劝说达赖不要到外国，促使和谈顺利进行，并圆满成功。阿沛作为西藏地方政府首席代表在和谈中发挥了重要作用。

1951年5月23日，经过曲折复杂的斗争，中央人民政府和西藏地方政府在北京签订了《关于和平解放西藏办法的协议》（以下简称"十七条协议"），西藏实现和平解放，维护了国家的主权、统一和领土完整，实现了全国各民族的团结和西藏内部的团结,为西藏与全国一起实现共同进步和发展创造了基本前提。"十七条协议"的签订,是一个伟大的历史创举,是中国共产党取得执政地位后总结国内外处理民族和统战问题的历史经验,将马克思主义关于民族问题的基本原理同处理好中国的民族实际问题、与西藏具体情况紧密结合的产物。西藏和平解放时期,从中央到西南局、西北局,团结一致,齐心协力,整体一盘棋,娴熟地把党的统战政策成功地运用于实践之中,体现了原则性和灵活性的高度统一,是党的优良传统作风和实事求是的创造性的高度统一。

二 积极开展争取广大上层人士工作,执行好"十七条协议"

"十七条协议"的执行关系到西藏和平解放成果的巩固。在当时的历史条件下,只有广泛开展争取广大上层人士的工作,才能确保"十七条协议"执行好、落实好。

实现西藏内部的团结是中华民族大团结的重要组成部分。和平解放西藏后,解决历史遗留的藏传佛教达赖和班禅关系的问题、促成达赖和班禅的和解是一项重要任务。在中央人民政府的大力推动下,1952年4月,十世班禅额尔德尼及班禅行辕人员由青海返回拉萨,实现了班禅与达赖的友好会晤。西藏工委不间断地进行工作,解决了达赖和班禅相互之间的历史遗留问题和现实问题,促进了西藏民族内部的团结。1954年7月,十四世达赖喇嘛和十世班禅额尔德尼联袂到北京出席第一届全国人民代表大会第一次会议,同全国各族代表欢聚一堂,共商国家大事,达赖当选为全国人民代表大会常务委员会副委员长,班禅额尔德尼当选为全国人民代表大会常务委员会委员,他们还参加了中国人民政治协商会议第二届全国委员会第一次会议,班禅额尔德尼当选为全国政协常务委员会副主席,达赖当选为全国政协常务委员会委员。这在历史上是空前的,他们二人拥护中央人民政府,拥护"十七条协议",在执行协议中发挥重大作用。

在统一战线工作中,西藏工委还利用一切机会,与三大寺和其他寺庙上层,建立朋友关系,加深他们对中央人民政府各项政策的认识,培养他们与祖国的感情,从而发挥他们的爱国主义作用。西藏工委认真贯彻

"十七条协议",并参照历史惯例,给三大寺僧人发放布施。在发放过程中,时任中央人民政府赴藏代表张经武向全体僧众宣传讲解中央关于西藏的民族、宗教政策及和平解放协议内容。1951年10月18日,张经武和十八军先遣支队同志一道在色拉寺发放布施4700余份。喇嘛每人1份,每份藏银20两(折合银元2元),铁棒喇嘛按10份发放,活佛、堪布均在10份以上。10月19日,向哲蚌寺僧众发放布施5900余份。1952年9月,张经武等人看望不顾西藏地方政府的禁令、把寺庙库存的大量粮食卖给解放军的爱国人士德木活佛和夫人。西藏工委对三大寺高僧的争取和团结工作,非常成功的事例有甘丹赤巴和擦珠活佛。

除了做好宗教界上层人士的统战工作,西藏工委还通过召开各种座谈会、组织学习等多种形式,向其他上层人士宣传解释"十七条协议",宣传讲解中国共产党的民族政策、宗教政策,进行维护祖国统一和民族团结的教育。通过开办社教班,向贵族官员和青年妇女进行各项政策教育和爱国主义教育。同西藏地方政府及有关方面协商,组织各种参观团、观礼团,去祖国内地参观学习,安排他们到一些少数民族地区特别是已经实行民族区域自治、建立了自治机关的地方,实地了解贯彻执行民族政策、实行民族区域自治的情况和经验。自1952年至1957年组织了13批1000多人次到内地参观、访问,成员基本上都是贵族官员和贵族青年妇女。他们到北京时,毛主席和中央其他领导在百忙之中安排时间,亲切接见他们,向他们讲解中国共产党的民族平等团结、实行民族区域自治的政策、宗教信仰自由政策、对西藏工作的方针政策,教育他们同共产党合作,同在西藏的中央工作人员和人民解放军合作,商量办事,把和平协议执行好,把西藏的事情办好。这种多形式、多渠道,上下结合,耐心细致的争取团结工作,收到了很好的效果。民族宗教上层人士中,真心拥护和平协议和共产党的各项政策,按照和平协议和政策办事的人越来越多,爱国力量日益发展壮大。在与广大上层人士的合作下,在他们的支持下,"十七条协议"得到很好的执行。

和平解放时期,经济工作是西藏统战工作的一条重要战线。十八军进藏后,英印势力对西藏地方与邻国的贸易采取了半封锁、半禁运的措施,对西藏急需的粮油和日用必需品实行限制,对不急需的手表、呢绒、化妆品则大量倾销。同时,英印商人拒绝购买西藏传统出口的羊毛,造成大量的积压,企图挑起西藏商人和群众对进藏部队的不满,在政治上给中央政府施加压力。为此，西藏工委组织进藏的有关经济部门积极开展了对印度、尼泊尔的地方贸易。通过大力开展经济统战工作，广泛地同贵族、寺院、私商签订购货合同，大量供应外汇，从印度、尼泊尔、不丹购买粮食、煤油、汽油、五金、药品和其他必需物资，使他们有利可图。通过经济上的联系和合作，增进相互了解，扩大反帝爱国统一战线。以羊毛的出口为例，西藏工委报经中央批准，由中央拨款400亿元（旧币），以高于出口印度市场的价格，收购西藏积压的9万余包羊毛。广大上层人士为此获得了丰厚的利润，也体会到中央是切实维护藏族人民利益的，在经济上逐渐减少了对帝国主义和反华势力的依赖和联系，积极向中央靠拢。

三　大力开展影响群众工作，奠定民主改革的社会基础

民心是最大的政治。西藏和平解放时期，为了增进广大群众对共产党的了解、对执行"十七条协议"的支持，西藏工委组织开展了大量影响群众的工作，不断加强党在西藏的影响力。因当时上层对群众的影响很大，许多群众工作是经过上层开展的。

旧西藏没有现代教育，只有少数类似于私塾的学校。和平解放时期，办学成为开展上层统战工作的重点之一，也是党与西藏地方政府上层反动分子进行斗争的焦点之一。中央对此事非常慎重，反复与上层协商后再作决定。办学经费由中央出，不强调地方政府筹款和贵族捐助。1952年8月15日，拉萨小学按照西藏的传统礼仪举行了隆重的开学典礼。当时学校的领导层董事长是张国华。刚开学时报名的学生达到300余人，后来发展到上千人。其中大部分学生是贵族家庭的子女，也包括部分非贵族的小官吏、商人和城市手工业者的孩子。到1957年4月，西藏已有79所中小学，招收6000名学生就读；有1000多名藏族学生在内地上大学，学生的一切学习生活费用由人民政府负担。

旧西藏没有现代意义上的医疗卫生事业。和平解放时期，西藏的现代医疗卫生事业开始起步。十八军进藏后，努力开展医疗卫生工作，为群众免费治病，在接近群众影响群众方面收到显著效果，截至拉萨市人民医院成立，已免费为僧俗人民治病36000多人次，受到群众热烈欢迎。1952年9月8日，西藏第一所现代医疗机构拉萨市人民医院（现西藏自治区人

民医院）成立。

西藏和平解放时期，为了做好社会各界的统战工作，在西藏工委的引导下还陆续成立了许多爱国群众组织。如，1952年5月4日成立新民主主义青年联合会；1953年1月成立拉萨爱国青年文化联谊会；1954年3月8日成立拉萨爱国妇女联谊会等。这些群团组织的成立，团结了各阶层的青年和妇女，组织他们定期学习政治，学习文化知识，开展文体活动，演出文艺节目，举行球类等体育比赛，提高了他们的思想文化水平，密切了军民、民族关系，并通过他们影响其家人，收到很好的效果。

这一时期，通过广泛开展影响群众的统战工作，广大人民群众了解了共产党及其民族宗教政策，看了八年、比了八年，最终选择了共产党，抛弃了封建农奴制。

四　发挥统战工作的重要作用，完成走向民族区域自治的重要步骤

"十七条协议"中明确提出西藏要实行民族区域自治，如何实现还要依靠统战工作。1954年10月，毛泽东主席在接见十世班禅额尔德尼·确吉坚赞时提出："关于军政委员会及双方所提的一些问题，这次拟由达赖方面、班禅方面、昌都方面的人参加和中央方面指定的人员共同组织一个商量的机构，在这里开会，商量解决。"毛泽东主席通过和达赖喇嘛、班禅额尔德尼谈话郑重地提出实行民族区域自治的决策，成为西藏走向民族区域自治的重要步骤。10月12日，中央统战部部长李维汉召集达赖喇嘛、班禅额尔德尼及西藏在京主要官员和在京进藏负责干部会议，对毛泽东主席提出的成立西藏自治区筹备委员会的问题作了详细的说明，他讲到，经过筹备阶段，工作做得各方面都满意了，再成立自治区。1954年11月4日，西藏地方政府代表、班禅堪布会议厅、昌都人民解放委员会和中央人民政府代表召开会议，正式成立西藏自治区筹备委员会筹备小组。1955年3月9日，周恩来总理亲自主持召开国务院第七次扩大会议，通过了《国务院关于成立西藏自治区筹备委员会的决定》，对西藏自治区筹备委员会的性质、任务、人员组成、人选比例及其办事机构做了明确的规定。这个决定是在充分吸收和采纳西藏自治区筹备委员会小组提出的方

案和意见基础上形成的。

以西藏自治区筹备委员会的人员组成、人选比例为例，可以看出当时统战工作的特点。决定规定："西藏自治区筹备委员会委员名额定为51人：西藏地方政府方面15名，班禅堪布会议厅委员会方面10名，昌都地区人民解放委员会10名，中央派在西藏地区工作的干部5名，其他方面（包括各主要寺庙、各主要教派、社会贤达、群众团体等）11名。西藏自治区筹备委员会设主任委员1人，副主任委员2人，由达赖喇嘛·丹增嘉措任主任委员，班禅额尔德尼·确吉坚赞任第一副主任委员，张国华任第二副主任委员。西藏自治区筹备委员会筹备小组协议提出的41名委员会名单，由国务院预予批准，俟其他方面尚未确定的委员名单协议提出后，由国务院一并任命。西藏自治区筹备委员会设秘书长1人，副秘书长3人。秘书长由阿沛·阿旺晋美担任；副秘书长由班禅堪布会议厅委员会、昌都地区人民解放委员会和中国共产党西藏工作委员会各提一名，报国务院批准任命。……"可以看出，决定很全面地协调了各方面利益和关系，争取了西藏各方面人士的赞成和支持。1956年4月22日，西藏自治区筹备委员会成立。筹委会的组成及其后来的工作最大限度地团结了一切可以团结的力量，为西藏自治区的正式成立奠定了上层基础、群众基础和社会基础。

五 党的统一战线理论和政策在西藏成功实践的启示

统一战线是中国共产党凝聚人心、汇聚力量的政治优势和战略方针，是夺取革命、建设、改革事业胜利的重要法宝，是增强党的阶级基础、扩大党的群众基础、巩固党的领导地位的重要法宝。西藏和平解放时期，党的西藏工作的首要任务是建立反帝爱国统一战线，执行"十七条协议"。西藏工委在中央的正确领导下，开展了大量统一战线工作，为推进民主改革，实现西藏社会由封建农奴社会向社会主义社会的历史跨越打下了坚实基础。1959年，西藏地方上层反动分子发动武装叛乱后，党在西藏的反帝爱国统一战线工作进入了新的阶段。回顾西藏和平解放与执行协议时期党的统一战线政策的成功实践，留下了许多启示，影响至今。

第一，围绕工作目标，孤立少数，团结大多数，团结一切可以团结的力量，做到既讲团结又讲斗争，完成西藏工作任务。西藏和平解放时期，党在西藏的工作目标是解放西藏，驱逐帝国主义侵略势力出西藏，西藏人民回到中华人民共和国祖国大家庭中来。为实现这一目标，在和平谈判中，中央人民政府做了必要的让步，在维护国家统一问题上也进行了必要的斗争。中央和地方领导亲自做达赖和班禅额尔德尼等重要上层人士的工作，争取团结上层人士的大多数，孤立极少数；同时，也坚决取缔"伪人民会议"非法组织，打击和孤立反动分子，壮大了反帝爱国统一战线。

第二，从实际出发，以爱国为前提，与反分裂斗争相结合，维护祖国统一和加强民族团结。西藏的统战工作始终坚持爱国主义、爱国不分先后的原则，在爱国、维护国家统一的前提下，进行统战工作，也始终与帝国主义分裂势力和西藏地方分裂分子进行着不懈的斗争。西藏和平解放时期，统战工作既要在国际上反对帝国主义的干涉，揭露其阴谋；又要解决西藏内部的矛盾，促成达赖和班禅世系团结，巩固国家统一和民族团结。

第三，慎重稳进，与解决民族、宗教问题相联系，在维护国家利益前提下，充分考虑尊重西藏各族人民的宗教信仰和风俗习惯。党在西藏工作中，历来重视民族、宗教问题，坚持慎重稳进的方针，一步一步地、耐心细致地等待社会条件成熟后推进社会改革。在通过上层争取群众、启发他们觉悟的工作中，注意尊重人民群众的宗教信仰和风俗习惯，赢得了各族群众的拥护和支持。

第四，灵活把握，与军事斗争、社会建设相配合，为完成党的重大任务和谋划西藏长远发展奠定基础。和平解放西藏是以政治工作为主、军事工作为辅的方式进行的，政治工作主要是统战工作，统战工作与军事工作密切配合，二者相辅相成，在和平解放西藏过程中发挥了重要作用。西藏和平解放时期，西藏工委和人民解放军开始了西藏的社会建设工作，如修筑公路、创办文教事业、发展卫生事业、开荒种地等，统战工作也发挥了很好的作用。

第五，创造性地开展工作，形成中央和西藏地方相统一的统战工作机制。和平解放西藏时期，党在西藏没有建立组织，没有群众基础。针对西藏社会的复杂情况，以毛泽东、周恩来为代表的中央领导亲自做西藏的统战工作，中央统战部领导直接做西藏统战工作，进军西藏的军队领导和新建的西藏工委领导都精心做统战工作，由此形成了中央和西藏地方相统一的统战工作机制，一直延续至今。

西藏和平解放时期，党的统战工作取得了巨大的成就，开创了党在西藏的统战工作，为以后党在西藏开展统战工作积累了丰富的经验，留下了深刻的启示。新形势下，西藏的统战工作面临新的历史使命和责任。要紧密结合区情，在守住政治底线这个圆心的基础上，按照新颁布的《中国共产党统一战线工作条例（试行）》，把全体社会主义劳动者、社会主义事业建设者、拥护社会主义的爱国者、拥护祖国统一和致力于中华民族伟大复兴的爱国者都团结起来、凝聚起来，为推进"四个全面"战略布局，为实现"两个一百年"奋斗目标、实现中华民族伟大复兴的中国梦提供强大持久广泛的力量支持。要充分运用和发挥好统一战线"凝聚人心、汇聚力量，参政议政、民主监督，人才荟萃、智力密集，协调关系、化解矛盾，求同存异、体谅包容"的法宝优势，团结一切可以团结的力量，调动一切可以调动的积极因素，为谱写中国梦西藏篇章作出积极贡献。

（原载《西藏日报》2016年5月23日第6版）

加快建设地方特色新型智库

今年5月17日，继先后召开全国宣传思想工作会议、文艺工作座谈会、新闻舆论工作座谈会后，习近平总书记主持召开哲学社会科学工作座谈会并发表的重要讲话，是在新形势下指导加快构建中国特色哲学社会科学的纲领性文献。习近平总书记多次就加强中国特色新型智库建设作出重要论述。我们要深入学习贯彻习近平总书记系列重要讲话精神，加快建设具有地方特色的新型智库。

一 加快建设地方特色新型智库，必须始终围绕中心、服务大局

从全国来看，围绕中心、服务大局，就是要坚持和发展中国特色社会主义。正如习近平总书记在"5·17"讲话中指出的那样，在这一过程中，哲学社会科学具有不可替代的重要地位，哲学社会科学工作者具有不可替代的重要作用。坚持和发展中国特色社会主义，既有着光明美好的前景，又需要进行许多具有新的历史特点的伟大斗争。观察当代中国哲学社会科学，需要有一个宽大的视角，需要放到世界和我国发展大历史中去看。

历史发展表明，社会大变革的时代，一定是哲学社会科学大发展的时代。西藏是我国十分重要的西南边疆少数民族地区，经过和平解放65年的发展，已经走上了有中国特色、西藏特点的社会主义发展道路。当前，西藏正在进行具有许多新的时代特征、地域特点、民族特色的社会主义现代化建设。

加快建设地方特色新型智库，必须始终围绕中心、服务大局。要准确把握西藏的特殊区情，以中国特色社会主义理论体系为指导，紧紧围绕贯

彻落实中央重大决策部署特别是习近平总书记系列重要讲话精神；围绕"治国必治边、治边先稳藏"的重大战略思想；围绕中央第六次西藏工作座谈会关于"西藏是重要的国家安全屏障、重要的生态安全屏障、重要的战略资源储备基地、重要的高原特色农产品基地、重要的中华民族特色文化保护地、重要的世界旅游目的地、重要的西电东送接续基地、面向南亚开放的重要通道"的战略定位；围绕全面深化改革、全面建成小康社会、全面推进依法治藏、全面从严治党的重大任务；围绕贯彻落实新发展理念，推进供给侧结构性改革，推进面向南亚开放的重要通道建设，深入研究西藏长足发展和长治久安中亟待回答和解决的重大理论和现实问题。

当前，要将建设地方特色新型智库与深入贯彻落实中央政治局会议关于"进一步推进西藏经济社会发展和长治久安工作"的精神结合起来，从多个角度研究西藏经济社会发展中的全局性、前瞻性、战略性、综合性问题，研究国内外、区内外普遍关注的热点难点问题。

二 加快建设地方特色新型智库，必须坚持和巩固马克思主义的指导地位

哲学社会科学具有鲜明的意识形态属性，坚持什么样的指导思想，直接关系到哲学社会科学为什么人这个根本性、原则性问题。习近平总书记在"5·17"讲话中指出："坚持以马克思主义为指导，是当代中国哲学社会科学区别于其他哲学社会科学的根本标志，必须旗帜鲜明加以坚持。"这一重大论断，进一步明确了马克思主义在我国哲学社会科学领域中的指导地位。

坚持以马克思主义为指导，首先要解决真懂真信的问题。马克思主义是随着时代、实践、科学发展而不断发展的开放的理论体系，它并没有结束真理，而是开辟了通向真理的道路。广大哲学社会科学工作者对此要有清醒的认识。习近平总书记系列重要讲话是中国特色社会主义理论体系最新成果，是21世纪马克思主义、当代中国马克思主义。要结合西藏实际深入学习研究阐释习近平总书记系列重要讲话，推出更多有分量的理论研究成果，为书写当代中国马克思主义的新篇章提供有力学理支撑。

坚持以马克思主义为指导，核心要解决好为什么人的问题。西藏的哲

学社会科学要有所作为，就必须坚持以人民为中心的研究导向。脱离了人民，哲学社会科学就不会有吸引力、感染力、影响力、生命力。西藏广大哲学社会科学工作者要坚持人民是历史创造者的观点，树立为人民做学问的理想，尊重人民主体地位，聚焦人民实践创造，自觉把个人学术追求同西藏经济社会发展的伟大实践紧紧联系在一起，努力多出经得起实践、人民、历史检验的研究成果。

坚持以马克思主义为导向，最终要落实到怎么用上来。要坚持将马克思主义和发展马克思主义统一起来，结合新的实践不断作出新的理论创造，推进马克思主义时代化、大众化。西藏的广大哲学社会科学工作者要自觉坚持以马克思主义为指导，自觉把中国特色社会主义理论体系贯穿研究全过程，转化为清醒的理论自觉、坚定的政治信念、科学的思维方法。

三　加快建设地方特色新型智库，必须坚持科学的思路和正确的方向

习近平总书记在"5·17"重要讲话中明确指出："要按照立足中国、借鉴国外，挖掘历史、把握当代，关怀人类、面向未来的思路，着力构建中国特色哲学社会科学，在指导思想、学科体系、学术体系、话语体系等方面充分体现中国特色、中国风格、中国气派。"同时，指出了中国特色哲学社会科学应该具有的三个方面的特点。西藏哲学社会科学是中国特色哲学社会科学的重要组成部分，在加快建设地方特色新型智库过程中，也应该具有这三个特点。

一要体现继承性、民族性。要善于融通马克思主义的资源、藏民族优秀传统文化的资源、区外国外哲学社会科学的资源，坚持不忘本来、吸收未来、面向未来，坚定道路自信、理论自信、制度自信和文化自信。

二要体现原创性、时代性。西藏的哲学社会科学有没有特色，归根到底要看有没有主体性、原创性。只有以西藏的实际为研究起点，提出具有主体性、原创性的理论观点，构建具有自身特质的学科体系、学术体系、话语体系，西藏的哲学社会科学才能形成自己的特色和优势。比如，西藏社科院在格萨尔研究、贝叶经研究等方面具有一定的基础，也取得了一定的成绩，这就是优势和特色，需要我们继续做大做强做好。西藏的哲学社

会科学应该以正在进行的具有中国特色、西藏特点的伟大实践为中心，从西藏改革发展稳定的实践中挖掘新材料、发现新问题、提出新观点、构建新理论。

三要体现系统性、专业性。西藏的哲学社会科学也可称为藏学，涵盖了民族、宗教、历史、经济、政治、文化、艺术、生态、党建等多个领域，囊括传统学科、新兴学科、前沿学科、交叉学科、冷门学科等诸多学科。要坚持基础研究和应用研究、理论研究与对策研究、传统优势学科与新兴交叉学科建设并重并举，不断推进学科体系、学术体系、话语体系建设和创新，努力构建一个全方位、全领域、全要素的哲学社会科学体系，厚植西藏哲学社会科学研究水平的根基。

四 加快建设地方特色新型智库，必须高度重视队伍建设和人才培养

习近平总书记在"5·17"重要讲话中指出，哲学社会科学领域是知识分子密集的地方。当前，自治区党委周围团结和凝聚了一批知识分子，形成了一支哲学社会科学队伍。但同时也要清醒地看到，在经济社会深刻变革的新形势下，西藏的哲学社会科学队伍呈现出人员构成复杂多元，知识分子自我意识、个体意识强化等新变化新特点，人才队伍、梯队结构还不够合理，一些青年知识分子对党的治藏史了解不深等。面对这些复杂的形势和问题，必须把这支队伍关心好、培养好、使用好，让广大哲学社会科学工作者成为先进思想的倡导者、学术研究的开拓者、社会风尚的引领者、党执政的坚定支持者。

要实施以育人育才为中心的哲学社会科学整体发展战略，构筑学者、学术、学科一体的综合发展体系。要大力实施哲学社会科学人才工程，着力发现、培养、凝聚一批有深厚马克思主义理论素养、政治立场坚定、学贯中西的专家学者，一批理论功底深厚、勇于开拓创新的学科带头人，一批年富力强、锐意进取的中青年学术骨干，构建种类齐全、梯队衔接的哲学社会科学人才体系。由于西藏人才短缺，要在使用好现有人才的同时，创新人才引进思路，采取柔性引进和刚性引进相结合的办法，大力引进区外人才。

要把人才队伍建设作为智库建设的重点，深化智库人才岗位聘用、职称评定等人事管理制度改革，进一步完善以品德、能力和贡献为导向的人才评价机制和激励政策。大胆探索有利于智库人才发挥作用的多种分配方式，建立健全与岗位职责、工作业绩、实际贡献紧密联系的薪酬制度。加强智库专家职业精神、职业道德建设，引导其自觉践行社会主义核心价值观，增强社会责任感和诚信意识，积极主动为自治区党委和政府决策贡献聪明才智。

五 加快建设地方特色新型智库，必须坚持党对哲学社会科学的领导

加强和改善党对哲学社会科学工作的领导，是繁荣发展哲学社会科学事业的根本保证。要坚持以习近平总书记"5·17"重要讲话精神为引领，把哲学社会科学工作纳入重要议事日程，加强政治领导和工作指导，一手抓繁荣发展哲学社会科学，一手抓管理引导领导。要全面落实"二为"和"双百"方针，认真贯彻党的知识分子政策，尊重劳动、尊重知识、尊重人才、尊重创造，做到政治上充分信任、思想上主动引导、工作上创造条件、生活上关心照顾。各级领导干部在掌握比较丰富的自然科学知识的同时，也要掌握比较丰富的社会科学知识，以不断提高决策和领导水平。领导干部要尊重哲学社会科学工作者的辛勤付出和研究成果，主动同专家学者打交道、交朋友，多听取他们的意见和建议。要健全完善领导干部与社科专家联系制度，拓展联系渠道，在政策决策过程中广泛吸收社科界的意见建议，加强思想政治引领和政治吸纳，引导他们为西藏的发展贡献才智。

习近平总书记在"5·17"重要讲话中指出："一个没有发达的自然科学的国家不可能走在世界前列，一个没有繁荣的哲学社会科学的国家也不可能走在世界前列。"西藏的广大哲学社会科学工作者要立志做大学问、做真学问，严肃对待学术研究的社会效果，以深厚的学识修养赢得尊重，以高尚的人格魅力引领风气，在为人民立德立言中成就自我、实现价值，不断推动哲学社会科学繁荣发展。

(原载《新西藏》2016年第10期)

后　　记

　　我是一名党培养起来的藏族干部，从大学毕业的那天起，就从事着社会实践和理论研究工作。重视马克思主义理论指导，重视实践基础上的理论创新，重视用发展着的理论武装头脑、指导实践，是马克思主义的本质要求，也是时代赋予广大理论工作者崇高而神圣的使命。

　　2007年1月，我还在担任林芝地委书记时，由中国藏学出版社出版了文集《理论　实践　思索》，收录了我自1987年至2006年从事理论研究和地方领导实践的一些文章。今年是西藏自治区成立50周年，同时也是西藏社科院建院30周年。我曾经工作过的林芝地区也在今年撤地设市。今年年初，我赴中国社科院拜会王伟光院长，就援藏有关事宜和合作事项进行沟通协商。其间，王院长慨然允诺可以由中国社会科学出版社资助西藏社科院领导和专家出版献礼丛书。今年3月初到6月初，受组织安排，我到中央党校"中国特色社会主义理论体系"高级研修班进行集中脱产学习。学习期间，我利用课余时间对自参加工作以来发表的文章进行了全面系统的收集、整理和校对，特别是补充了1987—1990年、担任林芝地委书记最后一年（2007年）以及2008年担任自治区政协副主席、社科院院长以来发表的一些文章。最后，形成了目前的这本文集。

　　这本文集，一部分是针对实践问题的理论探索，一部分由讲话稿整理而成，一部分是从事社科管理和藏学研究的一些成果。其中，讲话是针对具体的对象和问题，远不如专家学者的著作那样厚重精深。有些言辞观点旨在说得出、听得懂、用得上，没有瑕疵、漏洞和缺陷是太大的奢望。拙作能够为广大读者提供一点有益的借鉴，我将深感欣慰。假如本书能够得到专家学者以及同行们的批评、指教，那更是十分荣幸的事情。

　　需要特别说明的是，2007年1月，由中国藏学出版社出版《理论　实践　思索》一书时，十届全国人大常委会热地副委员长在百忙中抽时间详细翻阅初稿，并提出了许多有益的意见，同时给予了鼓励和支持。时任天津市委常委、宣传部部长肖怀远同志对《理论　实践　思索》一书的写作也提供了多方面的帮助和指导，并进行了较为细致的修改。这次，西藏社科院的杨亚波、周格尔为本书稿的汇编付出了辛勤劳动。此外，许多同志的观点、见识也给我的写作以极富智慧的启发，在此一并表示诚挚的谢意。

由于水平有限，本书难免出现错漏之处，恳请广大读者谅解并给予批评指正。

白玛朗杰

2015 年 6 月